이즈미 도쿠지,
일본 최고재판소를 말하다

WATASHI NO SAIKOSAIBANSHO-RON: KENPO NO MOTOMERU
SHIHO NO YAKUWARI

by Tokuji Izumi

Copyright © 2013 by Tokuji Izumi

All rights reserved.

First published in Japan by Nippon-Hyoron-sha Co., Ltd., Tokyo.

This Korean edition is published by arrangement with Nippon-Hyoron-sha Co., Ltd.,

Tokyo in care of Tuttle-Mori Agency, Inc., Tokyo through Eric Yang Agency Inc., Seoul.

소수자를 보호하고 민주주의를 치유하는 헌법 이야기

이즈미 도쿠지, 일본 최고재판소를 말하다

이즈미 도쿠지 지음 / 이범준 옮김

궁리
KungRee

한국의 독자 여러분께

저는 일본 최고재판소의 사무총국과 조사관실에서 오래 근무한 뒤 2002년 11월부터 2009년 1월까지 약 6년 3개월 동안 최고재판소 재판관으로 일했습니다. 오랜 기간 재판소에 있으면서, 일본에서는 민주주의 국가에서의 재판소의 역할이 제대로 인식되지 못하고 있다고 느꼈습니다.

헌법이 보장하는 종교 · 언론 · 출판 · 집회의 자유 등 기본적 인권은 민주주의 정치과정에서 불가결한 권리입니다. 이러한 시민의 권리를 국가권력이 제약하는 경우 위헌심사권을 가진 재판소는 제약이 정말로 부득이한 것인지 엄격하게 심사해야 합니다. 이와 함께 시민의 정보 수집과 전파, 집회 개최, 정치단체 결성, 선거권 행사와 같은 민주주의 정치과정 자체가 국가권력에 의해 제약되는 경우에도 재판소는 그 허용여부를 엄격하게 심사해야 합니다. 그리고 민주주의 정치과정이 정상적으로 작동하는 경우에도 다수결 원칙 아래에서는 종교적 · 민족적 · 인종적 소수자가 제대로 권리를 보호받지 못합니다. 소수자의 권리를 보호하는 일은 법의 지배라는 이념에 바탕해 헌법질서를 수호해야 하는 재판소의 임무입니다.

이렇게 세 분야에서는 입법부와 행정부의 광범위한 재량을 인정하면 안 됩니다. 이들의 재량권 행사가 진정으로 불가피한 상황에서 나온 것인지 재판소가 엄격하게 심사해야 합니다. 이것이 재판소의 중요한 역할입니다. 재판소가 이 역할을 다하지 않으면 민주주의는 위태로워집니다. 저는 오랜 재판관 생활을 통해 이러한 재판소의 역할을 자각하고 실제 재판에서 이 역할을 다하자고 다짐해왔습니다. 그리고 재판소의 역할을 조금이라도 더 많은 사람에게 알리려고 이 책을 썼습니다.

이번에 이범준 논픽션 작가의 번역과 이정규 일본 변호사의 도움으로 한국어판이 나오고, 한국 독자 여러분과 만나는 것은 예상치 못한 커다란 기쁨입니다. 이에 두 사람과 만난 계기를 간단히 소개합니다.

시작은 1976년 10월 19일으로 거슬러 올라갑니다. 저는 최고재판소 인사국 임용과장이었습니다. 이날 자이니치 한국인 김경득 씨와 처음으로 만났습니다. 그해 사법시험에 합격한 김경득 씨는 사법수습생 채용 신청서를 가지고 왔습니다. 당시 최고재판소는 사법수습생은 준공무원이므로 일본국적이 필요하다는 입장이었습니다. 따라서 외국적자가 사법시험에 합격한 경우에는 일본국적을 취득하도록 해 사법수습생으로 채용했습니다. 저는 이러한 상황을 김경득 씨에게 설명했습니다. 하지만 그는 의자에서 몸을 세우며 "저는 대한민국적 그대로 김경득이라는 이름 그대로 사법수습생 채용을 신청합니다. 대한민국 국적으로 채용될 때까지 1년이고 2년이고 기다리겠습니다"라고 말했습니다.

힘들게 노력해서 얻은 사법시험 합격이 물거품이 되어도 상관없다는 것이었습니다. 당시 김경득 씨의 진지한 눈빛은 지금도 선명하게 머릿속에 남아 있습니다. 김경득 씨의 이야기를 듣는 동안 나는 해오던 방침을 이유로 신념대로 살려는 청년의 앞길을 막아도 되는지 생각했습니다. 저는 외무성, 법무성, 일본변호사연합회에 김경득 씨의 의사를 그대로 전하고 의견을 구했습니다. 그리고 대한민국적 그대로 사법수습생으로 채용하는 데 이견이 없다는 답변을 얻어 최고재판소 재판관회의에 보고했습니다. 재판관회의는 신중하게 심사한 끝에 김경득 씨를 사법수습생으로 채용키로 결정했습니다.

김경득 씨는 사법수습을 마치고 변호사가 되었고 이후 자이니치 조선인의 인권옹호를 위해 분투했습니다. 그러한 활동 가운데 도쿄도 관리직 선발수험거부사건이 있습니다. 도쿄도 공무원이던 정향균 씨가 관리직 선발시험에 응시하려 했는데, 일본국적이 없다는 이유로 도쿄도가 거부하자 응시자격이 있음을 확인해달라고 청구했습니다. 2004년 12월 15일 최고재판소 대법정에서 이 사건 구두변론이 열렸고, 저는 최고재판소 재판관으로서 김경득 변호사의 변론을 들었습니다. 김경득 변호사는 '자이니치 한국인 2세 김경득' 개인사를 들어가며 법정이 울리는 목소리로 국적차별을 없애야 한다고 호소했습니다. 가슴속의 생각을 쏟아내는 듯한 변론을 보고, "김경득 변호사 열변하다"라고 저는 그날 일기에 적었습니다. 최고재판소의 다수의견은 정향균 씨의 호소를 받아들이지 않지만, 저는 특별영주자를 수험자격에서 차별하지 못한다는 반대의견을 썼습니다.

　저는 2009년 1월 정년이 되면서 최고재판소 재판관에서 퇴임했습니다. 당시 김경득 변호사를 뒤이은 자이니치 조선인 변호사가 70명에 달했고, 자이니치코리안변호사협회Lawyers Association of ZAINICHI Koreans · LAZAK · 라자크를 결성해 활동하고 있었습니다. 라자크 부대표이던 김 류스케 변호사가 그해 8월28일 정기총회에서 강연을 해달라고 요청했습니다. 김경득 씨의 사법수습생 채용문제와 도쿄도 관리직 선발수험거부 사건에 대해서였습니다. 이 자리에서 도쿄대학 법과대학원생이던 이정규 씨를 만났습니다. 자이니치코리안변호사협회는 2010년 『한국헌법재판소(중요판례44)』를 출판하고 제게도 보내줬습니다. 이 책에는 공무원 지위 상실에 관한 2003년 10월 30일 결정도 있었습니다. 공무원이 금고 이상의 형의 선고유예를 받으면 예외 없이 공무원직에서 당연퇴직시키는 것은 헌법에 위반된다는 결정입니다. 저는 이 결정과 같은 의견을 2007년 12월 13일 최고재판소 판결의 반대의견에서 적었습니다. 한국 헌법재판소 결정을 읽고 내 생각이 맞았구나 싶어 기뻤습니다.

　자이니치코리안변호사협회는 2012년 이범준 작가의 『헌법재판소, 한국 현대사를 말하다』 일본어판을 출판했습니다. 저는 인유키 변호사를 통해 부탁을 받고 일본어판 추천의 글을 썼습니다. 이 책은 민주화 헌법에 따라 출범한 헌법재판소가 수많은 시련을 극복하고 발전하는 모습과, 헌법재판소의 이념과 현실 사이에서 고뇌하는 재판관들의 모습을 생생하게 그렸습니다. 미국 연방대법원 대법관에 관한 저서인 『지혜의

아홉 기둥Brethren(Inside the Supreme Court), 1979』에 필적하는 명저입니다. 이 책을 계기로 이범준이라는 뛰어난 저널리스트를 알게 됐습니다. 2013년 8월 제가 고문으로 있는 도쿄의 TMI종합법률사무소에서 일본에 유학 중이던 이범준 작가와 김경득 씨 사건 등에 관해 인터뷰를 했습니다. 이범준 작가의 『헌법재판소, 한국 현대사를 말하다』 마지막 부분에는 헌법재판소 정원에 있는 600년 된 천연기념물 '재동의 백송' 사진이 실려 있었습니다. 저는 사진 속 백송의 아름다움을 보고 꼭 한번 한국 헌법재판소를 방문하고 싶었습니다.

2015년 4월 그 바람이 이뤄졌습니다. 한국의 법조일원화와 헌법재판소를 배우기 위해 지인 법률가들과 서울을 방문했습니다. 조원제 고마자와대학 법학부 교수의 안내를 받았습니다. 우리들은 강용현 대한변호사협회 법조일원화위원장, 한승 대법원 사법정책실장, 이우영 서울대학교 법학전문대학원 교수, 김용헌 헌법재판소 사무처장, 소은영 헌법연구원을 비롯한 우수한 법률가의 이야기를 들을 수 있었습니다. 이범준 논픽션 작가, 이정규 일본 변호사와도 서울에서 재회했습니다. 이처럼 김경득 씨에서 시작된 많은 만남으로 이 책 한국어판이 탄생하게 되었습니다. 훌륭하게 번역을 마쳐준 이범준 작가와 이정규 변호사에게 가슴 깊은 감사의 말을 전합니다.

2016년 11월

이즈미 도쿠지

일러두기

저자 주는 1), 2), 3)…으로 표시하고 본문 뒤에, 옮긴이 주는 1, 2, 3…으로 표시하고 본문 하단에 두었습니다.

들어가며

사법이 사회에 해야 할 역할에 관한 제 나름의 생각을 들려드리려 이 책을 쓰게 됐습니다.

나는 2009년 1월 정년퇴임 때까지 6년 3개월 동안 최고재판소 재판관으로 일했습니다. 1963년 4월 도쿄지방재판소 판사보로 임관한 뒤 약 46년간 재판소 생활을 했는데, 절반 가까운 23년 동안 최고재판소 사무총국에서 민사국장, 인사국장, 사무총장 등으로 있었습니다. 이곳에서 국회, 총리관저, 총리부, 대장성, 법무성, 일본변호사연합회 등을 담당했고, 재판소를 취재하는 신문기자들을 상대하기도 했습니다. 재판관소추위원회의 커다란 타원형 테이블에 홀로 불려 나가거나, 스무 명 넘는 국회의원들에게 둘러싸인 적도 있습니다. 이런 경험을 거치면서 재판소가 외부에 어떻게 보이는지 민감해질 수밖에 없었습니다. 이런저런 일을 겪어내면서 재판소를 객관적으로 바라보는 눈을 갖게 됐고, 입법과 행정의 실체를 냉정하게 바라보게도 됐습니다.

오늘날 많은 사람들이 관념적으로는 입법·행정·사법의 삼권분립 체제를 이해하고 있지만, 실제로는 재판소도 법무성과 같은 행정청의 하나로 보는 경향이 있습니다. 특히 인원이나 청사 등 규모에서 행정부처와 맞추는 것을 중요하게 여깁니다. 재판이 신속하게 진행되려면 재판소 직원을 늘리는 수밖에 없다고 정부에 설명해도 이해받기가 쉽지 않습니다. 더욱 끈기를 갖고 설명해야겠지만 많은 사람들에게 사법의 중요성을 이해받으려면 무엇이 중요한지 생각하게 됐습니다. 무엇보다 재판관이 헌법이 부여한 역할을 충분히 인식하고 국민의 권리와 자유를 위해, 입법·행정의 재량권 행사를 적절히 심사하고 기업의 행동규범을 정하는 일에 적극 관여하는 것입니다.

최고재판소 사무총장에서 도쿄고등재판소장관으로 옮길 무렵 도쿄 간다의 헌책방에서 전직 재판관의 수필을 손에 넣은 것을 계기로 재판관의 회고록과 추도집에 관심을 갖게 됐습니다. 선배들이 거쳐간 시대의 풍경에 향수를 느끼게 되면서 지금도 읽고 있습니다. 회고록에는 미화되는 부분이 있다는 것을 부정할 수는 없지만 적어도 그들이 목표했던 것은 느낄 수 있습니다. 책 속의 선배들이 나도 모르는 새 조금씩 나의 재판관裁判觀에 영향을 주었다는 느낌도 듭니다. 정년퇴임 후에도 법조계를 떠나지 못하고 도쿄변호사회에 등록해 이번에는 재판을 받는 입장에서 재판소를 보고 있습니다.

이러한 경험을 통해 나의 '사법의 역할'에 관한 생각과 재판관裁判觀이 만들어졌습니다. 이 책은 주로 '사법의 역할'에 관한 나의 생각을 적은 것입니다. 하지만 사법의 근원을 알아내려 옛날 책에서 참고한 전쟁 이

전 재판관들의 분투, 최고재판소 탄생 이야기를 소개하는 것으로 시작했습니다. 그리고 최고재판소 시스템의 문제점, 위헌심사권 행사의 본모습, 최고재판소 판결에서 밝힌 나의 의견, 끝으로 '사법을 연다'에서 오늘날 일본 법조계 전반에 걸친 문제점에 대해 적었습니다.

'사법의 역할'은 한마디로 개개의 구체적 법률분쟁(사건)에서 정의(법)에 맞는 해결책을 제공하는 것입니다. 여기까지는 누구도 이견이 없을 것입니다. 다만 국민 개인의 권리 · 이익과 입법 · 행정의 정책 · 시책 사이에 대립이 있는 경우 재판소가 어느 단계에서 나타나야 하는지, 어디까지 관여해야 하는지에 여러 의견이 있습니다. 입법부나 행정부는 직간접으로 국민의 선택을 받아 다수의 이익을 대표하고 있으므로 그렇지 않은 사법부는 어지간하면 입법과 행정 분야에 개입하지 않아야 한다는 것이 전통적인 사고입니다. 다만 입법부가 정한 국민의 대표를 뽑는 선거시스템이 국민의 목소리를 평등하게 반영하지 못하게 됐을 때 이를 회복하는 것은 위헌심사권을 가진 재판소의 역할입니다. 선거제도 왜곡은 이해관계자들의 모임인 국회가 자발적으로 개선하리라고 기대할 수 없습니다. 재판소가 손대지 않으면 시스템 장애 상태가 계속돼 민주주의 국가로서의 일본은 정상적으로 돌아가지 않습니다.

또한 국민 전체의 공익과 국민 개인의 사익은 자주 충돌합니다. 국민주권에 기초한 대표민주주의는 국민 모두가 평등한 인간으로 존중받는, 기본적 인권(이하 기본권)의 존중을 확립하는 것이 목적입니다. 전체 이익의 증진을 꾀하더라도 국민 개인의 인간존엄에 관련되는 권리와 자유를 함부로 제약해서는 안 되며 제약은 필요한 최소한으로 제한돼야 합니다. 개인의 권리와 자유를 옹호하는 것은 재판소의 중요한 역할입니다. 입법부와 행정부의 재량에 전부 맡겨서는 국민의 권리와 자유를 보호하기 위해 만들어진 사법의 기능을 포기하는 셈이 됩니다. 더욱이 다수결 원리인 민주정치에서는 사회적 소수자의 목소리가 입법과 행정에 반영되기를 기대하기가 좀처럼 어렵습니다. 헌법에 보장된 사회적 소수자의 기본권을 보호하는 것도 재판소의 역할입니다. 재판소가 이런 역할을 충분히 수행하여야 국민주권과 기본권이라는 두 바퀴를 가진 일본 사회가 정상적으로 작동한다고 생각합니다. 내가 이 책에 적은 것들은 사법의 역할에 관한 이런 생각을 바탕으로 하고 있습니다.

나는 최고재판소 재판관 시절 36건의 독자의견을 썼습니다. 다수의견과 결론을 달리한 '반대의견' 25건, 다수의견과 결론은 같지만 결론에 이른 이유가 다른 '별개의견' 4건, 다수의견에 참가하면서도 내 의견을 덧붙인 '보충의견'이 7건입니다. 이런 독자의견도 대부분 앞서 소개한 사법의 역할에 관한 생각이 드러나 있습니다. '보충의견'은 그렇지 않지만 '반대의견'이나 '별개의견'은 토론에서 진 패잔병이 사람들 앞에 몸을 드러내는 것이라고 겸손하게 말하는 사람도 있지만 나는 전혀 그렇게 생각하지 않습니다. 나는 '사법판단의 질'을 주제로 유럽평의회^{Council of} ^{Europe}가 2008년 주최한 재판관 회의에 참석한 적이 있는데 당시 채택한 의견에서는 '재판관의 반대의견은 사법판단의 내용을 향상시키는 데 기여하고 사법판단과 법의 발전을 이해하는 데 도움이 된다'고 했습니다. 소수의견을 밝히는 것은 전체 토론의 질을 향상시킵니다. 그리고 이 책에서 소개한 사례들처럼 소수의견은 시간이 지나 다수의견으로 성장하

이즈미 도쿠지, 일본 최고재판소를 말하다

고 법의 발전으로 이어지고 있습니다.

　최고재판소에서 헌법판단이나 판례변경은 재판관 15명으로 구성되는 대법정에서 심리하는데 한 해 2~3건 정도이고 나머지 대부분 사건은 재판관 5명으로 이뤄지는 소법정 3곳에서 심리합니다. 나는 제1소법정에 소속돼 있었습니다. 재판관들은 자신의 경험을 통해 형성된 '정의(법)'를 주장합니다. 나의 독자의견은 저 나름 올바르다고 생각한 것에 불과하므로 다른 의견이 틀리다고 주장할 생각이 없습니다. 다수의견도 반대의견도 모두 각자 옳다고 믿는 주장입니다. 미국 연방대법원 대법원장을 지낸 얼 워런은 『대법원장 얼 워런 회고록The Memoirs of Chief Justice Earl Warren』에서 "재판을 담당하는 한 인간이 그동안 쌓아온 인생의 경험을 논리전개에서 완전히 제거하는 것은 문자 그대로 불가능하다. 내 인생의 이런저런 경험 심지어 철이 막 들기 시작한 때의 경험도 나의 판결에 분명히 영향을 주었다. 일부러 그런 것은 아니며 인간의 타고난 성질이 본래 그런 것이다. 재판관의 마음도 완전진공 상태에서 작동하지 않는다"고 했습니다. 이런 맥락에서 "법의 생명은 이론이 아니라 경험에 있다"는 올리버 웬들 홈스Oliver Wendell Holmes 대법관의 말을 인용합니다. 법의 내용을 결정하는 것은 삼단논법의 논리가 아니라 사회생활에서의 필요성이나 공공정책에서의 편리에 있으므로 각자가 가진 경험에 좌우되는 것이라고 생각합니다. 어떤 의견이 옳고 어떤 의견이 틀리다고 말할 수 없는 것입니다.

　아울러 이 책에서 내가 독자의견을 냈던 판례를 몇 건 소개하고 있지만 나의 의견을 기록해 남기려는 의도가 아닙니다. 최고재판소 또는 최고재판소 재판에 관한 토론의 재료가 되기를 바라서입니다. 내가 이 책에 담은 이런저런 의견도 소수의견일지 모르겠습니다. 하지만 나는 소수의견이 존재해야 토론이 활발해지고 한 명이라도 더 토론에 참가해야 사회제도가 발전할 수 있다고 믿습니다.

2013년 4월

이즈미 도쿠지

차례

|제2장| GHQ와 최고재판소의 탄생

II. 일본 최고재판소를 말하다 · 137

|제3장| 새로운 최고재판소를 위한 논쟁

III. 일본사법의 미래 · 337

I

일본사법의
시작

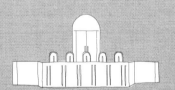

1889년 도쿄, 근대사법의 시작

　일본은 1889년 2월 11일 대일본제국헌법(메이지헌법) 공포와 함께 근대적 삼권분립주의에 기초한 입헌국가가 됐다. 1890년 11월 1일 재판소구성법이 시행되면서 근대적 재판제도가 확립됐다. 하지만 반년 후인 1891년 5월 11일 이른바 오쓰 사건이 발생하면서 일찍부터 사법권 독립이 시련을 겪는다. 시가현 오쓰시를 인력거로 지나던 러시아 황태자를 살해하려던 순사 쓰다 산조津田三藏가 휘두른 대검에 황태자가 부상한 일이다. 당시 형법에서는 일본 황족에게 위해를 가한 사람은 사형에 처한다고 되어 있었지만 일반인에 대한 모살謀殺미수죄는 무기징역이 최고형이었다. 황실죄가 적용되는 재판은 대심원이 제1심이자 최종심이었다. 강국 러시아의 보복을 두려워한 일본 정부는 오쓰 사건에도 황실죄를 적용해 쓰다를 사형에 처하라고 대심원을 압박했다. 쓰쓰미 마사미堤正巳 재판장 이하 7명의 대심원 판사는 내각의 설득에 따라 사건을 대심원 공판에 부쳤다.

이런 사실을 알게 된 고지마 고레카타^{兒島惟謙} 대심원장은 내각의 요청 때문에 일본 황족이 아닌 러시아 황태자 사건에 황실죄를 적용하는 것은 형법 제2조와 메이지헌법 제23조의 죄형법정주의, 메이지헌법 제57조의 사법권의 독립에 반하고 법치국가의 권위를 실추시킨다고 담당 판사를 강하게 설득했다.

고지마 고레카타의 『오쓰 사건 일지^{大津事件日誌, 東洋文庫, 1971}』88쪽 오쓰 사건 대심원 공판과 판결선고가 있던 1891년 5월 27일 기록은 이렇다. "17일이 왔다. 러시아 황태자에게 흉도를 내민 쓰다 산조를 심문하는 날이다. 아니, 외무대신이 페테르부르크 조정에 사형하겠다고 선언한 피고인에게, 제국의 독립적 사법권이 독립불기^{獨立不羈}의 권한에 따라 천황의 이름으로 공평하게 심판할 날이 왔다. 여론은 내각이 사법부에 강하게 간섭한 사실을 안다. 사법관이 행정관의 힘에 압도됐다고 믿었고 사형에 처해질 피고인을 연민했다. 그러나 27일 대심원은 행정관의 간섭을 물리치고 사회의 오해를 불식시키며 공명한 심판을 내렸다. 법률의 남용을 막고 헌법의 불가침성을 명확히 했다. 외교와 내무는 행정관이 전담하고 법관은 법률만을 생각하는 것이 대심원의 대정신^{大精神}이다."

쓰쓰미 마사미 재판장은 일반인 모살미수죄를 적용해 쓰다 산조에게 무기징역을 선고했다. 대심원장이 재판관을 설득했다는 문제가 남지만 고지마 고레카타는 사법권 독립을 지킴으로써 지금까지도 법조계에 가장 큰 영향력을 끼친 인물로 남아 있다. 『오쓰 사건 일지』에 나타난 사법권 독립에 관한 생각은 현재 재판에도 유효한 신선한 것이었다.

I. 일본사법의 시작

오쓰 사건으로 사법권 독립이 확립됐다고는 말하기 어렵다. 고지마 고레카타는 이후 정부와 검찰 권력의 공격을 받았다. 오쓰 사건이 마무리되고 약 1년 뒤인 1892년 4월, 고지마 고레카타는 대심원 판사 6명이 모여 화투도박을 했다는 이유로 정부에서 사직 권고를 받았다. 고지마 고레카타는 재판관의 독립과 신분보장을 근거로 이를 거부하고 판사징계법에 따른 징계재판을 요청했다. 징계재판은 같은 해 7월 12일 증거 없음을 이유로 면소판단[1]을 내렸다. 하지만 정부는 소문만으로도 책임이 있다며 고지마 고레카타를 계속 압박했고 8월 23일 결국 퇴직했다.[1)]

메이지헌법에서는 재판소의 인사, 회계 등 사법행정에 대한 감독권을 행정기관인 사법대신이 가지고 있었다. 즉 재판소는 사법대신의 지배를 받았다. 이러한 체제에서 대부분의 재판관은 법률을 충실히 적용하며 맡겨진 임무를 다했다. 1945년 8월 14일 일본은 연합국에 포츠담선언을 수락하겠다고 통고하고 연합국최고사령관총사령부[GHQ] 통치에 들어갔다. 1947년 5월 3일 시행된 일본국헌법신헌법도 GHQ 주도로 제정됐고, 사법권의 독립 특히 행정권에서의 독립도 GHQ의 강력한 주도로 실현된 것이다. 헌법 이외에 형사소송법 등도 개정됐다. 하지만 민법, 상법, 민사소송법 등은 기존의 것을 썼다. 사법성에 출향[出向][2]해 사법차관을 역임한 경우가 아니면 공직추방[3]을 당하지 않았기에 전전[戰前] 재판관이 전

---

1 당시 판사징계법에 따라 징계재판소는 우선 서류심사를 했다. 여기에서 징계 사유가 있다고 판단되면 구두변론을 열고, 그렇지 않으면 면소 판결을 했다. 이 법률은 1890년 공포돼 1947년에 폐지됐다.
2 공무원 등이 기존 소속을 유지한 채 다른 조직에서 근무하는 것.
3 GHQ는 1946년 1월 4일 전쟁범죄자, 점령지 행정장관 등 공직 부적격자를 정해 공직에서 내보냈다.

후戰後에도 재판관으로 남았다. 재판관의 법의식이 1945년 8월 15일을 기점으로 혹은 신헌법 제정을 계기로 확 바뀌었다고는 볼 수는 없다. 전전의 사법제도와 재판관의 법의식 등이 전후 재판에도 깊이 영향을 주었다. 그래서 최고재판소의 바람직한 모습과 문제점을 검토하려면 전전의 사법제도가 어떠했는지 살펴봐야 한다.

전전에도 고지마 고레카타의 사법권 독립 정신을 이어받아 행동으로 옮긴 재판관들이 재판독립의 토양을 만들었고, 신헌법을 계기로 벌어진 재판 · 재판관의 독립을 위한 운동도 현재의 최고재판소를 비롯한 재판소를 만든 원동력이다. 재판의 독립을 위한 이들의 분투와 목표한 바를 공부하는 것은 바람직한 재판소와 재판관의 모습을 그리는 데 도움이 될 것이다. 이들의 발자취를 따라가다 보면 자신의 소명을 소중히 여기고 양심을 지키며 살아간 모습이 보인다.

I. 일본사법의 시작

1
메이지헌법의 사법제도

메이지헌법의 '사법'

메이지헌법은 '제5장 사법'에서 다음과 같이 규정하고 있다. ①사법권은 천황의 이름으로 법률에 따라 재판관이 행한다 ②재판소 구성은 법률로 정한다 ③재판관은 법률이 정한 자격을 가진 사람을 임명한다 ④재판관은 형 선고나 징계처분에 의하지 않고서는 면직되지 않으며 징계규정은 법률로 정한다 ⑤재판의 대심^{対審}4 및 판결은 공개하지만, 안녕질서 또는 풍속을 해칠 위험이 있을 때에는 법률에 의해 또는 재판소의 결의로 대심을 공개하지 않을 수 있다 ⑥특별재판소 관할에 속하는 것은 법률로 정한다 ⑦행정관청의 위헌처분으로 인한 권리침해에 관한 소송 가운데, 법률에서 행정재판소 재판에 속한다고 정한 것은 사법재판

---

4 법정에 당사자 양측을 출석시켜 진행하는 심리. 민사에서는 구두변론, 형사에서는 공판이다.

소에서 수리하지 않는다.

메이지헌법에 바탕해 제정된 재판소구성법에 따라, 대심원大審院, 공소원控訴院[5], 지방재판소地方裁判所, 구재판소区裁判所가 설치되면서 일본의 근대적 재판소제도가 시작됐다.

이렇게 메이지헌법은 재판소구성법에 정해진 통상재판소 이외의 특별재판소를 허용했다. 육해군의 군법회의 등이다. 반면 신헌법은 '모든 사법권은 최고재판소 및 법률이 정하는 바에 따라 설치되는 하급재판소에 속한다' '특별재판소는 설치할 수 없다'고 정해, 재판소가 가진 사법권의 범위를 법률로 제약하지 못하게 했다. (제76조 제1 · 2항)

메이지헌법은 행정소송의 관할을 행정재판소로 정했다. 행정재판소는 행정부 안에 설치된 기관으로 분립된 삼권 가운데 사법권에 속하지 않는다. 다만 예외적으로 중의원 의원의 선거소송 등은 사법재판소인 대심원이 재판권을 가졌다. 중의원 의원 선거법에 따른 것이다. 신헌법은 앞서 설명한 대로 모든 사법권은 재판소에 속한다고 정했고, 행정소송도 재판소 관할로 정해 '행정기관은 최종심 재판을 할 수 없다'고 했다. (제76조 제2항)

메이지헌법의 '신민의 권리와 의무'

메이지헌법은 '제2장 신민의 권리와 의무'에서 다음과 같이 규정했다. 일본신민은 ①법률의 범위 안에서 거주 및 이동의 자유를 가진다 ②법

---

5 1947년 폐지 당시 7곳에 있었다. 도쿄, 오사카, 센다이, 히로시마, 나고야, 삿포로, 후쿠오카다.

I. 일본사법의 시작

률에 의하지 않고는 체포·감금·심문·처벌받지 않는다 ③법률이 정한 재판관에게 재판을 받을 권리를 빼앗을 수 없다 ④법률이 정한 경우를 제외하고는 허가 없이 주거가 침입되거나 수색당하지 않는다 ⑤법률에 정한 경우를 제외하고는 신서信書의 비밀을 침해당하지 않는다 ⑥안녕 질서를 해하지 않고 신민의 의무에 반하지 않는 이상 신교信敎의 자유를 가진다 ⑦법률의 범위 안에서 언론·저작·인행印行·집회 및 결사의 자유를 가진다. 여기에 열거된 권리·자유는 천황이 신민에게 은혜로 내려준 법률의 범위 내에서 보호받는 것에 불과하여 법률에 의한 어떤 제한도 가능했다. 이를 '법률유보⁶'라고 부른다.

법률유보는 전후 헌법해석에 영향을 끼쳤음을 부인할 수 없다. 최고재판소가 "헌법 제38조 제1항 불리한 진술 거부권을 보장하기 위해 어떤 조치를 취해야 하는지는 수사현실 등을 고려한 입법 정책의 문제"라며, 헌법이 정한 인권보장을 법률에 위임한 것은 법률유보의 영향이다. 이에 대해서는 뒤에 자세히 설명한다. (제4장 3. 헌법은 재판규범이다)

메이지헌법 시대의 재판소는 말할 필요도 없이 위헌입법심사권을 가지지 않았다. 전전에 공권력이 국민의 권리와 자유를 공공연히 침해했던 이유 가운데는 법률유보와 위헌입법심사제도의 부재에 있다.

메이지헌법 시대에는 천황의 자문에 응해 중요한 국무를 심의하는 추

---

6   개인의 권리와 자유를 규제하려면 법률에 근거를 두어야 한다는 의미로 현재 일본에서도 쓰인다. 하지만 메이지헌법 시절에는 국민의 권리와 자유는 법률이 정하는 범위에서만 인정된다는 의미로 쓰였다. 언론의 자유를 제한적으로 인정한 메이지헌법 제29조가 대표적. 지금도 이런 의미로 쓰일 때가 있다. 이에 관한 저자의 설명이 214~215쪽에 나온다.

밀원枢密院이라는 기관이 있었다. 헌법의 수호자고도 불렸다. 하지만 여기에서 수호자는 요직을 장악한 번벌藩閥 내각이 자유민권 성향 정당과의 헌법 싸움에서, 자신들은 천황대권 중심 헌법체제를 지킨다는 의미로 쓰던 것이다 국민의 권리, 자유를 옹호하는 기능을 가진 것은 아니었다.

재판소구성법과 대심원 설치

재판소구성법에 따라 설치된 대심원은 제3심(최종심)으로서 공소원 및 지방재판소의 제2심 재판에 대한 불복(상고)을 재판한다, 공소원은 제2심으로서 지방재판소의 재판에 대한 불복(항소·항고)을 재판한다, 지방재판소는 제1심으로서 구재판소의 권한에 속하지 않는 사건을 재판하며 동시에 제2심으로서 구재판소 재판에 대한 불복(항소·항고)를 재판한다. 구재판소는 제1심으로서 비교적 경미한 민사·형사 사건을 재판한다고 규정됐다.

대심원의 구성은 시대에 따라서 다소 바뀌었다. 1940년에는 대심원장 1명, 부장 8명, 판사 38명까지 모두 47명이 5개 민사부와 4개 형사부로 나뉘어 재판을 담당했다. 재판은 5명(1913년 4월5일 개정 전까지는 7명)이 합의체를 이뤄 수행했다. 대심원 원장(정년 65세)을 제외한 판사(정년 63세)는 공소원이나 지방재판소로 이동하는 일이 있었고, 대심원 판사는 관명[7]이 아닌 직명[8]이었다.

---

7 현재 한국에서는 관명 법관이 3가지 직명으로 나뉜다. 대법원장, 대법관, 판사다. 일본에서는 관명 재판관이 6가지 직명으로 나뉜다. 최고재판소장관, 최고재판소판사, 고등재판소장관, 판사, 판사보, 간이재판소판사다. 일본의 메이지헌법 시대에는 관명 재판관에 직명은 판사뿐이었다.

I. 일본사법의 시작

전전의 도쿄 사쿠라다桜田 거리에는 사쿠라다문부터, 사법성, 대심원, 해군성이 비슷한 모습으로 늘어서 있었다. 당시의 사법성 청사가 현재 법무성 청사로 보존돼 있다. 대심원 청사는 1945년 3월10일 도쿄 대공습 당시 붉은 벽돌 외벽을 남기고 모두 소실됐다. 전후에 이를 고쳐 1949년 11월 11일부터 1974년 5월 23일까지 최고재판소 청사로 사용했다. 최고재판소는 1984년 5월 31일 도쿄 하야부사초隼町의 현재 청사로 이전했고, 그 자리에 도쿄고등재판소 · 지방재판소 · 간이재판소 청사가 준공돼 지금도 쓰이고 있다. 최고재판소가 있던 자리에 도쿄고등재판소 청사를 지으려 하자 정부가 문제를 제기했다. "사쿠라다 거리에 건설할 수 있는 건물은 중앙관청에 한한다. 수도를 방어하는 역할을 하는 경시청만 예외다. 하위 관할기관인 도쿄고등재판소를 여기에 지어서는 안 된다"고 했다. 이에 재판소는 "재판소법 시행령 제1조에 의해 대심원에서 하던 사건은 도쿄고등재판소가 인계하므로 도쿄고등재판소가 대심원과 동격이다. 도쿄고등재판소가 그 자리를 이어받는 것이 당연하다. 새 헌법에 따라 새로운 사상 아래 설립된 최고재판소는 대심원의 후계자나 계승자가 아니다"라고 주장했다. 이렇게 해서 현재 도쿄고등재판소 청사가 탄생했다. 법무성과 도쿄고등재판소 앞 사쿠라다 거리에는 상수리나무 가로수가 있다. 전전에 사법성에서 프랑스에 유학한 사법관

근무처에 따라 대심원 판사, 도쿄공소원 판사처럼 불렀다.

8 이 책 일본어판은 재판소의 재판관들을 상황에 맞춰 달리 지칭하고 있다. 그렇지만 한국어판은 최고재판소 재판관과 하급재판소 판사로 통일했다. 독자의 혼란을 막기 위한 것으로 논리적 이유는 없다. 저자의 동의를 얻은 것이며 그렇게 해도 내용에 문제가 없다고 했다. 다만, 사법부 전체를 아우르는 경우 재판관으로 적기도 했다.

(판사 · 검사)이 귀국 후 일본에도 마로니에 가로수를 만들자고 주장한 데서 비롯됐다.

재판소와 검사국

각 재판소에는 검사국이 부치돼 있었다. 부치^{附置}는 청사를 공동으로 쓰고 관할구역도 같이 한다는 뜻이다. 내가 1961년에 오사카지방재판소에서 사법수습을 받던 당시에도 붉은 벽돌 옛 청사는 오른쪽 반이 오사카고등재판소 · 지방재판소, 왼쪽 반이 오사카고등검찰청 · 지방검찰청이었다. 전전 부치의 잔재였다. 현재는 이런 청사가 없어졌지만, 나고야공소원 청사가 나고야시 시정자료관으로, 삿포로공소원 청사가 삿포로시 자료관으로 보존돼 있다.

그리고 재판소에 근무하는 판사도 검사국에 근무하는 검사도 고등시험령에 의한 사법과 시험에 합격한 뒤 1년 6개월 동안 재판소와 검사국에서 사법관 시보 실무 수습을 거친 뒤 고시를 치러 임관이 되면 사법대신에게 재판소나 검사국에 발령받았다.

재판소에 검사국이 부치돼 있었지만 재판소 판사와 검사국 검사는 독립된 관청이었다. 재판소가 검사를 감독하거나 검사국이 판사를 감독하지는 않았다. 재판소구성법 제81조도 검사는 어떤 방법으로도 판사의 재판사무에 간섭하거나 재판사무를 취급할 수 없다고 규정돼 있었다.

하지만 재판소 판사와 검사국 검사는 사법관으로 묶여 불렸고, 같은 청사에서 근무하며 고등관식당이나 회의실에서 같이 점심을 먹고, 회의나 연구회에도 같이 참석하는 등 동료의식을 갖고 있었다는 사실은 틀림없다. 전후 신헌법에서는 서로간의 동료의식이 서서히 약해졌지만, 여전히 잔재가 있어 재판에도 미묘한 영향을 주고 있다.

사법대신의 재판소 감독

재판소구성법에서는 판사, 검사, 그 외 직원의 임명·승급·전보·감독 등 인사, 회계를 비롯한 재판소 및 검사국을 운영하는 사법행정권을 사법대신에게 주었다. 이에 따라 각 재판소 및 각 검사국에 대한 감독권을 가지고 있었다. 다만, 사법행정권 행사가 판사의 재판권에 영향을 주거나 제한할 수 없다고 정해져 있었다. 사법대신은 검사 가운데 임명되는 경우가 많았다.

사법권 독립에 가장 중요한 판사의 신분에 대해 재판소구성법은, 판사는 형 선고나 징계처분에 의하지 않고서는 의사에 반해 전관, 전보, 정직, 면직, 감봉되지 않는다고 규정하고 있었다. 하지만 사법대신은 어느 재판소에 판사가 부족해 보충할 필요가 있으면 판사를 전보할 수 있고, 재판사무에 필요하다면 공소원 또는 대심원 총회 결의에 따라 판사에게 전보를 명할 수 있다고 규정돼 있었다.

판사와 검사는 재판소구성법에 따라 정년이 63세였는데 다른 성[省][9] 행정관과 비교해 재직연수가 상당히 길고 그만큼 승급승진이 늦었다. 하지만 판사나 검사도 사법성에서 조사관, 서기관 등 행정관이 되면 다른

9　일본의 중앙행정기관 단위. 가령 한국 법무부의 대칭은 일본 법무성이다. 성의 책임자는 대신이다. 한국의 법무장관은 일본의 법무대신이다.

성의 행정관과 처우가 같아진다. 재판소나 검사국에 있는 판사나 검사보다 높은 대우를 받게 된다. 당시에는 6월과 12월이 정기 승급 시기였고 승급 결과는 관보에 게재됐다. 사법성 행정직에 어느 판사, 검사가 먼저 승급했는지 한눈에 알 수 있었다. 더구나 사법성에 출향했던 판사가 재판소에 돌아와도 사법성 근무 당시 등급을 유지하기 때문에 다른 재판소 동료와 격차가 생겼다. 그래서 사법성에서는 우수한 판사를 발탁해 사법성 행정관을 경험시켰다. 이러한 출향이 반복되면서 사법성 출향 경력자가 재판소 요직을 점했고, 재판소는 사법성파와 재판소파로 나뉘며 알력이 생겼다.

이누마루 이와오^{犬丸 嚴} 대심원 판사는 태평양 전쟁이 시작된 1941년 펴낸 『신체제 헌법해설^{新体制下の憲法解説, 法文社}』에서 메이지헌법 사법제도의 문제를 지적했다. "행정권에서 독립한 재판소를 행정관인 사법대신의 감독 아래 두는 현재의 구조는 사법권의 독립을 보장한 헌법의 취지를 관철하지 못하는 아쉬움이 남는 것이다. 재판소를 강화하려면 재판소를 검사국과 분리해 사법성 밖에 둬야 하고, 행정관청의 감독을 받지 않는 명실상부한 천황직속기관이어야 한다. 대심원장은 전국 재판소에 대한 사법행정 감독권을 가지고 인사, 회계 그 외 모든 권한을 가져야 한다."(163쪽) "검사국이 재판소에 병치되고, 판사·검사가 사법성에 출향해 행정관이 됐다가 다시 판사·검사로 돌아온다. 7대, 8대에 걸쳐 검사 출신이 사법대신에 임명된다. 사법성 행정관으로 오래 재임하면서 재판 실무를 절차탁마하지 못한 사람이 빠르게 승진한 지위를 가지고 재판소로 돌아와 상층 요직을 차지한다. 재판 실적이나 재판관 사기, 재판 독립에 매우 심각한 영향을 끼친다. 그러므로 새로운 사법부 체제에서는 이런 구조를 바로잡는 것이 오랫동안 요청돼온 급선무다."(164쪽) 이러한 설명은 전후 사법개혁이 나아가야 할 방향을 제시한 것이다.

2
사쓰키회

사법대신에 대한 건의서 · 진정서

이처럼 불완전한 사법제도 아래에서도 재판 독립을 위해 기개를 펼친 재판관들이 있었다. 1925년 2월 도쿄지방재판소 부장협의회는 사법대신에게 건의서를 제출했다. ①재판소구성법을 개정해 사법성 행정관은 일정 기간 판사 업무를 한 뒤가 아니면 대심원장, 대심원 부장, 대심원 판사, 공소원장, 공소원 부장 및 지방재판소장에 취임할 수 없게 할 것. ②사법관에 대한 대우를 개선해 적어도 사법성 고등관과 차이가 없게 할 것.

1923년 3월에는 도쿄민사지방재판소와 도쿄구재판소 민사분야 판사가 사법대신에게 진정서를 제출했다. ①재판소 요직은 재판 경험이 풍부한 판사가 맡게 할 것. ②판사와 사법성 행정관의 대우를 똑같이 할 것. ③사법제도, 법률 개정 문제를 연구하는 판사실무가들의 상설 연구

조사기관을 설치할 것.[2]

사쓰키회 결성[3]

이러한 분위기에서 1938년 5월 도쿄민사지방재판소의 배석판사와 도쿄구재판소의 민사분야 판사가 중심이 되고 형사담당 판사도 일부 가담해 사쓰키회를 결성했다. 1929년 11월부터 1936년 12월까지 임관한 젊은 판사들이 중심이었다. 하야시 도오루林 徹, 니무라 요시히로新村義広(이후 나고야고등재판소장관), 야마시타 아사이치山下朝一(오사카고등재판소장관), 나이토 요리히로内藤頼博(나고야고등재판소장관), 곤도 간지近藤完爾(도쿄고등재판소 부총괄), 미쓰부치 간타로三淵乾太郎(우라와지방재판소장), 후로카와 마사토시古川正俊, 이소베 히데오磯部秀夫, 야나기가와 마사오柳川真佐夫(도쿄고등재판소 부총괄), 아사누마 무사시浅沼 武(도쿄고등재판소 부총괄), 마쓰모토 후유키松本冬樹(히로시마고등재판소장관), 아제가미 에이지畔上英治(도쿄고등재판소 부총괄), 요코가와 도시오横川敏雄(삿포로고등재판소장관), 기노시타 다다요시木下忠良(최고재판소 재판관)가 참여했다.

사쓰키皐月[10]라는 이름은 5월에 만들어졌다고 해서 붙여졌다. 재판의 도道를 연구하고, 재판에서 일상적으로 생기는 문제를 연구검토하며, 시사문제를 토론한다. 좋은 재판을 하는 좋은 재판소를 만드는 방법을 토론하는 것이 목적이다. 회원 조직은 이렇게 정했다. ①지방재판소 배석(따라서 공소원 판사, 재판소장 등이 되면 자격을 잃고 퇴회). ②15~16인으로

10　음력 5월을 뜻하는 단어. 한국 표준국어대사전에도 고월(皐月)로 나온다.

함(더 많아지면 좌담이 아니라 강연회가 됨). ③퇴회자가 나오면 회원의 추천에 의해 새 회원을 보충(구성원 변화로 조직의 활력을 유지). 이들은 한 달에 한 번 모여 재판실무에서의 법률문제, 바람직한 재판상, 시사문제 등을 논의하고 때로는 대심원 판사나 대학교수를 초청해 얘기를 들었다. 이후로 '양질의 재판, 바람직한 재판관'과 같은 테마에 집중했다. 그리고 '양질의 재판'을 뒷받침하는 '사법의 우위'로 주제를 발전시켰다. 논의한 내용은 이렇다. ①행정관인 사법대신이 재판소를 감독하는 것은 사법권의 독립에 반한다. ②재판소에서 가장 중요한 것은 재판이다. 판사의 천직은 재판하고 판결서를 쓰는 것이므로 판사는 재판에 전념해야 한다. 소장 등이 되려는 출세욕에 사로잡혀서는 안 된다. ③사법성에서 사법행정을 하던 사람이 재판소에서 재판에 전념한 판사보다 나은 대우를 받고 재판소 요직에 취임하는 것은 부당하다.

사쓰키회 회원이 사법성 전임을 거부하는 일도 있었다. 야마시타 아사이치, 나이토 요리히로, 미쓰부치 간타로 등이다. 점차 주위에서 사쓰키회를 젊고 순진한 판사의 연구 수양단으로 보지 않게 돼 "사쓰키회 녀석들 청년장교인 양 사법성에 반항하고 있다. 재판지상주의에 도취돼 있다. 동지적 정치결사다"라는 악평을 듣게 됐다.

1942년 5월 도쿄지방재판소에 부임한 야자키 겐세이^{矢崎憲正} 판사(이후 히로시마고등재판소장관)와 야마구치 료추^{山口良忠} 판사(1947년 10월 암미^暗 ^{米11}를 거부하다 영양실조로 사망)는 사쓰키회에 입회할 것을 권유받았다.

11 1942년 2월 21일 제정된 식량관리법에 따라 쌀은 정부가 배급했다. 배급 이외 경로의 쌀을 암미

I. 일본사법의 시작

나카무라 지로中村治朗 판사(이후 최고재판소 재판관) 등 동기생과 의논한 결과 '사쓰키회는 가입이 자유로운 개방된 조직 아니라 마음에 드는 사람에게만 가입을 권유하는 폐쇄적인 단체다. 재판소 내부에 불협화음, 대립과 마찰을 일으켜 판사 간의 자유롭고 솔직한 교류를 방해할 가능성이 있는 점을 고려해 신중하게 입회를 결정해야 한다'는 의견이 다수였다. 결국 두 사람은 권유를 거절했다. 나카무라 지로는 "이 일은 뇌리에 깊이 남아 후일 이른바 세이넨호리쓰가협회靑年法律家協会靑法協12 문제13가 불거져 재판소 내 사적 단체 결성에 대해 생각할 때 사쓰키회를 되새겼다"고 기록했다.[4]

재판소 안에 사쓰키회와 같이 회원을 한정하는 조직을 만드는 것은 문제다. 하지만 폐쇄적, 비밀결사적, 교조주의적 모임이라는 것은 공격을 위해서 만든 이유에 불과하다. 사쓰키회가 비판받은 진짜 이유는 사법성에 반항적인 자세를 보였기 때문이다. 사법성은 사쓰키회 회원을

라고 했으며 국민 누구라도 이를 사고팔면 처벌됐다. 1945년 종전 직후에도 식량 사정이나 처벌 대상인 것은 마찬가지였다. 하지만 정부의 배급 쌀로는 충분치 않아 대부분의 사람들이 암미를 먹었다고 한다.

12 1954년 만들어져 현직 판사 등이 참여한 진보성향 법률가 단체. 1950년대 원자·수소폭탄과 안보개정에 반대했고 1960년대에는 베트남전쟁과 한일기본조약에 반대했다.

13 1969년 자위대의 합헌성이 쟁점인 사건이 삿포로지방재판소에 제기된다. 히라가 겐타(平賀健太) 소장이 기각을 요구하는 메모를 재판부에 보내고, 이를 후쿠시마 시게오(福島重雄) 재판장이 공개한다. 소장의 재판 간섭이 문제되는 가운데 사건의 피고인 국가가 재판장이 세이넨호리쓰가협회 소속라는 이유로 기피신청을 낸다. 삿포로고등재판소는 각하한다. 1970년 5월 이시다 가즈토(石田和外) 최고재판소장관이 공정성이 의심되는 단체에 가입해서는 안 된다는 취지의 담화를 발표한다. 1970년 10월 이 단체 소속이란 이유로 판사 213명에 대해 소추가 청구되자 재판관소추위원회는 이들이 회원인지 확인한다. 이듬해 회원인 구마모토지방재판소의 판사보가 연임에서 탈락한다. 1982년 이후 신입회원이 없어진다.

지방에 전출시키거나 봉급을 올리지 않는 수단을 사용했다. 예를 들면 야마시타 아사이치는 1939년 말에 사법성으로 전임하라는 얘기를 듣고 완강히 거부하다가 1943년 미야기현 센다이시로 전출됐다. 1940년에 사쓰키회 들어간 후루카와 마사토시古川正俊도 사법성 전임을 거부하자 1941년 7월에 소집돼 1942년 5월 만주에서 육군 회계담당 소위로 있다가 숨졌다.

사쓰키회 해산

사쓰키회는 1947년 5월 '사쓰키회의 해산에 관하여'라는 성명을 발표하고 해산했다. "사쓰키회는 1938년 5월 재판의 도를 찾아 관철하려는 진지한 의도로 소장 판사 10여 명이 만들었다. 이후 만 9년 동안 도쿄 민사·형사재판소의 2배석급 판사를 회원으로 끊임없이 조직을 쇄신하며 활동했다. 구체적 법률문제 등에 대해 토의와 연구를 계속했는데 핵심은 재판이란 무엇인가, 재판관은 어떠해야 하는가라는 문제였다. 모든 각도에서 조명해 토론하고 실무를 통해 반성을 거듭했다. 필연적으로 재판지상주의, 재판소중심주의를 위한 사법권 독립의 방향으로 나아갔다. 이 과정에서 언제나 실천을 함께 했다. 하지만 우리 모임의 이론과 실천에는 한계가 있었다. 회원들이 옛 헌법에 따른 관료적 재판제도의 재판관에 불과하기 때문이다. 우리는 재판관의 마음가짐, 사법행정 운용 등을 논의하고 실천했지만 국가제도에 이르러서는 멈추지 않을 수 없었다. 낡은 틀 안에 새로운 내용을 담아 실천하려고 하니 마찰과 오해가 생길 여지가 있었다. 이에 대한 비판이 회원이 아닌 사람들 사이에서도 반향을 일으켰다. 지금은 새로운 헌법과 재판소법이 시행돼 우리가 여러 해에 걸쳐 토의하고 실천한 결론이 실현됐다. 우리는 새로운 제도에 어울리는 새로운 사상이라는 스스로의 역량을 준비해온 것을 자랑스럽게 여긴다. 하지만 우리 노력의 기반이던 '판사'나 '재판'도 오래된 제도 안에 있다는 점을 반성하고 새로운 출발을 위해 낡은 옷을 벗어야 한다. 낡은 기반 위에 있는 사쓰키회도 가장 엄격한 실천인 자기부정으로 다음 역사로 나아가야 한다. 우리 모임의 해산은 새롭게 시작하는 제도에 기념이 될 것이다. 아직 새로운 제도가 국민의 자각으로 얻어졌다고는 말하기 어렵고, 사법부 스스로의 역량도 충분하게 갖춰지지 않았다. 새로운 제도에 어울리는 새로운 재판관이 되고, 새로운 재판을 실현하기 위해서는 많은 시간과 노력이 필요하다. 이념과 현실의 간격은 새로운 구상에 바탕한 새로운 노력으로 해소될 것이다. 그러기 위해 더 넓은 기반과 시야가 필요하다. 우리는 밝은 미래를 기대하며 이 자리에서 모임을 해산한다."

내가 도쿄지방재판소 판사보에 임관한 1963년 에사키 다로江碕太郎 재판장이 더러 "누구누구는 사쓰키회다"라고 말하는 것을 들었다. 진보적이라는 정도로 이해했고 에사키 다로 재판장도 그 이상 의미로 말한 것은 아니었다. 재판소 안에서 사쓰키회가 특별히 화제가 되지도 않았다. 전전 임관한 판사들이 퇴관하면서 사쓰키회를 아는 사람들은 재판소에서도 없어졌다. 다만 전후 재판소에서 새 헌법의 감각을 재판에 도입한 선두는 사쓰키회 회원들이었다는 사실을 기록해둘 필요가 있다. 중심멤버였던 니무라 요시히로, 나이토 요리히로, 곤도 간지 세 명의 활약을 간략히 소개한다.

니무라 요시히로 판사

니무라 요시히로 판사는 1968년 9월부터 1970년 9월까지 나고야고등 재판소장관을 역임했다. 당시 니무라 요시히로가 고등재판소장관으로서 민사 상고사건[14]을 담당하고 있다는 얘기를 듣고 존경의 마음을 가지게 됐다. 그를 멀리서 지켜봤을 뿐이지만 조용하고 온후하다는 느낌을 받았다. 니무라 요시히로는 '점령정책에 굴하지 않은 니무라 재판관'이라고 《선데이 마이니치$^{サンデ-每日}$》 1958년 특별호 (5월) 「쇼와의 재판장들 이야기」에 소개됐다. 앞서 1956년에는 『재판이야기들^{裁判今昔ものかたり,} ^{河出書房}』을 세키네 고사토^{関根小鄕} 판사(이후 최고재판소 재판관)와 공동으로 편집했다.

니무라 요시히로가 재판장이던 도쿄지방재판소 제14민사부는 1948년 2월 2일 히라노 리키조^{平野力三} 중의원 의원에 대한 공직추방지정 효력을 정지하는 가처분 결정을 내렸다(행정재판월보 제2호 83쪽).[5] 1946년 1월 4일 GHQ는 군국주의자나 극단적 국가주의자를 공직에서 추방하기 위해 '바람직하지 않은 인물의 공직 제거에 관한 각서'를 발표했다. 이를 받아 일본 정부는 1947년 칙령 제1호 '공직에 관한 취직금지, 퇴관, 퇴직 등에 관한 칙령'을 제정했다. 칙령 제4조 제1항은 각서 해당자 지정은 내

---

14 최고재판소가 상고심 담당이지만 민사에 한해 1심이 간이재판소 사건이면 고등재판소가 상고심을 맡는다. 재판소법 제16조 고등재판소 재판권에 정해져 있다.

I. 일본사법의 시작

각총리대신이나 도도부현^{都道府県}15 지사가 공직적부심사위원회의 결과에 바탕해 한다고 정했다. 히라노 리키조를 심사한 중앙공직적부심사위원회는 1947년 12월 26일 투표에서 7대 2로 히라노 리키조는 '각서 해당자가 아니다'라고 결의했다. 하지만 마키노 에이치^{牧野英一} 위원장의 제안으로 1948년 1월 13일 재투표를 했고 5대 4로 결의가 뒤집혔다. 가타야마 데쓰^{片山 哲} 총리대신은 다음날인 1월 14일 히라노 리키조가 각서에 해당한다고 지정했다. 히라노 리키조는 1월 27일 가타야마 데쓰 총리대신을 상대로 공직추방효력 발생정지 가처분을 냈다.

도쿄지방재판소의 결정은 이랬다. "피신청인이 1947년 칙령 제1호 제4조에 따라 1948년 1월 14일에 내린 신청인에 대한 공직추방각서 해당자 지정 효력은 무효확인소송 본안 판결이 확정될 때까지 정지한다." 그리고 "각서 해당자 지정은 1947년 칙령 제1호 '공직에 관한 취직금지, 퇴관, 퇴직 등에 관한 칙령' 제4조에 의해 내각총리대신이 공직적부심사위원회의 심사 결과에 따라 내리는 행정처분이다. 이 칙령은 GHQ가 일본 정부에 보낸 1946년 1월 4일자 각서 '공무종사에 적합하지 않은 자의 공직 제거에 관한 건'에 의한 것이다. 결국 각서는 1945년 9월 2일 항복문서에서 시작되는 초헌법적 성격의 지상명령이다. 따라서 일반법령과는 달리 이 칙령에 대해서는 재판소가 위헌심사권을 가지지 않는다. 하지만 정부가 각서를 실행하기 위해 국내법에 맞춰 칙령을 제정하고 구체

---

15 일본의 광역지방단체들을 묶어 부르는 말. 1972년 이후 현재까지 도쿄도, 홋카이도, 오사카부, 교토부 외에 43개 현으로 모두 47개 도도부현이다.

적 사건에 대해 행정처분 형식으로 조치한 이상, 조치가 법령에 위반된 때에 재판소는 당부를 심사할 수 있다. GHQ의 명령 또는 특단의 입법적 조치가 없는 이상 그렇다. 법령위반 처분에 대해서는 별도로 1947년 칙령 제65호가 인정한 행정상 구제제도가 있다. 이는 칙령 제1호의 규정에 의한 각서 해당자의 지정해제 소원에 관한 칙령이다. 그렇다고 해서 국민의 재판청구권을 빼앗을 수는 없는 것은 헌법 제32조[16]와 제76조[17] 취지에 비춰볼 때 명확하다." 즉, 재판소가 각서나 칙령의 위헌성 심사는 못하지만 공직추방각서 해당자를 지정한 구체적 행위가 각서·칙령에 위반되는지는 심사할 수 있다고 판결했고, 정당한 것이었다.

도쿄지방재판소 판결 이틀 뒤인 1948년 2월 4일 일본 정부는 도쿄지방재판소 가처분 결정에 대해, 정부의 행정권 행사를 제약해 권력분립의 원칙에 위배되므로 재판소는 공직추방 같은 지상명령을 제약하는 사건을 관할할 수 없다는 성명을 도쿄지방재판소에 통고했다. 이에 대해 니무라 요시히로는 행정청의 위법처분에 소송을 제기하는 데는 제한이 없으므로 재판소는 제소된 문제가 정치적인지 아닌지 상관없이 제기된 구체적 문제를 헌법에 따라 처리할 수밖에 없다는 견해를 발표했다. 한편 GHQ는 공직추방은 본래 GHQ가 하는 것으로 다만 그 행위를 총리대신에게 위임한 것일 뿐이므로 재판소가 관여할 수 없다는 입장이었다. 그리고 최고재판소에 가처분 결정을 즉각 취소하라고 구두 요청했

---

16 제32조 누구든지 재판소에서 재판을 받을 권리를 박탈당하지 아니한다.
17 제76조 제1항 모든 사법권은 최고재판소 및 법률이 정하는 바에 따라 설치되는 하급재판소에 속한다.

I. 일본사법의 시작

다. 최고재판소는 사안이 중대하므로 서면으로 요청하라고 답변했고 논쟁 끝에 GHQ 민정국장 코트니 휘트니[Courtney Whitney]가 최고재판소장관에게 서간으로 일본 재판소는 각서에 의거한 공직추방 절차에 대해 관할권이 없다고 지적했다. 미부치 다다히코[三淵忠彦] 최고재판소장관은 재판관회의 협의를 거쳐 도쿄지방재판소의 가처분 결정은 재판권이 없어 무효라는 담화를 발표했다. 다만 최고재판소는 사법권 독립을 존중한다는 원칙에 따라 가처분 결정을 취소하라는 명령, 지시, 권고 등 직접적인 행동을 하지는 않았다.

니무라 요시히로가 다음날인 2월 5일 아침 미부치 다다히코 최고재판소장관을 찾아가 담화의 취지를 물어보자 미부치 다다히코는 코트니 휘트니의 편지를 보여줬다. 니무라 요시히로는 이 편지의 지적이 가처분 결정에 미치는 영향을 연구하던 가운데 미부치 다다히코 최고재판소장관의 부름을 받았다. 그는 "가처분 결정을 즉시 취소해야 한다"는 GHQ의 구두 지령이 민정국 법제사법과장 알프레드 오플러[Alfred C. Oppler]를 통해 왔다고 했다. 그리고 도쿄지방재판소장에게 GHQ 지령이 있었다는 통지서를 주었고 니무라 요시히로에게 전달됐다. 니무라 요시히로가 재판장인 도쿄지방재판소 제14민사부는 이날 가처분 결정을 취소하고 히라노 리키조의 가처분 신청을 각하하는 결정을 내렸다.

히라노 리키조에 대한 지방재판소의 가처분 결정은 구체적 처분이고 이를 취소하라는 GHQ의 지령은 초헌법적 효력을 가지므로 가처분 결정 취소는 어쩔 수 없는 일이다. GHQ의 직접적 지령이 있기 전에 도쿄지방재판소가 가처분 결정을 내린 것은 당시 국내법에 의해 사법의 범위(법률상 쟁송)를 정당하게 판단한 것으로 높게 평가해야 한다.

니무라 요시히로는 법조시보 제1권 제1호(1949년 3월) 33쪽에 '히라노 추방정지 가처분 사건 개요'를 발표해 "정부가 법률 절차에 따라 가처분 취소를 요구하지 않고, 무효라고 2월 4일에 성명을 발표한 것은 사법권 독립을 침해한 것"이라고 비판했다. 그리고 "사법권 독립은 민주주의의 절대적 요청이고 이를 통해서야 국민의 자유를 옹호하고 행복을 지킬 수 있다. 사법권 독립은 모든 국민의 부단한 노력으로 지켜져야 한다"고 말했다. 니무라 요시히로는 GHQ의 일본관리 정책이 지령, 각서 등에 의해 공식적으로 나온 것에 대해 "어떻게 해야 일본관리 정책에 부합하는 것인지는 이 공식적인 내용을 검토해 재판관 스스로의 책임 아래 자주적으로 판단해야 한다. 연합국 사람들의 지시 없이는 재판할 수 없게 된다면, 일본국민은 영원히 스스로 생각하고 행동하지 못하는 국민이 되고 말 것"이라고 경고했다.

니무라 요시히로와 관련된 일화로 1949년 도쿄지방재판소 어느 판사가 GHQ 민정국 차장 찰스 케이즈Charles Kades가 참석한 자리에서 "검사의 의향도 집행유예인 것 같아 그렇게 했다"고 말했다. 그러자 케이즈 차장이 격노해 "당신은 히라노 리키조 가처분 사건을 담당한 니무라 요시히로 판사를 아느냐? 일본에는 그런 훌륭한 판사도 있다"고 말했다고 한다.[6]

니무라 요시히로가 재판장이던 도쿄지방재판소 제2민사부는 1952년 4월 28일 원고 일본노동조합총평의회, 피고 후생대신인 고쿄가이엔皇居外苑18 사용불허가처분 취소 행정소송 사건을 판결했다. 재판부는 "원고

I. 일본사법의 시작

의 1951년 11월 10일자 '1952년 5월 1일 메이데이를 위한 고쿄가이엔 사용신청'에 대해 피고가 1952년 3월 13일 내린 불허가처분을 취소한다"고 선고했다. 그리고 "신헌법에서는 국민은 더 이상 신민이 아니다. 국가의 주권자이다. 그리고 국민의 대부분은 근로자이다. 헌법은 근로자의 지위를 매우 중요하게 여긴다. 헌법 제27조는 '모든 국민은 근로의 권리를 가지며 그 의무를 진다', 제28조는 '근로자의 단결권, 단체교섭권 그 밖의 단체행동권을 할 권리를 보장한다'고 규정하고 있다. 제21조와 제25조도 주로 근로자에 관한 규정이다. 일본은 근로자 중심의 국가라고 말해도 무방한 국가가 됐다. 일본은 근로자가 번영해야 대국이 된다. 국민주권이 바탕인 헌법에서 당연한 것이다", "고쿄가이엔을 집회, 시위를 위해 사용하는 것은 고쿄가이엔의 본질인 '공공의 용도'에서 벗어나지 않아, 공원의 기능을 해하지 않는 이상 사용이 허용돼야 한다. 고쿄가이엔의 본질에 반하고 공원 본래의 기능을 해하는 경우라면 고쿄가이엔을 집회, 시위를 위해서 사용하는 것을 허용하지 않을 수 있다. 하지만 집회, 시위가 고도의 공공적 성격이 있고 고쿄가이엔 이외에는 행할 장소가 없어 고쿄가이엔이 적절하다면 후생대신의 거부는 제한돼야 한다. 즉, 다른 국민에게 다소간 불편을 끼치거나 공원을 훼손할 여지가 있어도, 집회 또는 시위가 허가가 필요한 공공적인 성질이 있는지에 따라 거부의 가부를 결정해야 한다. 이런 점에서 이 사건 불허가처분은 국민공

18 도쿄 천황 주거지 고쿄 근처의 공원. 1945년 패전 직후 이곳에서 자결하는 사람들이 있었고, 1946년에는 조선인들이 생활보호를 요구하며 시위하기도 했다.

원관리규칙을 잘못 적용했고 나아가 집회 등의 자유를 보장한 헌법 제21조를 벗어난 위법한 것이다. 따라서 취소를 구하는 원고의 청구에는 이유가 있다"고 판결했다(행정사건재판례집 제3권 제3호 634쪽).

정부는 이 판결에 항소했는데 고등재판소 판결이 나오기 전에 5월 1일 메이데이가 됐다. 메이데이 중앙 집회는 메이지공원에서 치러졌는데, 중앙 행사 종료 후에 노동자, 학생들 약 3000명이 고쿄皇居 앞 광장의 사용금지에 항의하며 광장으로 이동 중 경찰대와 충돌해, 사망자 6명, 중상자 50명을 내는 피의 메이데이가 됐다. 사건은 비극으로 끝났지만, 도쿄지방재판소 판결이 있던 날은 평화조약 발효일로 일본이 연합국군 통치에서 벗어난 날이다. 도쿄지방재판소 판결에서 니무라 요시히로 재판관의 헌법중심 법의식을 읽을 수 있다.

나이토 요리히로 판사

나이토 요리히로 판사는 다카토번高遠藩[19] 번주인 나이토內藤가 제14대 종손으로 도쿄 신주쿠 나이토초에서 태어났다. 그야말로 귀공자의 풍격을 가진 사람이었다. 전전에는 사법성에 들어가는 것을 거부했지만 전후에는 새로운 재판소를 만든다는 목적으로 사법성 민사국 제3과장을 맡아 재판소법 입법을 담당했다. 이 과정을 1959년부터 1961년에 걸쳐 『종전 후의 사법제도개혁의 경과終戰後の司法制度改革の経過』라는 6권짜리 사

---

19 현재 나가노현 시나시에 1600년부터 1871년까지 있던 번. 다카토번 다이묘 저택이 있던 나이토초는 현재 도쿄 신주쿠교엔(新宿御苑) 자리다.

법연구보고서로 정리했다(신잔샤, 일본입법자료전집信山社, 日本立法資料全集 별권 91~94(1997~1998)에 수록). 재판소법을 입안하던 무렵에는 물자가 부족해 사법성 사법법제심의회의 위원·간사가 나이토가의 도쿄 근교 가마쿠라鎌倉 별장에서 합숙했다. 나이토 요리히로 판사는 GHQ 민정국 법제사법과장으로 재판소법 심사를 담당한 알프레드 오플러 박사와도 친분이 깊다. 알프레드 오플러의 『일본점령과 법제개혁日本占領と法制改革, 日本評論社, 1990』의 번역 감수를 맡기도 했다. 재판소법 제정에 가장 크게 공헌한 한 사람으로서, 최고재판소 사무총국의 『재판소법 축조해설裁判所法逐条解説, 法曹会, 1967』의 제1~52조를 작성했다.

최고재판소가 생긴 뒤에는 최고재판소 비서과장, 총무국장, 사무차장을 역임했다. 1940년에 미국에 출장해 가정재판소를 살펴본 것을 계기로 가정재판소와 가정재판소 조사관연구소 설립에도 몸담았다. 편저로는 전후에 변호사에서 도쿄가정재판소장이 된 곤도 린지에 관한 『자유인 곤도 린지自由人近藤綸二, 日本評論社, 1986』가 있다. 나이토 요리히로 자신도 자유인이라 불리던 리버럴한 존재였다. 1970년 9월부터 1973년 3월까지 나고야고등재판소장관을 지냈다. 당시 최고재판소 사무총국은 현장 재판관의 봉사자여야 한다는 생각으로 사무총국에 까다로운 주문을 했다. 당시 나는 사무총국 인사국에 있었는데, 사무총국 과장이나 소속 가운데 나고야고등재판소 출장이 힘들다고 말하는 사람도 있었다.

나이토 요리히로는 이시다 가즈토 최고재판소장관 추모집石田和外追想集, 石田和外追想集刊行会, 1981 297쪽에서 이렇게 썼다. "1972년 가을 나고야고등재판소장관이던 나를 이시다 가즈토石田和外 최고재판소장관이 불렀다. 가보니 나 혼자만 있었다. '이와다 마코토岩田 誠 재판관의 후임으로 자네를 추천하려고 한다'고 했다. 최고재판소장관이 최고재판소 재판관을 추천할 때 일반적으로 이렇게 하는지는 모르겠다. 결과적으로 실현되지는 않았지만 이시다 가즈토 최고재판소장관의 배려가 느껴졌다. 고민 끝에 했던 일일 테다. 그 뒤로 '부덕한 후배가 선배께 폐만 끼치고 죄송합니다'라고 말했다. 이시다 가즈토 최고재판소장관은 '아니네…'라고 말하며 눈만 껌뻑였다." 최고재판소 재판관이 되지 못한 이유에 대해 다카노 게이치高野耕一 판사는 나이토 요리히로와 대담에서 "어떤 책에서는 '자민당 안에 나이토 요리히로가 진보적인 사고를 가지고 있다고 생각한 사람들이 있어서였는지도 모른다. 미부치 다다히코 초대 최고재판소장관이 가타야마 데쓰 내각에서 임명될 당시 나이토 요리히로가 관여했다. 이 일에 조금이라도 관계가 있는 사람은 배제한 게 아닐까. 아니면 누군가가 '나이토는 말이야…'라며 방해했을 수도 있다"고 말했다. 이에 대해 나이토 요리히로는 "어찌됐건 이시다 가즈토 최고재판소장관은 난처했을 것이다. 장관이 추천했지만 거부됐으니까. 나의 부덕의 소치이고, 이시다 가즈토에게는 정말로 죄송하게 됐다"고 답했다.[7] 나이토 요리히로는 나고야고등재판소장관에서 퇴관한 뒤, 다마미술대학多摩美術大学장, 가쿠슈인学習院장 등을 역임했다.

곤도 간지 판사

곤도 간지 판사는 『민사소송논조 전4권民事訴訟論考全四卷, 判例タイムズ社, 1978』을 저서로 남긴 학구파 재판관이다. 이 책에 실린 「좌담회 곤도를 둘러

　　　　　　　　　　　　　　　　I. 일본사법의 시작

싸고^{座談会 近藤さんを囲んで}」는 전전부터 전후까지 이어지는 혼란기에 흔들림 없이 재판의 길을 걸어온 재판관의 모습을 보여준다. 나는 사법연수소에서 그의 강의를 한 번 들은 일이 있는데, 민사재판에 집중하는 중후한 재판관이라는 인상을 받았다.

곤도 간지는《선데이 마이니치》1958년 특별호 (5월)「쇼와의 명 재판장 이야기^{昭和の名裁判長物語}」에서 강제출국명령을 받은 대만인 일가를 구한 재판관으로 나온다. 전전에 일본 군수공장에서 일하다 전후에도 일본에서 살던 대만인 남성이 있었는데 1952년부터 어머니와 여동생도 일본으로 건너와 함께 살았다. 어머니와 여동생은 체류기간을 넘겨 강제퇴거명령을 받자 이를 취소해달라는 소송을 냈다. 곤도 간지가 재판장이던 도쿄지방재판소 제2민사부는 1957년 4월 25일 판결에서 강제퇴거명령서 발부처분을 취소했다. 재판부는 "모든 사람은 공포와 결핍에서 벗어나 평화롭게 생존할 권리를 가진다는 일본국 헌법 전문 제2단 선언은 일본에 체류하는 외국인에게도 당연히 적용된다. 따라서 현재 일본에서 평화롭게 생활하는 사람을 강제퇴거시켜 명백히 생존을 위협한다면 그들이 체류자격을 잃은 불법체류자라 하더라도 강제퇴거가 허용되지 않는다"고 판결했다(판례시보 제115호 6쪽).

3
도쿄공소원 분과회[8]

도쿄공소원장의 독단

여기에서 전전으로 돌아간다. 재판소구성법 제22조 제2항과 제3항은 지방재판소 부장 및 부원을 배치하는 일을 재판소장, 부장, 부 상석판사 1명이 참여하는 분과회가 해마다 정하게 했다. 그리고 재판소구성법 제36조는 이 규정을 공소원에 준용했다. 재판권의 독립과 재판의 공정을 보장하기 위해, 재판관의 배치를 공소원장이나 지방재판소장 혼자가 아닌 분과회 합의로 정하자는 것이었다.

1942년 3월 23일 도쿄민사지방재판소의 한 부장판사가 도쿄공소원으로 전보돼 원장이 부장을 맡는 부인 제6민사부 대리부장에 배치됐다. 이는 시모야마 세이치霜山精一 도쿄공소원장(이후 최고재판소 재판관)이 분과회 의결을 거치지도, 구성원 의견을 듣지도 않고 사사키 료이치佐々木良一 도쿄민사지방재판소장의 추천을 받아 독단적으로 한 것이었다. 당시 도쿄공소원 제2민사부는 부장 미노 쇼지三野昌治, 우배석 조노 교준丁野曉春, 좌배석 가와모토 기요시河本喜与之였다. 두 배석 판사는 이번 인사에 문제가 있으며 원장과 소장의 전횡을 막아 재판관 정신을 지켜야 한다고 생각했다. 이들은 미노 쇼지 부장에게 다른 부장들을 설득해 분과회 개최를 청구하자고 했다. 미노 쇼지 부장은 그 자리에서 받아들였다. 가와모토 기요시는 당시 이유에 대해 이렇게 적고 있다. "메이지헌법의 중대한 결점은 사법대신이라는 행정권에 재판소의 예산과 인사 권한을 쥐어준 것이다. 행정권이 재판권을 사실상 지배하는 결과가 돼 수많은 재판관의 사기를 떨어뜨리고 심지어 예속적 기질마저 생기게 할 수 있다. 그래서 이를 쇄신하고 시정하려는 운동이 일어났다. 자세한 이야기를 다 적을 수 없지만 나와 조노 교준 판사가 일원이던 것은 확실하다. 소장이나 원장은 이러한 사법행정권의 연장선격인 재판소 요직에 올랐고, 당시 인사는 이를 배경으로 저지른 전횡이다. 이런 인사를 받아들인다면 재판소가 내부에서 붕괴할 것이라는 분노가 있었다."

분과회 개최

이렇게 해서 일주일 뒤인 1942년 3월 30일 민사상석부장[20]이 원장을 만나 다수의 민사부장이 분과회 개최를 요구하고 있다고 말했다. 하지

---

20 현재 지방재판소와 고등재판소 재판부의 장은 '부총괄'이다. 하급재판소사무처리규칙 제4조가 근거다. 메이지시대이던 전전에는 재판소구성법 제20조 제2항 등에 따라 '부장'이라고 했다. 부장들 가운데 판사 경력이 가장 오래된 사람이 상석부장이다. 민사부에는 민사상석부장, 형사부에는 형사상석부장이다.

만 원장은 분과회 개최를 거부하며 "평소 하던 대로 서면을 돌려서 찬반을 요구하면 충분하다. 왜 빨리 서면을 돌리지 않는지 모르겠다"며 되려 힐난하는 태도로 나왔다. 이틀 뒤 4월 1일 형사상석부장도 분과회 개최를 권했지만 원장은 이를 받아들이지 않았다. 이에 미노 쇼지, 후지에 주지로藤江忠二郎, 오노 쇼고大野璋五, 가나자와 기요시金沢 潔, 네모토 마쓰오根本松男까지 민사부장 5명은 '이번 인사이동에 이은 판사배치에 대해 재판소구성법에 정해진 회의 개최를 청구한다'는 연명서로 분과회 개최를 요구한다. 결국 4월 6일 분과회가 개최됐다. 시모야마 세이치 원장은 "원장이자 제6민사부 부장인 내가 해당 판사를 부원으로서 재판장에 임명한 것이다. 부장이 자기 부의 부원을 정하는데 다른 부장에게 이런저런 말을 들을 이유가 없다"며 목소리를 높였다. 하지만 분과회를 요구한 5명이 소신을 밝히고 사건 배당과 부원 배치는 분과회가 결정한다는 재판소구성법의 취지를 설명했다. 이후 표결에 부쳐져 원안 찬성 7(형사부 판사 5명, 민사부장 2명), 반대 5(민사부장 5명), 기권 1(형사부장 1명)으로 시모야마 세이치 원장의 원안이 근소한 차이로 가결됐다.

분과회 사건 조사회 기록

한편 조노 교준과 가와모토 기요시는 모든 민사부 배석판사가 참여하는 친화회親和會 이름으로 전말을 조사하도록 했다. 그리고 66쪽에 달하는 '1942년 4월 6일 도쿄공소원 분과회 사건 조사회 기록'을 작성해 시모야마 세이치 원장에게 제출했다. 기안자는 가와모토 기요시이고 작성자는 도쿄공소원 친화회이며, 민사부 배석판사 전원이 서명날인했다.

　　　　　　　　　　　　I. 일본사법의 시작

마지막 부분의 결론인 '이 사건에 대한 법률적 평가'에는 다음과 같이 기재돼 있다.

"이 사건으로 사법연도 중간에 행해진 판사 배치에 관해 분과회를 열어야 하는지에 대한 선례가 확립됐다. 재판소구성법에 따라 판사 배치는 분과회가 결정하지만 사법연도 중간의 이동에 따른 판사 배치는 약식 절차가 관례였다. 일일이 분과회를 여는 것은 번거롭다는 이유로 의안을 돌려 정했다. 하지만 이는 판사 배치에 관해 사전에 부장들의 의견을 참작해 의안을 정하고 전원 동의를 받게 되는 경우다. 따라서 사법연도 중간에 장관이 판사의 보직을 바꿀 때는 부장들 의견을 참작해야 하는데 한 명이라도 이의가 있어 분과회 개최를 청구하면 의안을 돌리는 방식은 할 수 없다. 그다지 명확하지 않던 재판소구성법 규정에 대해 이러한 해석을 확립시켰다. 즉, 장관이 판사 배치에 독단전횡할 수 없다는 것이 재판소구성법의 정신임을 확실히 한 것이다."

재판소구성법 시대에는 사법대신이 판사 인사권을 가지고, 재판소 소장들은 사법대신의 보조기관으로 판사의 승급, 승진을 추천하는 권한을 이용해 판사들 위에 군림했다. 일본은 1억 국민이 마음을 하나로 묶어야 하는 전시상황이었고, 이 사건도 사실 시모야마 세이치 원장 자신이 부장으로서 대리부장을 배치한 것에 불과했다. 더구나 시모야마 세이치 원장은 이후 도쿄공소원장에서 대심원장으로 승진하는 실력자다. 이런 상황에서도 재판의 독립을 지키겠다는 열의로 부장 5명이 시모야마 세이치 원장의 독단적인 조치를 거부하고 분과회 개최를 요구하며 결연히 일어선 일, 배석 판사들도 조사회를 조직해 배석 전원이 서명한 조사회

기록을 시모야마 세이치 원장에게 제출했던 사실은 사법권 독립 옹호의
역사에 깊이 새겨져야 할 것이다.

4
익찬선거 무효판결

도조 히데키와 익찬선거

1942년 4월 30일 도조 히데키東條英機 내각 당시 열린 제21회 중의원 의원 총선거를 익찬선거翼贊選擧라고 부른다. 이 선거에서 익찬정치체제협의회는 전체 의석수와 같은 466명 후보를 추천해 381명을 당선시켰다. 전쟁 완수를 주장하는 추천후보에게는 익찬정치체제협의회가 임시군사비를 유용해 선거비용을 지원하고, 전쟁에 반대하는 다른 후보에게는 도조 히데키 내각이 경찰 등을 동원해 선거운동을 방해했다.

메이지헌법에서 행정사건은 행정재판소 관할이었다. 하지만 예외적으로 중의원 의원 선거법 제81조는 '선거의 효력에 이의가 있는 선거인 또는 의원후보자는 선거장[21]을 피고로 해 선거일로부터 30일 이내에 대

---

21 개표결과를 보고받고 확인해 당선자를 결정하는 선거회의 사무책임자. 선거관리위원회가 임명한다

심원에 제소할 수 있다'고 규정하고, 같은 법 제82조 제1항은 '선거 규정 위반이 있는 경우 선거 결과에 영향을 미칠 가능성이 있다면, 재판소는 선거의 전부 또는 일부를 무효로 판결할 수 있다'고 규정했다.

이 규정에 따라 익찬선거의 효력을 다투는 소송이 대심원에 제기됐다. 나가사키현 제1구, 후쿠시마현 제2구에 대한 소송이 제2민사부(부장 야베 가쓰미^{矢部克己}), 가고시마현 제1구 소송이 제4민사부(부장 후루카와 겐타로^{古川源太郎}), 가고시마현 제2구가 제3민사부(부장 요시다 히사시^{吉田久}), 가고시마현 제3구에 대한 소송이 제1민사부(부장 오카무라 겐지^{岡村玄治})에 배당됐다.

전시를 의식하지 않는다

도쿄공소원 조노 교준 판사는 도쿄민사지방재판소 가와모토 기요시 부장과 의논해 순보를 발행하던 《호리쓰신보^{法律新報}》에 좌담회 개최와 공지를 부탁했다. 재판소는 부정선거에 대해 군부나 정부의 권력에 굴하지 않고 당당하게 법을 적용해야 한다, 이렇게 해서 사법권 독립을 천하에 보이고 재판 일반의 사명을 명확히 하자는 것이었다.

좌담회는 1943년 2월 10일 열려 '전시에서의 재판도를 이야기하는 좌담회-공소원 판사를 중심으로'라는 제목으로 《호리쓰신보》 680호(3월 15일), 681호(3월 25일), 682호(4월 5일)에 실렸다. 참석자는 조노 교준 판사와 가와모토 기요시 부장 이 외에도 도쿄공소원 부장 미노 쇼지, 후지에 주지로, 오노 쇼고, 네모토 마쓰오, 도쿄공소원 판사 마쓰오 사네토모^{松尾実友}, 도쿄민사지방재판소 부장 마키노 다케오^{牧野威夫}, 도쿄민사지방재

판소 판사인 곤도 간지, 나이토 요리히로 등이다. 이와 함께 도조 히데키에 대한 비판 등 군국주의 탄핵을 게재한 개인잡지 〈긴키요리^{迄きより}(머지않아)〉(1964년 고분도^{弘文堂}가 합권해 복간)를 발간한 마사키 히로시^{正木昊} 변호사도 이 좌담회에 나왔다.

《호리쓰신보》에는 다음과 같은 발언이 수록됐다. "전시형 재판이 따로 있을 수는 없다. 재판관 누구도 전시임을 의식하고 재판하지 않는다. 오히려 전시이니 더욱 평정한 태도로 재판을 해야 하지 않겠나."(네모토 마쓰오)

"아시듯이 선거소송은 성질상 행정사건이다. 관할은 나라마다 법제가 다르지만 일본은 민사소송으로 구분했다. 그렇다면 어떤 이유로 이런 특례를 두었는지 우리 재판관들이 깊이 생각해봐야 한다. 한마디로 정의와 공평의 전당인 재판소에 대한 절대적 신뢰의 결과다. 중의원 의원 선거는 중의원 조직이 기본이 되는 입헌제도에 매우 중요한 것임은 두말 할 나위가 없다. 그래서 선거에 관한 소송을 재판소 가운데서도 최고인 대심원 관할로 정한 것이다. 대심원의 사명이 너무나 중요하다."(미노 쇼지)

"대심원이 심리 중인 선거무효 소송에 온 나라가 주목하고 있다. 이런 때야말로 대심원 이 법관 본연의 입장을 지켜 의연하게 재판해야 할 때라고 주변에서 열을 올리고 있다."(가와모토 기요시)

"이번 일을 제2의 오쓰 사건이라고도 한다. 재판 결과가 무엇이든 대심원의 권위와 실력을 의심받는 수치를 당하거나, 현실 정치에 영합했다는 후대의 비판을 받는다면 고지마 고레카타 원장이 만든 사법부 역

사에 먹칠을 하는 것이다." (가와모토 기요시)

"변화무쌍한 정치나 국민에게 강압적인 권력에 재판관이 무비판적으로 동화돼 이를 국가와 사회를 위한 공익이라거나 시국을 고려한 태도라고 생각한다면 그야말로 큰 문제다. 지금처럼 국민 모두가 비상이라며 불안해하는 상황에서는 냉정하던 재판관도 자신도 모르는 사이에 군중과 함께 방황할 수 있다. 시국과 밀접한 선거관계 소송에서는 특히나 반성이 필요하다."(마쓰오 사네모토)

"나라가 존망의 기로에 있을 때는 비상수단을 써서라도 살아남아야 한다는 편의적이고 타협적인 조치는 재판에서 용납되지 않는다. 이전 총선거는 도의를 본령으로 삼는 현 정부에서 치러진 것이라 잘못이 없으리라 생각하지만, 흑백을 확실히 해 국가적 양심을 유지해야 한다." (조노 교준) "재판소가 정부의 편의에 협력하는 것은 정의롭지 못하다. 재판소는 독자적 안목으로 정의를 발견하고 이를 관철해 독립적으로 정의를 실현해야 한다." (후지에 주지로) "사실을 직시하는 것이 공정한 재판이다. 정부에 영합하는 것은 사법부 정신이라고 생각하기 힘들다." (오노 쇼고) 등이다. 전문을 싣고 싶은 심정이다.

대심원 제2민사부 판결

1943년 10월 29일 후쿠시마현 제2구 소송을 담당한 제2민사부(야베 가쓰미 부장)는 다음과 같은 이유로 원고의 청구를 기각했다.

"이번 선거에서 선거사무 관리들이 익찬회의를 향한 국민의 정치적 의욕을 적극적으로 환기하고 고양했다. 공정한 익찬선거를 위해 계몽운동을 펼치고 윤리적 선거를 공시하고 강조했다. 이 과정에서 청년단원과 익찬장년단원의 선거운동과 선거간섭으로 후쿠시마현 제2구 선거인 일부에게 '추천후보자에게 투표하지 않으면 도저히 대동아전쟁을 완수할 수 없다'는 분위기를 조성해 투표심리를 좌우한 사실은 있다. 하지만 이런 증거만으로 이번 선거의 결과에 영향을 미칠 우려가 있을 정도로 일반 선거인의 자유롭고 공정한 판단을 방해했다고 명확히 인정하기에는 부족하다."(대심원 민사판례집 제22권 1055쪽)

같은 날 제2민사부 나가사키현 제1구 소송에서도 거의 같은 이유로 원고의 청구를 기각했다. (대심원 민사판례집 제22권 1038쪽)

대심원 제3민사부 요시다 판결[9]

가고시마현 제2구에서도 추천후보 4명 모두 당선, 비추천후보 6명 전원 낙선이었다. 낙선 후보 가운데 4명이 선거무효 소송을 제기했다. 이 가운데 도미요시 에이지冨吉榮二는 이전 선거에서 1위로 당선해 아시다 히토시芦田 均 내각의 체신성 대신이었다. 오자키 스에요시尾崎末吉는 이전 선거에서 2위로 당선해 중의원예산위원장을 맡았었다. 이 사건에 대해 대심원 제3민사부 (요시다 히사시, 가지타 도시梶田 年, 모리타 도요지로森田豊次郎, 다케토미 요시오武富義雄, 마쓰오 사네토모)는 가고시마에 출장해 스스키다 요시토모薄田美朝 가고시마현 지사(이후 1943년 경시총감)를 직권 조사하는 등 200명 가까운 증인조사를 거쳐 1945년 3월 1일 "1942년 4월 30일 가고시마현 제2구 중의원 의원 선거를 무효로 한다'는 판결을 선고했다. 일명 요시다 판결이다.

피고 가고시마현 제2구 선거장은 "중의원 의원 선거법 제82조 제1항 '선거 규정 위반'은 선거집행 절차에 관한 규정을 위반하는 경우만을 가리킨다. 선거운동 단속에 관한 규정 위반이나 선거 단속의 부당함 등은 선거 효력에 영향을 주지 않으므로 소송은 부적법하다"고 주장했다. 이에 요시다 판결은 "불법 선거운동, 선거 간섭, 선거 방해가 특정 선거구 전반에 이뤄져 선거인의 자유로운 투표가 현저히 억압받고 선거법이 지향하는 자유와 공정이 몰각된 경우에는 해당 선거구 선거 전체의 효력에 영향을 미칠 위험이 있다. 선거법의 목적인 자유와 공정의 정신을 고려하면 중의원 의원 선거법 제82조 제1항 '선거 규정 위반'에 해당한다고 해석해야 한다"고 판단했다.

이와 함께 요시다 판결은 "국민학교[22] 교장, 마을과 부락 회장 등이 학교, 마을, 공회당, 부락모임에서 '자유후보자 누구누구는 공산당이니 투표하지 마라' '자유후보자에게 투표하는 것은 폐하께 활시위를 당기는 것이다. 반드시 추천후보자에게 투표해야 한다' '추천후보자에게 투표하지 않으면 대동아전쟁에서 지고, 폐하께 드릴 말씀이 없어진다'고 말했다"고 밝혔다. 그리고 "이를 종합하면 가고시마현 제2구 선거에서는 입후보 신청을 전후로 선거인을 대상으로 한 전반적이고 조직적인 불법 선거운동이 있었다. 선거법의 목적인 선거의 자유와 공정이 몰각된 것이 인정되므로 중의원 의원 선거법 제82조의 선거 규정에 위반되는 경

---

22 1937년 중일전쟁 시작 이후인 1941년 만들어진 국가주의 교육기관. 국민학교 초등과 6년, 고등과 2년, 특수과 1년이다. 이전까지는 심상소학교 6년, 고등소학교 2년이었다. 1947년 국민학교가 폐지되고 지금의 소학교와 중학교로 바뀌었다.

I. 일본사법의 시작

우에 해당한다"고 판단했다.

요시다 히사시 대심원 판사[10]

요시다 히사시 판사는 이렇게 말했다. "재판장으로서 이 사건 소장을 조사했는데 간단치 않은 중대한 사건이었다. 가령 원고가 주장하는 사실이 진실이라면 가고시마현 제2구 선거는 중의원 의원 선거법 제82조 위반으로 무효가 돼야 한다고 생각했다. 그래서 부장회의를 열어 사건에 관해 얘기하고 다른 부장의 의견을 들었다. 부장들은 모두 내 의견에 찬성했다. (다만 정부의 어떤 선거간섭도 중의원 의원 선거법 위반이 아니라는 설도 있었다.) 결심이 선 나는 가고시마에 출장해 원고가 신청한 증인을 조사했다. 가고시마는 공습이 격렬한 곳이었기에 출장 중에 공습으로 죽을 수도 있다고 생각했다. 특히 가고시마는 단결력이 강하고 윗사람의 명령이 잘 통하는 곳이었다. '괘씸한 판사 없애버리자'고 마음먹은 괴한에게 습격받아 죽을 수도 있었다. 실제로 도조 히데키 총리가 허리춤의 칼을 짤그랑거리며 '재판소는 괘씸하다. 시국을 판단할 줄 모른다'며 재판소 안을 걸어 다니기도 했다. 나는 '죽어도 좋다. 재판관이 사건을 조사하러 가서 죽임을 당하는 것은 군인이 전쟁에 임해서 총탄에 맞아 죽는 것과 같은 일이다. 이번에는 살아 돌아올 수 없을지도 모른다. 혹 돌아오지 못한다면 뒷일은 유언장에 따라 처리하라'고 말해두고 나섰다. 유언장을 쓴 것은 처음이었다. 출장에 나선 판사는 부원판사인 모리타 도요지로, 가지타 도시, 다케토미 요시오, 마쓰오 사네토모 4명이었다. 재판관 5명이 분담해 현 지사부터 200명 가까운 증인을 조사했지만 다행히 사고는 일어나지 않았고 모두 무사히 귀청했다. 원고가 신청한 증인에 의해 주장한 사실은 전부 입증됐다."

앞서 설명한 대로 가고시마현 제1구와 제3구에 대해서도 선거무효소송이 제기돼 후루카와 겐타로 부장과 오카무라 겐지 부장 부에 배당됐다. 후루카와 겐타로 판사는 이렇게 설명했다. "요시다 히사시 재판부가 현지 상황을 조사한다고 해서 우리 부에서도 차석과 삼석을 보냈다. 오카무라 겐지 재판부에도 아마 다나카 히데오田中秀雄 판사가 갔을 것이다. 그런데 아무래도 요시다 히사시 재판부의 분위기는 무효설로 기울어 있는 것 같았다. 같은 케이스에서 다른 결과가 나오는 건 이상하기 때문에 서로 한번 의견을 나눠보자며 이야기를 나누었다. 그런데 아무리 의논해도 의견이 맞지 않았다. 그래서 시모야마 세이치 원장에게도 보고만 해두고, 각자 생각하는 대로 판단하는 것이 좋겠다며 서로 다른 판결을 선고한 것이다. 우리 부와 오카무라 겐지 재판부는 선거의 자유와 공정을 해할 정도는 아니라고 해서 유효설을, 요시다 히사시 재판부는 무효설을, 뭐 이런 식으로 나뉜 것이다."[11]

무효판결이 나온 제2구에서는 전쟁이 끝나기 직전 재선거가 실시돼 도미요시 에이지가 당초 2623표보다 많은 7099표를 얻었지만 차점에 머물렀다.

요시다 히사시 판사는 판결 직후인 1945년 3월 5일 60세 나이로 대심원 판사를 사직했다. 정년인 63세가 되기 전이다. 사직 이유에 대해 "마쓰자카 히로마사松阪広政 사법대신이 대심원 판사를 교체하겠다고 해 응한 것일 뿐 익찬선거 판결과 관련이 없다. 사법대신도 어쩔 수 없는 판결이라고 이해했었다"고 말했다. 익찬선거를 유효로 판결한 야베 가쓰미 부장도 같은 날 사직했는데 "오래된 사람은 그만두어 달라고 했다"고 말했다. 대심원 시모야마 세이치 원장이나 후루카와 겐타로 부장, 오카무라 겐지 부장이 사직한 것은 종전 후인 1946년 2월 이와타 주조^{岩田宙造} 사법대신 때 일이다. 이런 점에서 요시다 히사시 판사의 사직 이유가 그가 말한 대로인지는 확실하지 않다.

5
나카노 세이고 구속[23]

나카노 세이고의 도조 히데키 내각 비판[12)]

1942년 4월 30일 익찬선거를 앞두고 대형 정당들이 스스로 해산하고 익찬정치체제협의회가 됐다. 여기에 합류하지 않은 도호카이^{東方会}가 독자 후보 46명을 냈지만 총재 나카노 세이고^{中野正剛}의 후쿠오카현 제1구에서 최고점 당선을 포함 7명밖에 당선하지 못했다. 익찬선거 이후 일당 독재체제가 목표이던 도조 히데키 내각은 익찬정치체제협의회를 해소하고 익찬정치회를 결성, 군소 정당들을 해산으로 내몰았다. 나카노 세이고는 어쩔 수 없이 익찬정치회에 들어갔으며, 정치결사인 도호카이를

---

23 일본어판에는 구류(勾留)이며 한국 형사소송법의 구속(拘束)과 같다. 구류 청구는 형식적 요건이 갖추어지지 않아도, 실체적으로 이유가 없어도 모두 각하다. 한편 구류(拘留)는 일본에서도 1일 이상 30일 미만 가두는 형벌이다. 구류(勾留)와 구류(拘留)는 일본어에서도 '고류'로 발음이 같다.

I. 일본사법의 시작

해산하고 사상결사인 도호도시카이東方同志会로 활동한다.

성전聖戰 완수론자 나카노 세이고는 탁월한 웅변 실력으로 전쟁 고무 연설을 해나갔다. "도조로는 전쟁에서 진다. 도조 내각을 무너뜨리고, 더욱 강력한 내각을 만들자"고 그는 주장했다. 1942년 12월 21일 히비야 공회당에서 있은 연설회에서도 도조 히데키 내각에 공격을 퍼부었다. 1943년 신년호 《아사히신문朝日新聞》에는 주필 오가타 타케토라緖方竹虎의 부탁으로 신춘논문을 기고했다. 신춘논문 '전시 재상론—충성, 절대 강함'에서 "어려움에 처한 일본의 재상이 되려면 강해야만 한다. 그러려면 성실하고 신중하며 깨끗해야 하고, 기개와 도량이 커야 한다"고 했다. 도조 히데키를 직접 비판한 말은 없었지만, 도조 히데키는 나카노 세이고의 이름과 사진에 격노해 신년호 발매를 금지하고 상점에서도 압수하도록 했다. 그리고 1943년 6월 21일 나카노 세이고가 익찬정치회에서 탈퇴하면서 두 사람의 대립은 불가피해졌다.

나카노 세이고에 대한 구속 청구

1943년 10월 21일 아침 도호도시카이를 비롯해 긴노마코토무스비勤皇まことむすび와 긴노도시카이勤皇同志会 회원 100여 명이 전국에서 일제히 검거됐다.[24] 현역 중의원 의원 나카노 세이고도 자택에서 연행돼 경시청 독방에 갇혔다. 행정집행법에 따른 행정검속이었다. 행정집행법 제1조

---

24 도조 히데키 내각에 반대한 국가주의 단체들. 긴노마코토무스비는 이날 일제 검거로 곧바로 해산됐다.

제1항은 '관련 행정관청은 만취자·정신병자·자살기도자 그 밖에 도움이 필요하다고 인정되는 사람을 필요한 경우 검속할 수 있고, 무기 흉기 그 밖의 위험한 물건을 임시로 영치할 수 있다. 폭행·투쟁 그 밖에 공안을 해할 위험이 있는 사람에 대해 예방이 필요한 경우에도 이와 같다'이다. 제1조 제2항에서는 '전항의 검속은 다음날 해가 진 뒤까지를 넘을 수 없으며 임시 영치는 30일 내에서 가능하다'고 정하고 있었다. 하지만 실제 신병 구속기간은 무한대였다.

10월 25일 제83회 임시제국회의가 소집돼, 다음날인 26일에 개원하고 이날 폐회했다. 이에 앞서 도조 히데키 내각은 나카노 세이고의 의회출석을 행정검속으로 막는 것에 주저했다. 형사소송법에 따른 기소전 구속 처분을 하고 싶었다. 하지만 경시청 조사에서 별다른 범죄사실이 나오지 않았다. 10월 24일 도조 히데키 내각의 이와무라 미치요^{岩村通世} 사법대신, 이케다 가쓰^{池田克} 사법성 형사국장(이후 최고재판소 재판관), 마쓰자카 히로마사 검사총장[25], 스스키다 요시토모 경시총감, 시카타 료지^{四方諒二} 도쿄헌병대장 등이 모여 협의한 결과 도쿄헌병대가 나카노 세이고를 조사키로 했다. 10월 25일 오전 4시 나카노 세이고는 경시청 구치장에서 구단시타^{九段下}에 있는 도쿄헌병대로 옮겨졌다. 헌병대에서 나카노 세이고는 "니가타에서 올라온 도호도시카이 회원 2명에게 '도조의

---

25 현재 관명 검찰관의 직명은 5가지로 검사총장, 차장검사, 검사장, 검사, 부검사이다. 검사총장은 한국의 검찰총장과 같다. 검사장은 고등검찰청의 장으로 해당 고등검찰청과 관할 지방검찰청, 구(区)검찰청을 지휘·감독한다. 한편 지방검찰청에는 검사정(檢事正)을 두는데 1급 검사 가운데 보한다.

잘못된 지휘 탓에 해군대장과 제대로 합의하지 못하면서 솔로몬해전[26] 작전이 실패했다'고 우리집 응접실에서 말했다"고 자백했다. 검찰은 이 대화가 '전시 또는 사변 때에 국사에 관한 거짓 밀담을 한 사람은 3년 이하의 금고에 처한다'는 육군형법 제99조와 해군형법 제100조에 해당한다며, 예심판사에게 나카노 세이고에 대한 신문과 구속을 청구했다.

고바야시 겐지 판사의 구속 각하[13]

메이지헌법 시절 예심판사는 기소 전에 압수, 수색, 검증, 구속, 피의자신문, 증인신문, 감정 등 강제처분을 했다. 검사가 예심 청구한 사건이 공판을 열기에 충분한 혐의가 있는지도 조사했다. 혐의가 인정되면 공판에 부치고, 혐의가 없으면 면소[27]를 결정하는 재판관이다.

1943년 10월 25일 도쿄형사지방재판소 당직예심판사는 고바야시 겐지小林健治였다. 이날 오전 4시쯤 고바야시 겐지 판사는 상석예심판사인 가미가키 슈로쿠神垣秀六에게서 전화를 받았다. "오늘 숙직인 것으로 안다. 방금 검사정에게 전화가 왔다. 나카노 세이고를 기소 전 강제처분으로서 구속해달라고 한다. 내일 개원식이니 오늘 밤에 구속해야 한다고 부탁했다. 혐의는 불경죄다."

메이지헌법 제43조 제2항은 '임시회 회기는 칙명에 따라 정한다'고 규

---

26 미국과 일본은 솔로몬제도에서 과달카날섬을 차지하려 세 차례 전투를 벌였다. 1942년 8월 7일부터 1943년 2월 7일까지 이어지는 소모전 끝에 일본군이 패했다.

27 일본의 옛 형사소송법에 따라 예심판사는 기소할 혐의가 있는지 판단했다. 혐의가 있으면 공판에 부치고 그렇지 않으면 면소했다. 1949년 폐지된 옛 형사소송법 제313조가 근거다.

정하고, 제53조에서 '(중의원과 참의원) 양원의 의원은 현행범이거나 내란·외환에 관한 죄가 아니고서는 회기 중에는 원의 허락 없이 체포되지 않는다'고 정하고 있다. 이 회기의 기산 시점이 소집 당일인지가 문제가 됐다. 소집일부터 기산하면 25일은 회기여서 나카노 세이고를 구속하려면 중의원 허락이 필요하다. 고바야시 겐지는 혼마 다케시^{本間 武} 서기와 급히 도서실로 가서 헌법 책을 있는 대로 빌렸다. 이토 히로부미의 『헌법의해^{憲法義解}』에는 '회기 중이란 소집 후 폐회 전을 말한다'라고 돼 있었고, 소에지마 기이치^{副島義一}의 『일본제국헌법론^{日本帝國憲法論}』에도 헌법 제53조의 회기 중의 의미가 소집에서 폐회까지라고 나와 있었다. 하지만 이치무라 미쓰에^{市村光恵}의 『제국헌법론^{帝國憲法論}』에서는 '헌법의해의 해석은 틀렸다. 개회부터를 가리킨다'라고 했고, 다른 책들은 개원식부터라고 적거나 회기를 설명하지 않았다. 고바야시 겐지는 불경죄 구속 청구를 각하해도 되는지 고심하면서도 중의원 허락이 없는 이상 『헌법의해』의 해석에 따라 구속 청구는 각하라고 생각했다.

오후 8시 30분쯤 나카무라 노부토시^{中村信敏}, 히라마쓰 이사무^{平松 勇} 두 검사가 고바야시 겐지를 찾아왔다. "나카노 세이고를 예심조사실 앞에 데려왔다. 상석에게 들은 대로 심문하고 구속영장을 내어달라. 거짓 밀담으로 육해군형법을 어긴 혐의다. 청구서는 나중에 보내겠다"고 말했다. 고바야시 겐지는 나카노 세이고의 혐의가 불경죄가 아닌 육해군형법 위반이라는 얘기에 마음이 놓였다. 불경죄가 아니라면 불편한 마음을 갖지 않고 영장을 거부할 수 있었다. "얘기가 다르다. 상석에게 검사정이 불경죄라고 말했다고 들었다. 이렇게 되면 정식으로 청구서와 증

I. 일본사법의 시작

거기록을 봐야 한다. 기다릴테니 바로 가져다 달라"며 두 검사를 돌려보 냈다. 오후 9시30분 두 검사가 청구서와 기록을 가지고 다시 왔다. 도쿄 형사지방재판소 검사국 사상부장 나카무라 도네오中村칮晉夫 명의의 청구 서는, 기소 전 강제처분으로서 나카노 세이고 피의자의 신문과 구속을 청구하는 내용이었다. '피의자는 대동아전쟁 중인 1943년 2월 초순 도 쿄시 시부야구 요요기초 808번지 피의자의 자택에서, 스노사키 요시로 洲崎義郎와 이즈미 사부로臬 三郎 두 명에게 확실한 근거도 없이 대동아전쟁 에서 육군과 해군의 작전에 불일치가 있어 솔로몬해전 작전이 실패해 수만 명의 희생자를 냈다는 취지의 언행을 하여, 육군과 해군의 군사에 관한 거짓 밀담을 행했다.'

오후 10시쯤 고바야시 겐지는 혼마 다케시 서기에게 지시해 중의원 사무국에 전화로 사실조회를 했다. 나카노 세이고는 현재 중의원 의원 이며 임시의회는 오늘 소집돼 내일 개원식이 있다는 전화 청취서를 작 성했다. 그리고 나카무라 도네오 검사에게는 고바야시 겐지가 직접 전 화해 전화청취서를 작성했다. 도쿄형사지방재판소 검사국은 피의자 나 카노 세이고의 신문과 구속을 청구하면서 중의원의 허락을 구하는 절차 를 밟지 않았는데, 개원식이 내일이라 오늘은 회기가 아니라고 해석했 기 때문이라는 내용이다. 이 전화로 각하를 짐작한 나카무라 노부토시, 히라마쓰 이사무 등 여러 명의 검사들이 헌법 책을 가득 들고 고바야시 겐지의 방으로 찾아왔다. "고바야시, 회기가 이러니저러니 한다면서. 어 떤 책에 그렇게 적혀 있나. 회기는 당연히 내일부터다. 우리도 심사숙고 해서 여기까지 왔다"면서 고바야시 겐지에게 헌법 책을 펼쳐 보이며 구속을 재촉했다. 심지어 어느 검사는 "고바야시, 이런 시국에 그런 말도 안 되는 헌법해석을 하면 커다란 문제가 된다. 책임져야 할 문제로 불거진다"고도 했다.

고바야시 겐지는 "판사가 옳다고 믿는 헌법해석에 따라 재판하는 것이 어떻게 책임져야 할 문제가 되냐. 이런 일을 가지고 중의원의 발언권을 뺏으려는 당신들의 헌법감각이야 말로 난감한 것이다. 누가 이런 일을 시켰냐. 제대로 생각해보라"며 기록을 테이블 위에 던졌다. 이때 이미 오후 11시를 넘었다. 10월 25일 중으로 처리해야 했다. 고바야시 겐지는 혼마 다케시 서기를 시켜 '회기 중인데도 중의원 허락을 받지 않은 이 사건 강제처분 청구는 헌법 제53조에 위반된다'는 내용의 청구각하 통지서를 만들게 하고, 오후 11시 50분 검사국에 전했다. 아슬아슬 자정에 맞춰 나카노 세이고 구속 청구 사건은 결말이 났다.

현행 국회법 제14조는 '국회의 회기는 소집 당일부터 이를 기산한다'이다. 메이지헌법에서는 '제국헌법 제7조 및 제43조(제41·45조)에 따라 올해 ○월 ○일에 제국의회를 도쿄에서 소집한다'는 칙론勅論이 나온다. 그러면 의원법 제2조 '의원은 소집 칙론이 지정하는 기일에 각 의원의 회당에 모여야 한다'에 따라 소집일에 의원이 모인다. 그리고 의장·부의장 선거, 의원, 의석 등이 결정되면서 원이 구성되고, 끝으로 칙명으로 개회 날짜가 정해지면 개원식을 했다. 개회일이 회기의 첫날이고 이 날부터 의회가 권능을 가진다. 따라서 회기 시작이 10월 26일이라는 검찰의 해석도 근거가 없는 것은 아니다. 하지만 의원은 소집일에 회당에 모이라는 명을 받은 다음 원을 구성하기 위한 절차를 시작하는 점에서,

회기 중의 의원의 체포에 허락을 요구한 메이지헌법 제53조의 회기는 소집일에 시작한다고 해석하는 것이 타당하다. 고바야시 겐지도 그렇게 해석한 것이다.

10월 26일 동틀 녘 고바야시 겐지는 나카노 세이고에 대한 구속 청구 각하를 보고하기 위해, 시마 다모쓰島保 도쿄형사지방재판소장(이후 최고재판소 재판관)과 가미가키 슈로쿠 상석 예심판사에게 전화했다. 시마 다모쓰 소장은 평소보다 일찍 재판소에 출근해 고바야시 겐지를 찾았다. 고바야시 겐지는 『헌법의해』를 들고 가서 직접 설명했다. 시마 다모쓰는 "그런가. 그런 근거와 신념으로 결정한 것은 훌륭한 일이다. 합당한 재판이다. 고생했다"고 말했다. 시마 다모쓰는 고바야시 겐지를 소장실에 기다리게 하고는 이와무라 미치요 사법대신에게 보고를 갔다. 잠시 뒤 돌아와 "사법대신에게 말했는데 조금의 비판도, 비판 비슷한 것도 없었다. 다만 예심재판은 밀행성이 중요하다는 것만 다짐받으라고 했다"고 전했다. 고바야시 겐지는 이후 "그 밖에는 어떤 압박이나 괴롭힘도 없었다. 내 자신이 재판관인 것에 너무나 감사했다. 그 잘못된 시대를 살던 한낱 신출내기 예심판사였지만, 사법대신도 총리대신도 그 누구도 털끝 하나 건드리지 않았다"고 기억했다.

나카노 세이고의 자결

나카노 세이고는 10월 26일 아침 일찍 경시청으로 이송됐다. 의회에 출석하지 않는다는 서약서를 강제로 쓰고 숙직실에서 재워졌다. 오후 2시쯤 헌병대에 이끌려 집으로 돌아왔다. 다음날 10월 27일 오전0시 나카노 세이고는 침실에서 칼로 자결했다. 옆방에는 나카노 세이고를 감시하던 헌병 2명이 자고 있었다.

　나카노 세이고를 구속하는 데 실패한 나카무라 도네오 검사에게 소집 영장이 나왔다. 동료 검사가 병역 법령을 살펴봤지만 당연히도 병역 의무가 있을 리가 없었다. 보복이 분명한 것이어서 나카무라 도네오를 도우려는 움직임이 일어났다. 마침 중국 북부[28] 일본군에 사상검사를 보내 달라는 신청이 사법성에 왔다. 나카무라 도네오가 적임이라고 사토 요시키^{佐藤祥樹} 검사 등이 주장해 나카무라 도네오의 소집을 해제시킨 뒤 중국 북부로 보냈다.[14]

28　기록을 확인해보면 베이징에 있는 북지나방면군(北支那方面軍)의 파견요청이었다. 하지만 '지나'가 적절하지 않은 표현이라고 판단한 저자가 '중국 북부'라고 고쳐 적었다.

6
도조 히데키의 훈시

사법대신, 임시 사법장관 회동 소집

전전에는 사법대신이 전국의 공소원장, 검사장, 지방재판소장, 검사정을 1년에 한 번 사법성에 소집해 사법장관 회동을 열었다. 당시에는 이들 모두 장관으로 불렸다. 궁으로 가서 천황을 배알하고, 내각총리대신 관저에서 오찬을 했다.

그런데 1944년 이례적으로 2월 28일과 29일 이틀 동안 임시 사법장관 회동이 있었다. 2월 25일 각의에서 결정된 '결전비상조치요강'의 한 항목인 '재판·검찰의 신속화'를 위해서였다. '시국의 심각성을 감안해 사법의 기능을 선양하는 방책'을 논하려는 것이었다. 2월 28일은 사법대신 관사 회의실에 대심원장, 검사총장, 공소원장, 검사장, 지방재판소장, 검사정 등이 모였다. 이와무라 미치요 사법대신이 '소송 촉진과 행정감독권 강화'에 대해 훈시하고, 사법대신 이하 회동에 출석한 사법장관 등

128명이 궁에 들어가 천황을 배알했다. 이어서 총리대신 관저로 이동해 도조 히데키 총리대신에게 훈시를 듣고 총리대신이 주최하는 오찬에 참석했다.

도조 히데키 내각총리대신의 훈시

도조 히데키 총리대신은 당시 총리대신 겸 육군대신 겸 참모총장이었다. 훈시는 육군대장 군복차림에 훈장을 달고, 허리에는 칼을 차고, 장화를 신은 채 참석자들을 노려보며 위협적인 태도로 일장 연설을 했다고 한다. 오후에는 군사현황을 사토 겐료^{佐藤賢了} 육군 군무국장이, 외교 상황을 시케미쓰 마모루^{重光 葵} 외무대신이 설명했다. 2월 29일에도 총리대신 관저에서 기시 노부스케^{岸 信介} 상공대신이 군수생산 정황을 설명했고, 그 밖에도 여러 관료들이 간담회에 참여했다. 사법장관 회동에 총리대신이 훈시하고 각료와 간담한 것은 당시가 처음이다.

도조 히데키 총리대신 훈시의 요지는《호소카이잡지^{法曹会雑誌}》1944년 3월호(제22권 제3호) 105쪽과《호리쓰신문^{法律新聞}》1944년 3월 5일자(제4902호) 6쪽에 실려 있으며 앞의 것이 상세하다.《호리쓰신문》은 총리의 발언을 이렇게 소개했다. "총리는 '강력한 미영격멸^{美英撃滅} 전력의 원동력은 전 국민의 철저한 전시생활에 있다. 통제 위반자나 경제범 같은 악질 시국사범은 단호히 배제해야 한다. 사법당국에서 단호하고 충분하게 단속해달라'며 시국사범에 대한 준엄한 조치를 요구했다. (중략) 총리는 '국내 일치결속의 중요함이 지금보다 더할 수 없는 시기에 이러한 결속을 깨는 언동을 하는 자가 있다면 전쟁국면이 긴박하더라도 아주 신속하고 엄중하게 처단해야 한다'고 강조했다. 또 '전시 사법권은 오로지 필승만을 목표로 강력히 행사돼야 한다'며 사법권 행사 지침을 명시했다."

이에나가 사부로^{家永三郎}가 쓴 『사법권 독립의 역사적 고찰^{司法権独立の歴史的考察, 日本評論社, 1962}』45쪽을 보면, 신문에 공개된 훈시는 실제 훈시에서 일부를 자른 것이다. 따로 등사인쇄본 훈시서가 있는데 '신문 발표와 다른 부분이 있음. 장관에 한해 주의해서 취급' 그 다음에 '신문 불발표^{不發表}'라는 두주^{頭注}가 붙어 있다고 한다. 내용은 다음과 같다.

"제군들이 각자의 분야에서 자기 반성 없이 과거를 답습하고 있다면, 필승사법의 근본을 따르지 않는 것은 아닌지 진지하게 되돌아봐야 한다. 정부는 사법권 행사에 진심으로 경의를 표한다. 나도 사법권 존중에 대해 잘 안다. 하지만 승리가 없이는 사법권의 독립도 없다. 법문의 문구에 얽매이거나 백해무익한 관습에 매여 전쟁 수행에 중대한 장애를 준다면 너무나 한심한 일이다. 만에 하나라도 그런 상황이 초래되지 않도록, 정부는 전시 치안 확보를 위해 긴급한 조치를 취하는 것도 고려할 수밖에 없다. 그러한 긴급조치가 불가피한 상황은 우리에게 대단히 불행한 일이다. 하지만 정말로 어쩔 수 없이 필요하다고 판단되면 정부는 기회를 놓치지 않고 비상조치에 나설 것이다. 제군들의 충분한 주의를 바라는 바이다."

후지타 하치로 오사카지방재판소장의 발언[15]

도조 히데키 총리대신의 훈시에 명확히 드러나듯이 임시 사법장관 회동은 사법관의 시국인식을 지적하기 위한 것이었다. 특히 재판관에 대한 비난이 격렬했다. 정부도 재판소의 느린 재판, 특히 군수물자 통제위반 사건 재판 등을 비난했다. 군수품인 두랄루민을 횡령해 냄비나 솥 등을 만들어 폭리를 취한 사건을 두고, "군수품은 장병들이 피를 바쳐 구한 것인 만큼 피의자를 사형에 처하라"는 발언까지 있었다.

모임 참석자들도 10명 정도가 나서 사법현황에 대해 사전에 나눠 준비한 내용을 발언했다. '경제 통제에 관한 재판'에 대해 말했던 후지타 하치로藤田八郎 오사카지방재판소장(이후 최고재판소 재판관, 사법성 출향 거부자)은 당시를 이렇게 설명했다. "통제경제 재판은 극도의 고심이 따른다고 구체적으로 설명했다. 사건마다 내용이 천차만별이어서 어느 것 하나 간단치가 않다. 특히 법규의 제정, 개정, 폐지가 너무나 복잡해, 사건에 들어맞는 법률을 찾는 데 얼마나 애를 먹는지 토로했다. 경제법규의 내용 자체도 얽히고설켜 있어 해석이 쉽지 않다고 설명했다. 가령 '성령省令이나 고시 해석에 따라, 송아지는 소가 아니고 부러진 못은 못이 아닐 때도 있다'는 오사카의 경제분야 판사 얘기를 전하기도 했다. 법규 찾기의 어려움을 설명하다 보니 성령이나 고시가 얼마나 허술한지도 말하게 됐다. 그리고 군인에게 와 닿는 말로 재판의 본질을 얘기했다. '천황의 이름으로 하는 재판을 가볍게 할 수는 없다', '피고인이라 해도 분명히 폐하의 적자이다' 등이다. 지금 생각해봐도 좋은 설명이었다. 살면서 한두 번은 자기 생각이 똑떨어지게 전달되는 느낌이 있는데 나에게는 이때였다."

이에 참석했던 나가시마 하타스長島 毅 대심원장은 후일 후지타 하치로의 설명 도중에 총리대신이 격분해 조마조마했다고 말했다. 얼마 뒤 후지타 하치로는 삿포로 공소원장으로 전출된다. 이에 대해서는 "사법당국이 군을 의식해 경제의 본고장인 오사카에서 멀리 떨어진 북쪽으로 보내면서 영전이라는 명목을 붙인 의심이 든다"고 회고했다.

호소노 나가요시 히로시마공소원장의 항의

임시 사법장관 회동에서는 호소노 나가요시細野長良 히로시마공소원장도 발언할 예정이었만 순서가 오지 않았다. 1883년 1월 7일생인 호소노 나가요시는 1910년 8월 오사카지방재판소에서 판사를 시작했다. 1912년 4월~1913년 9월 독일, 오스트리아에 유학해 라이프치히대학과 뮌헨대학에서 공부하고 도쿄구재판소區裁判所와 도쿄공소원 판사를 거쳤다. 1920년 6월~1925년 4월 혼합중재재판소 심판원 고문이자 사무관으로 5년간 영국에 체류했다. 도쿄공소원 부장으로 돌아와 1925년 8월에 대심원 판사를 거쳐, 1940년 3월 16일 히로시마공소원장이 됐다. 참고로 혼합중재재판소는 제1차 세계대전이 끝나고 여러 평화조약에 따라 연합국과 옛 적국인 독일 사이의 분쟁을 재판하려 설립한 국제재판소다. 금전채무, 재산, 권리·이익, 계약 등에 관한 것인데 개인도 소송 제기가 가능했다. 3인 재판부인데 재판장은 양측 합의로 선임하고, 나머지는 양측에서 1명씩 임명했다.

호소노 나가요시는 영국에 비교적 오래 머물렀던 영향인지 재판의 독립이나 재판관 우위에 대한 신념이 확고했다. 1939년 11월 1일 있은 '재판소구성법 시행 50주년 기념축전'에서 천황의 행행行幸이 사법성이 아니라 대심원이어야 한다고 홀로 용감하게 주장했다. 이는 사법성 중심의 계획을 근본적으로 흔들었고 천황의 행행은 대심원으로 향했다.[16] 대심원장실에서 사법대신과 대심원장 등이 천황을 배알하고, 대심원장과 검사총장이 현황을 설명했다. 전국변호사회장 등이 천황을 배알한 곳이 대심원 제1호 법정이고, 천황이 사법대신을 비롯해 사법부[司法部]29 직원에게 칙어를 내린 곳은 대심원 제2호 법정이다. 이와 관련, 도쿄의 사법성 붉은 벽돌 청사와 대심원 붉은 벽돌 청사를 잇는 복도가 있었다. 보통은 대심원 사람들이 사법성으로 건너갔었다.

호소노 나가요시는 1930년부터 12년에 걸쳐 『민사소송법요의[民事訴訟法要義, 巖松堂書店]』 전5권을 펴냈고 1935년 법학박사가 됐다. 대심원 판사 시절에는 재판관들이 참여하는 민사소송연구회를 이끌었다. 민사소송 이론과 실무를 연구했고 도쿄 근교 하코네[箱根] 등으로 여행도 갔다. 구성원은 대심원 판사부터 구재판소 판사까지 다양했는데 특히 젊은 판사들이 많았다. 민사소송이라는 한우물만 파는 호소노 나가요시로서는 민사소송법 깃발 아래 재판관들이 모이는 것에 뿌듯함을 느꼈다. 어쩌다 민사소송연구회가 화제에 오르면 기쁜 표정이 돼 말이 끊이지 않았다고 한다. 이 무렵의 호소노 나가요시에 대해 특별히 나쁜 평가는 없었던 것 같다. 나중에 반호소노파 기수가 된 이와마쓰 사부로[岩松三郎](이후 최고재판소 재판관)는 독일 민사소송법 연구의 대가였다. 판결서를 작성하는 데 필요해 독일 법률서적을 주문해야겠다면서 판결선고를 3개월 늦춘 일화도 있다. 나는 이와마쓰 사부로가 '호소노 나가요시의 『민사소송법요

---

29 사법성과 재판소를 묶어 부르던 말. 특정한 조직이나 시설을 뜻하지는 않는다.

I. 일본사법의 시작

의』는 독일의 학설을 바르게 전달하는 것이 아니다'라고 비판했다는 얘기를 들은 적이 있다. 아쉽게도 나에게는 판단할 능력이 없지만 독일 민사소송법에 정통한 구라타 다쿠지倉田卓次 판사는 호소노 나가요시의『민사소송법요의』가 실무에서 생기는 세세한 문제를 판단하는 데 유용하다며 이렇게 말했다. "기초이론과 체계구성은 독일 학설이 바탕이지만 … 독일 책을 이해한 저술이다", "이런 방대한 저작은 우러러볼 만한 훌륭한 유산이다"라고 호의적으로 평가했다.[17]

호소노 나가요시는 법률문제를 다루면서 독일 서적 등을 참조해가며 학문적으로 해결해야만 직성이 풀리는 사람이었다. 재판의 독립과 재판권 우위를 실현하는 것을 일생의 목표로 삼았다. 히로시마공소원장에 취임하면서 그런 성향은 더욱 강해졌다. 공소원에는 판사와 검사의 합동회의인 형사관계협의회가 있는데 의장은 공소원장과 검사장이 번갈아 맡았다. 하지만 히로시마에서만은 호소노 나가요시가 의장을 계속하면서 검사장에게 양보하지 않았다. 이 무렵 전시특례법에 관한 모임에서의 일화를 히로시마공소원 판사이던 시모이자카 마스오下飯坂潤夫(이후 최고재판소 재판관)가 법률잡지《호소法曹》1954년 7월 발간 49호 10쪽「료쿠인잣키綠陰雜記」에 소개했다. 의장인 호소노 나가요시는 학설에 대한 해박한 지식을 바탕으로 고도의 법이론을 펼쳐 참가자들을 완파하려는 태도를 보였다면서 호소노 나가요시의 과격한 성격을 말해주는 일화를 소개했다. "회의가 끝나고 검사장이 마무리를 했다. 참석자의 노고에 고마움을 나타낸 뒤 소감을 말했다. '중요한 것은 개정법의 정신이다. 전황이 위급한 만큼 이 정신을 속히 터득해야 한다. 결론은 이미 나와 있지 않은가. 토론은 학자에게 맡기자'고 했다. '닥쳐라!' 호소노 나가요시는 유리창이 흔들릴 만큼 크게 소리쳤다. 검사장의 말이 끝나자마자였다. 공소원장이 검사장을 꾸짖은 엄청난 장면이었다. 깜짝 놀란 참석자들은 멍해져서 상황을 보고만 있었다. 검사장도 아주 놀란 눈치였지만 온화한 사람이었다. '자자, 끝까지 들어보세요'라며 조용히 호소노 나가요시를 달랬다. 하지만 분노에 온몸을 떠는 호소노 나가요시는 듣지 않았다. '재판관에게 어떻게 그런 말을 하는가. 훈시 따위는 집어치우라'며 계속해서 큰소리로 호통을 쳤다." 이러한 호소노 나가요시의 성격이 뒤에서 살펴볼 '호소노파와 반호소노파 갈등'의 한 원인이 됐다(제2장 참조).

호소노 나가요시는 임시 사법장관 회동에서는 기회가 없어 발언하지 못했다. 하지만 도조 히데키 총리대신의 훈시에 크게 반발한 그는 1944년 3월 18일 이와무라 미치요 사법대신에게 편지를 보내고, 같은 내용을 '내각총리대신 도조 히데키 각하' 앞으로 직접 우송했다. 이것이 그 유명한 호소노 나가요시 상신서이다. 전문은 시모이자카 마스오가 쓴《호소》「료쿠인잣키」에 실려 있다. "내각총리대신은 일본의 사법행정을 감독하는 기관이 아니다. 사법관의 업무처리가 부적절하거나 불충분할 경우에 주의를 주거나 훈시할 기능을 가지지 않는다. 행정부 수반인 내각총리대신이 감히 우리 사법부가 해온 재판을 비판하고, 앞으로 어떻게 하라고 지시하고, 사고의 변화를 요구하고, 듣지 않으면 비상조치에 나설 것이라고 협박하고 있다. 독일의 정권주능자政權主能者라면 몰라도 일본은 제국헌법이 엄연히 존재하여 천황폐하의 재판소에서 폐하의 이름을 걸고 재판한다. 행정기관이 재판소에 비판이나 지시하는 것은 제국헌법이 엄연히 존재하는 이상 있을 수 없는 일이다. 이런 이치를 도조 히데키 총리에게 알려주지 못할 이유가 없다." 그리고 도시의 재판소에서는 책상 1개를 판사 2명이 쓴다는 점, 사법관이 부족한 점 등을 지적하며 사법부의 충실화를 호소했다. 놀랄 만큼 과감한 행동이었다.

호소노 나가요시만큼 사회적 평가가 엇갈리는 재판관도 없다. 다만 전후에 최고재판소 설립을 두고 벌어진 주도권 싸움에 밀리면서 공직을 떠나, 1950년에 타계한 뒤로는 더 이상 화제에 오르지 않았다. 성격에 문제가 있었다지만, 전쟁 중이라는 어려운 상황에서도 재판의 독립을 목이 쉬도록 주장한 것에 경의를 표해야 한다.

GHQ와 최고재판소의 탄생

1947년 5월 3일 시행 일본국헌법(신헌법)은 최고재판소 설립, 최고재판소 재판관 임명과 국민심사, 위헌심사권 등을 담고 있다. 함께 시행된 재판소법은 최고재판소 재판관 수, 대법정 및 소법정의 설치와 권한, 최고재판소 재판관의 의견표시, 최고재판소의 사법행정권 등 구체적 사항을 정해 놓았다. 신헌법 제정은 GHQ가 주도해 이뤄졌지만, 재판소법 제정과 최고재판소 재판관 임명에는 격렬한 분쟁이 있었다. 재판소의 완전한 독립을 통해 재판소 대개혁을 하려 한 호소노 나가요시 대심원장 등 급진파, 급진파에게 배제당하지 않을까를 우려한 재판소 주류파, 전전의 사법제도를 가능한 한 온존하려는 사법성이 있었다. 이들은 GHQ의 지원을 받으려 모두들 부산하게 움직였다. 현재 최고재판소 재판관들은 모두 신헌법 체제에서 의무교육을 받으면서 자랐다. 하지만 모두가 최고재판소 탄생 당시에 만들어진 시스템에서, 최고재판소 탄생 이후 구축된 판례의 영향을 받아 재판한다. 따라서 최고재판소의 제도와 재판을 검토하기 위해서는, 먼저 많은 세력이 관여했던 최고재판소 탄생 과정을 검증해야 한다.

1
신헌법 등장

헌법문제조사위원회

1945년 8월 14일 일본은 포츠담선언을 수락하겠다고 통고하고 종전조서詔書를 공포했다. 다음날인 8월 15일 스즈키 간타로鈴木貫太郎 내각이 총사임하고 8월 17일 히가시쿠 니노미야東久邇宮 내각이 됐다. 9월 2일 미국 전함 미주리호에서 항복문서에 서명하고 조인했다. 이후 일본은 1952년 4월 28일 샌프란시스코 평화조약 발효 때까지 GHQ의 통치를 받았다. 9월 15일 GHQ는 도쿄 지요다구 유락초에 있는 제일생명관을 접수, 6층 사장실을 연합국최고사령관 더글라스 맥아더Douglas MacArthur 원수의 집무실로 만들었다. 10월 5일 히가시쿠 니노미야 내각도 총사임하고 10월 9일 시데하라 기주로幣原喜重郎 내각이 됐다. 10월 11일 더글라스 맥아더는 시데하라 기주로 총리에게 '헌법자유주의화에 관한 견해'를 밝히며 사법 민주화 등 개헌 가능성을 내비쳤다. 10월 13일 일본 정부가 헌법문제조사위원회를 출범시킨다. 위원장 마쓰모토 조지^{松本烝治} 국무대신은 상법을 전공한 도쿄대학^{東京大学} 교수 출신이다. 위원은 도쿄 대학 헌법 교수 미야자와 도시요시^{宮澤俊義}, 규슈대학^{九州大学} 헌법 교수 가 와무라 마타스케^{河村又介} (이후 최고재판소 재판관), 도후쿠대학^{東北大学} 헌법 교수 기요미야 시로^{清宮四朗}, 내각 법제국 제1부장 이리에 도시오^{入江俊郎}, 내각 법제국 제2부장 사토 다쓰오^{佐藤達夫}, 사법성 민사국장 오쿠노 겐이 치^{奥野健一} (이후 최고재판소 재판관) 등이 맡았다. 또한 미노베 다쓰키치^{美濃部達吉} 30 등 3명이 고문을 맡았다.

헌법문제조사위원회는 1945년 10월 27일 제1회 총회부터 1946년 2 월 2일 제7회 총회까지 활동했다. 소위원회인 조사회도 15회 열렸다. 마 쓰모토 조지 국무대신은 1946년 신년 연휴 동안 도쿄 근교 가마쿠라 별 장에 들어가 마쓰모토 개인안을 완성해 1월 4일 탈고했다. 마쓰모토 개 인안은 조사회에 자문하고 수정돼 '헌법개정요강(갑안)'이 됐다. 조사회 는 마쓰모토 개인안과는 별도로 회의에서 나온 의견들을 폭넓게 반영한 '헌법개정안(을안)'을 냈다. 2월 2일 제7회 총회에서 헌법문제조사위는 보고받은 두 안에 대해 잠깐 논의하고 활동을 마쳤다. 하루 앞선 2월 1일 비공식이지만 일본 정부는 GHQ에 정부 시안인 '헌법개정요강(갑안)'과 설명서, 2월 8일에는 영역본을 냈다.

헌법개정요강(갑안)의 사법관계 부분을 보면, 메이지헌법에서 개정되

---

30 천황주권설을 부정하고 천황기관설을 주장한 헌법학자. 주권은 법인인 국가에 있으며 천황은 국가 최고기관이라는 학설이다. 1947년 국민주권에 입각한 일본국헌법으로 개정되면서 천황 기관설은 운명을 다한다.

는 곳은 행정소송 의 관할을 사법재판소로 하는 것뿐이다. '사법권은 천황의 이름으로 헌법에 의해 재판소가 행한다' 등의 규정도 그대로이고, 추밀원도 존속시킨다. 참고로 GHQ에 내지 않은 헌법개정안(을안)도 추밀원을 폐지키로 했을 뿐이지 헌법개정요강(갑안)과 마찬가지였다. 행정소송 관할을 사법재판소로 바꾸는 것 외에는 메이지헌법을 답습하고 있다. 왜 이러한 결과물이 나왔는지 나도 이상하다고 생각했었다. 위원으로 참여한 사람이 대학생 시절 참고서로 쓰던 법률학전집『헌법I · II 憲法I · II, 有斐閣』의 저자인 기요미야 시로 교수와 미야자와 도시요시 교수, 이후 최고재판소 재판관이 된 가와무라 마타스케 교수였기 때문이다. 하지만 생각해보면 1945년 8월 15일을 경계로 인간의 사고가 확 달라지기는 어려운 것이었다.

GHQ 민정국

1946년 2월 1일 더글라스 맥아더는 코트니 휘트니 민정국장에게 헌법개정요강(갑안) 거부 이유서를 만들라고 지시하고 2월 3일에는 독자적인 헌법초안을 작성하라고 했다. 민정국에서는 헌법초안작성운영위원회를 설치해 2월 4일부터 극비리에 헌법초안 작성을 시작했다. 이 위원회의 위원장은 조지워싱턴 로스쿨 출신 코트니 휘트니 민정국장, 위원은 하버드 로스쿨 출신 찰스 케이즈 민정국 차장 등이다. 헌법 전문가는 없었지만 로스쿨 출신 6명, 박사학위 소지자 4명, 대학에서 강의했던 사람 3명, 행정관 및 외교관 출신 3명, 하원의원 출신 1명 등이었다. 이 가운데 일본 사정을 잘 아는 사람은 극소수였다. 유일한 여성인 베아테

시로타 고든^{Beate Sirota Gordon}정도가 부친이 피아니스트이자 도쿄음악대학^{東京音樂大學} 초빙교수여서 10년 동안 일본에서 생활한 적이 있다.[18]

코트니 휘트니 위원장 등은 에이브러햄 링컨의 탄생일이기도 한 2월 12일 민정국 헌법초안에 더글라스 맥아더의 승인을 받아, 다음날인 2월 13일 일본 정부에 헌법개정안(맥아더 헌법초안)을 주었다. 이들은 일본 정부에 "우리는 일본 정부가 이것과 같은 개정안을 제출하라는 것이 아니다. 기본원리와 근본형태가 같은 개정안을 속히 만들어 제출하기를 바라는 것"이라고 말했다.[19]

신헌법 공포

1946년 2월 22일 일본 정부는 맥아더 헌법초안에 따라 헌법을 개정하기로 결정하고 GHQ와 연락하며 개정 작업을 진행했다. 3월 6일 헌법개정초안 요강을 발표하고, 4월 17일에 헌법개정초안을 발표했다. 이 헌법개정초안에 대한 추밀원의 자문 및 가결, 중의원의 수정가결, 귀족원의 수정가결, 수정안에 대한 중의원의 가결, 추밀원의 가결을 거쳐[31] 일본국 헌법이 탄생했고 11월 3일 공포됐다.

이 당시 나는 후쿠이현 아사히촌립소학교 2학년이었다. 전교생이 운동장에 모여 등사된 가사를 받아들고 '신헌법 발포의 노래'를 부르며 마을을 행진했다. 아쉽게도 가사는 전혀 기억나지 않는다. 다만 이 무렵 도후쿠 지역 소학교에서 '양육의 역할은 우리가'라는 노래를 가르쳤다고

---

31 메이지헌법 제3장 '제국의회'는 귀족원과 중의원으로 이뤄지는 양원제다.

하니 같은 노래일지도 모르겠다. 이듬해인 1947년 10월 25일 천황이 전 국을 순행巡幸하는 가운데 우리 마을에도 행행行幸했다. 촌장의 안내로 천 황은 새하얀 자갈을 밟아 봉영奉迎 모임이 마련된 소학교 운동장으로 왔 다. 조회대에 올라 모자를 흔들며 인사했다. 보슬비를 맞으며 마을 사람 들은 천황폐하만세를 외쳤는데, 이 동작 때문에 제일 앞쪽에 쳐둔 경계 선용 줄이 흔들리던 것이 기억난다.

내가 소학교 1학년 1학기이던 때는 전쟁 중이었다. 선생님들이 운동 장에 가로 3미터 세로 6미터 깊이 1미터 구덩이를 파고, 그 위에 삼나무 가지를 덮어 방공호를 만들었다. 한 번에 들어갈 수 있는 학생은 기껏해 야 20명 정도였다. 약 600명의 학생들이 차례로 방공호에 들어가며 훈 련을 받았다. 학생들을 지도하던 선생님들의 진지한 얼굴이 잊히지 않 는다.

나의 전쟁체험은 저공비행하는 미군기에 쫓겨서 산으로 도망하다 소 이탄 3발이 떨어지는 것을 본 게 전부다. 하지만 전후 사법연수소 교육 의 기초를 세운 다나베 고지田辺公二 판사는 전함 야마토의 구축함 후유쓰 키冬月의 소위(항해사)였다. 사법연수소 교재인 『민사판결 기안 입문서民 事判決起案の手びき』, 『민사 제1심 소송절차 해설民事第1審訴訟手続の解説』, 『개정판 민사판결서에 관해改正民事判決書について』 등을 만든 사람이다. 1945년 4월 7 일 야마토 전함 격침[32] 당시 승조원 약 270명을 구조하는 데 몸을 던지

---

32 사상최대 규모 전함 야마토가 오키나와로 진격하는 미군에 맞서 해상특공대로 나섰다가, 미군 전투기의 폭격을 받고 규슈 남서쪽 200킬로미터 해상에서 침몰했다. 사망자 2740명, 생존자 269명이다.

기도 했다.[20] 나는 사법수습생 시절 임시강사이던 다나베 고지 판사에게 질책을 들은 적이 있다. "감에 의존해 법률을 논쟁하면 안 된다. 육법전서를 펼쳐 눈앞에서 근거 조문을 제시해 논리를 세워 논의해야 한다." 43세라는 젊은 나이에 다나베 고지 판사는 세상을 떠났다. 이때 처음이자 마지막으로 만났을 뿐이지만 재판소 최고 영재의 얼굴이 뇌리에 깊이 새겨졌다.[21] 한편, 재판관의 전쟁 체험기는 만주 사법부에 재직했던 마에노 시게루前野 茂 판사의 『산송장(소련감옥 11년의 기록)生ける屍(ソ連獄窓十一年の記録), 春秋社, 1961』과 태평양해전에 학도병으로 종군한 오카무라 하루노부岡村治信 판사의 『청춘의 관–삶과 죽음의 항적靑春の柩─生と死の航跡, 光人社NF文庫, 1995』이 있다. 실로 가혹한 고난을 담담하게 기록했다.

신헌법 얘기로 돌아오면, 현행 신헌법의 제6장 사법편과 맥아더 헌법초안의 제6장 사법편에서 다른 부분은 두 곳뿐이다. 맥아더 헌법초안에서는 최고재판소에 위헌심사권이 있었다. 그렇지만 '법률, 명령, 규칙, 관청의 행위의 위헌 여부가 문제되는 모든 경우 국회는 최고법원 판결을 재심할 수 있다', '재심에 부쳐지는 최고법원 판결은 전체 국회의원 3분의 2의 찬성으로 파기할 수 있다', '국회는 최고법원 판결을 재심하는 절차 규정을 제정해야 한다'는 것도 있었다. 일본 측은 "국회가 최고재판소 판결을 재심하는 것은 삼권분립에 반할 뿐만 아니라, 국회가 제정한 법률이 위헌인지를 국회가 재심 절차에서 최종적으로 판정하는 것은 공정하지 못하다"며 강하게 반대했다. GHQ는 재심 규정을 철회키로 동의했다. 이 밖에 '외국의 대사, 공사 및 영사관에 관계된 모든 사건에 관해 최고법원이 단심제로 심판한다'는 것도 있었다. 일본 측에서, 외교관의

치외법권을 인정하지 말라는 취지냐고 반문하자, GHQ가 신속히 철회
했다.[22]

덧붙여 맥아더 헌법초안에는 '강력히 독립된 사법부는 인민의 권리의
보루로서 모든 사법권은 최고법원 및 국회가 수시로 설치되는 하급 재
판소에 귀속한다'는 조항이 있었다. 하지만 일본국헌법에서는 '모든 사
법권은 최고재판소 및 법률이 정하는 바에 따라 설치되는 하급재판소에
속한다'로 바뀌었다. '강력히 독립된 사법부는 인민의 권리의 보루로서'
라는 부분은 삭제됐다. 추상적인 이론 설명은 조문으로 적절하지 않다
는 이유였는데, 빠지기에는 아쉬운 문구였다.

그리고 최고재판소 재판관 국민심사제도에 대해, 귀족원 소위원회
심의는 재판관의 적부를 국민이 판단하는 것은 문제가 있고 세금이 아
깝다는 의견이 나와 이 조항을 삭제키로 만장일치로 가결했다. 하지만
GHQ와의 협의에서 코트니 휘트니는 "이를 삭제하려면 최고재판소 재
판관을 국회가 임명하거나 승인하고 임기를 설정한다는 조건이 붙는다.
그렇게 되면 최고재판소 재판관 임명에 정치적 영향이 미칠 위험이 있
어 재판관의 중립이 우려된다"는 의견을 제시했다. 결국 차라리 국민심
사가 낫겠다는 이유로 국민심사제도[33]는 삭제되지 않고 남았다.[23]

---

33 일본국헌법 제79조 제2항 '최고재판소의 재판관 임명은 임명 후 최초로 실시되는 중의원 의원
총선거에서 국민심사에 회부하고, 10년이 경과한 후 최초로 실시되는 중의원 의원 총선거에서
다시 국민심사에 회부하며, 그 이후도 이와 마찬가지로 한다.', 제79조 제3항 '제2항의 경우 투
표자의 다수가 재판관의 파면에 찬성한 때에는 그 재판관은 파면된다.'

2
재판소법 제정[24)]

이와타 주조 사법대신

신헌법이 윤곽을 드러내면서 기존 재판소구성법을 폐지하고 재판소법을 제정하는 작업이 시작됐다. 여기서 종전 이후 사법성과 대심원의 변화를 살펴볼 필요가 있다. 1945년 8월 17일 히가시쿠 니노미야 내각이 탄생하면서, 사법대신도 검사 출신 마쓰자카 히로마사에서 이와타 주조로 바뀌었다. 이와타 주조 사법대신은 1902년 변호사로 개업하고 1931년 천황이 임명하는 귀족원 의원이 됐다. (사법대신에서 물러난 다음인 1953년에는 일본변호사연합회 회장에 취임한다.) 일찍부터 이와타 주조 등 주요 귀족원 의원들과 함께 사법제도연구회, 영국법연구회를 만들어 사법개혁을 연구하던 사람이 호소노 나가요시다. 이 영국법연구회에는 1943년 당시 도쿄공소원 판사이던 조노 교준도 초대받았다. 호소노 나가요시가 이와타 주조에게 요구한 것은 이렇다. 재판소를 사법성에서 완전히 분리, 어렵다면 적어도 사법대신을 현직 판사·검사 가운데 임용하지 않음, 판사·검사의 진급은 진급회의를 거침, 재판하지 않는 판사는 원칙적으로 없앰, 지방재판소장관[34]을 없애고 부장 합의제에 따라 상석부장이 행정사무를 함, 재판소에 검사국을 부치하지 않으며 검사국-재판소 공동 행정조직을 두지 않음, 재판소와 검사국의 인사 및 예산 분리, 판사의 지위를 검사의 위에 둠 등이다. 도쿄민사지방재판소 부장인 가와모토 기요시는 이와타 주조의 야마구치현 출신 법조모임 후배이다. 1940~1941년부터 재판소 사람들과 함께 사법권의 독립, 재판소와 검사국의 분리, 사법부 내부 파벌 해소를 주장했다. 검사 출신이 사법대신을 독점하는 관행을 부숴야 한다며 변호사 출신 사법대신을 위해 이와타 주조 변호사를 지지하는 운동을 벌였다. 1945년 2월에는 조노 교준과 함께 이와타 주조를 찾아가 검사 출신인 사법대신 밑에 대심원장을 두는 것은 문제이므로, 재판소는 천황 직속이 돼야 한다고 호소했다.

1945년 10월 9일 시데하라 기주로 내각이 출범하고 사법대신에는 이와타 주조가 유임됐다. 이와타 주조 사법대신은 사법 민주화를 위해 사법관의 신분보장을 일시정지하는 '판사·검사의 퇴직 및 판사의 전보에 관한 법률'을 추진해 12월 22일 공포시켰다. 이 법을 근거로 사법대신은 1946년 3월 31일[35]까지 판사·검사 228명[36]을 퇴직하도록 명했으며 4월

---

34 당시에도 지금도 지방재판소의 장은 소장이다. 그럼에도 장관으로 부르는 경우가 종종 있었다고 한다.

35 일본에서는 4월 1일에 학년도가 시작하고 인사발령이 있다. 이날 회계연도가 시작하기 때문이다. 음력 1월이던 회계연도 시작일은 1873년 그레고리력 도입으로 양력 1월이 됐다. 1875년 토지제도 개혁에 따른 토지세 납기일에 맞춰 7월로 다시 바뀌었다. 1880년대 재정적자로 이듬해

30일까지 판사의 전보에 관한 재판소구성법 규정이 적용되지 않았다. 대심원장 이하 간부를 모두 퇴직시켜 사법부 인사를 대개혁했다. 이와 타 주조 사법대신은 1945년 12월 24일 저녁 조노 교준과 가와모토 기요 시를 집으로 불렀다. 가와모토 기요시에게 사법성 비서과장을 시킬테니 인사안을 만들어 올리라고 말하고, 1946년 1월 17일 가와모토 기요시를 비서과장에 임명했다.

이와타 주조 사법대신과 가와모토 기요시 비서과장은 1946년 2월 8일 대심원장 시모야마 세이치를 퇴직시키고 후임으로 히로시마공소원 장이던 호소노 나가요시를 발탁했다. 다음날 9일에는 가지타 도시와 미야기 마코토^{宮城 実}를 대심원 부장에, 도쿄민사지방재판소장 이와마쓰 사부로를 후쿠오카공소원장에, 도쿄형사지방재판소장 다루미 가쓰미^{垂水 克己}(이후 최고재판소 재판관)를 미야기공소원장에 앉혔다. 이어 다수의 변호사를 재판소 및 검사국의 요직에 임명했다. 2월 8일 검사총장에 제국 변호사회 이사장 기무라 도쿠타로^{木村篤太郎}를 임명하고, 2월 9일 사법차관 에 전 도쿄변호사회장 다니무라 다다이치로^{谷村唯一郎}(이후 최고재판소 재판관)를 임명했다. 2월 20일 도쿄 형사지방재판소 검사정에 변호사 사토 히로시^{佐藤博}, 시즈오카지방재판소장에 변호사 다카기 쓰네시치^{高木常七}(이후 최고재판소 재판관)를 임명했다. 2월 21일에는 가시마 고로^{加嶋五郎} 변호 사를 사법성 조사관[37]에 임명했다.

예산 당겨쓰기가 계속됐다. 1882년 조선에서 일어난 임오군란 등을 계기로 군대를 확대키로 했고, 예산을 확보하기 위해 1886년 주세 납기일인 4월로 변경했다.

36 1945년 당시 판사 1189명, 검사 658명이다.

사법성 내부에서 비서과장 가와모토 기요시가 인사를 독점한다는 비판이 커졌다. 가와모토 기요시는 그렇다면 인사과장이 되겠다며 인사과장에 취임하게 된다. 그리고 인사과장 취임에 앞서 4월20일 조노 교준 마쓰에지방재판소장을 대심원 판사에, 시모무라 가즈오下村三郎 인사과장(이후 최고재판소 재판관)을 마쓰에지방재판소장에 임명하기로 했다. 다만 이와타 주조 사법대신과 가와모토 기요시 비서과장은 민사국장 오쿠노 겐이치와 형사국장 사토 도스케佐藤藤佐도 경질하려 했으나 강한 저항에 부딪혀 실현하지는 못했다.

1946년 5월 22일 제1차 요시다 시게루吉田 茂 내각이 출범했다. GHQ는 이와타 주조 사법대신의 유임에 반대했다. 후임 사법대신에 이와타 주조가 추천한 검사총장 기무라 도쿠타로가 임명됐다. 당초 이와타 주조는 기무라 도쿠타로를 추천할 마음이 없었으나 가와모토 기요시 인사과장이 설득했다. GHQ가 이와타 주조의 유임에 반대한 이유는, 그가 1945년 9월 2일 항복문서 조인 때까지 집권한 히가시쿠 니노미야 전시내각의 국무대신이기 때문이다. 시데하라 기주로 내각에서 유임된 것까지는 예외로 인정했지만 거듭 유임시킬 수는 없었다. 이와타 주조에서 기무라 도쿠타로로의 교체는 최고재판소 출범을 둘러싸고 수많은 싸움이 벌어지는 원인이 된다.

---

37 사법대신 특명사항을 조사하며 정원은 1명. 1946년 무렵에는 사법제도 개혁을 조사했다. 지금의 심의관이며 1943년 12월 14일에 생겼다.

기무라 도쿠타로 사법대신

기무라 도쿠타로는 나중에 정치가가 돼 보안청장관과 방위청장관 등을 역임한다.《아사히신문》사법기자 노무라 지로^{野村二郞}는 자신의 저서 『법조 그때^{法曹あの頃, 日本評論社, 1981}』 83쪽에서 "기무라 씨를 강경파의 선봉이라고들 하는데 어떻게 생각하나"라고 질문한다. 기무라 도쿠타로는 "예전부터 나를 우익이라고들 한다. 그러면 나는 우익도 무엇도 아닌 국가주의자라고 답한다. 나라의 경제력이 좋아지고 번영해도, 힘이 없으면 국민생활은 나아지지 않는다. 국가가 정신을 바짝 차려야 한다. 자수자존^{自守自存}이 중요하다"고 답했다.

사법대신에 취임한 직후 기무라 도쿠타로는 사법성의 국장과 과장들을 불러 모아 자신은 사법부 주요 포스트를 변호사로 충원하는 이와타 주조의 인사 방식을 따르지 않을 것이라며 안심하라고 했다. 기무라 도쿠타로는 기존의 제도를 유지하고 재판소 인사 및 예산도 사법성 소관으로 놔두어야 한다고 강하게 주장했다. 이에 반발해 변호사 출신으로 사법성 조사관에 임명된 가시마 고로가 1946년 8월 7일에 사임했다. 기무라 도쿠타로는 가시마 고로의 후임에 네모토 마쓰오 대심원 판사를 호소노 나가요시 대심원장의 승인을 받아[38] 임명하려 했다. 그러자 네모토 마쓰오에 반대하는 오쿠노 겐이치 민사국장 등이 요코타 마사토시^{橫田正俊}(이후 최고재판소장관)를 추천했다. 9월 11일 요코타 마사토시를 호

---

[38] 사법성 조사관은 사법대신이 임명하므로 대심원장의 동의는 필요하지 않다. 하지만 판사 가운데 임명하는 경우 대심원장에게 양해를 얻어서 했다.

소노 나가요시의 승인 없이 사법성 조사관에 임명했다. 이 일로 기무라 도쿠타로와 호소노 나가요시는 사사건건 대립한다.[25]

재판소법안 요강[39]

1946년 7월 3일 내각은 헌법 개정에 따른 각종 법제 정비를 위해 임시법제조사회를 설치해 주요 사항을 조사·심의했다. 사법 관련 법률 개정은 제3부회가 담당했다. 그리고 사법성에도 사법법제심의회가 만들어져 사법 관련 법제 개정에 관해 조사·심의했다. 사법법제심의회는 임시법제조사회 제3부회 위원과 간사를 포섭해 이들과 하나가 돼 입안에 나섰다. 결국 하나의 모임이 임시법제조사회 제3부회로서 총리대신의 자문에 응해 임시법제조사회 총회에 답신안을 냈고, 사법법제심의회로서도 사법대신의 자문에 응해 똑같은 내용을 사법대신에게 제출했다.

사법법제심의회는 회장이 기무라 도쿠타로 사법대신이고 위원 83명과 간사 71명으로 구성됐다. 위원에는 재판소 독립이 목표이던 요시다 히사시, 호소노 나가요시, 가지타 도시, 미야기 마코토, 미노 쇼지, 마쓰오 사네토모 등이 참여했다. 간사에는 가와모토 기요시, 나이토 요리히로, 이즈카 도시오飯塚敏夫, 네모토 마쓰오, 조노 교준, 아제가미 에이지, 마사키 히로시 등이 참가했다. 이들 가운데 네모토 마쓰오 대심원 판사는 호소노 나가요시 대심원장의 실무를 보좌해 1947년 8월 4일 최고재판

---

39 정부기관의 자문에 응해 자문기구가 의견을 보내는 일. 이 답신을 참고해 정책이나 법안을 결정한다. 현재는 국가행정조직법 제8조에 심의회가 규정돼 있어 '8조 기관'으로도 부른다. 국민 참여, 전문 지식, 공정 확보, 이해 조정 등이 목적이다.

소가 출범할 때까지 재판소 설립 준비에 몰두한다. 사쓰키회 나이토 요리히로는 앞서 적은 대로 이와타 주조 사법대신 시절이던 1945년 10월 22일 사법성 민사국 제3과장에 임명돼 사법법제심의회 출범과 함께 간부로 참여했다.

1946년 10월 26일 임시법제조사회장이 재판소법안 요강을 총리대신에게 제출했다. 사법법제심의회의 9월 11일 제9차 총회, 임시법제조사회의 10월 24일 제3차 총회를 거친 다음이다. 재판소법안 요강 가운데 현행 재판소법과 주요하게 다른 점은 이렇다. ①위헌심사권이 최고재판소에만 있어서 하급심은 적용할 법률 등에 위헌의 의심이 있으면 최고재판소에 재판을 요구할 수 있도록 했다. 하지만 재판소법은 위헌심사권을 최고재판소에 한정하지 않는다. ②최고재판소장관의 정년을 75세로, 최고재판소 재판관의 정년을 70세로 했다. 하지만 재판소법에는 전원 70세이다. 장관의 정년만 75세인 것은 일본식 사대주의로 폐해가 컸을 것이다. ③최고재판소 사건은 우선 재판관 3인으로 구성되는 소법정에서 심리한다. 여기에서 의견이 일치하면 대법정을 열 필요가 없다. 헌법판단이나 판례변경을 하는 경우에는 예외여서 대법정을 연다. 이것은 최고재판소를 재판관 15명으로 구성되는 원 벤치로 보고, 소법정은 원 벤치의 소위원회로 여기는 방식이다. 하지만 재판소법은 원 벤치-소위원회 개념이 아니다. '최고재판소는 대법정 혹은 소법정에서 심리·재판하고, 소법정은 3인 이상 재판관으로 구성하며, 재판은 과반수 의견에 따른다'고 정하고 있다. ④15인 재판관 전원으로 구성되는 대법정 판결서에만 재판관 각자의 의견을 명확히 표시하도록 했다. 하지만 재판소법은 대법정과 소법정 재판서 모두 재판관들의 의견을 표시하도록 했다 ⑤최고재판소·고등재판소·지방재판소에 인사위원회를 두기로 했다. 재판소법에는 이런 규정이 없다. ⑥최고재판소에 조사관 35명을 두기로 했다. 재판소법에는 인원수 규정이 없다. ⑦고등재판소장관 정년을 70세로, 고등재판소 판사 정년을 65세로 정했다. 재판소법에는 전원 65세다. ⑧고등재판소장관의 지위를 최고재판소 재판관과 같게 했다. 하지만 재판소법에는 이러한 규정이 없다. ⑨지방재판소의 장을 장관으로 했다. 재판소법에는 소장이다. ⑩간이재판소 재판관 정년을 65세로 했다. 재판소법에는 70세다. ⑪최고재판소 조사관, 하급재판소 조사관, 사무국장, 사무국 사무관, 재판소 서기 및 집달리의 임면은 최고재판소장관 또는 이를 위임받은 하급재판소장관이 한다. 하지만 재판소법은 재판관 이외 직원의 임면은 최고재판소가 정하는 바에 따라 최고재판소, 각 고등재판소, 각 지방재판소, 각 가정재판소가 한다고 정하고 있다. ⑫재판소 예산을 사법성 소관으로 했다. 재판소법에서는 사법행정사무가 모두 재판소의 소관이며, '재판소 경비는 독립해서 국가 예산에 계상해야 한다. 이 경비에는 예비금을 두어야 한다'고 규정하고 있다. 그리고 재판소법안 요강 부대결의에서는 '판사·검사는 일정기간 변호사 업무에 종사한 사람 가운데 임용하는 것이 장래에 실현되기를 희망한다'고 했다.

재판소법요강에서 재판의 독립과 관련해 가장 논란이 됐던 부분은 재판소 예산이 사법성 소관이라는 것이었다. 재판소구성법 개정을 담당한 사법법제심의회 제1소위원회는 11대 7로 '재판소 예산을 사법성에서 독립시킨다'고 결의했다. 이 심사를 주도한 사람은 요시다 판결의 멤버인 가지타 도시 대심원 판사다. 하지만 이 결의를 뒤엎으려 사법성은 외부 위원을 동원해 총회에서 현상유지론을 주장했다. 그 결과 총회에서는 25대 16으로 '재판소의 예산은 종래대로 한다'고 수정됐다. 행정재판소 사와다 다케지로^{沢田竹治郎}(이후 최고재판소 재판관) 장관과 시로가네 도모노리^{白銀朝則} 행정재판소 평정관[40]은 제1소위에서는 재판소 의견을 지지했지만 총회에서는 입장을 바꿨다.

대법정 판결서에 재판관의 의견을 명확히 표시해야 한다는 내용이 들어간 과정을 사법법제심의회 간사이던 아제가미 에이지가 소개한 바 있다. "심의회 간사를 함께 하던 고바야시 이치로^{小林一朗} 변호사는 영국법의 대가인데 우리 방에서 여러 가지를 알려줬다. 어느 날도 불쑥 나타나서는 '최종심인 최고재판소가 판결서를 만드는 것은 이상하다'고 짐짓 말했다. 우리는 '무슨 뜻인지 알아들을 수 있도록 차근차근 설명해달라'고 했다. 고바야지 이치로 변호사의 말을 요약하면, 재판의 결론은 원심에 이미 있으므로 최고재판소 재판관은 법정에서 상고기각인지 파기환송인지 결론과 이유만 설명하면 된다.[41] 그러면 당사자들은 승소와 패소 어디가 다수인지, 각 재판관의 의견은 무엇인지 알게 된다. 하지만 기존 판결 방식으로는 다수 재판관의 결론과 의견만 알게 된다. 최고 권위자

---

40 도쿄에 있는 행정재판소에는 장관 1명과 평정관 14명이 있었다. 단심제로 운영되는 특별재판소이다.

41 일본 형사소송법에 따라 상고심에서 원심을 파기하면 환송하는 게 원칙이다. 민사소송법에서도 마찬가지여서 자판을 제한적으로만 인정한다. 따라서 상고심 판결은 (파기환송을 거치는 경우를 포함해) 상고기각으로 끝나고 구체적인 결론은 원심 판결에 나온다.

I. 일본사법의 시작

인 최고재판소 재판관의 식견을 중요하게 여기지 않는 셈이라는 것이었다. 당시 우리들은 재판의 평의는 비밀이라고 확신하고 있었기 때문에 (재판소구성법 제121조, 재판소법 제75조), 이 설명을 듣고 연구가 부족함을 절감했다. 그리고 미국, 영국의 예 등을 참고해 최고재판소 판결서에 소수의견을 포함한 각 재판관들의 의견을 표시하는 제도가 도입됐다(재판소법 제11조)."[26][42]

GHQ, 재판소법안 심사

GHQ는 1947년 2월 말이 돼서도 재판소법안을 승인하지 못했다. 1946년 9월 23일부터 재판소법안 요강을 심사했고, 같은 해 11월 22일부터는 재판소법안을 심사했는데도 진척이 없었다. 그러자 GHQ와 사법성은 특별법안 개정위원회를 만들어 집중 협의를 시작했고, 3월 12일 GHQ 승인이 났다. 개정위에 참가한 대심원 인물은 호소노 나가요시 대심원장 외에 네모토 마쓰오 대심원 판사와 미야기 마코토 대심원 부장이다.

GHQ의 승인이 늦어진 이유는 기무라 도쿠타로 사법대신과 호소노 나가요시 대심원장의 극심한 대립 때문이다. 기무라 도쿠타로 사법대신은 사법대신이 재판소의 인사와 예산을 계속 가져야 한다고 밝혔다. 호

---

42 영국에서는 판결을 선고하면서 판결서를 만들지 않는다. 법관들이 구두로 의견을 선고하면 당사자가 문서로 정리해 법원의 인증을 받는 게 일반적이다. 이렇게 하면 각 법관의 의견을 알 수 있다. 하지만 판결서에 법원의 결론만 적으면 각 법관의 의견을 알 수 없다. 일본 재판소법 제11조 '판결서에는 각 재판관의 의견을 표시하여야 한다'는 고바야시 변호사의 얘기에서 착안한 것이다. 이는 옮긴이가 이즈미 도쿠지 전 재판관에게 질의해 받은 설명을 정리한 것이다.

소노 나가요시 대심원장은 진정한 사법독립을 위해 재판소가 행정관청의 지휘·감독에서 완전히 벗어나 자립적으로 인사와 예산을 운영해야 한다고 주장했다.

이후 호소노 나가요시 대심원장은 최고재판소를 세우는 일은 재판소 소관이라며 대심원에 최고재판소설치준비위원회를 만들었다. 위원장은 대심원장 자신이 맡고, 위원에는 대심원 부장, 대심원 판사, 도쿄공소원 부장, 도쿄3변호사회 회장과 회원 등 약 70명을 위촉해, 소위원회를 7개 만들었다. 1946년 10월 15일에 제1회 모임을 열었다. 하지만 사법성은 대심원에는 그런 권한이 없다며 최고재판소설치준비위원회 운영에 필요한 예산을 주지 않았다. 대신 사법성 사무국에 임시기획부를 만들고 판사·검사와 학자들을 모아 11월 25일 제1회 임시기획부 참여 회의를 열었다. 이 자리에서 구체적인 최고재판소 이행 방안을 논의했다. 이에 따라 대심원 최고재판소설치준비위원회는 무력화됐다.

다만 사법성 인사과장 가와모토 기요시는 "사법성에 임시기획부를 설치하는 것은 당연하지만 대심원도 메이지헌법 최고위 재판소다. 대심원은 최고재판소 출범과 함께 발전적으로 해소된다. 대심원이 최고재판소 설치준비위원회를 만들어도 문제될 것이 없다"는 의견을 냈다. 가와모토 기요시는 사법대신 이하 14명이 참여한 사법성 회의에서도 재판소의 인사 및 예산에 관한 권한은 사법성이 아닌 최고재판소가 가져야 한다는 의견을 냈다. 하지만 13대 1로 졌다.

기무라 도쿠타로 사법대신은 사법성 인사과장인 가와모토 기요시가 대심원장을 지지하는 것이 괘씸했다. 야마나시현 고후시의 지방재판소

소장으로 전출하라고 요구했지만 가와모토 기요시가 거부했다. 그러자 당사자 승낙 없이 각의 결정만으로 '판사에 임명하고 고후지방재판소장에 보한다'고 발령냈다. 가와모토 기요시는 기무라 도쿠타로 사법대신의 사령을 수용하지 않았다. 이유는 사법성 인사과장은 행정관이므로 전임을 명받는 것은 어쩔 수 없다 해도, 판사에 임명해 고후지방재판소장에 보하는 것은 판사의 신분에 관한 일이어서 본인 승낙 없이는 무효라는 것이었다. 기무라 도쿠타로 사법대신은 1947년 2월 25일 '공무원 인사규칙에 따라 휴직에 명한다'는 각의 결정에 따른 사령을 내렸다. 41세이던 가와모토 기요시는 휴직처리 됐다. 같은 해 3월 6일 후임 인사과장에 이시다 가즈토(이후 최고재판소장관)가 취임했다.

GHQ에서 이 문제를 담당한 사람은 민정국 법제사법과장 알프레드 오플러와 직원 토머스 블레이크모어[Thomas L. Blakemore]다. 알프레드 오플러는 알퐁스 도데의 소설 「마지막 수업」의 무대인 알자스–로렌 지역에서 1893년 태어났다. 당시 독일령이었다. 이후 뮌헨, 프라이부르크, 베를린, 스트라스부르 대학에서 법률을 공부하고 제1차 세계대전에 종군했다. 재무성 법률고문과 판사로 일하면서 38세 프로이센 최고행정재판소 판사, 39세 프로이센 최고징계재판소 부소장이 됐다. 1939년 히틀러의 박해를 피해 미국으로 이주해 영어를 배웠고, 하버드대학교 강사를 거쳐 연방정부 직원으로 독일점령 정책에 참여했다. 이후 일본점령 업무를 맡아달라는 육군의 요청을 받고 GHQ의 일원으로 1959년까지 일본에 있었다. 덧붙여 앞서 1장에서 설명한 『일본점령과 법제개혁』을 1990년 펴냈다. 토머스 블레이크모어는 오클라호마주 변호사이며 도쿄대학 법학부에 1939~1941년 유학해 일본법과 일본어에 능통했다. 미국 국무성에 들어간 뒤 GHQ 일원으로 일본에 파견됐다. 참고로 1950년 도쿄에 블레이크모어 법률사무소를 설립했으며 지금도 있다.

알프레드 오플러가 일본에 도착해 가장 먼저 연락한 상대는 호소노 나가요시 대심원장이다. 재판소구성법에 '대심원을 최고재판소로 한다'고 쓰여 있었기에 재판소 개혁을 의논할 상대는 대심원장이라고 판단했다. 호소노 나가요시는 재판소 독립이나 재판관 우위 등에 관해 말했고, 알프레드 오플러는 자신과 같은 입장임을 알게 된다. 알프레드 오플러는 호소노 나가요시가 중요한 정보를 제공할 사법개혁의 협력자이며, 가장 유력한 최고재판소장관 후보라고 생각했다. 호소노 나가요시는 알프레드 오플러를 도쿄 근교 하코네 산장에 며칠간 초대하고, 알프레드 오플러도 호소노 나가요시를 자택에 초대했다. 아주 친밀한 관계로 의견을 주고받았다. 알프레드 오플러는 호소노 나가요시가 과격한 기질의 소유자로 타협하지 않는 성격임을 알게 되면서, 호소노 나가요시가 알려주는 것을 유용한 정보와 개인적 평가로 구별했다. 호소노 나가요시가 최고재판소장관으로서 적합한 인물이라는 생각은 버리지 않았다.

사법성의 재판소법안이 대부분 재판소법으로 남은 이유는 GHQ 의견을 받아들여서다. GHQ, 사실상 알프레드 오플러와 토머스 블레이크모어가 재판소법 심의회에서 특히 주장한 부분은 ①재판소 예산은 최고재판소가 예산안을 편성해 내각에 제출하면 내각이 국회에 제출한다. ②위헌입법심사권을 하급심도 가진다는 것이었다.

사법성이 만든 재판소법안은 최고재판소가 대심원처럼 상고사건 일반을 관할하게 했는데, 이에 대해 알프레드 오플러 등은 기존대로 사건을 처리하려면 최고재판소와 대심원 조직이 같아야 한다고 봤다. 그래서 최고재판소 재판관 수도 대심원 판사와 같이 30명 정도로 했다. 최고재판소 재판관 5명은 법조자격이 없어도 된다는 사법성안에도 반대하고 전원 법조자격자라야 한다고 했다. 그러자 사법성은 반대했다. "최고재판소장관의 지위는 내각총리대신과 동등하게, 최고재판소 재판관의 지위는 국무대신과 동등하게 하고 국민심사에 붙인다. 정원은 15명 정도로 조사관이 보좌케 한다. 최고재판소의 권위를 높이려면 국가의 주요 인물을 폭넓게 등용해야 한다. 모두 법률적 소양이 있는 40세 이상 가운데 선정위원회의 선정에 바탕해 임명하므로, 5명은 법조자격이 없어도 문제되지 않는다." 알프레드 오플러 등은 마지못해 이 주장을 받아들였다.

사법법제심의회의 재판소법안 요강에는 '재판소 예산은 사법성 소관으로 한다'고 돼 있었지만 GHQ 심의에서 재판소 소관으로 변경됐다. 재판소법 제83조 제1항에서 '재판소의 경비는 독립하여 국가의 예산에 이를 계상하여야 한다'고 규정했다. 그리고 재정법 제19조에서는 독립기관의 이중예산권까지 규정됐다. '내각은 국회, 재판소 및 회계검사원의 세출 견적을 감액하는 경우 국회, 재판소 또는 회계검사원이 송부한 세출견적에 대해 상세한 내용을 세입세출예산에 부기하고, 국회가 국회, 재판소 또는 회계검사원에 대한 세출액을 수정하는 경우에 필요한 재원에 대해서도 명기해야 한다'는 독립기관으로서의 이중예산권이 규정되기에 이르렀다.[43]

이 역전극은 호소노 나가요시 대심원장과 사무총장격인 네모토 마쓰오 대심원 판사가 열성으로 움직인 결과다. 호소노 나가요시는 "신헌법에서 재판소 독립이 완전하게 인정되는 이상 예산도 완전하게 독립해야 한다. 재판소의 예산 요구는 내각이 그대로 국회에 제출해야 한다"고 주장했다. 호소노 나가요시의 뜻에 따라 네모토 마쓰오가 협상에 나섰는데 실무 보조인력이 없었다. 그러자 사법성 민사국의 위촉으로 사법법제심의회 간사를 하던 아제가미 에이지 판사가 나서서 도왔다. 아제가미 에이지는 네모토 마쓰오가 법제국에서 재정법 제19조를 마무리하고 자신의 방에 왔을 때의 만족스러워하는 얼굴을 잊을 수가 없다고 했다.[27]

이와 함께 GHQ는 '내각은 최고재판소장관을 지명하거나 최고재판소 재판관을 임명할 경우 위원회에 자문해야 한다. 위원회의 조직은 정령政令[44]으로 정한다'는 규정을 제안했다. 사법성은 받아들였다. 최고재판소 재판관 임명에 대해 호소노 나가요시 대심원장은 "대심원은 재조와 재야 법조인 등을 모아 위원회를 설치하고, 이 위원회의 심의에 바탕해 최고재판소가 명부를 만들어 내각에 제출한다. 명부에는 결원 재판관 수만큼만 이름을 적는다. 지금과 같은 일본 상황에서 행정기관 특히 사법성에 선택권을 주는 것은 아무런 도움이 안 된다"고 말했다. 하지만

---

43 설령 내각이 깎더라도 의회가 재판소 등의 요구대로 부활시킬 수 있다. 재판소 등의 독립을 보장하기 위해 내각이 마음대로 세출을 깎지 못하게 하는 제도다.

44 일본국헌법 제73조 제6호에 따라 내각이 제정하는 명령이다. 행정기관이 제정하는 명령 가운데 가장 우선적인 효력을 가진다.

GHQ는 임명권이 내각에 있으므로 내각의 선택권을 뺏을 수는 없다며 호소노 나가요시의 제안을 거부했다.

　재판소법안은 재판소구성법을 대신하는 헌법부속 법전으로 1947년 2월 6일 심사위원회가 추밀원 자문에 응해 심사하고 있었다. 그러다 3월 12일 GHQ 승인을 받았고 이날 추밀원 본회의가 의결해, 의회에 제출했다. 3월 18일 중의원 본회의, 3월 26일 귀족원 본회의에서 가결돼 4월 16일에 공포됐고, 신헌법과 같이 5월 3일 시행됐다.

3
재판관임명자문위원회

요시다 시게루 내각의 재판관임명자문위원회

새롭게 공포된 재판소법 제39조 제4항 및 제5항은 '내각이 최고재판소 재판관을 지명 또는 임명하기 위해서는 재판관임명자문위원회에 자문해야 한다. 위원회에 관한 규정은 정령으로 정한다'고 돼 있었다. 그러나 1947년 4월 16일 공포된 재판소법 시행법 제4조는 '재판소법 시행을 준비하기 위해 이 법 시행 전에 각령[閣令45]에 따라 재판관임명자문위원회를 설치할 수 있다'고 규정했다. 이날 각령으로 재판관임명자문위원회 규정이 공포됐다.

재판관임명자문위원회 규정에는 '위원은 11명으로 한다. 이 가운데

---

45 1947년 폐지된 내각관제에 규정된 법형식으로 내각총리대신이 내리는 명령이다. 효력은 다른 대신들이 정하는 성령(省令)과 비슷하다. 현재의 내각부령(内閣府令)과 성령(省令)에 해당한다.

대심원 이외의 재판소에 재직하는 판사 1명은 위원들이 지명하는 사람 중에서 내각총리대신이 위촉한다. 자문위원회는 최고재판소 재판관에 적합한 사람 30명을 정하고, 이 가운데 최고재판소장관 후보 3명을 정해 답한다'고 정했다. 자문위원회 규정은 각령이었지만 이 규정을 제정하고 자문위원회 사무를 처리한 것은 사법성이었기 때문에 공평성에 의혹이 생겼다. 사법성은 자문위원회를 통해 재판관 인사에 대한 영향력을 남겨두려고 한 것 같다.

자문위원회 위원 11명 구성은 다음과 같다. 괄호 안은 당시 위원의 이름이다. ①대심원장(호소노 나가요시) ②대심원 이외의 재판소에 재직하는 판사 1명(호리우치 신노스케^{堀内信之助}) ③행정재판소장관(사와다 다케지로) ④사법차관(다니무라 다다이치로) ⑤귀족원 의장(도쿠가와 이에마사^{德川家正}) ⑥중의원 의장 (야마자키 다케시^{山崎 猛}) ⑦제국학사원 제1부장(야마다 사부로^{山田三郎}) ⑧도쿄대학 총장(난바라 시게루^{南原 繁}) ⑨도쿄변호사 회장(쓰카사키 나오요시^{塚崎直義}) ⑩제1도쿄변호사 회장(하세가와 다이치로^{長谷川太一郎}) ⑪제2도쿄변호사 회장(마노 쓰요시^{真野 毅}). 이 가운데 ②대심원 이외의 재판소에 재직하는 판사 1명을 두고, 다니무라 다다이치로 위원이 니시쿠보 요시유키^{西久保良行}, 호리우치 신노스케, 야기타 마사오^{八木田政雄} 3명의 판사를 지명했고 호소노 나가요시 위원은 미노 쇼지 판사를 지명했다. 결국 호리우치 신노스케 판사가 위촉됐다.

자문위원회는 1947년 4월 22일 최고재판소 재판관으로 적합한 30명의 이름을 담은 답신서를 총리대신에게 제출했다. "이 가운데 학계에서 3명, 변호사 및 판사 가운데 가능한 많이 임명해줄 것을 내각에 희망한다"는 의견도 적었다. 이 명단은 위원들이 각자 추천한 후보들을 두고 투표한 결과다. 아마도 위원 가운데 10명이 30명씩을 적어내는 방식이었던 것 같다. 답신서에 적힌 30명의 이름은 다음과 같다. 아리마 주사부로有馬忠三郞, 시모야마 세이치, 이리에 도시오, 이와마쓰 사부로, 이노우에 노보리井上 登, 운노 신키치海野晋吉, 오쿠야마 하치로奧山八郞, 가나모리 도쿠지로金森德次郞, 구사노 효이치로草野豹一郞, 곤도 다미오近藤民雄, 사와다 다케지로, 사이토 유스케斎藤悠輔, 사사키 료이치, 시마 다모쓰, 쇼노 리이치庄野理一, 시마다 다케오島田武夫, 시로가네 도모노리, 다카야나기 겐조高柳賢三, 다케다 쇼竹田 省, 쓰카사키 나오요시, 하세가와 다이치로, 후지타 하치로, 호소가와 준이치로細川潤一郞, 마노 쓰요시, 마쓰모토 세이지松本静史, 모리타 도요지로, 기무라 도쿠타로, 다니무라 다다이치로, 스에카와 히로시末川博, 미타니 다카노부三谷隆信.

다음날인 4월 23일 자문위원회는 30명 가운데 최고재판소장관에 적합한 사람을 정하는 투표를 벌어 다득표순으로 3명을 선정했다. 가나모리 도쿠지로, 기무라 도쿠타로, 시모야마 세이치다. 이 투표는 위원 가운데 9명이 3명씩을 기명하는 방법이었던 것 같다.

최고재판소 재판관에 적합한 사람 30명 명단에는 호소노 나가요시 대심원장도 그 지지자도 오르지 못했다. 호소노 나가요시 지지자로 여겨지는 사람들은 득표수가 적었다. 미야기 마코토(4표), 호소노 나가요시(2표), 조노 교준(1표), 후지에 주지로(1표), 이즈카 도시오(1표), 야나가와 마사카쓰柳川昌勝(1표), 네모토 마쓰오(1표), 미노 쇼지(1표), 가지타 도시(1표)다. 이들을 추천한 사람도 호소노 나가요시 위원으로 생각된다.

재판소에서 호소노 나가요시의 움직임에 반대해온 반호소노파는 이들이 최고재판소장관에 오르면 파벌을 구축해 가신을 우대하고 반호소노파를 냉대할 것을 우려했다. 이러한 우려는 이후 호소노 나가요시에 대한 철저한 배제로 이어진다.[28]

최고재판소장관 후보자 3명 가운데 가나모리 도쿠지로는 법제국 장관, 귀족원 칙선의원을 거쳐 요시다 시게루 내각 헌법담당 대신에 취임했다. 신헌법을 제국의회에서 심의할 때 정부 답변에 나선 인물로 신헌법에 따른 초대 최고재판소장관에 적임자였다. 반면 기무라 도쿠타로는 사법대신으로서 재판소를 사법성의 지배에 놓으려 했다. 시모야마 세이치는 이와타 주조 사법대신 시절 사법민주화정책에 따라 대심원장이 됐고 귀족원 칙선의원을 거쳤다.

이러한 자문위원회 답신을 보면 자문위원회의 강한 보수 색채를 알 수 있다.

자문위 답신을 받은 정부는 최고재판소 재판관 인선을 신헌법 시행 전에 마치고 1947년 5월 3일 신헌법 시행일에 임명할 계획이었다. 그런데 3월 31일 중의원이 해산하고 4월 25일 총선거가 예정된 상황이었다. 재판관 임명을 어느 내각이 해야 하는지가 문제였다. 신헌법 이전의 현재 내각인지, 총선거 이후 신헌법에 의해 조각된 새 내각인지였다. 4월 23일자로 더글라스 맥아더는 요시다 시게루 총리에게 편지를 보내 "총선거에 의해 국민의 의사가 표명된다. 현 내각이 최고재판소 재판관을 임명하는 것은 국민의 의사를 반영하는 것이 아니다. 첫 최고재판소 재판관은 신헌법에서 선출된 첫 내각이 임명하는 것이 마땅하다"고 했다.

요시다 시게루 내각은 GHQ의 최고재판소 재판관 임명에 관한 의사를 받아들였다.

GHQ, 그 중에서도 특히 알프레드 오플러가 재판소 독립에 몰두해온 호소노 나가요시를 최고재판소장관으로 생각했던 것은 앞서 적은 대로 다. 하지만 호소노 나가요시는 커녕 호소노 나가요시의 지지자조차 재판관임명자문위원회가 답신한 후보자 명단에 들어 있지 않았다. 여기에 실망해 GHQ가 최고재판소 재판관 임명을 백지로 돌린 것이 아닌가 생각된다.

신헌법 시행과 함께 최고재판소 재판관을 임명할 수 없었기 때문에 신헌법 제103조에 규정된 경과 조치가 적용됐다. 대심원 판사 직에 있던 사람이 최고재판소 재판관 대행으로서 최고재판소가 다뤄야 할 사건의 처리와 그 외 긴급한 처분을 행할 수 있게 됐다. 호소노 나가요시 대심원장은 최고재판소장관 대행이, 네모토 마쓰오 대심원 판사는 최고재판소 사무총장이 됐다.

가타야마 데쓰 내각의 재판관임명자문위원회

1947년 4월 25일 중의원 의원 총선거에서 사회당이 제1여당이 되고 5월 24일 가타야마 데쓰 내각이 탄생했다. 최고재판소 재판관 임명도 가타야마 데쓰 내각이 하게 됐다.

요시다 시게루 내각 재판관임명자문위원회 답신이 백지화되자 반호소노파는 호소노 나가요시의 부활을 우려해 GHQ에 진정 공세를 벌였다. 5월 7일 시모이자카 마스오 전 대심원 판사가 코트니 휘트니 민정국장을 방문했다. 5월 13일 전 대심원부장 모리타 도요지로, 이노우에 노보리(이후 최고재판소 재판관), 시마 다모쓰 3명이 코트니 휘트니 민정국장과 찰스 케이즈 민정국 차장을 만났다. 5월16일 모리타 도요지로, 이노우에 노보리와 함께 도쿄지방재판소 부장인 마쓰다 지로^{松田二郎}(이후 최고재판소 재판관), 스즈키 주이치^{鈴木忠一}가 알프레드 오플러를 방문했다. 이들은 "호소노 나가요시 대심원장, 네모토 마쓰오 대심원 판사, 조노 교준 대심원 판사가 사령부를 방문해 자신들의 생각이 대심원 판사 전체 의견인 것처럼 가장하고 있다. 사실 그들은 소수파에 불과하다, 독재적인 성향으로 파벌을 구축하는 호소노 나가요시 같은 인물은 배제해야 한다. 하급 재판소도 호소노 나가요시 일파를 지지하지 않는다, 소수파의 음모가 화를 부를까 염려된다"고 했다.[29]

같은 해 6월 17일 가타야마 데쓰 내각은 정령 재판관임명자문위원회 규정을 공포했다. 자문위원회는 위원 15명으로 구성된다. ①중의원의장 ②참의원의장 ③전국 재판관 가운데 호선된 자 4명 ④전국 검찰관, 행정재판소장관 및 행정재판소 전임 평정관 가운데 호선된 1명 ⑤전국 변호사 가운데 호선된 4명 ⑥법률학 교수로서 내각총리대신이 지명하는 2명 ⑦학식 경험이 있는 사람으로서 내각총리대신이 지명하는 2명이다.

전국 재판관 가운데 호선되는 위원 후보로 6명이 추천됐는데 4명이 반호소노파였다. 추천된 후보들은 시마 다모쓰 전 대심원 판사, 미야기 마코토 전 대심원 판사(호소노파), 사카노 지사토^{坂野千里} 도쿄고등재판소장관 직무대행(중간파), 후지타 하치로 오사카고등재판소장관 직무대행, 이와마쓰 사부로 후쿠오카고등재판소장관 직무대행, 다루미 가쓰미 센다이고등재판소장관 직무대행이다.

도쿄에서는 자문위원회 위원 후보들에게 최고재판소 재판관으로 누구를 지지할지 묻는 자리가 마련됐다. 도쿄지방재판소 배석회의 기획이다. 도쿄지방재판소 회의실에 모인 도쿄지역 재판관들을 상대로 시마 다모쓰, 미야기 마코토, 사카노 지사토 판사가 30분씩 발언했다. 그리고 간사가 질문했다. "최고재판소 출범 이후 재판소 예산은 어찌해야 하나", "어떤 사람을 최고재판소 재판관으로 지지하나", "신헌법에서의 재판관과 재판소의 모습은 어떠해야 하나" 등이었다. 세 사람 가운데 미야기 마코토만이 재판소 독립을 위한 의견을 명쾌하게 밝혀 큰 박수를 받았다. "스모선수는 윗사람들 비위를 아무리 잘 맞춰도 결국은 모래판에서 강해야 한다. 재판관도 마찬가지여서 재판을 제대로 해야만 한다. 줄서기만 잘하는 판사들을 집요하게 공격할 것이다.", "돈줄이 잡혀 있는데 무슨 독립인가. 최고재판소가 스스로 예산·인사권을 갖는 것은 너무나 당연하다."[30] 이와 함께 대심원의 호소노파인 조노 교준 대심원 판사, 반호소노파인 이시자카 슈이치石坂修一(이후 최고재판소 재판관)의 합동 연설회가 도쿄지방재판소 회의실에서 열려, 대심원 상황과 호소노 나가요시에 대한 입장을 들었다.

붉은 벽돌 옛 대심원청사 뒤편에 옛 배심원 숙소 건물이 있었다. 참고로 나도 이 건물 1층 도쿄지방재판소 파산부에서 1965년에 근무했었다. 아무튼 배심 재판이 1943년에 없어지면서 2층은 상석예심판사실이 됐다. 이 상석예심판사실에 1947년 4월 무렵부터 판사들이 모여 "호소노 나가요시가 최고재판소장관이 되면 재판소를 독점한다. 재판소가 호소노 나가요시 게젤샤프트^{Gesellschaft}가 되는 것만은 막아야 한다. 전국의 재판관에게 호소노 나가요시의 장관 저지를 호소하자"고 결의하면서 전국적인 운동을 전개했다. 니시쿠보 요시유키 상석예심판사실이었고 도쿄고등재판소와 도쿄지방재판소 판사인 우치다 모리부미^{内田護文}, 호리우치 신노스케, 마쓰다 지로, 무라마쓰 도시오^{村松俊夫}, 스즈키 주이치, 니세키 가쓰요시^{新関勝芳}, 요코하마지방재판소 판사 마에자와 다다나리^{前沢忠成}였다. 눈앞의 목표는 호소노 나가요시를 지지하는 미야기 마코토를 재판관임명자문위원회 위원선거에서 떨어뜨리는 것이었다. 이들은 반호소노파 원로들의 추천장을 받아 돌렸다. 시마 다모쓰 전 대심원 판사의 추천장을 도쿄고등재판소 관내 판사들에게, 후지타 하치로 오사카고등재판소장관 직무대행의 추천장을 나고야고등재판소와 오사카고등재판소 관내 판사들에게, 이와마쓰 사부로 후쿠오카고등재판소장관 직무대행 추천장을 히로시마고등재판소와 후쿠오카고등재판소 관내 판사들에게, 다루미 가쓰미 센다이고등재판소장관 직무대행의 추천장을 센다이고등재판소와 삿포로고등재판소 관내 판사들에게 보냈다. 그리고 사람들을 여러 곳에 보내 도쿄고등재판소 관내 표를 다루미 가쓰미에게 몰아주는 운동을 벌였다.[31]

전쟁 당시 만주국 사법부에 있다가 반년 전에 귀국한 마에자와 다다나리 요코하마지방재판소 판사는 배낭을 둘러매고 나고야, 오사카, 히로시마, 후쿠오카를 차례로 돌았다. 호소노 나가요시는 문제가 있다며 이와마쓰 사부로를 찍어달라고 했다. 여기에 무라마쓰 도시오 도쿄지방재판소 부장도 참가했다.[32] 당시 재판소 안에는 호소노 나가요시를 두

고 소문이 돌았다. "돗토리현 어느 요정의 마담과 수상한 관계다. 히로시마공소원장 시절 배급된 식료품을 독식했다. 호소노 나가요시와 조노 교준에게 여자가 있다." 이와마쓰 사부로가 쓴 『어떤 재판관의 행보ある裁判官の歩み, 日本評論社, 1967』186쪽부터에는 이런 얘기가 나온다. "호소노 나가요시가 현에서 재판소 판사들에게 배급된 설탕을 '이것은 장관인 나에게 온 것이다'라면서 히로시마지방재판소장에게 조금 나눠주고는 대부분은 교토 자택에 보냈다"고 요시다 하지메吉田 肇 히로시마지방재판소장에게 들었다는 것이다. 이와마쓰 사부로의 처남인 마사키 아키라正木 亮 히로시마공소원 검사장에게 들은 얘기라며 "마사키 아키라가 형무소에 있던 대형 범포를 판사들에게 나눠주려고 히로시마공소원장 앞으로 보냈는데 호소노 나가요시가 받아서 교토 자택에 보내버렸다"는 등이다.

이에 대해 곤도 간지는 "호소노 나가요시와 조노 교준에게 여자가 있다는 것은 악선전이다", "호소노파가 무엇을 하려했는지 진의를 제대로 평가받지 못했다. 막바지에는 권력투쟁으로 비쳐지기도 했다. 하지만 권력욕 때문이었다면 호소노 나가요시나 조노 교준이 현재 지위에 오르기도 전인 전쟁 기간에 행정 우위를 타파하자는 주장을 했을 리가 없다. 자신들의 이익을 위한 중상모략이다. 호소노파에게 설득력이 부족했던 점이 반대파에게는 행운이었고, 호소노파가 조급했던 것도 사실이다. 당시는 신속한 의사결정이 필요한 상황이었는데 호소노파가 특히 서툴렀다"고 말했다.[33] 그 밖에 설탕이나 범포 얘기도 진위가 명확치 않다.

7월 7일 "(도쿄고등재판소장관 직무대행인) 사카노 지사토 원장[46]은 자문위원이 되려는 뜻이 없음. 원장 승인 아래 보냄"이라는 전보가 도쿄고등재판소 나가노 기요시^{長野 潔} 판사와 다니나카 가오루^{谷中 薫} 판사 이름으로 배달됐다. 도쿄고등재판소와 센다이고등재판소를 제외한 전국의 고등재판소장관, 도쿄고등재판소와 센다이고등재판소 산하 지방재판소 소장이 대상이었다. 중간파인 사카노 지사토가 사퇴하면 표는 반호소노파 4명에게 가고 이들이 당선한다. 시마 다모쓰, 이와마쓰 사부로, 후지타 하치로, 다루미 가쓰미다. 이 전보를 보낸 사람은 마쓰다 지로, 스즈키 주이치 두 명이고 이와노 도루^{岩野 徹} 사법성비서과 사무촉탁, 요시오카 스스무^{吉岡 進} 도쿄지방재판소 판사, 교조 군지^{居城軍治} 판사 등이 수신인을 적는 등 일을 도왔다. 이 가운데 요시오카 스스무 판사에게는 내가 직접 들었다.

전보를 보냈던 나가노 기요시 판사는 이렇게 설명했다. "사카노 지사토 원장에게서 위원 후보자로 나설 의향이 없다는 말을 들었다. 마쓰다 지로가 '다시 한 번 물어봐 달라'고 해서 재차 확인했더니, 사카노 지사토 원장이 '틀림없다'고 했다. 지역에 알려도 되냐고 물어보자 '알려도 좋다'고 승낙했다. 이를 마쓰다 지로에게 전하긴 했지만 마쓰다 지로가 전보를 보내리라고는 전혀 생각하지 못했다."[34] 7월 10일 전국에서 호

46　사카노 지사토는 1946년 2월 9일 도쿄공소원장이 됐다. 1947년 5월 3일 신헌법과 함께 재판소법이 시행되면서 공소원은 고등재판소로, 공소원장은 고등재판소장관으로 바뀐다. 다만 재판소법 시행령에서 최고재판소 재판관이 임명될 때까지 공소원장은 도쿄고등재판소장관 직무대행이라고 정했다. 따라서 사카노 지사토는 1947년 5월 3일부터 9월 19일까지 도쿄고등재판소장관 직무대행이었다. 하지만 주변에서는 계속 원장이라고 불렀고 7월 7일 전보에도 원장이라고 적혀 있다.

선 투표가 실시돼, 7월 18일 개표한 결과 시마 다모쓰 298표, 다루미 가쓰미 230표, 후지타 하치로 214표, 이와쓰 사부로 213표, 미야기 마코토 195표, 사카노 지사토 27표로 반호소노파의 4명이 위원에 당선했다.

사카노 지사토는 전보 사건에 대해 네모토 마쓰오와 조노 교준에게 질문받고 "전보를 보내겠다고 나가노 키요시가 양해를 구한 적이 없다. 전보를 돌리리라고는 생각지도 못했다. 선거 과정에서 일어난 이 일에 대해 감독관으로서 조사를 지시했다. 감독관청인 최고재판소가 사전에 선거에 관한 훈령이라도 냈으면 좋았을 것이다. 최고재판소가 아무 것도 하지 않아 유감이다. 최고재판소가 사리지 않았으면 좋겠다"고 말했다고 한다. 그래서 네모토 마쓰오는 전보가 거짓이라며 7월 22일 나가노 키요시를 전기통신법 위반으로 도쿄지방검찰청에 고발했다. 하지만 7월 26일 혐의없음으로 결정이 났고, 도쿄고등검찰청에 항고했지만 8월 2일 각하됐다.[35] 당사자인 사카노 지사토는 "새롭게 최고재판소가 생겨난 과정에 대해 말하고 싶은 게 많지만 이런저런 사정 때문에 그러지 못한다"고만 말했다.[36]

이러한 과정을 거쳐 재판관임명자문위원회는 15명으로 발족했다. 마쓰오카 고마키치松岡駒吉 중의원 의장(위원장), 마쓰하라 쓰네오松平恒雄 참의원 의장, 시마 다모쓰 최고재판소 재판관 직무대행, 다루미 가쓰미 센다이고등재판소장관 직무대행, 후지타 하치로 오사카고등재판소장관 직무대행, 이와쓰 사부로 후쿠오카고등재판소장관 직무대행, 후쿠이 모리타福井盛太 검사총장, 쓰카사키 나오요시 도쿄변호사회 회장, 고니시 요시오小西喜雄 오사카변호사회 회장, 하세가와 다이치로 제1도쿄변호사

I. 일본사법의 시작

회 회장, 나가노 구니스케長野国助 도쿄변호사회 소속 변호사, 와가쓰마 사카에我妻 栄 도쿄대학 법학부장, 다키가와 유키토키滝川幸辰 교토대학京都大学 법학부장, 이마무라 리키사부로今村力三郎 센슈대학専修大学 총장, 시마다 고이치島田孝一 와세다대학早稲田大学 총장이다.

제1차 위원회는 1947년 7월 21일 열려 다양한 의견을 나눴다. "위원 가운데 후보를 선출하면 의심살 수 있으니 위원 중에서는 후보를 내지 말자.", "위원 가운데 후보 내기를 피하면 좋지만 적당한 사람이 있으면 선출하는 것도 괜찮다. 결국에는 도의의 문제다.", "후보 비율은 6 (재판관) : 6 (변호사) : 3 (비법조)으로 하자.", "5 (재판관) : 5 (변호사) : 5 (비법조)로 하자." 제2차 위원회가 다음날인 7월 22일 열려, 위원들이 최고재판소 재판관으로 적당하다고 생각하는 15~30명씩의 이름을 제출했다. 139명에 달했다. 이 가운데 호소노파인 호소노 나가요시, 미야기 마코토, 이즈카 도시오도 있었다. 위원회가 수락의사를 확인하니 48명이 사퇴했다. 사퇴자는 호즈미 시게토穂積重遠, 와가쓰마 사카에, 운노 신키치, 사사키 소이치佐々木惣一, 스에카와 히로시, 미야자와 토시요시宮沢俊義, 이와타 주조, 쓰네토 교恒藤 恭, 가나모리 도쿠지로, 다키가와 유키토키 등이다. 저명한 학자가 사퇴한 것은 아쉬운 일이다.

7월 28일 제3차 위원회에서 투표로 30명을 최고재판소 재판관에 적당한 사람으로 결정해 내각총리대신에게 답신했다. 아베 히로시安部 恕, 아리마 주사부로, 이시다 분지로石田文次郎, 이노우에 노보리, 이와마쓰 겐주岩松玄十, 이와마쓰 사부로, 고타니 가쓰시게小谷勝重, 가와무라 마타스케, 구사노 효이치로, 구리야마 시게루栗山 茂, 곤도 다미오, 사이토 유스케,

사사키 료이치, 사와다 다케지로, 시마 다모쓰, 시모야마 세이치, 쇼노 리이치, 다케다 쇼, 다루미 가쓰미, 쓰카사키 나오요시, 나카가와 젠노스 케中川善之助, 나카지마 도키지中島登喜次, 하세가와 다이치로, 후지타 하치로, 호소가와 준이치로, 마쓰모토 세이지, 마노 쓰요시, 미야모토 히데오宮本 英雄, 모리타 도요지로다.

자문위원회 위원 6명이 포함돼 있다. 이와마쓰 사부로, 시마 다모쓰, 다루미 가쓰미, 후지타 하치로, 쓰카사키 나오요시, 하세가와 다이치로 다. 호소노파는 완전히 자취를 감췄다. 알프레드 오플러는 네모토 마쓰 오에게 "괜찮은 사람들은 다 떨어졌다Unfortunately best people were rejected"며 탄식했다고 한다. 그리고 GHQ와의 회의에서 호소노 나가요시가 사법 성 사람을 큰소리로 질책하는 것을 보고도 "호소노 나가요시 대심원장 성격이 불같다 President Hosono is so passionate"고 속삭이기도 했다. 알프레 드 오플러는 네모토 마쓰오에게 "우리가 아무리 고심해서 좋은 재판소 를 만들어도 그 안에 들어갈 사람들은 지금 우리에게 반대하는 인물들" 이라고 말했고, 실현됐다.

4
최고재판소 출범

최고재판소 재판관 임명

재판관임명자문위원회 답신에 따라 가타야마 데쓰 내각은 1947년 8월 4일 미후치 다다히코를 초대 최고재판소장관에 지명하고 14명을 최고재판소 재판관에 임명했다. 이로서 최고재판소가 출범했다. (표 '출범 당시의 최고재판소 재판관' 참조.)

자문위원회가 답신한 후보자 30명 가운데 15명을 어떻게 선출했을까. 가타야마 데쓰 내각의 스즈키 요시오鈴木義男 사법대신(변호사)의 설명은 이렇다. "가타야마 데쓰 총리(변호사)와 각료들도 관심이 엄청났다. 각의에서 활발하게 의견을 교환했다. 후보자의 이력, 업적, 인격, 식견 등에 관한 자료를 최대한 수집해 참고했다. 최고재판소장관 후보로 23명이 얘기됐는데, 미후치 다다히코가 만장일치로 결정됐다. (중략) 재판관 15명의 출신은 판사·검사 5명, 변호사 5명, 학식자 5명인데 사전에 방침이 있지는 않았다. 인물 중심으로 선정해 나온 우연한 결과다. 내각은 앞으로 1~2명 결원이 생길 때도 국가 차원에서 가장 적당한 사람을 선택, 임명할 것이다."[37]

스즈키 요시오의 분류는 판사 · 검사(사이토 유스케, 이와마쓰 사부로, 후지타 하치로, 이노우에 노보리, 시마 다모쓰), 변호사(마노 쓰요시, 쓰카사키 나오요시, 고타니 가쓰시게, 하세가와 다이치로, 쇼노 리이치), 학식자(미후치 다다히코, 사와다 다케지로, 시모야마 세이치, 구리야마 시게루, 가와무라 마타스케)일 것이다. 일부에서는 판사 5명, 변호사 5명, 학식자 5명이라는 견해도 있다. 시모야마 세이치 전 대심원장을 판사 출신, 사이토 유스케 오사카고등검찰청 검사장을 학식자로 본 것이다. 하지만 스즈키 요시오처럼 생각하는 경우가 많았다.

이 결과에 대해 알프레드 오플러는 "대심원 판사 3명이 최고재판소 재판관에 임명됐고, 대심원 전 판사 6명도 최고재판소 재판관이 됐다. 이 가운데 호소노 나가요시와 네모토 마쓰오가 없는 것은 유감스러웠다. 하지만 점령군이 특정인이 임명되도록 미는 것은 적절하지 않다고 생각했다. 우리로서는 부적합한 후보자를 거부할 수는 있어도 누군가의 편을 들 수는 없었다"고 『일본점령과 법제개혁』 140쪽에서 밝혔다.

알프레드 오플러와 친분이 가장 두터웠던 나이토 요리히로는 "사법성에서 1946~1947년에 헌법 개정과 그에 따른 각종 법령 개정 작업이 있었는데 나는 재판소법을 담당했다. GHQ의 알프레드 오플러를 상대로 조율 작업을 벌였다. 최고재판소장관으로 누가 적당하냐고 알프레드 오플러가 물은 적이 있다. 나는 가나모리 도쿠지로, 기무라 도쿠타로, 호소노 나가요시 3명을 말했다. 그 가운데도 누가 좋으냐고 다시 물었고, 나는 호소노 나가요시라고 답했다. 그랬더니 알프레드 오플러도 그의 '인디펜던트 마인드'를 높게 평가한다. 호소노 나가요시가 제일 낫다고 했다. 하지만 호소노 나가요시는 너무 고집을 부렸다. 자기 말고는 없다고 생각했다. 그게 맞기도 했지만, 마지막의 마지막까지 자기 의견을 완강하게 고집하니 다들 떨어져 나갔다. 호소노 나가요시는 자기밖에는 없다고 확신한 것이다. 역사적으로 보면 그게 맞았을 수도 있지만"이라고 말했다.[38]

최고재판소 출범 당시 재판관

제1소법정	미후치 다다히코(67)	전 미쓰이신탁 촉탁
	사와다 다케지로(65)	전 행정재판소장관
	마노 쓰요시(59)	제2도쿄변호사회 회장
	사이토 유스케(55)	오사카고등검찰청 검사장
	이와마쓰 사부로(53)	후쿠오카고등재판소장관 대행
제2소법정	쓰카사키 나오요시(66)	도쿄변호사회 회장
	시모야마 세이치(62)	전 대심원장
	구리야마 시게루(60)	외교관
	고타니 가쓰시게(56)	전 오사카변호사회 회장
	후지타 하치로(54)	오사카고등재판소장관 대행
제3소법정	하세가와 다이치로(65)	제1도쿄변호사회 회장
	이노우에 노보리(62)	대심원 판사
	쇼노 리이치(58)	전 도쿄변호사회장
	시마 다모쓰(55)	대심원 판사
	가와무라 마타스케(53)	규슈대학 교수

(괄호 안 숫자는 나이)

최고재판소 재판관이 임명됐기 때문에 최고재판소 재판관 대행이던 대심원 판사는 자동적으로 도쿄고등재판소 판사에 보임됐다. 완패한 호소노 나가요시, 미야기 마코토, 네모토 마쓰오, 조노 교준은 8월 1일 사표를 제출하고 8월 4일로 퇴임했다. 호소노 나가요시는 1950년 1월 1일 별세했다. 요시다 시게루 내각 시절 재판관임명자문위원회 회의 중에 쓰러지는 등 원래 몸이 약했다.

네모토 마쓰오는 호소노 나가요시에게 공동법률사무소를 열자는 권유를 받았지만 거절했다. "지금까지 공적인 입장에서 행동한 것이지 개인적 연고나 사심으로 움직인 게 아니다. 재판소를 위해서 무언가는 남을 것이다. 귀중한 성과를 잃고 싶지 않다. 이를 위해서는 각자가 독립해 각자의 길을 가야 한다"는 이유였다. 네모토 마쓰오에 대한 비판의 목소리가 거의 없는 것은 일처리가 깨끗하고 행동에 사심이 없었기 때문이다. 네모토 마쓰오가 이중예산제도 도입에 기여하고, 최고재판소 사무총장 직무대행으로서 적은 인원으로 최고재판소 출범을 위해 고생한 사실을 잊어서는 안 된다.

조노 교준은 퇴임한 뒤에 변호사로 개업했다. 1957년 1월 8일 재판소 후배와 센슈대학 제자 79명이 마련한 환갑축하 모임이 도쿄의 우에노세요켄^{上野精養軒}[47]에서 있었다. 당시 상황과 후배들의 추억을 기록한 『조노 씨와 나^{丁野さんと私}』를 읽어보면 구로사와 아키라^{黒澤 明}의 영화 〈마다다요

---

47 1872년 개업한 서양 음식점으로 우에노공원에 있다. 나쓰메 소세키와 모리 오가이 작품에도 등장한다.

^{まあだだよ}〉가 떠오른다. 기록이 다소 과장됐을지 모르지만, 영화에서 우치다 핫켄^{内田百閒}을 선두로 제자들이 행렬을 지어 연회장을 누비고 다니는 장면이다. 내가 1963년 도쿄지방재판소 형사법정 좌배석이던 당시 방청석 제일 앞줄에서 다음 사건을 위해 기다리는 변호사를 보며 "그 유명한 조노 교준이다"라고 에자키 다로^{江崎太郎} 재판장이 가르쳐줬다. 절구 같은 얼굴로 듬직하게 앉아 앞을 보고 있었다.

기무라 도쿠타로 사법대신에게 휴직처분을 받았던 가와모토 기요시는 최고재판소가 출범할 때까지 변호사가 되지 않고 휴직 상태로 있었다. 가와모토 기요시가 하급재판소 판사에 임명되도록 부탁하려, 이와타 주조가 1947년 8월 말 미후치 다다히코 최고재판소장관을 방문했다. 하지만 2~3일 뒤에 8대 7로 부결됐다는 얘기를 미후치 다다히코에게 전해 들었다. 가와모토 기요시가 호소노파의 맹장이라서 판사로 받아들이기 어렵다며 8명이 반대했다는 것이다. 8명에 대해 가와모토 기요시는 판사 출신 5명과 변호사 출신 3명일 거라고 생각했다. 가와모토 기요시는 임관을 단념하고 이와타 법률사무소^{岩田法律事務所}에서 변호사 일을 시작했다. 내가 도쿄지방재판소 제3민사부 소속이던 1980년 가와모토 기요시가 재판관실에 불쑥 들러 사토 시게루^{佐藤 繁} 재판장과 서글서글한 말투로 잡담을 하기에 나도 끼었었다. 법무성 민형국장^{民刑局長}까지 갈아치우려던 혈기는 오간 데 없었다. 전전부터 사용되던 낡은 재판관실 분위기를 음미하는 듯했다.

반호소노파 사람들은 우수함을 인정받아 사법성 서기관 등에 발탁돼 사법관계 입법에 관여하고, 만주국 사법부에 근무하고, 육군 사정관으

로 남방 부임도 마다하지 않는 등 맡겨진 임무에 충실했다. 이들 가운데
는 학자들도 인정하는 학구파 재판관으로 법조인들의 존경을 받은 이와
마쓰 사부로, 마쓰다 지로, 무라마쓰 도시오, 스즈키 주이치 같은 이들도
있다.

한편, 호소노파는 신헌법 시행이 재판소 독립을 실현할 절호의 기회
라 생각해 전전부터 재판소 독립을 부르짖던 호소노 나가요시를 앞세웠
다. 기존 사고방식에서 머물러 있거나 자신들을 따라오지 않는 사람은
선배라도 배제하겠다는 태도였다. 지지하지 않는 사람들이 늘면서, 결국
GHQ를 방패로 삼아 권력을 좇는 야심가들이란 비난을 받으며 재판소
를 떠났다. 다만 호소노파가 전전부터 일관되게 재판 독립을 주장한 사
람들인 것은 틀림없다. 개개인의 활동을 평가하기보다는 양측의 기본적
인 생각을 객관적으로 파악하는 게 중요하다.

호소노파와 반호소노파의 기본적인 사고방식에 대한 곤도 간지의 분
석이다.[39] "호소노파의 생각은 메이지헌법과 신헌법은 질적으로 다르
므로, 재판소 조직과 구성도 신헌법의 이념에 따라 완전히 새롭게 만들
자는 것이었다. 사법행정 우위의 체제와 조직은 끝내고 미국 연방대법
원에 필적하는 최고재판소를 세우자고 했다. 최고재판소가 정점인 사법
부가 입법부, 행정부와 어깨를 나란히 해야 한다는 주장이었다. 사법성
이 쥐고 있는 예산과 인사 권한도 사법의 정점인 최고재판소로 옮겨와
야 한다고 생각했다. 이런 생각은 전쟁 중이나 전쟁 전에 있던 청원운동
이랄까, 그런 것들의 기본적인 발상이다." 그리고 반 호소파에 대한 분석
이다. "반호소노파는 호소노파를 매우 나쁘게 평가했다. 이들은 메이지

헌법에서 신헌법으로 바뀌는 것은 단절이 아니라 연속이라고 생각했다. 마찬가지로 재판소구성법도 폐지할 것이 아니라 행정부 개편에 따른 사법성 변화에 맞춰서 고치면 된다고 봤다. 민법도 신헌법에 맞지 않는 부분이 있지만 남녀평등 등을 손보면 기존의 법률제도나 사법제도를 유지할 수 있다는 생각이었다. 재판을 이념적으로 파악해 순수한 판단작용이라는 입장에서 보면 사법행정은 사법성이 담당하는 것이 맞다는 의견이 있을 정도였다."

결국 초대 최고재판소 재판관은 전전 법조계 간부가 대부분이었다. 곤도 간지가 설명한 반호소노파의 사고방식이 최고재판소에 유입됐다. 국가질서와 국민통치를 중시하는 생각이 주류가 되면서, 새로운 헌법이 지향한 개인의 기본권 옹호는 기대하기 어려웠다. 사쓰키회 출신으로 신헌법 정신을 재판에서 보여준 도쿄지방재판소 니무라 요시히로 재판장의 열의를 최고재판소에서는 찾아볼 수 없었다. 최고재판소에서 헌법 논쟁이 본격적으로 시작된 것은 1950년 10월 11일 존속상해치사 사건 대법정 판결(형집[48] 제4권 제10호 2037쪽)에서였다. 존속살인, 존속상해치사 등을 살인, 상해치사 등 보다 무겁게 처벌하는 것이 헌법 제14조 제1항에 위반된다는 의견은 마노 쓰요시와 1949년 2월 임명된 호즈미 시게토 두 명뿐이었다.

48　형집은 『최고재판소판례집』 형사편, 민집은 민사편의 약칭. 최고재판소 판례위원회 편집으로 월1회 발간한다. 사건 선고일자와 판례집 쪽수를 적어 인용한다. 가령 「最高裁平成9年10月31日判決民集51巻9号4004頁」, 줄여서 「最判平9・10・31民集51-9-4004」로도 한다. 이 책 한국어판에서는 따르지 않았다.

마노 쓰요시는 반대의견에서 "다수의견은 형법이 존속상해치사 등에 대해 중형을 정한 것은 부모에 대한 자식의 도덕적 의무를 중시한 것으로 봤다. '부부, 부모자식, 형제 등의 관계를 지배하는 도덕은 인류의 근본이며, 동서고금을 막론하고 인정되는 인류의 보편적 도덕원리 즉 학설상 자연법에 속하는 것'이라고 했다. 하지만 부모자식의 도덕이다, 부부의 도덕이다, 형제의 도덕이다, 근친의 도덕이다, 사제의 도덕이다, 이웃의 도덕이다, 또 무슨 도덕이라며 도덕의 이름으로 불평등한 규정을 마구잡이로 만든다면 민주헌법이 힘차게 선언한 '법 앞의 평등' 원칙은 어디로 가는가. 한심하다"고 했다. 이에 대한 반대의견에서 사이토 유스케 재판관은 "한 나라의 헌법이나 법률을 해석하는 데 세계인권선언을 인용하는 것은 적절치 않다. 이를 인용한 헌법 제14조 해석은 귀신가면으로 사람을 놀래는 것이거나 양머리를 걸어놓고 개고기를 파는 것과 같다. 나머지 논지에 대해서는 앞에서도 언급했지만, 그의 견해는 민주주의라는 미명 아래 자기만의 아집으로 곡학아세하는 것이어서 도저히 읽어주지 못하겠다. 그만 조용히 좀 하라"며 비난했다. 사이토 유스케가 합의 도중에 호즈미 시게토와 마노 쓰요시 앞에 육법전서를 집어던진 사건도 이 무렵일 것이다.[40] 이 시기에 새로운 헌법 감각을 선보인 것은 마노 쓰요시와 호즈미 시게토 두 명 정도다. 마노 쓰요시는 사람의 생명은 지구보다 무겁다는 말을 남기기도 했다.

초대 최고재판소장관 미후치 다다히코는 1925년 6월까지 도쿄공소원 상석부장이었고 재판소 안에서 신망도 두터웠다. 하지만 미쓰이신탁 총고문 하라 요시미치原 嘉道 박사의 권유로 재판관을 퇴임하고 미쓰이신탁

고문이 됐다. 일본에 아직 자리잡지 않은 신탁법을 연구하고 알리려는 의도였다.[41]

1910년대 초반 미후치 다다히코 최고재판소장관은 판사였고 가타야마 데쓰 총리대신은 변호사였다. 미후치 다다히코 판사는 가타야마 데쓰 변호사가 주장한 간이 법률상담소, 노동법 제정, 가정재판소 설치 등의 구상을 지지했다. 가타야마 데쓰의 민중법률상담소 고문이 됐고, 가타야마 데쓰 등이 중앙법률사무소에서 간행하던 《주오호리쓰신보中央法律新報》에도 기고했다. 태평양전쟁 시절에도 미후치 다다히코는 가타야마 데쓰 등과 매달 둘째 화요일 모임인 니카카이二火會에서 꾸준히 교류했다.[42]

그리고 스즈키 요시오 사법대신은 도후쿠대학 법문학부 행정법 교수를 거쳐 변호사가 됐다. 전후 중의원 의원에 당선해 사회당 법제부장으로 있으면서, 미후치 다다히코를 사회당 법제부의 사적 고문에 위촉해 조언을 얻었다. 가타야마 데쓰 내각에서 사법대신에 취임했을 때도 미후치 다다히코를 사법대신의 개인 고문으로 위촉해 두세 번에 걸쳐 의견서와 권고서를 받았고, 최고재판소장관에 미후치 다다히코를 추천했다.

가타야마 데쓰는 아는 사이이던 미후치 다다히코를 기용하는 데 이견이 없었다. 호소노파 ― 반호소노파 싸움과 무관한 미후치 다다히코의 이름이 최고재판소장관 후보로 올라가자, 대다수 관계자들은 "그래, 이런 사람이라면"이라며 찬성으로 의견을 정리했다.[43]

미후치 다다히코는 최고재판소 사무국장으로 도쿄지방재판소 부장시절 사법관 시보로서 지도했던 혼마 기이치本間喜一 아이치대학愛知大学 학장을 선택했다. 이 자리를 두고 대심원 출신 최고재판소 재판관들이 사법성 회계과장인 다나카 하루히코田中治彦를 강하게 추천했었다.[44] 하지만 미후치 다다히코는 재판관 회의에서 "혼마가 아니라면 나도 그만두겠다"며 설득했다. 나이토 요리히로는 "이렇게까지 혼마 기이치를 밀어붙인 미후치 다다히코가 대단하다. 이로써 최고재판소는 명실공히 사법성에서 독립하게 됐다. 재판관들이 추천한 사법성 회계과장 다나카 하루히코가 최고재판소 사무국장이 됐다면, 사법성이 계속해서 인사에 영향을 끼쳤을 것이고 최고재판소는 벗어나지 못했을 것"이라고 말했다.[45]

이런 과정을 거쳐 1947년 8월 4일 재판관 15명이 임명됐고 최고재판소가 출범했다. 하지만 재판관은 고쿄皇居 안에 있는 옛 추밀원 청사를 써야했고, 사무국은 법조회관 일부를 사용했다. 한 달 뒤인 9월 8일 재판관과 사무국이 도쿄지방재판소 청사 3·4층으로 이전해 본격적인 활동을 시작했다. 재판관 5명으로 이뤄진 3개 소법정이 사건을 우선 심리했다. 이 가운데 헌법판단이나 판례변경을 할 경우에는 재판관 15명 전원으로 구성된 대법정에 회부해 심리했다. 같은 해 10월 1일 소법정(제2소법정) 제1회가, 같은 해 11월 21일 대법정 제1회가 개정했다. 대법정 제1개정에서 미후치 다다히코 최고재판소장관이 남긴 인사말은 이렇다.[46]

"오늘 최고재판소는 대법정을 연다. 최고재판소는 신헌법에 따라 탄생한 새로운 재판소다. 민주주의에 바탕한 신헌법은 철저한 삼권분립 정신에 따라 입법권, 행정권에서 사법권의 완전한 독립을 선언한다. 입법권은 국회가, 행정권은 정부가, 사법권은 재판소가 행사한다. 따라서 재판소는 외부의 어떠한 세력에도 굴하지 않고 양심에 따라 독립해서 권한을 행사한다. 헌법과 법률에 의한 구속 외에는 어떠한 구속도 받지 않는다. 재판소는 국민의 권리를 옹호·방위하고, 정의와 형평을 실현하는 곳이다. 국민의 권리는 헌법에 의해 보장되고 그 보장은 재판소에 의해 완전히 실현된다. 특히 헌법은 모든 법률·명령·규칙·처분이 헌법에 부합하는지 여부를 결정하는 권한을 최고재판소에 줬다. 이른바 위헌심사권으로 실로 중대한 권한이다. 헌법해석과 위헌판단에서 최고재판소는 최고이고 최종적인 기관이다. 재판소가 위헌이라 판단하는 법률·명령·규칙·처분은 모두 무효이다. 일본에서 유례가 없는 제도인 만큼 운용에 신중을 기해야 한다. 최고재판소가 헌법위반을 문제 삼는 경우, 판례를 변경하는 경우, 중요한 문제를 해결하는 경우에는 대법정을 연다. 이런 중대한 사명을 다하기 위해 최고재판소는 대법정을 부단히 열어 문제를 해결할 것이다. 헌법정신을 마음에 새기고 민주주의 일본을 만드는데 진력해, 국민의 재판소로서 국민의 신뢰를 얻고 정의·형평의 사법부로 국민의 신망을 얻을 것이다. 그리하여 국민의 행복을 보장하고 국민의 권리를 지킬 것이다."

재판관임명자문위원회 폐지

재판관임명자문위원회는 1948년 1월 1일 개정 재판소법의 공포·시행에 따라 폐지됐다. 개정안은 가타야마 데쓰 내각이 제출했고 아무런 질의 없이 통과됐다. 스즈키 요시오 사법대신은 국회 사법위원회에서 제안 이유를 다음과 같이 설명했다.

"재판소법 제39조를 개정해 재판관임명자문위원회를 폐지하겠다. 현행법에 따라 내각이 최고재판소장관을 지명하거나 최고재판소 재판관을 임명하려면 임명자문위원회에 자문해야 한다. 아시는 바와 같이 제1회 지명 및 임명은 자문위원회 자문을 거친 것이다. 하지만 이 방식은 결과를 생각하면 형식에 치우쳐 별다른 성과가 없었다. 지명 및 임명에 관한 책임 소재를 불명확하게 만들 우려도 있다. 그래서 자문위원회에 관한 규정을 폐지했다. 내각이 최고재판소장관 지명과 최고재판소 재판관 임명에 대해 자문할지, 한다면 누구에게 할지 등을 모두 내각에 맡겼다. 이와 함께 지명 또는 임명에 관한 모든 책임도 내각이 지도록 했다." 그리고 "자문위원회 방식은 15명 재판관 모두를 한 번에 선출하는 창설에는 적합하다. 하지만 한 번 만들어진 뒤에 한두 명을 보충할 때는 적합하지 않다. 애초부터 처음 한 번만 실시할 계획이었다."[47] 하지만 당시 주무 대신이던 스즈키 요시오의 이야기는 국회 답변이 띠는 공식적 경향을 보이므로 액면 그대로 받아들이는 것은 곤란하다.

재판관임명자문위원회 폐지는 GHQ 지시에 따른 것이다.[48] GHQ의 알프레드 오플러는 이 점에 대해 이렇게 말했다. "최고재판소 재판관 임명은 굉장히 중요한 일이기 때문에 적어도 결정에 앞서 조언을 받아야 한다고 생각했다. 그래서 재판소법은 수준 높은 자문위원회를 규정했다. 하지만 재판관 임명 과정에서 우리는 생각지도 못한 일본적인 현상을 경험했다. 내각은 자문위원회 제안을 그대로 받아들이지 않으면 위원들의 체면을 상하게 한다고 생각해 자문위원회 제안을 그대로 받아들였다. 임명권이 내각에서 자문위원회로 이전된 셈이고, 결과적으로 헌법에 맞지 않게 됐다. 그래서 이후 자문위원회가 폐지됐다."[49]

　　　　　　　　　　　　　　　　I. 일본사법의 시작

하지만 내각이 임명자문위원회 답신을 존중하는 것은 당연한 일이다. 알프레드 오플러가 참석한 두 번의 자문위원회에서 재판소 독립파가 한 명도 추천받지 못했고, 오히려 자문위원이 재판관 후보로 추천된 것에 실망한 것이 아닐까. 알프레드 오플러는 전전의 법조계 지배층이 임명자문위원회를 계기로 최고재판소의 주류로 남았다고 생각했을 것이다.

II

일본 최고재판소를
말하다

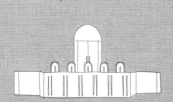

새로운 최고재판소를 위한 논쟁

내각 사법제도개혁심의회가 2001년 6월 12일 내놓은 의견서는 최고재판소 자체의 제도개혁은 거의 언급하지 않았다. 하지만 내 자신의 경험에 비춰보면 최고재판소가 일반법령위반심사 및 위헌심사 기능을 강화하려면 많은 개혁이 필요하다. (일반법령위반심사란 법령의 통일적 해석과 개별 사건 구제를 가리킨다.) 좋은 재판과 나쁜 재판을 가르는 것은 시스템(사법제도)일까 사람(재판관)일까. 나는 시스템이 훨씬 중요하다고 생각한다. 재판에 대한 신뢰가 재판관의 마음가짐과 자세에 달린 것은 두 말할 필요도 없다. 하지만 바르고 신속한 재판의 실현은 근본적으로 재판시스템을 어떻게 짜느냐에 달려있다. 최고재판소 재판관 수를 정할 당시 내각 대신 숫자인 15명을 참고했다. 이런 규모는 헌법문제 중심의 재판소라면 적당하지만 수많은 일반사건의 최종심으로서는 부족하다. 그리고 현재 최고재판소는 일반사건의 최종심 업무에 시달리고 있다.

당초 헌법재판과 일반재판을 하나의 재판소에 그것도 15명의 재판관이 담당하게 하는 것은 제도적으로 무리였다. 해마다 새롭게 접수되는 소송사건만 약 6000건인 최고재판소가 일반사건 이외에 위헌심사를 적정하게 행사한다고 말하기는 매우 어렵다. 이를 해결하려면 우선 재판관 15인 체제부터 바로잡아야 한다. 다만 현재 일본 상황에서 근본적인 개혁이 당장은 쉽잖은 만큼 15인 체제를 전제로 최고재판소 기능강화 방안을 생각해보았다.

1
더 나은 일반법령위반심사를 위해

사건 급증과 구조개혁[50]

최고재판소 설립 이후 사건은 계속 늘었다. 1952년의 경우 신건 사건은 민사 1314건, 형사 9306건으로 1만 620건이었고, 미제 사건은 민사 1598건, 형사 7444건으로 9042건이었다. 형사의 증가폭이 컸다. 최고재판소 재판관은 15명이 됐지만 사건 수는 대심원 시절과 비슷했기 때문에 미제가 산더미처럼 쌓였다. GHQ 알프레드 오플러의 우려가 현실이 됐다.[51]

사건은 원칙적으로 모두 합의에 부쳐졌다. 민사는 조사관의 보고서가 제출된 다음에 재판관들이 합의 기일을 잡았고, 형사는 합의 기일이 잡히면 조사관이 합의 기일 1주일 전까지 보고서를 내는 방식이었다. 재판관의 절반은 변호사, 행정관, 학자 출신으로 합의와 재판이 처음인 사람들이었다. 합의 순서나 재판 과정에 일정한 틀이 생기기 전까지는 자기

주장에만 열중해 "그런 바보 같은 소리가 어디 있나"라는 시비조 발언을 하거나, 끝내는 육법전서를 집어던지는 격렬한 합의가 벌어졌다.

조사관들도 대체로 중견들이라 만족스러운 결론이 나오지 않으면 재판관에게 보고서를 내지 않으려는 분위기였다. 재판관이나 조사관이 스스로 납득이 될 때까지 궁리를 계속한다는 좋은 전통이었지만 한편으로는 사건이 적체되는 이유이기도 했다. 이런 상황에서도 재판관들은 판단은 재판관의 몫이므로 조사관의 영향을 받아서는 안 된다고 생각했다. 그래서 합의실에는 조사관들을 들이지 않고 합의의 결과만 통보하는 방식으로 일했다. 최고재판소 설립 직후인 만큼 재판관들의 의지는 뜨거웠지만 다소 어설펐던 것도 사실이다.

일본변호사연합회 의견

사건 급증에 따른 최고재판소의 재판 장기화를 참을 수 없던 것은 역시 변호사단체였다. 일본변호사연합회는 실태조사에 착수해 1953년 1월 9일 '재판소법 등 일부 개정에 관한 의견서'를 발표했다.

의견서는 최고재판소 구조개혁에 관한 것으로 골자는 이렇다. ①최고재판소는 대법정 또는 소법정에서 심판한다. ②대법정은 장관 및 대법정 판사 8인 이상으로 구성한다. ③대법정은 헌법위반만을 이유로 하는 상고사건, 헌법위반과 그 밖의 이유로 하는 상고사건을 심판한다. ④소법정은 대법정 판사와 그 밖의 판사를 합쳐 3인 이상으로 구성한다. ⑤ 소법정은 형사 상고사건을 심판하는 형사부 소법정, 민사 상고사건을 심판하는 민사부 소법정, 그 외 상고사건을 심판하는 특별부 소법정으로 구성된다. ⑥소법정은 기존 판례를 변경할 필요가 있을 경우 소법정 연합부에서 심판해야 한다. ⑦대법정 판사의 임면은 천황이 인증[49]한다. ⑧최고재판소장관, 대법정 판사, 그 외 판사를 임면할 때는 판사, 검사, 변호사, 학자 30인으로 구성된 최고재판소 재판관 선정위원회의 의견을 들어야 한다.

일본변호사연합회 의견은 일반법령위반(판결에 분명히 영향을 미치는 법령위반)이 상고이유인 민사소송과 형사소송 사건의 최종심 재판소로 서의 기능강화를 위해 최고재판소 재판관을 증원하고 소법정을 증설하 는 것이다. 옛 대심원이 모델이다.

최고재판소 의견

1954년 9월 25일 최고재판소도 최고재판소 구조개혁에 관한 의견을 발표했다. 요지는 이렇다. 최고재판소의 사명과 성격은 최종심으로서 위헌심사권, 규칙제정권, 사법행정권을 가진 사법재판소다. 이런 점을 감안하면 다음 개혁안이 적절하다. ①최고재판소의 심판범위는 헌법위 반, 판례위반 등 법령을 해석·적용하는데 최고재판소가 중요하다고 인 정하는 것으로 한다. ②최고재판소는 재판관 전원으로 이뤄져야 하며 9 명이나 11명으로 감원한다. ③일반법령위반을 심리하기 위해 상고사건

---

49 헌법과 법률에 따라 임면하는 국가공무원 가운데 천황의 인증이 필요한 관리를 인증관이라고 통칭한다. 현재 사법부에서는 최고재판소 재판관 14명과 고등재판소장관 8명이다. 재판소법 제39조 제3항 '최고재판소판사의 임면은 천황이 인증한다', 제40조 제2항 '고등재판소장관의 임면은 천황이 인증한다'가 근거다.

을 다루는 별도의 재판기관을 둔다.

최고재판소의 기능을 위헌심사와 법령해석 통일에 특화해 이를 9명이나 11명의 원 벤치(전원합의체)에 맡기고, 일반법령위반이 상고이유인 사건을 맡는 재판기관은 별도로 두자는 것이 최고재판소의 의견이다. 일반 상고사건을 다루는 재판기관을 어디에 설치할지 명확히 밝히지는 않았지만, 어디든 간에 최고재판소가 아닌 하급심에 두는 것이다. 최고재판소는 미국 연방대법원을 모델로 9명이나 11명 재판관 전원 합의체를 구성해 헌법문제 또는 중요한 법률문제만을 다루고, 통상 상고사건은 하급심의 소법정에서 다루자는 것이다.

재판소법 개정안 폐안

1953년 2월 20일 법무대신은 자문기구인 법제심의회에 "재판소제도를 개선할 필요가 있는지 여부와 방안을 제시해달라"고 했다. 법무성은 법제심의회의 심의를 참고해 1956년 1월 30일 '상고제도 개정에 관한 시안(갑안)'과 2월 7일 '상고제도 개정에 관한 시안 (을안)'을 만들어 최고재판소와 일본변호사연합회에 의견을 물었다. 이 의견조회 결과까지 모아 법제심의회는 1956년 5월 8일 법무대신에게 최고재판소의 구조개혁과 상고제도에 관해 답변을 보냈다. 내용은 다음의 법률안과 같아 설명은 생략한다.

1957년 3월 6일 정부는 법제심의회의 답변에 기초한 '재판소법 등 일부 개정 법률안'을 만들어 국회에 제출했다. 요지는 이렇다. ①최고재판소 재판관은 9명으로 감원하고 9명 가운데 적어도 6명은 법률 전문직 경력이 있어야 한다. ②최고재판소는 9명 재판관 전원의 합의체로 심리와 재판을 한다. ③최고재판소 아래에는 하급심의 하나로 최고재판소 소법정을 신설한다. ④최고재판소 소법정에는 소법정 수석판사 6명과 소법정 판사 24명을 둔다. ⑤소법정 수석판사는 인증관으로 하며, 소법정 수석판사와 소법정 판사의 정년은 65세로 한다. ⑥소법정은 3명 이상 재판관의 합의체로 심리와 재판을 한다. ⑦민사 상고 심리는 현행대로 헌법위반과 판결에 분명히 영향을 미치는 법령위반에 관해서 한다. 형사 상고 심리는 확장해, 헌법위반이나 판례위반, 판결에 분명히 영향을 미치는 법령위반이 있어 원심을 파기하지 않으면 심각하게 정의에 반하는 경우이다. ⑧소법정은 상고 등에 관해 최고재판소와 동일한 재판권을 가지며, 사건은 우선 소법정에서 심리한다. ⑨소법정은 헌법문제를 판단하는 경우, 기존 판례를 변경하는 경우, 그 밖에 최고재판소가 정한 경우에는 사건을 최고재판소로 보낸다. ⑩최고재판소는 원칙적으로 소법정에서 이동한 중요 사건을 심리한다. ⑪소법정 재판에 대해서는 헌법위반이 이유인 경우에만 최고재판소에 이의를 제기할 수 있다. ⑫최고재판소 재판관 9명은 임명을 국민심사에 붙인다. ⑬내각이 최고재판소 재판관 9명을 지명 또는 임명할 때는 재판관, 검찰관, 변호사, 학자로 이뤄지는 재판관임명자문심의회에 자문해야 한다.[52]

   최고재판소는 재판관회의 다수의견으로 위의 법안과 거의 같은 내용의 을안에 찬성한다고 발표했다. 여기에는 후지타 하치로 재판관의 반대의견이 붙어 있다. 반대의견은 다음과 같다. ①최고재판소의 구조는 하급심의 구조나 권한 등과 관련이 있다. 하급심을 기반으로 최종심으로서 존재하기 때문에 하급심의 구조와 권한의 개정 강화와 동시에 검토해야 한다. 그러므로 최고재판소 구조만을 하급심 구조와 분리해서 개정하는 것은 앞뒤가 뒤바뀐 일이다. ②을안은 소법정도 최고재판소인 것으로, 착각하게 만들고 한 재판소에 두 종류 재판관이 있는 듯 보이게 해 최고재판소의 권위를 떨어뜨린다. ③을안은 사실상 4심제를 인정하기 때문에 재판의 지연이 불가피하다. ④을안에 따른 대법정은 대법정 사건의 처리 외에 소법정 재판에 대한 몰려드는 이의 때문에 대법정 재판관의 부담이 현재보다 줄어들지 않는다.

다나카 고타로田中耕太郎 최고재판소장관은 '재판소법 등 일부 개정 법률안'을 심의하던 중의원 법무위원회에 1957년 4월 25일 나가 위원들의 질문에 답했다. 최고재판소장관이 국회의 위원회에 출석한 유일한 일이다.

다나카 고타로 최고재판소장관은 이렇게 말했다. "이번 정부안에 대해 회기 시작부터 다양하게 비판해주셨고, 실제로 미진한 점이 있습니다. 하지만 이번 안은 법제심의회에서 수많은 토론을 거쳤고, 재판소 등 재조 법조계의 생각까지 모은 것입니다. 정부안이 이론적으로 철저하지 않고 원론적이지 않은 점은 불가피한 면이 있다고 생각합니다. 이는 타협의 산물이기 때문입니다. 저 역시 개인적으로는 정부안을 전적으로 찬성하지 않습니다. 지금까지 일의 과정과 동료 재판관 다수의 의견을 참고해 공개적으로 찬성해왔습니다. 여기에는 소수의견이나 반대의견이 없었습니다." 이렇게 다나카 고타로 최고재판소장관은 공개적으로 찬성 입장이지만 개인적으로는 반대하는 입장이라고 말했다.

이처럼 쌓여가는 미제 사건에 대한 대책으로 최고재판소는 최고재판소의 원 벤치화에 중점을 두고 하급심으로서의 소법정을 신설하자고 주장했고, 일본변호사연합회는 재판관을 증원해 최고재판소 안에 소법정을 늘릴 것을 주장했다. 둘은 근본적으로 생각이 달랐다. 변호사 출신이 많은 중의원 법무위원회의 대세는 일본변호사연합회에 가까운 의견이었기에 정부안이 통과될 분위기가 아니었다. 법무위원회의 일부에서는 정부안을 고쳐 최고재판소 재판관을 31명으로 늘리자는 강경한 의견도 있었다. 심의에 신중을 기하자는 의견에 따라 결국 결론을 내지 못하고 심의를 계속하기로 했다. 이후 법무위원회에서는 별다른 토론이 없었고 1958년 4월 25일 중의원이 해산하면서 결론을 내지 못하고 폐안됐다.

　최고재판소 사무총국도 속내는 현상유지였다. 사무총국은 이런 생각이었다. ①최고재판소 재판관을 9명으로 감원하는 정부안은 일본변호사연합회나 변호사가 많은 중의원 법무위원회의 반대로 국회통과가 어렵다. ②정부안에는 최고재판소 재판관이 15명에서 9명으로 줄어들면서 ③대신 설치되는 6명의 소법정 수석판사는 인증관으로 하면서도 정년 65세인 하급심 재판관에 불과하다. ④법무위원회 일부는 최고재판소 재판관을 31명으로 증원하자고 하지만 자유민주당 정조회와 총무회에 부쳐진 것도 아니며 ⑤정년 70세의 인증관인 최고재판소 재판관의 증원에는 늘상 판사와 검사의 직책과 대우를 맞추려는 법무성이 동의해주지 않을 것이며 ⑥증원을 한다고 해도 상고이유를 넓히기 때문에 미제 사건이 줄어드는 효과가 없다.

　1960년 10월 25일 요코다 기사부로橫田喜三郎 최고재판소장관이 취임한 뒤에도 변호사회가 최고재판소의 구조개혁을 주장했다. 하지만 재판관들의 노력, 젊은 조사관 증원, 판례법 확립, 형사 신건 사건의 감소 등에 따라 최고재판소의 미제 사건이 줄면서 최고재판소 구조개혁에 대한 관련 기관의 요구도 잠잠해졌다. 최고재판소 내부에서도 최고재판소 강화보다는 1심 강화가 중요하다는 목소리가 강해졌다. 1962년 5월11일 임시사법제도조사회설치법 공포에 따라 시작한 조사회가 1964년 8월 28일 의견서를 만들어 내각에 제출했다. 내용은, 하급심의 재판 지연과 재판관 부족을 해결하려면 근본적으로 재판관 임용이나 급여 문제를 비롯해, 이와 밀접한 관계인 검찰관의 임용과 급여 및 법조일원화 등을 재검토해 근본적인 대책을 수립하자는 것이었다. 최고재판소의 구조개혁 문제는 조사 대상이 아니었다.

'재판소법 등 일부 개정 법률안'이 폐안된 것은 안타깝다. 지금도 최고재판소에 1년간 제기되는 사건은 소송이 약 6000건, 항고가 약 2000건이다. 이를 15명 재판관이 3개 소부에서 처리하는데 이 와중에 위헌심사권을 행사하기는 어렵다. 최고재판소에 모두 상고심인 대법정(9명이 원벤치를 구성)과 하급심인 소법정(30명 이상이 복수의 벤치를 구성)을 두고, 대법정 재판관과 소법정 재판관을 분리해야 한다. 현재 수많은 사건을 우선 소법정에서 심리하게 하고 헌법쟁점이 있거나 판례변경이 필요한 경우에 한해 대법정으로 옮겨 심리하게 하는 것이 좋다. 기본적으로 앞의 법률안과 같은 생각이지만 소법정 재판관의 정년은 70세가 적당하다는 점이 다르다.

II. 일본 최고재판소를 말하다

이즈미 도쿠지의 제안

위헌심사 기능과 일반법령위반심사의 최종심을 담당하는 곳이 최고재판소이다. 이런 최고재판소 구조개혁이 제기된 계기는 일본변호사연합회가 일반법령위반심사 기능을 요구하면서다. 일부에서는 최고재판소의 직무를 위헌심사에 특화하자는 주장도 있지만 나는 반대한다. 소송관계자는 오히려 일반법령위반심사 기능강화를 바라고 있기 때문이다.

일본의 재판소는 1심부터 3심까지 소수의 재판관이 다수의 사건을 처리해 세계적으로도 우수함이 손에 꼽히는 재판소이다. 재판관들은 개인 생활을 상당부분 희생하면서 재판에 임한다.

지방재판소의 민사 재판관은 300건 정도의 미제 사건을 항상 가지고, 매달 30~40건 신건을 받는다. 재판관은 매달 비슷한 수준으로 사건을 끝내지 않으면 미제가 점점 불어나 꼼짝달싹 못하게 된다. 과거에는 재판관이 법대에 앉아 당사자의 변론이나 입증을 말없이 지켜보다가 더 이상은 주장, 입증할 게 없다고 하면 변론을 종결했다. 그리고 나서 판결서를 작성하는 스타일이었다. 판결선고 때까지는 심증이 드러나지 않게 당사자를 배려한다는 생각에서 재판소는 듣는 역할에 충실한 편이었다.

하지만 그렇게 하니 재판이 지연됐다. 1980년대 초반 들어 민사재판 절차를 개선하자는 움직임이 있었다. 이 가운데 하나가 재판관과 당사자가 준비실에서 같은 책상에 둘러앉아 변론 겸 화해를 해보는 것이었다. 1991년 민사보전법 시행과 함께 라운드 테이블 법정이 정식으로 도입돼 현재는 전체 법정의 20%를 차지하며 민사재판에서도 자주 쓰인다. 이곳에서는 재판관이 서면 증거들을 보면서 능동적으로 대화하는 형식으로 재판을 진행하고, 적극적으로 심증을 내보이며 화해를 권고한다. 화해가 어려워지면 판결로 가지만 증거조사는 그다지 하지 않는다. 정확한 사실인정을 위해서는 사건현장을 보는 것이 매우 유용하지만 현장검증을 갔다가는 하루가 모두 날아가므로 실제로는 거의 하지 않는다. 증인신문과 본인신문도 최대한 자제하고 진술서로 대신한다. 2003년 '재판 신속화에 관한 법률' 시행으로, '1심 재판절차는 2년 이내의 가능한 빠른 기간'에 끝내도록 하면서 실제로 이러한 분위기가 강해졌다. 국민의 생활 리듬을 생각하면 2년간의 재판도 빠르지가 않아 재판관은 더욱 빨리 끝내야 한다는 압박을 느낀다. 재판관은 주말도 포기하고 판결을 쓴다. 이렇다 보니 앞에서 말한 재판 운영을 누구도 비난하지 못한다.

하지만 이런 재판 운영에는 결함이 있다. 재판관이 증거조사를 충분히 하지 못한 채 당사자들의 스토리로 형성한 심증을 드러내면서 화해를 권고하고, 화해가 성립되지 않으면 그 상태에서 진술서에 의존해 판결로 치달을 우려가 있다. 분쟁발생 이후 당사자 등이 작성한 진술서는 당사자 측의 스토리가 끼어들게 마련이므로, 분쟁발생 이전부터 존재해온 객관적인 증거조사가 빠져서는 안 된다. 하지만 분쟁발생 이전부터 존재한 증거들은 단편적인 경우가 많아서 객관적인 증거임에도 불구하고 무시된다. 단편적인 증거들을 배척하는 이유를 하나하나 설명하지는 않는다. '서면증거의 내용과 형식에 특별한 사정이 없어 기재대로 사실이 인정되는 경우에, 수긍할 만한 별다른 이유도 없이 서증을 배척하는 것은 위법하다.' 이러한 1957년 10월 31일 제1소법정 판결(민집 제11권 제10호 1779쪽)도 있었다. 재판소의 사실인정과 상반되는 분쟁발생 이

II. 일본 최고재판소를 말하다

전의 서증에 관해서는 배척하는 합리적인 이유를 밝혀야 한다. 그런데도 객관적 서증을 두고 '단편적인 메모에 불과하다'거나 '믿을 수 없다'는 한마디로 정리하는 판결이 적지 않다.

한마디로 말해, 사실인정의 치밀함이 결여돼 있는 것이다. 재판관이라면 현미경으로 들여다보듯 사실을 세밀하게 분석하고 일정한 숙고 기간을 거쳐, 이번에는 헬리콥터에서 내려다보듯 전체를 조망해 사실인정을 검증해야 이상적이다. 하지만 재판관들에게 그럴만한 여유가 없어지고 있다. 법률요건의 점검도 소홀해져 판단누락 우려도 있다. 이렇다 보니 상급심의 심사가 필요해진다.

고등재판소도 심리를 서두른다. 재판관은 제1회 구두변론을 시작하기 전에 합의를 끝내놓고 법정에 나가며, 변론 한 번으로 심리를 종결하는 추세다. 고등재판소 판결의 25% 정도가 1심 판결 파기이기 때문에 고등재판소가 진상규명에 적잖이 노력한다고 보인다. 하지만 증인이나 당사자 신문을 하는 경우는 적어서 전체 사건의 2.5% 정도다. 사건 당사자에게 고등재판소 판결에 만족하라고 말하기 어려운 이유다. 그래서 제3심으로서의 최고재판소가 필요하다.

최고재판소는 법률심으로서 법령해석을 통일하는 역할을 담당한다. 특히 지식재산권이나 경제 사건 등의 분야에서는 관계 분야에 판단지침이 되는 명확한 법률해석을 제시해야 한다. 법령해석을 통일하는 기능이 중요한 것은 말할 필요도 없다. 하지만 최고재판소에 대한 국민의 요구는 "아직 최고재판소가 있다"는 야카이 사건^{八海事件50} 피고인 아토 주헤이^{阿藤周平} 말에서 상징적으로 드러나듯 민사·형사 재판에서 오판을 막는 마지막 보루다. 재판의 생명은 정의로운 사건의 해결이다. 최고재판소는 한 단계 높은 곳에서 사건을 전체적으로 조망해 고등재판소 판결이 사안에 걸맞고 타당하며 안정감이 있어 납득할 수 있는 결론인지를 심사한다. 실제로 신의성실원칙, 권리남용금지, 공서양속이라는 일반조항을 가지고 타당한 결론을 내고 있다. 사실인정이라면 치한 사건 같은 작은 것에도 눈을 부릅뜨고 지켜본다. 이런 것이 바로 국민이 요구하는 것이다. 이런 것을 일반법령위반심사 기능 가운데 개별·구체적 구제 기능이라고 부른다.

하지만 아쉽게도 최고재판소에는 소법정이 세 개뿐이다. 2011년 최고재판소가 처리한 소송사건은 민사 3151건 형사 2210건으로 모두 5361건이다. 세 개의 소법정의 재판관이 1년 365일 일한다고 가정하면 소법정마다 하루에 4.9건의 소송사건을 처리한 셈이다. 소송사건 이외에 항고사건이 연간 2000건 정도다. 사건이 너무 많아서 개별·구체적인 구제 기능이 제대로 작동할지 의문이다.

최고재판소가 사건을 효율적으로 처리하면서 2011년 소송사건 미제건수 민사 1656건, 형사 679건 모두 2335건에 머물고 있다. 그래서 1953년 무렵과 같은 구조개혁문제가 나오지는 않는다. 하지만 2011년 최고재판소가 고등재판소 판결을 파기한 비율은 민사 2.6%, 형사 0.1%

---

50 1951년 야마구치현 야카이 마을에서 일어난 살인 사건. 체포된 범인은 진짜 주범은 아토 주헤이이고 공범도 3명 더 있다고 진술했다. 경찰의 고문을 받은 허위 진술이며 자신의 형량도 줄일 수 있었다. 그렇지만 히로시마고등재판소까지 5명 모두가 유죄였다. 특히 아토 주헤이는 사형이었다. 그러나 최고재판소는 사실관계에 문제가 있다며 두 차례 파기한 끝에 1968년 진범을 제외한 4명 모두에게 무죄를 확정했다.

정도로 매우 낮다. 예외적인 경우가 아니라면 고등재판소 판결이 바뀌는 일은 없다. 1 · 2심 재판이 운영되는 현실과 최고재판소를 최후의 보루로 생각해 구제를 바라는 수많은 사건들을 생각하면, 최고재판소의 일반법령위반심사 기능(특히 개별 · 구체적 구제 기능)의 정밀도를 더 높여야 한다.

일반법령위반심사 기능을 강화할 필요성이 '재판소법 등 일부 개정 법률안'이 국회에 제출된 1957년과 지금 특별히 차이가 있는 것이 아니다. 그래서 당시 법안을 다시 올렸으면 싶지만 현재의 일본 상황에서는 가까운 시일 내에 가능한 일이 아니다. 당분간은 최고재판소 조사관 제도를 강화하는 방법 밖에 없기 때문에 조사관을 대폭 증원해야만 한다.

이와 함께, 법무대신이 사형집행을 지휘할 때 법무성 형사국 사람들이 최고재판소에서 확정된 재판 기록을 검토한다. 만에 하나 오판이 있는지 확인하는 것이다. 이를 참고해 최고재판소 형사 조사관실에도 오판방지 담당조사관을 두면 어떨까 싶다. 나는 최고재판소 재판관 시절에도 비공식적으로 이를 주장했는데 배경에는 마쓰가와 사건松川事件과 야카이 사건의 교훈이 있다.

1959년 8월 10일 마쓰가와 사건[51] 대법정 판결(형집 제13권 제9호 1419쪽)은 사형 4명, 무기 2명, 유기징역 12명의 원심을 파기하고 고등재판소에 돌려보냈다. 마쓰가와 사건에서 국철 노동조합원 10명, 도시바 마

---

51 1949년 후쿠시마현 마쓰가와 마을 부근에서 일어난 열차전복 사고. 조사 결과 누군가에 의해 레일이 없어져 있었다. 수사당국은 구조조정에 반대하는 노동조합원들의 범행으로 결론냈다. 1심에서 사형 5명 등 20명 전원이 유죄였고, 2심에서 사형 4명을 비롯해 18명이 유죄였다.

쓰가와공장 노동조합원 10명이 열차전복치사 혐의로 기소돼, 최고재판소 재판에 제출된 '스와諏訪 메모'라는 결정적 증거에 따라 20명의 공모가 사실이 아닌 것으로 밝혀져 파기환송심에서 전원 무죄가 됐다.

원심 판결에 따르면, 야간에 약 2시간을 걸어 현장에 가서 레일을 빼냈다고 지목된 국철 소속 실행범 3명 가운데 1명은 다리에 장애가 있었다. 도시바 소속 실행범 2명까지 모두 5명이 단시간에 레일을 빼내면서 사용한 도구는 노루발못뽑이 한 자루와 스패너 한 자루뿐이다. 이걸로 20여 분 만에 레일 둘을 빼내고, 고정못을 비롯한 레일 이음매 대부분을 빼냈다. 이렇듯 누가 보아도 어색한 유죄 인증을 파기한 대법정 판결이 아슬아슬한 7대 5였다. 사이토 유스케, 가와무라 마타스케 두 재판관은 몸이 안 좋아 열홀간의 구두변론에 없었다는 이유로 표결을 회피했다. 그리고 이시자카 슈이치 재판관은 센다이고등재판소장관과 히로시마고등재판소장관을 거쳐 최고재판소 재판관이 됐다. 이 사건 원심을 선고한 재판소가 센다이고등재판소인데 히로시마고등재판소장관 당시 원심 선고를 앞두고 재판장인 스즈키 테이지로鈴木禎次郎 판사에게 서신을 보낸 사실이 드러났다. "판결이 객관적 사실에 부합하는지 아닌지로 마음을 어지럽히지 마라. 그것을 제대로 아는 것은 하늘뿐이지 사람의 일이 아니다." 그는 대법정 심리를 회피했다.[53] 만약 세 재판관이 참가했다면 대법정 판결이 어떤 결과였을지도 문제지만 정작 중요한 것은 따로 있다. 세월이 흐른 지금 냉정하게 보자면 지극히 부자연스러운 유죄 인정에 최고재판소 재판관이 5명이나 손을 들었다는 점이다. 이는 반드시 교훈으로 삼아야 한다.[54]

야카이 사건에서는 잠든 부부를 살해했다는 강도살인 혐의로 요시오카 아키라吉岡 晃 아토 주헤이 등이 기소됐다. 지금에 와서는 요시오카 아키라의 고백 때문에 요시오카 아키라의 단독범행이라는 것을 모두가 안다. 요시오카 아키라를 제외한 아토 주헤이 등 4명은 1심 유죄, 2심 유죄, 상고심에서 파기환송, 파기환송심에서 무죄, 제2차 상고심에서 파기환송, 제2차 파기환송심에서 유죄, 제3차 상고심에서 무죄로 파기자판까지 7번의 재판을 받았다. 이 가운데 아토 주헤이는 세 번 사형 판결을 받았고 제3차 상고심에서 간신히 목숨을 건졌다. 1심 판결을 보면, 원한에 의한 사건도 아닌데 다다미 6장 크기[52]의 작은 방에서 4명이 돌아가며 기다란 도끼로 남편의 머리와 얼굴을 때려 숨지게 하고, 3명이 번갈아 부인의 목을 졸라 살해했다는 것이다. 4명이 번갈아 도끼로 내리쳤다면 머리는 박살이 나야 할 텐데 그렇지도 않았다. 시간이 지난 지금 보면 누구라도 자연스럽지 않다는 것을 안다.[55] 하지만 그 사건이 무죄로 확정되는데 18년의 세월이 걸렸다. 아토 주헤이의 『야카이 사건 옥중일기八海事件獄中日記朝日新聞社 1968』는 형사재판을 담당하는 사람들이라면 한 번쯤은 읽어봐야 할 귀중한 교재다.

재판에서 사실인정은 오류의 위험에 노출돼 있고, 그 결과가 매우 심각하다는 것은 오늘날에도 변함이 없다. 최고재판소의 가장 중요한 임무는 오판을 막는 최후의 보루가 되는 것이다.

---

52 9.9372제곱미터 3.006평. 다다미 1장은 910×1820밀리미터로 0.5010평이다. 다다미의 한자는 畳(첩). 윤동주의 시 「쉽게 쓰여진 시」에 나오는 '육첩방'이 다다미 6장 크기 방이다.

2
더 많은 위헌심사를 위해

유럽 헌법재판소

유럽의 여러 나라에는 일반사건 상고심을 하는 대법원과는 별도로 헌법재판소가 있다. 인구가 일본의 10분 1에도 못 미치는 오스트리아(인구 약 836만 명)에는 대법원(대법관 58명)과 1920년 설립돼 세계에서 가장 오래된 헌법재판소(재판관 14명)가 있다. 헝가리(약 999만명)에는 대법원(대법관 75명)과 1990년 설립된 헌법재판소(재판관 11명), 체코(약 1037만 명)에는 대법원(대법관 64명)과 1993년 만들어진 헌법재판소(재판관 15명)가 각각 있다.

유럽의 예에서 보더라도, 위헌심사 기능과 일반법령위반심사 기능 두 가지를 15명의 재판관이 담당하는 일본의 최고재판소는 처음부터 제도적으로 무리한 면이 있었다.

미국 연방대법원

미국에는 헌법재판소가 없지만 미국 연방대법원은 자유재량으로 직접 선별한 중요 사건(헌법 사건이 중심)만을 심리한다. 대법관 9명 전원합의체인 미국 연방대법원은 연간 1만 건 안팎의 재량상소^{certiorari53} 신청 가운데 75~80건을 골라 본안판결을 한다. 재량상소 청구서는 9000단어로 제한된다. 각 대법관실의 로클럭이 분담해 청구서의 사실과 주장을 메모 한 장으로 정리해 각 대법관에게 보고한다. 이 메모에 기초해 수석대법관이 4분의 1정도의 사건을 토론 리스트에 올린다. 다른 대법관들은 그 외 사건을 리스트에 추가하자고 요구할 수 있다. 리스트에 오르지 않은 사건은 더 이상 논의하지 않는다. 그리고 9명의 대법관 전원이 토론 리스트에 기초해 재량상소를 인용할지를 심의하고 4명 이상이 찬성하면 본안심리 대상이 된다. 9인 대법관 전원 합의에서 상소가 인정된 사건에 대해 1만 5000단어 이내의 상소이유서와 답변서, 9000단어 이내의 법정조언자 의견서$^{amicus\ curiae\ brief}$(사회적, 경제적, 정치적 영향이 있는 사건에서 이해가 걸린 개인, 기관, 조직 등이 법원의 허가나 요청을 받아 제출하는 의견서. 연방정부와 기관은 임의로 제출할 수 있음), 구두변론에 기초해 판결한다.

재량상소를 허가할지는 미국 연방대법원의 온전한 자유재량이다. 연방대법원규칙 제10조는 재량상소를 인용할 때 다음과 같은 고려 사항을

---

53 한국에서는 사건이송명령으로 번역한다. certiorari는 라틴어이며 영어로 to be searched의 의미다.

들고 있지만 자유재량을 제한하는 것은 아니다. 중요한 사안에 관해 연방항소법원 사이에 판단이 다른 경우, 중요한 연방문제에 관해 주 최종심 법원 사이에 판단이 다른 경우, 미국 연방대법원이 아직 판단하지 않은 연방법의 중요한 문제에 관해 주 법원이나 연방항소법원이 판단한 경우, 하급심의 중대한 절차 위반에 대해 미국 연방대법원의 감독권 행사가 필요한 경우 등이다.

재량상소 신청이 연간 약 1만 건인데 이는 일본 최고재판소가 수리하는 사건 수와 크게 다르지 않다.[54] 연방대법원은 1만 건 가운데 75~80건을 골라 본안판결을 하는데 선별에는 로클럭이 중요한 역할을 하므로, 대법관은 자기 에너지의 대부분을 본안판결에 집중할 수 있다. 일본에도 재량상소 같은 제도를 도입하자는 얘기도 있었다. 하지만 미국은 연방대법원 이외에 50개 주마다 대법원이나 상소법원이 있어 일본과는 상황이 다르다. 일본의 최고재판소는 일반법령위반심사를 해야만 하기 때문에 미국의 재량상소 제도를 도입하기 힘들다.

한국 헌법재판소[56)]

한국은 1988년 대법원과 별도로 헌법재판소를 설치했다. 헌법재판소는 위헌법률심판과 헌법소원심판을 관장한다. 위헌법률심판은 어떤 법률이 헌법에 위반되는지가 재판의 전제가 되는 경우, 해당 사건을 담당

---

54 1998년 1월1일 시행 민사소송법에 따라 최고재판소는 예외적으로 민사사건의 상고신청을 수리한다. 항소심 판단이 과거 판례를 위반했거나 법령해석에 중요사항을 포함한 경우다. 형사소송법은 이미 이런 제도를 가지고 있었다.

하는 법원이 직권이나 당사자의 신청에 따라 헌법재판소에 위헌여부를 심판해달라고 청구하는 경우에 행해진다. 헌법소원심판은 공권력의 행사 또는 불행사로 헌법이 보장하는 기본권을 침해받은 사람이 헌법재판소에 구제를 청구하는 헌법소원에 대한 심판이다(다만, 다른 법률에 구제수단이 있는 경우 이를 모두 거치지 않으면 헌법소원을 제기할 수 없다. 그리고 법원의 재판에 대한 헌법소원은 허용되지 않는데, 헌법재판소가 위헌으로 선언한 법률을 적용해 국민의 기본권이 침해된 재판은 예외다). 1988년 9월 1일부터 2010년 12월 31일까지 약 22년 동안 위헌법률심판 청구는 730건이며 헌법소원심판 청구는 1만 9252건이다.

헌법재판소 위헌법률심판에서 결정은 다음과 같은 형식이다. ①단순합헌결정("…법률은 헌법에 위반되지 아니한다.") ②단순위헌결정("…법률은 헌법에 위반된다.") ③일부위헌결정("…법률 중 …부분은 헌법에 위반된다.") ④한정합헌결정("…해석 하에 헌법에 위반되지 아니한다.") ⑤한정위헌결정("…해석하는 한 헌법에 위반된다.") ⑥헌법불합치결정("…법…조는 헌법에 합치되지 아니한다. 위 법률 조항은 …을 시한으로 입법자가 개정할 때까지 그 효력을 지속한다.", "위 각 법률조항은 입법자가 …까지 개정하지 아니하면 …부터 그 효력을 상실한다. 법원 기타 국가기관 및 지방자치단체는 입법자가 개정할 때까지 위 각 법률조항의 적용을 중지하여야 한다." 이것은 법률의 실질적 위헌성을 인정하면서도 입법자의 입법재량을 존중하고 법의 공백에 따른 혼란을 피하기 위해, 일정기간 동안 해당 법률이 잠정적으로 계속되는 것을 인정하고, 입법자가 그 사이에 법을 개정하도록 의무를 부가하는 것이다.)

헌법재판소 헌법소원심판에서의 결정은 헌법소원이 부적법한 경우에는 각하, 본안에 이유가 없으면 기각, 본안에 이유가 있는 경우에는 인용을 결정한다. 인용 결정에는 공권력 행사의 취소 또는 위헌확인 결정이 있다. 법령에 대한 헌법소원을 인용하는 결정에는 단순위헌, 헌법불합치, 한정위헌, 한정합헌 결정이 있다.

한국 헌법재판소가 관장하는 위헌법률심판은 일반사건 재판을 담당하는 법원의 제청에 의한 것이다. 일본에서 말하는 '법률상 쟁송'으로서 사법권의 범위에 포함된다. 헌법소원심판도 공권력의 행사 또는 불행사에 의해 헌법이 보장하는 기본권을 침해받은 사람의 청구에 의한 것이다. 일본에서의 '법률상 쟁송'보다 약간 넓기는 하지만 비슷하다.

가림막이 없는 경찰서 유치장 화장실 사용을 강제당한 청구인이 헌법이 보장한 인간의 존엄을 침해당했다며 제기한 헌법소원이 있었다. 한국 헌법재판소는 심판 당시에는 이미 침해행위가 끝나 권리구제가 불가능함에도 불구하고 "실내 화장실을 사용하도록 강제한 피청구인 경찰서장의 행위는 헌법 제10조가 보장하는 청구인의 인격권을 침해하여 위헌임을 확인한다"고 결정했다. 이런 결정은 적잖게 있는데 자이니치코리안변호사협회의 『한국헌법재판소』 202쪽에는 "헌법소원에는 개인의 주관적 권리구제뿐 아니라 객관적인 헌법질서를 보장하는 기능도 있다. 따라서 침해행위가 장래에 반복될 우려가 있거나 당해 분쟁의 해결이 헌법질서의 수호에 헌법적으로 중요한 의미가 있는 경우 심판청구의 이익을 인정한다"고 설명하고 있다.

일본에서도 이런 사건에 대해서는 손해배상청구에 의한 구제가 가능하지만, 법률을 개정해 위헌확인 선언을 할 수 있게 하는 것도 가능하다.

더구나 한국 헌법재판소에서 위헌으로 결정된 법률이나 조항은 그 결정이 있는 날로 효력을 상실한다. 일본에서 재판소 재판에 이렇게 일반적인 효력을 부여하려면 헌법을 개정해야 한다. 하지만 이것은 재판 효력 문제일 뿐 한국 헌법재판소의 위헌법률심판이나 헌법소원심판의 대상 자체는 일본의 사법권에도 포함되는 것이다. 즉, 한국 헌법재판소의 재판권 행사 대상과 일본 최고재판소의 위헌심사권 행사 대상은 크게 다르지 않다.

그런데 한국 헌법재판소에서는 위헌법률심판 및 헌법소원심판에서 1988년 9월 1일부터 2010년 12월 31일까지 약 22년 동안 위헌결정 416건, 헌법불합치결정 136건, 한정위헌결정 52건, 한정합헌결정 28건이 있었다. 다시 말해, 인권보장과 헌법질서 유지를 위해 기존의 헌법상황의 변경을 요구하는 결정을 모두 632건 내린 것이다. 일본 최고재판소의 65년간 법령위헌판결이 8건, 처분위헌판결·결정이 10건이므로 한국 헌법재판소의 위헌판단이 얼마나 많은지 알 수 있다. 한국 헌법재판소를 탄생시킨 제6공화국 헌법 시행 때까지 한국에서 국민의 권리를 제한하는 법률이 많았다거나 두 나라의 제도가 다르다는 것을 고려하더라도, 매우 적극적인 위헌판단이다. 대한민국헌법 제2장 '국민의 권리와 의무'의 규정 가운데 국방의 의무를 제외하면, 일본국헌법 제3장 '국민의 권리와 의무'와 다른 것이 거의 없다. 나는 일본과 한국의 위헌판단 건수 차이는 일본 최고재판소가 위헌심사와 일반법령위반심사를 병행하는데 비해 한국 헌법재판소는 위헌심사만 전문으로 하는 데서 비롯된다고 본다.

한국에는 일반법령위반심사를 하는 최종 재판소로서 일본의 최고재판소에 해당하는 대법원이 있다. 대법원에는 대법원장과 대법관 13명이 있다. 대법원장은 국회의 동의를 얻어 대통령이 임명한다. 대법관은 대법원장의 제청과 국회의 동의를 거쳐 대통령이 임명한다. 두 경우 모두 20년 이상 판사·검사·변호사 등의 직에 있던 45세 이상인 사람 가운데 임명한다. 여기에는 변호사 자격이 있는 사람으로서 국가기관, 지방자치단체, 법률에 따른 공공기관, 그 밖의 법인에서 법률에 관한 사무에 종사하였거나 공인된 대학의 법률학 조교수 이상으로 재직한 사람이 포함된다. 임기는 6년이고 정년은 대법원장과 대법관은 70세다.

한편 헌법재판소에는 재판관 9명이 있다. 재판관 가운데 3명은 대통령(행정) 자신이 선택해서 임명하고, 3명은 국회(입법)에서 선출해서 대통령이 임명, 3명은 대법원장(사법)이 지명하고 대통령이 임명한다. 소장은 국회의 동의를 얻어 재판관 가운데 대통령이 임명한다. 내정·선출·지명된 재판관은 국회의 인사청문회를 거쳐 임명된다. 다만 재판관의 임명자격은 법조경력 15년 이상 있던 40세 이상인 사람이다. 당초 대법관과 재판관 자격은 모두 법조경력 15년 이상에 40세 이상으로 같았다. 2011년 대법원이 국회에 요구해 20년에 45세로 개정했는데 헌법재판소는 재판관 자격을 군이 좁힐 필요가 없다고 판단해 개정에 나서지 않고 있다. 그 밖에 재판관의 임기는 6년이며 정년은 소장을 포함한 재판관이 모두 70세로 대법관과 같다. 소장의 대우는 대법원장의 예에 따르며, 재판관의 대우는 대법관의 예에 따른다. 즉, 헌법재판소 재판관의 (자격), 임기, 정년, 대우는 대법원장·대법관과 같다. 하지만 2006년 9

월 15일 전후로 임명된 재판관 9명의 출신은 법관 7명, 검사 1명, 변호사 1명이다.

이처럼 재판관 구성이 대법관과 별로 다르지 않음에도 불구하고, 헌법재판소는 일본 최고재판소와 비교가 되지 않을 정도로 많은 위헌판단을 내리고 있다. 헌법재판소 재판관이 헌법문제에만 전념하기 때문이다. 헌법재판소도 처음에는 대법원의 지부 수준으로 평가받아 재판관이 국가행사에 초청받지도 못했었다. 하지만 헌법재판소가 활발한 위헌판단으로 존재감을 보여주면서 정치에도 강한 영향력을 미치기 시작했다. 그러자 국회는 2000년 5월 국회법을 개정해 헌법재판소장과 국회 선출 재판관의 임명동의안을 심사하는 인사청문특별위원회를 만들었다. 이어 2005년 7월 29일에는 헌법재판소법을 개정해 모든 재판관이 인사청문회를 거쳐 임명되도록 했다.

헌법재판소에는 헌법연구관이 있다. 헌법연구관은 심리 및 심판에 관한 조사 · 연구에 종사한다. 그리고 헌법연구위원이 있다. 헌법연구위원은 3년 이내의 범위에서 기간을 정해 임명돼, 사건의 심리 및 심판에 관한 전문적인 조사 · 연구에 종사한다.

헌법재판소는 1988년 9월에 탄생해 역사가 얼마 되지 않았다. 평범한 법률실무가인 9명의 재판관이 법원이나 검찰에서 파견된 헌법연구관의 보좌를 받아, 여론의 주목도 받지 못하고 빌딩 사무실에서 일을 시작했다. 하지만 헌법재판소는 군사정권 시절 만들어진 반인권적인 법률에 잇따라 위헌을 선고했다. 자유시장 경제체제에 대한 청와대의 개입을 제거하고, 선거제도의 문제점을 없애면서 국회를 상대로 힘을 키웠고,

명령·규칙 위헌심사권이 대법원의 전유물이 아니라고 선언했다. 그리고 불기소결정을 취소해 검찰과 대립하는 등 주변의 예상을 완전히 깨는 적극적인 활동으로 영역을 넓혔다. 그 결과 현재 헌법재판소는 국회, 행정부, 대법원과 어깨를 나란히 하고, 국민에게 가장 신뢰받는 기관이 됐다.

이런 성공의 열쇠는 사람이라기보다 전문재판소라는 시스템에 있다고 말하고 싶다. 헌법재판소는 과도한 일반사건의 부담에서 벗어나 기본권 수호와 헌법질서 유지라는 직무에 전념한 결과, 600건 넘는 위헌판결을 내놓은 것이다. 이는 판사 출신으로 사법연수원장을 거쳐 헌법재판관으로 6년간 재임한 황도연 전 재판관의 말에서도 알 수 있다.

"헌법재판소에는 다른 눈을 가진 사람들이 필요하다. 그래야 조화가 이뤄진다. 생활이 비슷하면 생각도 비슷하다. 가치관과 인생관이 다른 사람, 동질적이지 않은 사람이 모여야 한다. 헌법재판소 소장에 대법관 출신과 재판관 출신 가운데 누가 나은지 일률적으로 말하기 어렵다. 하지만 개인적으로, 재판관으로 6년 있었지만 2년 6개월 정도 지나서 이른바 헌법감각이 들었다. 헌법감각이 금세 생기는 게 아니다. 법원에 오래 있을수록 헌법감각과 멀어지니 (대법관 출신에게 불리하다고 본다.) 그리고 재판소가 대법원의 일부가 되면 헌법재판은 죽는다. 절대로 안 된다. 지금과 같이 분리돼둬야 한다."[57]

이즈미 도쿠지의 제안

일본 최고재판소는 일반사건 처리에 쫓기고 있어 헌법해석은 드물게 나오고 있다. 위헌심사가 활발하다고 말하기 어렵다. 위헌심사 기능을 강화하려면 한국 헌법재판소의 성공이 보여주듯이 전문적인 헌법재판소를 두는 것이 가장 바람직하다. 일본에서 최고재판소 이외에 헌법재판소를 창설하려면 헌법 개정이 필요하다. 1957년 '재판소법 등 일부 개정 법률안'에서처럼 소법정 판사를 두어 일반법령위반심사 기능을 갖게하고, 최고재판소는 판례변경 이외에는 위헌심사에 집중하는 기구여야 한다. 이런 식으로 한국 헌법재판소와 거의 비슷한 기능을 최고재판소에 주는 것은 법률 개정만으로도 가능하다. 하지만 일본의 국력이나 정치상황을 고려하면 아쉽게도 가까운 장래에 이러한 제도 변화를 기대하기는 어렵다.

당장 가능한 것으로는 헌법학 등 공법학자를 최고재판소 재판관에 여럿 임명하는 방법이 있다. 하지만 출신별로 재판관 비율이 굳어진 분위기[55]에서는 이 조차도 간단치 않다.

가장 현실적인 방안은 한국 헌법재판소의 예를 따라, 헌법조사관과 헌법연구위원을 두고 이들이 세계의 인권수준 등을 포함한 전문적인 헌법문제를 조사·연구케 하는 것이다. 현재 최고재판소 조사관도 담당사건을 보고하기 위해 헌법문제를 조사한다. 하지만 일반법령 해석·적용에 관한 조사에 쫓겨, 담당 사건에 헌법문제가 있어도 보고서 작성에 필요한 만큼만 조사하고 있다. 최고재판소는 헌법재판소의 기능을 담당

---

55 최고재판소 출범 이래로 재판관 6명, 검찰관 2명, 외교관 1명, 행정관 1명, 대학교수 1명, 변호사 4명이다. 다만 1950년대 초반에는 변호사와 대학교수가 1명씩 늘고 재판관이 2명 줄어들었다.

하고 있지만 헌법해석을 전문적으로 조사·연구할 인력이 없다.

글로벌 시대에는 국내의 판례와 학설을 조사하는 것만으로는 충분치 않다. 미국 연방대법원, 독일 연방헌법재판소, 유럽 인권재판소 등의 판례를 조사하거나, 일본이 비준한 국제인권규약이 다른 나라에서는 어떻게 운영되고 있는지를 조사해야 한다. 이렇게 해서 국제적인 인권판단의 기준을 찾을 필요가 있다. 도키쿠니 야스오^{時国康夫} 판사(이른바 사루후쓰 사건^{猿払事件56}의 1심 재판장)가 1959년에 위헌입법심사제도 조사·연구를 위해 미국에 유학한 뒤 1961년부터 사법연수소에서 헌법학자 아시베 노부요시^{芦部信喜} 교수와 함께 헌법소송에 관한 합동 세미나를 개최한 실례도 있다.[58]

---

56 홋카이도 사루후쓰의 우정사무관이 1967년 중의원선거에서 일본사회당 선거포스터 6장을 공영게시판에 붙이고 184장을 주변 사람에게 배포하도록 했다. 일본사회당을 지지하는 목적이었고 업무 외 시간이었다. 이에 대해 국가공무원법 위반으로 벌금 5000엔 약식명령을 받았다. 정식재판을 청구해 1·2심에서 국가공무원법 위반 혐의에 대해 무죄를 선고받았다. 1974년 11월 6일 최고재판소는 국가공무원법은 표현의 자유를 보장한 일본국헌법 제21조에 위반되지 않는다며 이 사건을 파기자판해 벌금 5000엔을 선고했다. 무죄를 주장하는 반대의견이 4명 있었다.

3
재판관임명자문위원회 설치

최고재판소의 의견 발표

최초의 최고재판소 재판관 임명은 재판관임명자문위원회의 자문을 거쳐 나왔다(제2장 참조).

최고재판소 스스로도 1956년 2월 29일 "장관 또는 최고재판소 재판관을 임명할 때는 재판관, 검찰관, 변호사, 학자 등으로 구성된 추천위원회의 의견을 참고하여야 할 것이다"라는 의견을 발표했다. 1957년 '재판소법 등 일부 개정 법률안'에도 같은 내용을 조항을 두었다.

사법제도개혁심의회 의견

2001년 6월 12일 사법제도개혁심의회는 "최고재판소 재판관 지위의 중요성을 고려하고 임명 과정의 투명성과 객관성을 확보하기 위해 적절한 조치를 검토해야 한다"는 의견서를 발표했다. 구체적으로 "최고재판소장관은 내각의 지명에 바탕해 천황이 임명하고, 최고재판소 재판관은 내각이 임명하는데 (일본국헌법 제6조 제2항과 제79조 제1항, 재판소법 제39조 제1·2항) 내각의 지명 및 임명 과정이 투명하지 않고 재판관의 출신별 인원 비율도 고착됐다고 비판받는 현실이다. 따라서 재판관 직책의 중요성을 고려하고 국민의 신뢰를 높이기 위해 임명과정의 투명성과 객관성을 확보할 조치를 검토해야 한다(1947년 당시 재판소법의 규정에 설치된 재판관임명자문위원회 제도도 참고가 된다)"고 밝혔다.

이 의견서의 지적에 따라 내각의 최고재판소 재판관 임명 이후 관방장관이 기자회견에서 임명되는 사람의 경력을 간단히 소개하게 됐다. 하지만 이 정도로 임명과정의 투명성과 객관성이 확보됐다고 말하기는 어렵다.

유럽법관평의회 제안

유럽의 여러 나라는 전쟁 이전의 일본처럼 법무부가 재판관의 인사를 담당하는 경우가 많아 재판의 독립을 위한 다양한 방법을 모색했다. 유럽법관평의회가 제안하는 '사법평의회'가 이 가운데 하나다. 이와 관련, 유럽평의회Council of Europe는 인권, 민주주의, 법의 지배라는 공통 가치를 실현하려는 회원국들의 협력을 확대하기 위한 목적으로 프랑스 스트라스부르에 설립됐다. 유럽평의회는 유럽연합EU의 27개국에 더해 러시아, 터키, 발칸반도, 옛 소련 연방국의 일부까지 47개국으로 구성되며, 일본, 미국, 캐나다, 멕시코, 바티칸은 옵서버다. 회원국들은 유럽인권조약을 체결해 유럽인권재판소를 설립했다. 그리고 유럽평의회 각료이사회(회원국의 외무장관으로 구성)는 유럽평의회의 핵심 테마가 법의 지배이고 그 토대는 사법이라는 인식에 바탕해 2000년 유럽의 재판관 역할을 강화하기 위한 유럽법관평의회$^{Consultative\ Council\ of\ European\ Judges}$를 만들었다.

유럽법관평의회의 주요 임무는 재판관의 독립, 중립 또는 권한에 관련된 일반적인 문제에 관해 각료이사회에 의견서를 내는 것이다. 각료이사회는 회원국들이 유럽법관평의회 의견서에서 지적받은 문제를 검토해 사법의 독립을 확보하는 정책을 마련하는지 감독한다.

유럽법관평의회의 2007년 의견서는 재판관의 독립을 지키는 기관으로서 '사법평의회$^{the\ Council\ for\ the\ judiciary}$'를 설치하는 것이 중요하다고 밝혔다. 사법평의회는 재판관의 임명 · 승진 · 평가, 사법행정 등에 관해 실질적으로 결정하고, 사법부의 예산에 관해서도 정부에 의견을 내는 권한을 가져야 한다고 했다. 구성면에서는 국내 법관이 선거로 뽑은 법관만으로 이뤄지든지, 법률가 · 교수 · 학자가 포함되더라도 법관이 과반이어야 한다고 밝혔다.

나는 2005년 체코와 헝가리 대법원장을 방문했었다. 체코 대법원장은 "재판관 인사나 예산을 여전히 법무부가 쥐고 있어, 다른 나라와 같은 정도로 법원이 독립하는 것이 현재로서는 어렵다. 정치적 타협에 따라 만들어진 법관평의회에는 대법관 일부가 참여하고 법관 인사를 비롯한 사법행정에도 의견을 내지만 결정권은 없다. 법관은 법률에만 구속돼 재판한다는 규정이 헌법에 있지만 충분하지 않다. 제도로 법관의 독립을 보장해야 한다"고 한탄했다. 게다가 법정 등 시설도 다소 열악한 상태였다.

한편 마찬가지로 옛 공산권인 헝가리는 훌륭한 법원 시설을 갖고 있고 대법원장의 태도도 자신이 넘쳤다. 그의 얘기에 따르면, 대법원장은 대통령의 추천으로 의회가 결정하며, 대법원장 후보자는 의회 청문회를 거친다. 이에 앞서 대통령이 후보를 정할 때는 정당 대표들로 구성된 추천위원회의 의견을 참고한다. 나머지 대법관이나 하급심 판사는 대법원장의 추천에 기초해 대통령이 임명한다. 법관의 추천 등 법원의 사법행정을 결정하는 기관은 대법원장이 의장인 사법평의회이다. 사법평의회는 대법원장 이외에 법관 9명, 법무부장관, 검찰총장, 변호사회장, 국회의원 2명으로 구성된다. 법관 9명은 전국에 있는 법관 가운데 선출된 대의원 6명이 선정한다. 사법평의회 구성원 15명 가운데 10명이 법관이어서 법관이 사법행정 결정권을 쥐고 있다고 한다.

나는 2008년에는 오스트리아 대법원장을 방문했다. 오스트리아 대법관은 대통령이 정부의 지명에 바탕해 임명하는데, 정부의 지명은 대법원 인사위원회의 추천에 기초한다. 대법원의 인사위원회는 대법원장 또는 부원장과 법관 가운데 선발된 위원 3명으로 구성된다. 인사위가 추천하는 후보자는 대법관 빈자리가 하나인 경우 3명, 복수인 경우 적어도 2배수다. 나는 오스트리아 대법원을 방문해 회의실에서 부원장을 만났는데 마침 대법관 세 자리를 두고 후보자를 고르는 중이라고 했다. 그러면서 벽난로 선반 위에 있던 20권 남짓한 파일들을 가리켰는데 응모자 별로 관련 서류를 정리한 것이었다.

이처럼 법무부가 재판관의 인사권을 가진 유럽 여러 나라들조차 대법관 인사에 관해서는 투명성과 객관성을 확보하고 있다.

마노 쓰요시 재판관의 주장

하지만 일본에서는 현직 최고재판소 재판관조차 퇴임하는 동료 재판관의 후임자를 내각회의가 끝나고 신문기사에서 처음으로 알았다는 얘기가 많다. 외국인에게는 어떻게 설명하기가 어려운 얘기다.

재판관임명자문위원회를 설치한다 해도 위원 선출부터 운영이 간단치 않음은 이미 1947년 재판관임명자문위원회에서도 확인됐다. 하지만 최고재판소 재판관 임명에 민주적 통제가 필요하며 계속해서 깜깜속 상태일 수는 없는 일이다. 마노 쓰요시 재판관은 "일부의 입장 혹은 좁은 시야에서 비롯되는 독단전횡을 피하기 위해서라도 전문가^{有識者} 다수의 뒷받침은 필요하고 정당하다. 자문기관이 적절하게 구성된다면 존재만으로도 최고재판소 재판관에 관한 국민의 신뢰와 존경이 높아질 것"이라고 말했고,[59] 나 역시 같은 생각이다.

4
조사관

공동조사관의 확대와 강화

현재 최고재판소에는 수석조사관, 민사조사관 18명, 행정조사관 9명, 형사조사관 10명 모두 38명의 조사관이 있다. 하급심에서 상당한 경험을 쌓은 판사(더러 판사보)들이 조사관으로 일하고 있다. 일반 조사관 위에는 실장, 위에는 상석, 그 위에는 수석이라 불리는 직책이 있어서 전체가 하나의 조직이지만 상하통제는 매우 느슨하다. 최고재판소에 들어오는 사건은 종류에 따라 민사조사관실, 행정조사관실, 형사조사관실의 조사관에게 주어져 해당 조사관 혼자서 조사해 보고서를 작성, 제출한다. 그리고 지식재산 사건은 민사조사관 가운데 지식재산을 담당하는 3명이 맡는다. 3명은 지식재산 이외에 통상의 민사사건도 담당한다.

조사관은 담당 사건의 법률문제를 보통 같은 방 동료와 의논하거나, 아니면 실장이나 상석에게 묻고, 경우에 따라 민사나 행정 혹은 형사 조

172

사관 전원으로 이뤄진 연구회에 묻는다. 하지만 기록을 면밀히 검토하는 것은 담당 조사관뿐이며, 해당 사건의 보고서를 책임진다. 조사관은 담당 사건이 최고재판소 판례집에 실릴 경우 최고재판소 판례해설을 쓰는 데서도 드러나듯이 관련 판례나 평석은 물론 주요 학설을 대부분 망라해 조사한다. 그리고 사건이 소법정에서 대법정으로 회부되면 수석, 상석, 소법정에서 담당했던 조사관까지 3명이 담당한다.

이처럼 조사관은 전원이 조사관실에 소속돼 재판관 전체를 보좌한다. 특정한 소법정이나 재판관을 보좌하는 것이 아니다. 각 재판관을 개별적으로 보좌하는 조사관은 없다.

재판관은 담당 조사관에게 조사 보고서를 받으면서 심의를 시작한다. 재판관 심의를 거쳐 결론이 나오면 조사관은 지시에 따른 판결·결정안을 만든다. 마지막으로 재판관이 판결·결정안을 심의해 그 최종안을 종합한다. 다만, 최고재판소가 2심 재판을 파기하는 경우에는 구두변론을 열어 당사자의 변론을 듣고 최종판단을 내린다. 판결·결정안에서 다수의견은 앞서 본대로 조사관이 초안을 만들지만, 독자의견은 해당 재판관 자신이 스스로 만드는 것이 일반적이다. 내 자신도 독자의견을 작성하면서 조사관의 도움을 받은 적은 없다.

이처럼 재판관들이 조사관의 보고서를 기다려서 사건을 심의하기 때문에 최고재판소 재판에 대해 '조사관 재판'이라고 비판받기도 한다. 사실 조사관 보고서가 재판관 심의에 영향을 주지 않는다고는 말하면 거짓말이다. 1997년 일본에 번역·출판된 미국 작가 브래드 멜처[Brad Meltzer]의 법정 서스펜스 『최고재 조사관』의 원제는 The Tenth Justice

이다. 즉, 9명으로 이뤄진 미국 연방대법원의 10번째 대법관이란 뜻이며, 일본식으로는 조사관이 16번째 최고재판소 재판관이라는 셈이다. 하지만 재판관에게 조사관 보고서 없이 사건을 처리하라는 요구는 최고재판소의 사건 수를 고려하면 공허한 얘기다. 중요한 것은 재판관이 자신의 책임으로 최종 판단한다는 것이고 실제로 재판관은 그렇게 하고 있다. 재판관이 조사관 보고서의 방향을 따르지 않는 것도 드물지 않은 일이다.

최고재판소는 기록에 기초해 판단하는 법률심이어서 새로운 사실조사를 하지 않는다. 따라서 최고재판소 사건은 제기와 동시에 결론을 기다리는 상황이 된다. 조사관은 사건 처리를 배정받은 순서대로 하는 것이 원칙이며, 보고서 제출이 늦어질 경우도 자신의 책임이지 당사자에게 떠넘길 수는 없다. 그래서 최고재판소에 연간 6000건 정도의 소송사건이 제기되고 있어 조사관은 극도로 바쁘다. 나도 40대에 행정조사관으로 3년 반 정도 일했는데 주말도 없는 생활이었다. 겨우 숨 돌릴 틈이 생긴 어느 토요일 오후 영화관까지 발길이 닿았지만 이대로 집에 가면 보고서를 하나 더 쓸 수 있다고 생각하던 시절이었다.

최고재판소는 신건이 늘어나고 있는 상황이어서 지금보다도 신속하게 재판해야 한다. 최고재판소가 일반법령위반심사 기능을 강화하고 특히 오판에 의한 억울한 유죄를 막는 등 개별 사건에서의 구제 기능을 충실히 하려면 조사관을 대폭 늘리는 것이 반드시 필요하다.

재판관 전속 조사관 배치

재판소법 제11조는 최고재판소를 두고 '판결서에는 각 재판관의 의견을 표시하여야 한다'고 정하고 있다. 최고재판소의 판결서에는 각 재판관의 의견을 명확하게 표시하라는 것이다. 다만 같은 의견은 공동으로 표시하거나, 전원일치 의견이나 다수의견은 공동의견의 형식으로 한다. 최고재판소 판결서에서 각 재판관의 의견을 표시하는 이유는 국민에게 국민심사의 판단자료를 제공하고 재판의 움직임을 예측하는 단서를 주기 위해서다. 판결서에 각 재판관의 의견이 공표되면 합의도 자연히 진지하게 이뤄질 수밖에 없다. 각자의 의견이 부닥치면서 합의가 깊어지고 재판이 질이 올라간다. 독자의견 특히 반대의견이 표명되면 다수의견도 더욱 치밀해진다. 다수의견과 반대의견의 논쟁이 치열할수록 하급심 재판관의 판단이나 (최고재판소의) 장래 재판에 영향을 준다. 때로는 다수의견과 반대의견이 입장이 바뀌는 등 재판이 사회 상황이나 시대 요청에 맞춰간다.

판결서에 각 재판관의 의견을 표시하는 것은 재판의 질을 높이는 것이 주목적이다. 재판의 질을 높이기 위해서는 재판관들은 스스로 납득될 때까지 고민하고, 그 생각을 명확한 형태로 합의의 장에 가져와야 한다. 하지만 이러한 관점에서 재판관의 업무환경을 돌아보면 독자의견을 쓰는 데 대한 배려는 거의 없고, 오히려 공동의견으로 모아지기 쉽게 만드는 면이 있다.

재판관들은 자기 방에서 혼자 일을 하며 전속 스태프는 비서관(서기관 출신)과 사무관 2명뿐이다. 재판관들에게는 조사관이 작성한 보고서가 올라온다. 똑같은 보고서가 모든 재판관에게 올라간다. 재판관들은 담당 사건에서 입장을 정하면서 법률문제를 의논할 상대가 없다. 물론 사건담당 조사관을 불러서 토론할 수도 있지만, 조사관은 그 직무상 공동의견이 어서 만들어지기를 바라는 사람들이다. 즉, 재판관의 업무환경은 독자의견을 내기 어렵게 돼 있다. 재판관들은 의견을 정하는 데 필요한 토론 상대가 돼주고 문헌조사 등도 보좌하는 전속 조사관을 바라게된다.

미국 연방대법원의 대법관에게는 3~4명의 로클럭이 있다. 로클럭은 로스쿨에서 로리뷰 에디터 등을 거친 최우수 졸업자 중에서 대법관이 직접 선택하며, 대법관 소속으로 1~2년 동안 일한 뒤 대형 로펌에 취직한다.[60] 한국의 경우 대법원에 일본의 조사관과 비슷한 재판연구관이 있다. 2007년 현재 39명의 공동재판연구관 외에 대법관마다 2~3명씩인 전속재판연구관이 36명 있다. 그리고 하급심은 2013년부터 신규임용 법관의 자격을 법조경력(변호사 · 검사 · 법학교수 등)이 3년 이상인 사람으로 제한하고 2022년부터는 10년 이상 경력자 가운데서 뽑는 법조일원화를 시행 중이다. 이에 따른 보조인력을 확보하기 위해 2012년부터 단독판사 이상 법관 1800여 명 모두에게 로클럭을 1명씩 배치할 것이라고 한다.[61]〔한국어판 추가—2016년 현재 재판연구관은 공동재판연구관 67명, 파견과 전문직 재판연구관이 19명, 대법관마다 3명씩인 전속재판연구관이 36명 있다. 그리고 법관을 10년 이상 경력자 가운데서만 뽑는 시기는 법원조직법 개정 과정에서 2026년이 됐다. 로클럭 정원도 2022년까지 200명으로 같은 법에서 정했다. 고등법원 고법판사재판부에 2명씩, 일반재판부에 1명씩 보내고,

나머지 인원을 지방법원에 배치했다.]

일본 최고재판소에도 현재 조사관실 강화 방안과는 별도로 전속 조사관(로클럭)을 재판관에게 1명씩 배치할 필요가 있다. 변호사 1년차이면 충분하고 임기제 조사관으로 2~3년 근무한 뒤 변호사로 복귀하는 방식을 고려해볼 수 있다. 현재 일본의 대형 법률사무소에서는 젊은 변호사들을 행정부처에 임기제 공무원으로 2년 정도 파견하고 있다. 조사관을 지원할 변호사는 충분하다. 전속조사관을 도입하면 최고재판소가 훨씬 활성화할 것은 확실하다.

5
재판관 국민심사

국민심사의 현재

일본국헌법 제79조는 '최고재판소의 재판관 임명은 임명 후 최초로 실시되는 중의원 의원 총선거에서 국민심사에 회부하고, 10년이 경과한 후 최초로 실시되는 중의원 의원 총선거에서 다시 국민심사에 회부하며, 그 후에도 이와 마찬가지로 한다.(제2항)', '제2항의 경우 투표자의 다수가 재판관의 파면에 찬성한 때에는 그 재판관은 파면된다.(제3항)', '국민심사에 관한 사항은 법률로 정한다.(제4항)'라고 정하고 있다. 이에 기초해 만든 법률이 '최고재판소 재판관 국민심사법'이다.

국민심사법에 따라 재판관은 임명 이후 첫 총선거에서 자기 이름이 투표용지에 인쇄되는데 순서는 중앙선거관리회 추첨으로 정한다. 투표자는 파면이 맞다는 재판관 이름 칸에 ×를 직접 표시하고, 파면 대상이 아니라는 재판관 칸에는 아무 것도 적지 않고 투표함에 넣으면 된다. ×

이외의 기호를 기재한 투표는 무효다. 신임의 의미로 ○를 표시해도 무효다. 파면해야 한다는 투표가 그렇지 않은 투표 수보다 많은 재판관, 다시 말해 ×가 기재된 투표 수가 아무것도 적히지 않은 투표 수보다 많은 경우에는 파면된다. 다만 투표 총수가 선거인 명부에 오른 사람 수의 100분의 1이 되지 않으면 파면되지 않는다.

이와 같이 현재 국민심사법에서는 파면하려는 재판관에게만 ×를 표시하게 돼 있어, 아무 것도 적지 않으면 파면을 원하지 않는 투표 즉 신임표로 집계된다.

국민심사제도로 파면된 재판관은 없다. 지금까지 파면 찬성 투표율이 가장 높았던 것은 1972년 12월 심사 당시 시모다 다케소^{下田武三} 재판관으로 15.17%다. 그는 사토 에이사쿠^{佐藤栄作} 내각 시절 외교차관과 주미대사를 거쳐, 일미안보조약이나 오키나와반환교섭에서 활약했다. 오키나와반환문제에 관해 "미국의 태도를 고려하면 오키나와를 일본 본토와 같은 수준에 놓고 대미교섭을 벌이는 것은 책임 있는 외교가 아니다"라고 발언했다. 이런 이유로 제1야당이던 사회당이 전국적인 파면 캠페인을 벌였고, 이로 인해 가장 높은 재판관 파면투표율을 기록했다. 나도 사회당 유세차량이 시모다 다케소 재판관 파면을 요구하던 것이 기억난다. 최고재판소 재판관으로서 재판내용 등이 문제된 것은 아니었다.[62]

파면에 찬성하는 투표 수가 가장 많았던 것은 1980년 6월 심사 당시 다니쿠치 마사다카^{谷口正孝} 재판관으로 802만 9545표다. 이 투표 수도 다니구치 마사다카 재판관의 재판내용이 반영된 것이 아니다. 1980년 6월 총선거는 중의원과 참의원선거가 처음으로 겹친데다, 오히라 마사요시

大平正芳 총리의 갑작스런 죽음도 있어 약 75%라는 높은 투표율 기록했다. 투표율이 높을수록 지지정당이 없는 사람들의 투표가 늘고, 이에 따라 파면에 찬성하는 투표가 많아지는 경향이 있다. 또 투표용지에 인쇄된 이름이 앞쪽일수록 파면투표 수가 많은 경향도 있다. 다니구치 마사다카 재판관은 투표용지 가장 앞에 이름이 있었고 파면투표 수가 사상 최다였다.

국민심사공보

나는 2002년 11월 6일 최고재판소 재판관에 임명돼 2003년 11월 9일 임명 이후 첫 중의원 총선거에서 동료 재판관 8명과 함께 국민심사를 받았다. 중앙선거관리회의 추첨에 따라 내 이름이 투표용지의 가장 앞에 인쇄됐다. 추첨에 재판관이 조금도 관여할 수 없다. 이름이 가장 앞에 인쇄되면서 파면투표율이 9명 가운데 가장 높으리라고 생각했다. 과거 국민심사 결과를 참고하면 파면찬성률이 10%대일 것으로 예상했다.

도도부현 선거관리위원회는 심사에 부쳐진 재판관의 이름, 생년월일, 경력, 최고재판소에서 관여한 주요 재판, 그 밖에 심사에 참고할 내용들이 적힌 심사공보를 발행한다. 심사 대상 재판관은 심사공보 게재문을 중앙선거회에 제출해야 한다. 게재문은 세로 12cm 가로 37.5cm다. 내가 심사에 부쳐진 2003년 국민심사부터 게재문 글자 수 제한이 없어졌고 얼굴 사진도 쓸 수 있게 됐다. 자수 제한 폐지와 얼굴 사진 첨부는 2001년 사법제도개혁심의위원회 의견을 반영한 것이다. 의견서에는 "최고재판소 재판관에 대한 국민심사제도가 부실해져 껍데기만 남았다는 지적이 있다. 이런 상황을 바로잡아 최고재판소 재판관에 대한 국민 신뢰를 높이려면 실질적 판단이 가능하도록 재판관에 관한 충실한 정보가 제공돼야 하는 등 제도를 실효화하는 조치가 필요하다"고 밝혔다.

투표용지의 재판관 이름 순서는 국민심사공보에 실리는 게재문 순서이기도 하다. 국민심사공보는 전국 모든 세대에 배달된다. 재판관에게는 자신의 생각 등을 국민에게 알리는 귀중한 기회다. 다만 국민심사공보를 읽는 국민이 그다지 많지는 않으리라 짐작된다. 하지만 재판에 관심이 많은 사람들은 읽을 터인데 게재순서가 빠른 재판관에게 눈길이 갈 것이다. 나의 경우 게재문이 제일 앞에 실리는 것은 적어도 재판에 관심 있는 사람들에게는 내 생각을 알릴 절호의 기회였다.

나는 국민심사공보 게재문을 기존의 방식대로 썼다. 약력, 최고재판소에서 관여한 주요한 재판, 재판관으로서의 마음가짐이다.

약력에는 후쿠이현에서 태어나 고등학교 시절까지 보낸 이야기를 적었다. 최고재판소에서 관여한 주요 재판에 관해서는, 취임한 지 1년 남짓이라 소개할 사건이 적은 가운데 5건을 골랐다. 이 가운데 2003년 3월 31일 제1소법정 판결에서 "혼외자[57]의 상속분을 혼내자[58]의 2분의 1로 정한 민법 제900조 제4호는 법 아래의 평등을 규정한 헌법 제14조 제1항에 위반돼 무효라고 반대의견을 냈다"고 밝혔다.

그리고 재판관으로서의 마음가짐. "재판관의 중요한 임무 가운데 하

---

57 비적출자, 적출이 아닌 자(녀) 등을 대부분 혼외자로 옮겼다.
58 적출자, 혼인 중의 출생자 등을 대부분 혼내자로 고쳤다. 일본의 법조인과 언론이 즐겨 쓰는 표현이다.

나는 민주주의 시스템이 정상적으로 작동하는지 감시하는 것이다. 국민이 정확한 정보를 얻어 의견을 밝히고 나누며, 이를 통해 만들어진 의견이 투표로 의회에 정확히 반영되는지 살피고, 시스템에 장애가 있으면 제거하는 것이 재판소의 역할이다. 한편, 재판소는 국민이 투표소에서 또 의회를 통해 결정한 것을 존중해야 한다. 하지만 소수자들은 다수결원리인 민주정치의 과정에 대표를 보내 그들의 의사를 입법 등에 반영하는 것이 어렵다. 따라서 헌법 등이 보장한 이들의 권리를 구제하는 것이 재판소의 책무다. 민주주의 사회에서 재판소가 담당하는 역할을 적확하게 해내고 싶다."

나는 일본사회에서 권리보호의 공백지대가 없어야 한다고 생각해왔다. 사회에는 일상적으로 수많은 권리 충돌과 법적 문제가 발생한다. 입법으로 해결할 문제는 입법기관에, 행정으로 처리할 문제는 행정기관에, 대학 등 단체에서 매듭지어야 할 문제는 단체에 각각 맡기는 것이 좋다. 재판소가 관여할 일이 아니다. 하지만 어떤 기관이나 단체에서 공정하고 타당하게 해결하기 어려운 법적 문제가 생긴다면 재판소가 나서야 한다. 이를 주저하면 권리보호의 공백지대가 생기고 만다.

재판소가 나서야 하는 첫째 문제는 헌법이 보호하는 개인의 기본적인 인권과 자유권 옹호다. 개인의 기본적인 인권과 자유권은 사회 전체의 이익이나 질서와 곧잘 충돌하기 때문에 공공 복지 실현이 사명인 입법과 행정기관에는 이를 맡길 수가 없다.

둘째, 소수자에 속한 사람들의 기본적인 인권과 자유권 보호를 다수결 원리로 움직이는 입법과 행정기관에 맡길 수는 없다. 내가 반대의견을 썼던 혼외자에 대한 상속분 차별 문제도, 신생아의 약 2%에 불과한 혼외자의 평등권에 관한 문제여서 입법과 행정은 움직이지 않았다. 민주당도 정책자료집 〈인덱스 2009〉에서 '민법을 개정해 선택적인 부부별성제 등을 도입하겠습니다' '민주당이 이제까지 제출한 민법개정안에는 혼외자 상속차별 폐지, 재혼금지 기간 100일로 단축 등이 들어 있습니다'라고 밝히고 있었다. 하지만 정권을 잡고 나서는 별다른 움직임을 보이지 않았다. 2012년 말 정권을 되찾은 자민당의 종합정책자료집에는 이 문제에 대해 언급한 것이 없다. 재판소가 명확한 위헌 선언을 하는 수밖에 없다.

셋째, 민주주의 시스템은 특히 선거 시스템에 문제가 있는 경우에도, 그 제도로 선출된 의원들은 자발적으로 선거 시스템을 바로잡지 않는다. 참의원 의원선거의 투표가치가 1대 5라는 현저한 불평등 상태였는데도 국회가 자발적으로 시정할 기미가 없었다. 2010년 7월 참의원 의원선거에서 고치현 선거구에서는 13만 7306표를 얻은 당선자가 나왔고, 가나가와현 선거구에서는 민법 개정 추진론자였던 지바 게이코^{千葉景子} 법무대신이 69만 6739표를 획득했지만 낙선했다. 그렇게 떨어진 지바 게이코 씨도 선거제도 개선에 관해 "정당 사이는 물론이고 정당 내부에서도 이해가 얽혀 결론이 나지 않았다. 이해관계자인 의원에게 맡겨서는 안 된다"고 말했다.[63] 국회의원에게 자신이 선출된 선거 시스템을 시정하기를 요구하는 것은 무리다. 재판소가 선거시스템의 헌법적합성을 심사해서 명확한 판단을 보여줄 필요가 있다.

이러한 세 가지 문제에서 재판소가 나서기를 주저하면 헌법에 보장된 국민의 기본적 권리, 개인의 자유권은 보호되지 않고 권리보호의 공백지대가 생긴다. 나는 국민심사공보에서 이런 문제를 해결하는 것이야말로 재판소의 중요한 역할이라고 말하고 싶었다.

다만 국민심사는 재판관을 파면할지를 전 국민 투표로 결정하는 제도다. '파면하지 않는다'는 투표를 가능한 많이 얻는 것이 국민심사라고 보게 되면, 공보에서 소수자의 권리 보호를 주장하는 것은 문제가 있다. 혼외자의 상속차별을 해소하려 민법 개정안을 국민투표에 붙였다면 아마도 부결됐을 것이기 때문이다. 그럼에도 지금까지 국민심사를 보면 재판관이 파면될 리가 없기에, 투표 결과에 신경쓰지 않고 앞에 소개한 게재문을 주저 없이 적었다.

그리고 다행히도 최고재판소 재판관은 임기가 없어 70세 정년까지 업무에만 전념할 수 있다. 따라서 임명권자인 내각의 눈치를 전혀 살필 필요도 없고, 민주주의 시스템의 감시라는 재판소의 역할을 공언하는 데도 꺼릴 게 없다. 여하튼 국민심사공보의 게재문이 투표 결과에 주는 영향은 거의 없는 게 현실이다. 재판관 개개인을 인식하고 투표하는 국민은 극히 적기 때문이다.

2003년 11월 우리 9명 재판관에 대한 국민심사에서 평균 파면 찬성율은 6.9%였다. 가장 높은 찬성률은 역시나 투표용지 가장 앞에 이름이 오른 나로 7.3%였다. 나에 대한 파면 찬성률을 도도부현 별로 보면, 오키나와현이 가장 높아 13.5%, 다음이 홋카이도로 11.6%, 세번째가 교토부로 10.4%였고, 가장 낮은 곳은 후쿠이현 3.9%였다. 오키나와현이나 홋카이도가 처한 어려운 현실과 지난날의 고난을 생각하면 높은 파면 찬성률이 충분히 이해된다. 교토는 수도가 교토에서 도쿄로 천도한 이후 반反 도쿄 정서가 있다. 후쿠이현의 낮은 찬성률을 보는 순간 공보에 적힌 나의 출신지 때문이 아닐까 생각하고 고향의 고마움을 느꼈다. 하지만 구마모토현 출신 동료재판관에 대한 후쿠이현의 찬성률도 3.6%인 사실을 알고는 국민심사 투표는 개별 재판관들을 인식해서 하는 것이 아니란 것을 다시금 깨달았다. 국민심사의 파면 찬성률은 재판소를 포함한 넓은 의미의 국정에 대한 불만표시라고 생각한다.

우리 재판관들 바로 앞인 2000년 6월 국민심사에서 재판관 9명에 대한 평균 파면 찬성률은 9.4%, 그 전인 1996년 10월 국민심사에서 평균 파면 찬성률은 8.9%, 모두 우리보다 약 2% 높았다. 우리보다 앞서 국민심사를 받았던 재판관 한 사람은 "2003년 11월 국민심사를 받은 재판관 9명이 우리보다 우수하지 않은 것 같은데, 오히려 파면 찬성률이 낮은 것은 이해되지 않는다"고 진심인지 농담인지 모를 말을 했다. 이에 나는 "2003년 선거는 쟁점이 그다지 없었고, 투표일에 비가 내려 투표율이 낮았고, 이로 인해 무당파층의 투표가 적었다. 무당파층의 투표가 적으면 파면 찬성률도 내려가는 것이다. 분개할 필요 없다"고 답했다.

이렇듯 현재의 국민심사는 최고재판소 재판관을 파면할지를 결정하는 본래의 기능을 한다고는 보이지 않는다. 위헌심사권을 행사하는 최고재판소 재판관의 직무·지위의 중요성을 상징하는 정도라고 생각한다.

국민심사법 개정

국민심사 활성화를 위해 국민심사법을 개정하자고 일부에서 주장한다. 재판관 파면에 반대하면 적극적으로 ○를 적고, 파면에 찬성하는 경우에는 지금처럼 ×를 기재하는 방법이다. ○가 ×보다 적으면 파면하는 식인데 헌법상 가능하다는 것이다.

다나카 히데오田中英夫 도쿄대학 교수는 "일본국헌법이 최고재판소 재판관에 대한 국민심사 제도를 마련한 이유는, 최고재판소에 위헌입법심사권 같은 중요한 권능을 주었으므로 이 권능의 행사인 최고재판소 재판관의 판단이 타당한지 국민의 뜻으로 확인하려는 데 있다. 이런 점에서 국민심사제도의 취지나 재판관 의견 등에 생각이 명확치 않은 사람의 투표는 제외하고 의견이 명확한 국민의 투표를 따르는 것이 타당하다"고 했다. 이런 이유로 ○×방식의 투표를 주장하면서 아주 적은 수의 파면 찬성 투표로 재판관이 파면되는 일을 막기 위해 파면 찬성 투표가 많더라도 파면을 실행하지는 않는 기준을 올리자고 했다. 현재 국민심사법의 '투표 총수가 선거인 명부 확정일에 기재된 사람 수의 100분의 1이 되지 않으면'을 '10분의 1' 정도로 바꾸자는 것이다.[64]

나는 ○×방식 개정에 반대한다. 재판관은 적극적으로 ○투표를 획득해야만 하는데 시모다 다케소 재판관의 경우처럼 정당이 조직적으로 파면운동을 벌여도 대항할 방법이 없다. 또 재판관은 국민 다수의 반대가 있어도 개인의 기본권, 소수자의 자유권을 옹호해야 한다. 이런 직무는 국민의 ○×방식 투표로 심사될 일이 아니다.

일본의 국민심사제도는 미국 미주리주 헌법(1945년)의 대법관 주민심사州民審査제도에서 가져왔다. 미주리주 대법원은 대법관 7명으로 구성되며, 대법관의 임기는 12년인데 정당색이 없는 상고심법관선정위원회가 지명한 3명의 후보자 가운데 지사가 임명한다. 대법관은 임명 후 12개월이 지나고 처음으로 돌아오는 총선거에서 주민심사에 부쳐진다. 주민투표는 재임을 계속할지에 관해 YES 또는 NO 칸에 도장을 찍는 방식이다. 불신임^{NO} 투표가 많은 재판관은 선거 이후 12월 31일에 퇴임한다. 주민심사에서 신임^{YES} 투표가 다수인 재판관은 선거 이후 12월 31일부터 12년간 대법관 자리에 있는다. 재임을 원하는 경우에는 임기만료 직전의 총선거 시행 60일 이전에, 임기를 계속하기 위한 선거에 입후보하겠다는 선언을 주무장관청^{州務長官廳}에 제출해 주민심사를 받는다.

미주리주 상고심법관선정위원회는 미주리변호사회가 뽑은 변호사 3명, 주 지사가 뽑은 시민 3명, 주 대법원장으로 구성되며 의장은 주 대법원장이다. 위원회는 대법관 지원자에 대한 면접과 평가를 거친 후보 3명 명단을 주 지사에게 제출한다. 주민심사 투표자에게 심사 대상 법관의 정보를 제공하기 위해 변호사와 시민으로 구성하는 법관평가위원회가 있다. 직무평가 기준에 따라 대상 법관의 판결, 법관에 대해 직간접으로 알고 있는 변호사와 배심원 등의 객관적 자료를 평가하고 언론을 통해 공표한다. 이와 같은 미주리주의 정당색이 없는 법관 임명제도는 미주리 플랜으로 불리면서 30개 넘는 주에서 운용되고 있다.

캘리포니아주 대법원 대법관은 7명이며 임기가 12년으로, 주 변호사회 대법관지명평가위원회 평가와 대법관임명위원회 승인을 거쳐 지사가 임명한다. 임명 이후 첫 총선거와 임기 만료 무렵의 총선거에서 주민심사를 받는다. 불신임되는 대법관은 주민심사 이듬해 1월 1일 이후 첫번째 월요일에 퇴임한다.

1986년 11월 4일 주민심사에서 캘리포니아주 대법원장 10년째이던 여성 대법관 로즈 버드Rose Elizabeth Bird가 67% 불신임, 대법관 크루즈 레이노소Cruz Reynoso는 60% 불신임, 대법관 조지프 그로딘Joseph Grodin은 57% 불신임 찬성으로 1987년 1월 5일 퇴임했다. 로즈 버드 대법원장은 사형제에 반대하며 61건의 사형판결을 파기했고, 총기사용범죄는 모두 실형에 처하는 주법에도 반대하는 입장이었다. 크루즈 레이노소와 조지프 그로딘 대법관도 사형판결 파기에 동조했었다. 세 사람에 대해 자금력이 있는 각종단체들이 검찰에는 엄격하고 범죄자에게 관대한 대법관이라며 TV 광고 등을 통한 임명반대 캠페인을 벌였고, 이에 충분히 대응하지 못한 대법관들은 불신임됐다.

아이오와주 대법원은 대법관 7명이며 임기 8년이다. 대법관지명위원회가 제출한 후보자명단에서 주 지사가 임명한다. 임명되고 1년이 지난 뒤 총선거에서 주민심사를 받으며 불신임된 대법관은 주민심사가 있는 해의 12월 31일에 퇴임한다.

2009년 4월 3일 아이오와주 대법원은 전원일치 의견으로 동성혼을 금지하는 주법이 헌법의 평등원칙에 위배된다는 지방재판소 판결을 받아들였다. 대법관 가운데 여성 대법원장인 마샤 터너스Marsha Ternus, 데이비드 베이커David Baker, 마이클 스트레이트Michael Streit 세 사람이 2010년 11월 2일 주민심사 대상이었고, 모두 55% 찬성으로 불신임돼 같은 해 12월 31일 퇴임했다. 이 주민심사에서는 동성혼에 반대하는 각종 단체 National organization for marriage, American family association 등가 65만 달러를 투입해 TV · 라디오 · 인터넷에서 불신임 캠페인을 벌였지만, 세 명의 대법관은 대항 캠페인을 하지 못했다.

미주리플랜은 당파적인 대법관 선거의 폐해를 바로잡기 위한 생각에서 나왔지만, 이 역시 선거인 이상 선거자금이 필요하고 법관이 법정변호사에게 선거자금을 기부받지 않으면 안 되는 폐해가 있다. 존 그리샴의 법정 스릴러 『어필THE APPEAL』은 주민심사제도의 문제점을 그리고 있다. 국민심사에서 아무것도 기재하지 않으면 파면에 찬성하지 않는 것으로 하는 일본 제도가 나은 편이다. 하지만 그런 국민심사제도도 약 6억 엔 비용에 걸맞는 효과를 거두지 못하고 있다.[65] 나는 국민심사제도를 폐지하는 편이 낫다고 생각하지만 그러려면 헌법을 개정해야 한다. 최고재판소 재판관 임명을 민주화하는 데는 재판관임명자문위원회를 설치하는 방법이 훨씬 실질적이고 효과적이다.

제4장

일본은 왜 헌법재판을 피하나

　최고재판소의 위헌판단이 65년 동안 18건밖에 없는 것을 두고 최고재판소가 위헌심사권 행사에 소극적이라고 강하게 비판을 받는다.〔한국어판 추가—이 책 일본어판 출판 이후 최고재판소가 2건을 더 위헌으로 판단했다. 2013년 9월 4일 혼외자의 상속분을 혼내자의 2분의 1로 정한 민법 제900조 제4호는 2001년 7월 당시 헌법 제14조에 위반된다는 결정, 2015년 12월 16일 여성은 혼인을 해소한 뒤 6개월이 지나지 않으면 재혼하지 못한다는 민법 제733조 제1항 가운데 100일을 넘는 재혼금지 기간은 2008년 당시 헌법 제14조 제1항, 제24조 제1항에 위반된다는 판결이다.〕 숫자만으로 판단할 수는 없는 문제이지만, 최고재판소의 위헌심사권 행사에는 적어도 세 가지 문제점을 지적할 수 있다. 첫째 입법부와 행정부의 재량권 행사가 합헌인지 아닌지를 심사하는 위헌심사 기준이 확립되지 않았다는 점, 둘째는 최고재판소가 헌법을 자체적으로 해석해 기본권 보장을 실현하는 데 소극적이라는 점, 셋째 대법정의 선례의 취지를 넓게 해석해 소법정이 합헌판단을 하는 경우가 압도적으로 많다는 점이다.

1
너무 적은 위헌판단 건수

법령위헌과 처분위헌

최고재판소 출범 이후 65년 동안 위헌으로 판단한 판결·결정은 표 '법령위헌 판결' 8건과 표 '처분위헌 판결·결정' 10건을 합친 18건에 불과하다. 이 가운데 정신적 자유나 표현의 자유에 관한 것은 없다. 처분에 대한 위헌 가운데 8건은 재판절차에 관한 것이다. 〔한국어판 추가―이 책 일본어판 출판 이후 법령위헌 판결은 2건이 더해져 모두 10건이 됐다. 2013년 9월 4일 대법정 결정은 '민법 제900조 제4호 단서 전단 규정은 늦어도 2001년 7월 당시에는 헌법 제14조 제1항 위반된다'며 혼외자 상속분 차별규정을 위헌이라고 판단했다. 또 2015년 12월 16일 대법정 판결은 '민법 제733조 제1항 가운데 100일을 넘는 재혼금지 기간은 2008년 당시 헌법 제14조 제1항, 제24조 제1항에 위반된다'며 여성 재혼금지 기간 일부를 위헌으로 판단했다.〕

이처럼 위헌판단이 적기 때문에 최고재판소는 위헌심사권 행사에 소극적이라거나 위헌심사권을 제대로 행사하지 않는다는 말을 듣는데, 위헌판단 건수만으로 단정할 수는 없다. 하지만 최고재판소의 위헌심사권 행사에는 적어도 세 가지 문제점이 있다.

위헌심사의 세 가지 문제

헌법에서 위헌심사권을 부여받은 최고재판소는 국민주권에 의한 민주주의의 확립과 국민의 기본권 옹호를 축으로 헌법질서를 지키는 역할을 한다. 삼권분립 원칙에 따라 입법부와 행정부가 재량권을 가지는데, 재량권의 범위는 재량권 행사로 인해 제약되는 국민의 권리와 자유의 성질에 따라 달라진다. 국민 다수의 의사를 대표하는 입법부와 행정부의 판단을 존중하고 재량권을 넓게 인정해 합헌성을 관대하게 판단하는 경우와 국민의 기본권과 자유를 옹호하기 위해 재량권을 좁게 보고 합헌성을 엄격하게 심사하는 경우가 있다. 재판소가 이를 구분하지 않고 입법부와 행정부의 재량을 존중만 해서는 헌법이 위헌심사권을 주어 국민의 권리와 자유를 지키도록 한 '사법의 역할'을 구현하지 못한다. 최고재판소도 사건에 따라서는 엄격하게 심사하기도 하지만 일관성이 없고 지나치게 신중한 적용으로 법리를 발전시키지 못하는 측면이 있다. 입법부와 행정부의 재량권 행사에 대한 위헌심사 기준이 재판소 출범 65년이 지난 지금도 확립되지 않았다. 이것이 첫째 문제이다.

다음으로 재판소는 헌법이 보장한 국민의 기본권을 옹호해야 하는 역할을 가지고 있다. 재판소는 헌법 규정의 취지를 파고들어 기본권이 실효성 있게 보장되도록 해야 한다. 그럼에도 글자대로만 헌법 규정을 해석하는 경향이 최고재판소에 있다. 이렇게 헌법에 의한 실효성 있는 기본권 보장되지 않기 때문에, 헌법의 취지를 살리는 구체적인 조치를 법률에 위임할지를 입법부가 판단하는 결과가 된다.

소법정은 예외적으로 대법정 판례에 따라 합헌판단을 할 수 있는데, 소법정이 기존 대법정 판결을 확대 해석해 합헌재판 하는 일이 빈번히 일어난다. 이 때문에 최고재판소의 헌법논의가 활발하지 못한 것은 부인할 수 없는 사실이다.

법령위헌 판결

1973년 4월 4일 **존속살인 중벌 규정**	존속살인의 법정형으로 사형 또는 무기징역만 규정돼 있는 형법 제200조는 헌법 제14조 제1항에 위반된다.
1975년 4월 30일 **약국개설 거리제한 규정**	약국개설 허가기준으로 지역 제한을 둔 약사법 제6조 제2·4항은 헌법 제22조 제1항에 위반된다.
1976년 4월 14일 **중의원 의원정수 배분규정**	4.98배 격차가 나는 중의원 의원정수 배분규정은 헌법 제14조 제1항, 제15조 제1·3항, 제44조 단서에 위반된다.
1985년 7월 17일 **중의원 의원정수 배분규정**	4.4배 격차가 나는 중의원 의원정수 배분규정은 헌법 제14조 제1항에 위반된다.
1987년 4월 22일 **공유삼림** **분할청구권 제한 규정**	공유삼림 지분 가액의 2분의 1 이하 공유자의 분할청구권을 부정하는 삼림법 제186조는 헌법 제29조 제2항에 위반된다.
2002년 9월 11일 **우편법 면책 규정**	등기우편물과 특별등기우편물에 대한 고의 또는 중대한 과실로 손해가 생긴 경우에도 국가의 손해배상책임을 면제 또는 제한하는 우편법 제68조 및 제73조 규정은 헌법 제17조에 위반된다.
2005년 9월 14일 **재외 일본인** **투표권 행사 규정**	국외에 거주하면서 국내에 주소가 없는 일본국민에게 국정선거 투표를 인정하지 않고, 투표 가능한 선거를 국회 양원 비례대표 선출 의원선거로 한정하는 공무원선거법 규정은 헌법 제15조 제1·3항, 제43조 제1항, 제44조 단서에 위반된다.
2008년 6월 4일 **혼외자 국적취득 제한 규정**	일본국민 부와 외국인 모 사이에서 태어난 경우 부의 인지와 부모의 결혼이 있어야만 혼내자로 인정해 일본국적을 취득할 수 있게 같은 상황에서 인지만 있는 아이와 차별을 두는 국적법 제3조 제1항은 헌법 제14조 제1항에 위반된다.

1948년 7월 19일 판결 부당한 장기 구금에서 받은 자백을 유죄증거로 삼은 판결	부당한 장기간 구금(단순 절도로 109일) 이후 받은 자백을 유죄의 증거로 삼은 판결은 헌법 제38조 제2항에 위반된다.
1949년 4월 6일 판결 1심 공판에서의 자백만으로 유죄를 선고한 2심 판결	1심 공판에서의 피고인 자백만으로 유죄를 인정한 2심 판결은 헌법 제38조 제3항에 위반된다.
1960년 7월 6일 결정 소송사건을 강제조정한 재판	순전한 소송사건을 변론을 거쳐 판결하지 않고 강제조정으로 끝낸 것은 헌법 제82조, 제32조에 위반된다.
1962년 11월 28일 판결 제3자 소유물 몰수	옛 관세법 제83조 제1항에 따른 제3자 소유물 몰수는 헌법 제31조, 제29조에 위반된다.
1965년 4월 28일 판결 제3자 추징	형법 제197조의 4에 따른 제3자 추징 명령은 헌법 제31조, 제29조에 위반된다.
1967년 7월 5일 판결 불기소 사실로 양형 판단	수사과정에서의 자백 외에는 증거가 없어 기소되지 않은 범죄사실을 이유로 중형을 과하는 것은 헌법 제31조, 제38조 제3항에 위반된다.
1970년 11월 25일 판결 위계로 얻은 자백을 증거로 채택	위계로 얻어낸 자백을 증거로 채택하는 것은 헌법 제38조 제2항에 위반된다.
1972년 12월 20일 판결 형사재판 15년간 심리 방치	형사재판에서 15년간 심리하지 않고 방치해 심각한 지연을 초래한 것은 헌법 제37조 제1항에 위반된다.
1997년 4월 2일 판결 현이 공금으로 헌금 봉납	도쿄의 야스쿠니신사나 지방의 호국신사들의 예대제, 영혼제, 위령대제에 현이 공금으로 다마구시玉串[59] 공물료, 헌등료를 봉납한 것은 헌법 제20조 제3항, 제89조에 위반된다.
2010년 1월 20일 판결 시유지를 무상으로 신사에 제공한 행위	시 소유의 토지를 신사가 무상으로 이용하도록 한 행위가 일반인이 볼 때 특정 종교에 특별한 편익을 제공한 것으로 여겨지는 경우 헌법 제89조, 제20조 제1항 후단에 위반된다.

---

59 신도에서 신관이나 참배자가 신전에 배례할 때 바치는 것. 비쭈기나무에 헝겊오라기나 종이오라기를 달아 만든다.

II. 일본 최고재판소를 말하다

2
최고재판소의 위헌심사 기준

국회와 행정부의 재량권

국회는 국민이 선출하는 의원으로 구성된다. 내각은 국회가 지명하는 총리대신, 총리대신이 임명하는 국무대신으로 이뤄진다. 반면, 재판관은 국민이 선출하지 않아 재판소는 민주주의적 기반이 없다. 국회가 제정하는 법률, 정부가 행하는 처분은 국민 의사를 반영한 것으로 합헌성이 추정된다. 따라서 재판소는 명백하게 잘못되지 않은 이상 개입하지 못한다는 주장이 있다. 이를 의회에 대한 겸양, 재판소의 겸억, 사법의 자기억제 등으로 부른다.

최고재판소도 기본적으로 이런 입장이다. 예를 들어 1995년 7월 5일 대법정 결정(민집 제49권 제7호 1789쪽)은 혼외자 상속분을 혼내자 상속분의 2분의 1로 정한 민법 제900조 제4호 단서 전단에 대해 "혼내자와 혼외자의 법정상속분 구별은 입법 이유에 합리적 근거가 있고 현저하게 불합리하지 않아 입법부에 부여된 합리적 재량 판단의 한계를 넘지 않는다. 합리적 이유가 없는 차별이라고 할 수 없어 헌법 제14조 제1항에 위반되지 않는다"고 판시했다. 즉, 최고재판소는 입법부가 광범한 재량권을 가진다는 전제에서 국민을 규제·구별하는 입법목적에 합리적 근거가 있고, 입법목적을 이루는 수단인 규제·구별이 입법목적에 합리적으로 연관된다면 헌법 위반이 아니라는 입장이다.

단적인 예로 2007년 6월 13일 대법정 판결(민집 제61권 제4호 1617쪽)은 "국회가 (선거구를) 구체적으로 정한 것이 재량권 행사로서 허용되는 이상 그로 인해 투표가치의 평등이 훼손되더라도 어쩔 수 없다"며 '재량권 행사의 합리성'이 심사 대상이라고 했다. 하지만 국회와 정부의 재량권 행사를 어디까지 인정할지는 그로 인해 제한되는 국민의 권리·자유와의 관계에서 결정돼야 한다. 재량권을 엄격하게 제한하지 않으면 헌법이 국민의 기본적인 인권으로 지키려 했던 것들, 개인의 존엄과 민주주의 체제의 핵심이 침해되는 경우가 생길 수 있다. 위헌심사권 행사를 통해 헌법질서를 지켜야 하는 재판소는 국민의 헌법상 권리·자유의 상관관계를 고려해 국회와 정부에 허용되는 재량의 폭을 정해야 한다.

'합리성'이라는 개념은 추상적이고 광범위하기 때문에 합리성 유무만 심사하면 국회와 정부의 재량을 폭넓게 인정하게 된다. 재량권 행사에 따른 국민에 대한 법적 규제나 처우의 합헌성을 심사할 때는 그 내용과 성격에 따라 엄격함의 정도를 달리해야 한다. 사건마다 어떤 심사 기준을 적용할지 각각 결정해야 한다. 헌법은 재판관이 국민에 의해 임명되지 않는다는 점을 전제한 상태에서, 재판소에 위헌심사권을 주었고 이를 적절히 행사해 헌법질서를 유지하도록 했다. 따라서 재판소가 국민에 의해 임명되지 않았다는 이유로 스스로 자제해 국회와 정부의 폭넓은 재량권을 인정한다면 헌법이 부여한 책무를 다하지 못하는 것이다.

내가 이 문제를 처음 맞닥뜨린 것은 샐러리맨 세금 소송 판결의 담당 조사관일 때였다. 급여소득 계산에서 필요경비를 실액공제해주지 않는 소득세법이 헌법 제14조 제1항에 위반되는지를 다툰 1985년 3월 27일 대법정 판결이다(민집 제39권 제2호 247쪽). 재판소가 입법부의 재량에 어디까지 개입해야 하는지 조사하면서 미국 연방대법원의 1938년 캐롤린 판결^{United States v. Carolene Products Co.}을 읽었다. 아시베 노부요시 교수의 『헌법소송의 현대적 전개^{憲法訴訟の現代的展開, 有斐閣, 1981}』 68쪽에서다. 판결은 탈지우유에 식물성 지방을 섞은 성분조정 우유의 주간통상^{州間通商}을 금지하는 연방법을 합헌으로 판결했다. 하란 스톤^{Harlan Stone} 대법관은 법정의견에서 "성분조정은 건강에 유해하고 대중에 대한 사기행위"라면서 "입법부 판단에는 이를 뒷받침하는 사실이 존재한다고 추정돼야 한다. 통상적인 상업적 거래를 규제하는 입법은, 입증된 사실 혹은 이에 준하는 사실에 비춰볼 때 입법자의 지식과 경험에 의해 합리적 근거를 가진다는 추정이 배제되지 않는 이상 위헌이 아니다"라고 했다.

하지만 법정의견에는 '각주4^{footnote 4}'가 붙어 있는데 요지는 다음과 같다. ①수정헌법 제1조부터 제10조까지 10개조에 따른 금지처럼 헌법이 명확하게 금지하는 인권침해가 문면에 드러나는 입법은 합헌성이 추정되는 범위가 좁아진다. ②바람직하지 않은 입법은 보통 정치과정을 통해서 폐지될 것으로 기대된다. 정치과정을 제약하는 입법이 수정헌법

제14조의 일반적 금지에 해당하는 다른 유형의 입법보다 더욱 엄격한 사법심사의 대상인지는, 주간통상을 다루는 이 사건에서는 고려할 필요가 없다. 여기에서 정치과정을 제약하는 입법은 선거권의 제한, 정보 전파 제한, 정치단체 간섭, 평화적 집회 금지 등의 입법이다. ③특정한 종교적, 민족적, 인종적 소수자를 대상으로 하는 입법의 심사에서 정치과정을 제약하는 입법의 심사와 같은 고려가 필요한지는 이 사건에서는 조사할 필요가 없다. 다시 말해, 소수자들에 대한 편견이 소수자를 옹호해야 하는 정치과정을 억제했는지에 대해 엄밀한 사법심사가 요구되는 특별한 상황인지 여부는 이 사건에서 고려할 필요가 없다.

부정형으로 쓰여 있어서 이해하기 쉽지 않지만, 간략하게 정리하면 ①문면부터 헌법이 특정해서 금지하는 범위에 해당되는 입법 ②정치과정 자체를 제약하는 입법 ③소수자의 권리를 편파적으로 제한하는 입법에는 합헌성이 추정되지 않고 엄격한 사법심사가 필요하다는 것이다. '각주4'는 불과 33행에 여러 판결을 인용하면서 사법이 합헌성을 엄격하게 심사해야 하는 분야를 제대로 정리했다. 가미타니 마사코[紙谷雅子] 가쿠슈인대학[学習院大学] 교수에게 듣기로는, 스톤 대법관의 법정의견에 '각주4'를 적어 넣은 것은 로클럭이던 루이스 러스키[Louis Luskey] 컬럼비아 로스쿨 교수다. 가미타니 마사코 교수의 옆방이던 루이스 러스키 교수 연구실에는 '각주4'가 액자로 걸려 있었다고 한다.

나는 미국 연방대법원이 캐롤린 판결 이후에도 위헌심사 기준을 세밀하게 다듬어온 사실을 아시베 노부요시 교수의 저서 등을 통해 알게 됐다. 샐러리맨 세금 소송을 조사하면서이며 '최고재판소 판례해설 민

사편(1985년)' 74쪽에 이렇게 적었다. "미국 연방대법원은 평등조항 위반 여부 심사에서 합리성 기준심사$^{rational\ basis\ test}$와 엄격한 기준심사$^{strict\ scrutiny\ test}$라는 2단계 심사 기준$^{two-tier\ review}$을 갖고 있다. 합리성 기준심사는 입법목적이 정당하고, 입법에 의한 차별이 입법목적에 합리적으로 연관되는 이상 합헌으로 판단하는 기준이다. 이는 입법부의 재량권을 전제로 재량을 명백하게 일탈 또는 남용하는 경우에만 위헌으로 판단한다. 합헌성 추정 원칙, 명확성 원칙과 관련된다. 권력분립 및 민주주의 원리에서 비롯되는 입법부에 대한 겸양과 경의가 기초다. 엄격한 기준심사는 입법목적에 긴절한^{compelling} 필요성이 있고, 그 수단인 차별적 취급이 목적 달성에 사실상 불가결한 것이라고 정부가 입증하는 경우에만 합헌으로 판단하는 것이다. 엄격한 기준심사를 적용해야 하는 경우는 언론의 자유, 이동의 자유, 선거권 등 기본적 권리$^{fundamental\ right}$에 대한 차별, 인종 · 신조 · 신분 · 지위 · 국적 · 부 등에 근거한 위헌이 의심되는 차별$^{suspect\ classification}$이다. 아시베 노부요시의 논문 「생존권 헌법소송과 입법재량^{生存権の憲法訴訟と立法裁量}」〈호리쓰교시쓰^{法学教室}〉 24호 95쪽에는 '엄격한 합리성 기준' 또는 '실질적 관련성 기준'이라는 제3의 기준을 소개한다. 합리성 기준심사와 엄격한 기준심사 2단계 분석 방법의 결함을 메우려 1970년 이후 사회 · 경제입법에 관한 헌법소송에서 탄생한 제3의 기준이다. '소극적 간섭주의' 접근으로 불린다. 이 기준들은 2단계 분석 가운데에 있는데, 입법목적이 긴절하지 않더라도 중요해야 하고^{important}, 수단인 차별적 취급이 목적 달성에 실질적으로 연관돼야 한다. 수단과 목적의 밀접한 적합성을 국가가 사실에 바탕해 입증해야 한다.

미국 연방대법원이 구축한 3단계 위헌심사 기준을 정리한 것이 표 '미국 연방대법원의 위헌심사 기준'이다.

미국 연방대법원의 위헌심사 기준

합리성 기준	규제 · 차별의 입법목적이 정당하고, 규제 · 차별의 수단이 입법목적을 달성하기 위해서 합리적 관련성이 있는 경우 합헌.
엄격한 합리성 기준	규제 · 차별의 입법목적이 중요하고, 규제 · 차별의 수단이 입법목적과 실질적 관련성이 있는 경우 합헌.
엄격한 기준	규제 · 차별의 입법목적이 긴절하고 필수불가결하고, 규제 · 차별의 수단이 목적 달성에 필요최소한인 경우 합헌.

위헌심사의 세 가지 기준

최고재판소 대법정은 샐러리맨 세금 소송에서 합리성 기준을 적용해 "조세법 분야에서 소득의 성질에 따른 차별취급은, 입법목적이 정당하고 그 수단이 목적과 관련해 현저히 불합리하지 않으면 합리성을 부정하지 못한다. 따라서 헌법 제14조 제1항에 위반된다고 해석할 수 없다"고 판결했다. 이와 같이 합리성 기준을 적용한 이유는 필요경비 실액공제에 관한 차별 취급은 '조세법 내부에서 소득의 성질 차이' 등을 이유로 하는 것이기 때문이다. 선거권 가치에 관한 차별 취급이나 혼외자 등 출생의 차이를 이유로 한 차별 취급 입법은 별도의 위헌심사 기준을 생각해야 한다.

하지만 최고재판소는 위헌심사 기준을 구축하지 않고 기본적으로 어떤 사건에 있어서도 '합리적인가 아닌가'를 묻는 방법을 쓰고 있다. 기준을 만들어 스스로 구속되면 판단이 경직될 수 있으니 합리성 틀 안에서 사안별로 유연하게 대처하자는 생각도 있는 것 같다. 실제로 최고재판소가 합리성 틀 안에서도 입법 재량의 폭을 좁혀 위헌 결론을 내기도 한다.

예를 들면 국적법 제3조 제1항은 일본국민인 아버지와 일본국민이 아닌 어머니 사이에서 태어난 다음 인지된 자녀 가운데 부모의 혼인으로 혼내자의 신분이 된 경우에만 신고에 의한 일본국적 취득을 인정한다. 2008년 6월 4일 대법정 판결(민집 제62권 제6호 1367쪽)은 인지만 받은 자녀와 준정準正된 자녀를 일본국적 취득에서 차별하는 이 조항이 2003년 당시 합리적 이유가 없으므로 헌법 제14조 제1항에 위반된다고 판결했다. 하지만 최고재판소가 같은 혼외자를 두고 상속분 차별에서는 어떻게 해서 국적취득 차별과 다른 결과를 냈는지는 명확하지 않다. 2009년 9월 30일 제2소법정 판결(판례시보60 제2064호 61쪽)은 혼외자 상속분을 차별하는 민법 제900조 제4호 단서 전단을 또다시 합헌이라 했다.

또한 2005년 9월 14일 대법정 판결(민집 제59권 제7호 2087쪽)은 국외에 거주하며 국내에 주소가 없는 일본국민의 국정선거 투표를 인정하지 않은 공직선거법은 헌법에 위반된다고 판단하며 이렇게 밝혔다. "헌법은 국민주권 원리에 따라 중의원과 참의원선거 투표를 통해 국가 정치에 참여할 권리를 국민의 고유한 권리로 보장하며, 이를 확고히 하기 위해 국민에게 평등한 투표 기회를 보장한다고 해석된다. (중략) 국민의 선

---

60 판례시보사가 월 3회 발행하는 법률잡지다. 민집, 형집 등 공식판례집에 실리지 않은 판례가 주로 소개된다. 월간《판례타임스判例タイムズ》와 함께 가장 일반적인 판례소개지이다.

거권이나 그 행사를 제한하는 것은 원칙적으로 허용되지 않으므로 그러한 제한이 가능한 때는 제한이 불가피하다고 인정되는 경우뿐이다. 제한하지 않으면 선거의 공정을 확보해 선거권을 행사하기가 사실상 불가능하거나 현저히 곤란한 상황이다. 이러한 사유 없이 국민의 선거권 행사를 제한하는 것은 헌법 제15조 제1항 및 제3항, 제43조 제1항 및 제44조 단서에 위반된다."

하지만 이듬해인 2006년 10월 4일 대법정 판결 (민집 제60권 제8호 2696쪽) 은 최대 5.13배 차이가 나는 참의원 선거구선출의원 의원정수 배분규정이 헌법에 위반되지 않는다고 판단하며 이렇게 밝혔다. "헌법은 선거제도를 결정하는 데 투표가치의 평등이 유일하고 절대적인 기준이 아니라고 보고, 국민의 이익과 의견을 공정하고 효과적으로 국정에 반영하기 위해 어떤 선거제도를 택할지를 국회의 재량에 맡기고 있다. 그러므로 투표가치의 평등은 국회가 정당하게 고려할 수 있는 다른 정책적 목적이나 이유, 예를 들면 참의원의 독립성 등과 조화를 이뤄 실현돼야 한다. 따라서 국회가 정한 구체적인 내용이 합리적인 재량권 행사로 인정된다면 투표가치의 평등이 손상되더라도 헌법에 위반된다고 할 수 없다."

이러한 최고재판소의 합헌·위헌 판단을 유연하다면 유연하다고도 할 수 있지만, 판단 과정에 일정한 법칙성이 없고 개별 사건마다 단발적으로 이뤄진다. 굳이 말하자면 최고재판소는 판단의 영향이 한정적이면 적극적으로 위헌판단을 내리지만, 영향이 전국적이면 갑자기 겸손한 태도를 보인다. 최고재판소는 재판규범으로 작동하는 위헌심사 기준을 구축하지 않았다. 이 점이 최고재판소의 위헌심사권 행사에 관한 가장 큰 문제점이다.

위헌심사 기준은 국민 개개인의 기본권을 입법·행정의 규제·개입에서 보호하는 방어벽이다. 이 방어벽은 지키려는 권리·자유의 성질에 따라 높거나 낮아진다. ①사상·양심·종교·표현의 자유 등 정신적 자유는 인간의 자기결정권, 인격적 자기주체성의 기초이므로 '엄격한 심사 기준'이라는 높은 방호벽을 세워서 쉽사리 침해되지 않게 해야 한다. ②알 권리, 집회·결사·언론·출판의 자유 등 민주적 정치과정 및 ③ 사회적으로 분리·고립된 소수자의 권리는 '엄격한 합리성 기준'(경우에 따라서는 '엄격한 심사기준')이라는 비교적 높은 방호벽을 세워 쉽사리 제약되지 않게 해야 한다. ④금전적이거나 경제적인 권리에 대해서는 일반적으로 '합리성 기준'이라는 비교적 낮은 방호벽을 세우면 충분하다. 그리고 이러한 위헌심사 기준을 사전에 재판규범으로 확립해두지 않으면 안정적인 권리옹호가 어렵고 국민의 권리행사도 위축된다.

최고재판소 각 소법정들은 2011년 기미가요 제창 사건을 일제히 선고했다(제2소법정 판결 2011년 5월 30일-민집 제65권 제4호 1780쪽, 제1소법정 판결 6월 6일-민집 제65권 제4호 1855쪽, 제3소법정 판결 6월14일-민집 제65권 제4호 2148쪽 등).

최고재판소는 "히노마루나 기미가요에 부정적인 역사관이나 세계관을 가져 경의를 표할 수 없는 사람이 경의 표명의 요소가 포함된 행위를 요구받은 경우라도 그 행위가 개인의 역사관 내지 세계관에 반하는 사상을 표명하는 행위 자체는 아니다. 하지만 개인의 역사관이나 세계관에서 유래하는 행동(경의 표명 거부)과 다른 외부적 행위(경의 표명 요소가 포함된 행위)를 요구받아 사상 및 양심의 자유에 대한 간접적 제약이 생기는 것은 부정할 수 없다"며 사상과 양심을 제약하는 점을 예리하게 지적했다. 그러면서도 "이러한 간접적인 제약을 허용할지 여부는 직무명령의 목적과 내용 그리고 제약의 양태를 종합적으로 교량해 제약을 허용할 필요성과 합리성이 인정되는지를 따져 판단해야 한다"고 했다. 판결들은 '필요성 및 합리성이 인정되는지 여부'라는 합리성 기준으로 직무명령의 합헌성을 긍정한 것이다.

이 판결에서 미야카와 미쓰지宮川光治 재판관은 엄격한 심사 기준을 적용해 원심 판결을 파기환송하고 직무명령의 합헌성을 다시 검토해야 한다는 반대의견을 냈다. "이 사건 직무명령의 합헌성 판단은 이른바 엄격한 기준에 의해 구체적으로 목적, 수단, 목적과 수단의 관계를 각각 심사해야 한다. 목적은 정말로 긴절한 이익인지, 수단도 필요 최소한의 제한인지, 관계는 필요불가결한지 따져보아야 한다"고 했다. 기미가요 제창 사건은 위헌심사 기준을 중요한 쟁점으로 부각시켰다. 최고재판소에서 위헌심사 기준 자체에 대한 논의가 더욱 깊어지기를 기대한다.

3
헌법은 재판규범이다

기계적이고 소극적인 헌법해석

'일본 최고재판소 의사결정과정'을 주제로 한 국제연구회가 2010년 9월 워싱턴대학 세인트루이스Washington University in St. Louis에서 열렸다. 나는 미국 참가자에게 "일본 최고재판소는 헌법을 재판규범으로 삼지 않는 것 아닌가. 헌법보다도 법률을 중요한 재판규범으로 삼고 있는 것 같다"는 지적을 받았다. 당시에는 무슨 뜻인지 이해하지 못했다. 위헌판단은 18건밖에 안 됐지만 최고재판소는 헌법을 최상위 재판규범으로 삼고 있었기 때문이다.

하지만 지적을 받고 보니 최고재판소는 헌법 규정을 문면에 한정해 기계적으로 해석하면서 헌법의 목적인 인권보장 실현에 소극적이었다. 그 결과 개인이 재판을 통한 구제를 요청할 구체적 권리에 관한 규정임에도, 입법의 목적과 지침을 보여주는 프로그램 규정처럼 다룬 사건도 생겼다. 예를 들어 1949년 11월 30일 대법정 판결(형집 제3권 제11호 1857쪽)은 현행 형사소송법 제272조와 같은 변호인선임권 고지 규정이 없던 옛 형사소송법이 적용된 사건에서 헌법 제37조 제3항 '형사피고인은 어떠한 경우에도 자격을 가진 변호인에게 의뢰할 수 있다. 피고인이 스스로 이를 의뢰할 수 없는 때에는 국가가 선임하도록 한다'는 규정은 변호인선임권을 피고인에게 고지할 의무를 재판소에 부과하는 것이 아니라고 판단했다.

또 1984년 3월 27일 제3소법정 판결(형집 제38권 제5호 2037쪽)은 헌법 제38조 제1항 '누구든지 자기에게 불이익한 진술을 강요받지 아니한다'는 진술거부권 보장이 국세범칙단속법 위반 혐의자에도 미친다고 했다. 그러면서도 "헌법 제38조 제1항은 진술거부권 고지를 의무화한 것이 아니라, 이 규정이 적용되는 절차에서 진술거부권 고지를 필요로 하는지는 취지·목적 등에 따라 결정할 입법정책의 문제"라고 밝혔다. 그래서 국세범칙단속법에는 형사소송법 제198조 제2항 같은 진술거부권 고지 규정이 없으므로 범칙혐의자에게 진술거부권을 고지하지 않았다 해도 헌법 제38조 제1항에 위반되지 않는다고 판단했다. 하지만 변호인선임권이나 진술 거부권을 실질적으로 보장하려면 피고인이나 피의자에게 이를 고지해야 한다. 그렇지 않으면 그림의 떡일 뿐이다. 헌법 제37조 제3항이나 제38조 제1항은 고지의무를 부과하는 취지로 해석해야 한다. 최고재판소는 문면에 한정한 해석만 하지, 헌법이 보장하는 권리를 실현하기 위한 헌법의 요구를 해석으로 도출하는 데는 소극적이다. 문면 이상은 법률로 제정하도록 해 고지의무의 부과 여부를 입법정책의 문제

II. 일본 최고재판소를 말하다

로 만든다.

반면 미국 연방대법원은 수정헌법 제5조 '누구라도 형사사건에서 자기에게 불리한 진술을 강요당하지 아니한다', 제6조 '피고인은 자기 변호를 위하여 변호인의 도움을 받을 권리를 가진다'라는 간단한 조문에서 미란다 원칙을 도출했다$^{Miranda\ v.\ Arizona\ 384\ U.S.\ 436(1966)}$. 체포나 구속된 피의자를 조사하기 전에, 진술을 거부할 권리, 진술이 공판에서 불리한 증거로 사용될 수 있음, 변호인 입회를 요구할 권리, 변호인에게 의뢰할 경제력이 없으면 국선변호인을 선임할 권리가 있음을 고지해야 한다. 이러한 미국과 일본의 차이를 미국 참가자는 지적한 것으로 생각된다.

비교적 최근인 1999년 3월 24일 대법정 판결(민집 제53권 제3호 514쪽)은 피고인, 피의자와 변호인의 접견교통을 제한한 형사소송법 조항이 헌법에 위반되지 않는다고 판단했다. 형사소송법 제39조 제3항은 '검찰관, 검찰사무관 또는 사법경찰직원(사법경찰원과 사법순사)[61]은 수사를 위해 필요한 때에는 공소제기 전에 한하여 제1항의 접견 또는 수수에 관하여 그 일시·장소 및 시간을 지정할 수 있다'이다. 관련 헌법 조항은 '누구든지 이유를 지체 없이 고지받고 또한 즉시 변호인에게 의뢰할 권리를 부여받지 아니하고는 억류 또는 구속되지 않는다'는 제34조 전단, 피고인의 변호인 의뢰권을 정한 제37조 제3항, 진술거부권을 규정한 제38조 제1항이다.

이 판결은 변호사가 대용감방에 구금돼 있던 피의자를 접견하려 하

---

61 한국 형사소송법에서 사법경찰관과 사법경찰리를 합쳐 사법경찰관리로 부르는 것과 같다.

자, 구치계 경찰관이 검사의 접견지정서를 수령 또는 지참하라며 9차례에 걸쳐 막자 국가배상을 청구한 사건이다. 대법정 판결은 형사소송법 제39조 제3항은 헌법 제34조 전단의 변호인 의뢰권 보장 취지를 실질적으로 손상하지 않는다고 판단하면서 이렇게 밝혔다. "피의자와 변호인 등의 접견교통권이 헌법의 보장에서 유래한다고 해서 형벌권이나 수사권에 절대적으로 우선하는 성질의 것은 아니다.", "형사소송법 제39조의 입법취지나 내용에 비춰볼 때 변호인 등의 피의자 접견 요청에 대해 수사기관은 언제든 접견 기회를 주어야 하는 게 원칙이다. 제39조 제3항 본문의 '수사를 위해서 필요한 때'는 접견을 허용하면 조사가 중단돼 수사에 현저한 지장이 생기는 경우에 한한다. 이러한 요건이 구비돼 접견 일시를 지정하는 경우 수사기관은 변호인 등과 협의해 가능한 신속하게 접견 일시를 지정해 피의자가 변호인 등과 방어 준비가 가능하도록 조치해야 한다"고 밝혔다.

언뜻 타당해도 보이지만, 최고재판소 대법정은 이 판단의 전제로서 형사소송법 제198조 제1항 단서 규정에 대해 "체포·구금 중인 피의자는 조사받을 의무가 있으므로 조사 중에 변호사 등의 접견·교통이 거부될 수 있다"고 해석했다. 형사소송법 제198조 제1항은 '검찰관·검찰사무관 또는 사법경찰직원은 범죄를 수사하면서 필요한 때에는 피의자에게 출석을 요구해 조사할 수 있다. 다만 피의자는 체포 또는 구금된 경우를 제외하고는 출석을 거부하거나 출석 뒤에도 언제든지 퇴거할 수 있다'이다. 이 규정의 문면은 체포·구금되지 않은 피의자는 출석을 거부하거나 출석한 뒤에도 언제든지 퇴거할 수 있다는 것을 말할 뿐이지,

체포·구금된 피의자의 의무에 대해서는 언급하지 않았다.

대법정 판결처럼 단서 조항의 반대 해석으로 체포·구금된 피의자는 조사에 출석하고 머물러야할 의무가 있다고 해석되는지 의문이다.[66] 오히려 수사관은 구치소 거실에서 조사실로 오도록 강제할 수 없고, 일단 조사실에 왔더라도 조사받기를 중단하고 돌아가기를 요구하면 이를 허용해야 한다는 해석이 자연스럽다. 요구를 거부하는 것은 사실상 진술을 강제하는 것이다.[67] 본래 구금은 증거 인멸과 도망을 방지하기 위한 것이지 조사를 목적으로 하는 것이 아니다(형사소송법 제60조 제1항). 하지만 대법정 판결은 헌법보다 하위인 형사소송법을 확장 해석해 체포·구금 피의자에게 조사받을 의무를 부과해도 '누구든지 자기에게 불이익한 진술을 강요받지 아니한다'는 헌법 제38조 제1항에 위반되지 않는다고 했다. 따라서 수사관이 조사 중에 접견교통을 거부해도 헌법 제34조 전단에 위반되지 않는다는 것이다. 그리고 대법정 판결은 헌법 제37조 제3항은 공소제기 뒤 피고인에 관한 규정이므로 공소제기 전 피의자에는 적용된다고 해석할 여지가 없다고 했다. 이에 더해 "헌법 제38조 제1항 불리한 진술 강요 금지를 실효적으로 보장하려 어떤 조치를 취할지는 수사 현실 등을 고려해 결정할 입법정책의 문제다. 헌법 제38조 제1항 불리한 진술 강요 금지 규정에서 구속 중인 피의자와 변호인과의 접견교통권 보장이 당연히 도출되는 것이 아니다"라고 했다. 헌법상 권리를 실효적으로 보장하기 위해 어떠한 조치가 필요한지를 입법정책의 문제로 보는 것이다.

형사소송법 제198조 제1항 단서의 반대해석으로 무리하게 도출해낸

조사권이 헌법이 보장하는 불리한 진술 거부권이나 변호인 의뢰권을 넘어서는 것이다. 헌법 제34조의 '즉시 변호인에게 의뢰할 권리를 부여받지 아니하고는 억류 또는 구금되지 아니한다'는, 변호인을 선임하는 형식적인 권리만을 보장한 것이 아니라 변호인과 실질적으로 의논할 권리를 보장한 것이다. 이 사건에서는 변호인 측의 손해배상청구가 모두 기각됐다(2000년 2월 22일 제3소법정 판결─판례시보 제1721호 70쪽). '조사 예정'이 접견교통보다 언제나 우선이라 접견지정서가 없으면 접견이 거부된다. 이 때문에 변호인은 시간을 들여 검찰청을 방문해 접견지정서를 받아야만 30분 정도 접견이 가능한데, 이런 운용은 헌법 제34조에 어긋난다.

형사소송법 제39조 제4항만이 재판규범이고 헌법 제34조는 프로그램 규정에 불과할 수가 없다. 형사소송법을 관통하는 당사자 대등 원칙도 잊히고 말았다. 피의자는 수사관과 대등한 입장에서 자기에게 유리한 증거를 수집할 권리가 있다. 체포·구금된 피의자에게 변호인과의 접견교통은 증거 수집을 위해 필수불가결한 수단이므로 접견교통은 본래 자유롭게 보장돼야 한다. 이런 점이 최고재판소가 헌법을 재판규범으로 보지 않는다는 미국 학자의 비판을 야기한 것이다.

구속된 피의자에게 조사받을 의무를 지우려면 자백강요 방지조치를 마련하고 조사받을 의무를 법률로서 제대로 규정해야 한다. 그렇게 되면 자백하는 피의자가 적어질 것이므로 증거수집 수단을 늘리는 조치도 마련해 범죄로부터 사회를 방어할 필요가 있다. 감시카메라 증설, 통신감청, 유죄협상, 함정수사, 과학수사 충실화 등이다. 하지만 사회방어라는 미명 아래 헌법이 보장하는 '불리한 진술을 강요당하지 아니하는 특권'을 무시하는 일이 있어서는 안 된다. 2009년 후생노동성 국장이 허위 공문서 작성 등의 혐의를 부인해 165일간 체포·구금된 사건[62]이 얼마 지나지 않았다. 장기간 구금하는 것은 간접적으로 자백을 강요하는 것이다. 또한 부인하면 증거인멸이 우려된다며 보석을 거부하는 것도 피고인이 유리한 증거를 수집하는 것을 방해하는 일이다.

2012년에도 원격조작으로 다른 사람의 컴퓨터에 바이러스를 감염시켜 살인 등 범행 예고를 인터넷에 잇따라 올린 사건이 있었다. 당시 남성 4명이 체포돼 2명이 범행을 자백했지만 모두 잘못된 체포라는 사실이 드러나 경찰이 사죄하고 검찰은 기소를 취소했다. 문제의 컴퓨터 등 물적 증거를 이미 압수했는데도 증거인멸과 도망의 위험이 있다며 구금할 필요가 있었는지 의문이다.

부당한 수사가 논란이 될 때마다 투명한 조사절차와 충실한 과학수사 필요성이 논의된다. 이런 얘기를 하기 전에 헌법 제38조 제1항을 위반해, 불리한 진술을 강요하기 위한 장기간 구금을 하고 있지 않은지 검증하는 게 우선이다.

---

62 2009년 오사카지방검찰청 특별수사부는 장애인 우편할인 악용 사건을 적발해 관련자들을 기소한다. 가짜 장애인단체들이 광고주들의 광고우편물 3180만 통을 발송해주고 37억 5000만 엔을 부당감면 받았다고 했다. 검찰은 허위로 장애인단체 증명서를 발급한 후생노동성 계장을 붙잡고, 국장의 지시가 있었다는 진술을 받아낸다. 하지만 2010년 9월 10일 오사카지방재판소가 국장 무라키 아쓰코(村木厚子)에게 무죄를 선고한다. 9월 21일 《아사히신문》이 주임검사 마에다 쓰네히코(前田恒彦)가 국장을 잡으려 계장의 플로피디스크를 조작했다고 보도한다. 주임검사와 부부장, 부장까지 기소되고 유죄가 선고된다. 12월 17일 오바야시 히로시(大林 宏) 검사총장이 사임한다.

2011년 3월 23일 대법정 판결(민집 제65권 제2호 755쪽)은 중의원 소선거구 선출 의원선거에서의 투표가치 평등을 요구한 소송에서 이렇게 밝혔다. "헌법은 국회 양원 의원선거제도에서 국회의 광범위한 재량을 인정하고 있다. 즉, 의원은 전 국민을 대표해야 한다는 기본적인 요청(제43조 제1항) 아래, 의원정수, 선거구, 투표방법 등 선거에 관한 사항을 법률로 정해야 한다(제43조 제2항, 제47조)는 것이다. 그러므로 국회가 정한 구체적인 선거제도가 이러한 기본적인 요청이나 법 앞의 평등과 같은 헌법의 요청에 반해 재량권의 한계를 넘어섰다고 인정하지 않을 수 없는 경우에 비로소 헌법 위반으로 해석해야 한다." 이 판결대로라면 헌법은 선거에 관한 사항을 법률로 정해야 함을 규정하는 것에 불과하다. '국회 양원은 전 국민을 대표하는 선출된 의원으로 구성한다'는 기본적 요청과 법 앞의 평등 원칙을 지킨다는 틀이 전부다. 선거에 관한 사항을 법률로 정한다고 해서 선거에 대한 기본적인 요청과 평등 원칙을 어느 정도 제약할지까지 국회의 광범위한 재량에 맡기는 것은 아니다. 하지만 대법정 판결은 "국회의 구체적 결정이 재량권의 행사로서 합리성이 있는 이상, 그로 인해 투표가치의 평등이 일정 한도에서 양보되더라도 이러한 결과는 불가피하다", "(선거제도는) 국회에 주어진 재량권 행사이므로 합리성이 있는가에 따라 (위헌 여부를) 판단해야 한다"고 하여 결국 투표가치의 평등이라는 헌법의 요청을 얼마나 배려할지조차 국회의 광범위한 재량에 맡겼다. 여기에서도 헌법을 최상위 재판규범으로 세우고 헌법의 모든 취지를 살려 투표가치의 평등이라는 헌법의 요청을 구현하려는 자세는 보이지 않는다. 메이지헌법의 '법률유보'가 재판관의 의식에 아직도 남아 있는 것 같다.

헌법은 도의적 목표가 아니다

헌법의 인권보장 규정은 법률 규정과 비교해 대체로 추상적이고 단순하다. 이는 국가가 인권보장을 위해 노력해야 한다는 정치적, 도의적 목표를 정한 것이 아니다. 국가에게 인권의 옹호와 실현을 법적으로 의무화한 것이며, 최상위 재판규범이다. 따라서 법률이 헌법의 우위가 돼서는 안 된다.

신헌법의 인권보장 규정은 메이지헌법에서처럼 법률이 정한 만큼만 권리·자유를 인정하는 법률유보가 아니다. 재판소는 인권보장 규정이 실현되도록 해석하고 운용해야 한다. 재판소는 인권옹호부이다. 입법부·행정부의 구체적인 조치를 기다려서는 그 역할을 다하지 못한다.

4
소법정의 합헌판단을 우려함

대법정 판결이 줄어드는 이유

재판소법 제10조 제1호 본문은 '당사자의 주장에 근거하여 법률·명령·규칙 또는 처분이 헌법에 합치하는지 여부를 판단할 때'에는 대법정에서 재판해야 한다고 규정하고 있다. 최고재판소가 위헌심사권을 행사할 경우에는 대법정에서 재판해야 하는 것이다. 이 조항은 예외 규정을 두고 있는데 '(이전에 대법정에서 해당 법률·명령·규칙 또는 처분이 헌법에 합치한다고 한 재판과 의견이 같은 때를 제외함)'이다. 모든 최고재판소 사건은 우선 3개 소법정에 순서대로 배당되고, 헌법문제가 쟁점인 사건이라도 배당받은 소법정이 합헌이라고 생각하고 그와 같은 대법정 판례가 있으면 당해 소법정이 합헌을 선고할 수 있다.

최고재판소 판례집에 실린 대법정 재판은 1950년 66건, 1955년 7건, 1965년 23건이다가 1975년에는 2건이 됐다. 최근 3년에는 2009년 2건,

2010년 2건, 2011년 3건으로 감소했다. 이는 대법정 판례가 쌓이면서 소법정이 대법정 선례와 의견이 같을 경우 사건을 대법정에 보내지 않고 스스로 합헌을 선고하는 경우가 늘었기 때문이다.

대법정 판결을 지나치게 확대해석

재판소법 제10조 제1호의 예외인 '해당 법률, 명령, 규칙, 처분'에서 '해당'을 유연하게 해석해 소법정의 의견이 대법정 판례와 같은 취지라며 소법정이 자체적으로 합헌을 선고하는 운용이 정착됐다. 나 자신도 현직에서 그런 운용을 따랐다. 소법정에서 논의가 충분했다면 그대로 소법정에서 선고하는 게 효율적이기도 하고, 바쁘게 일하는 다른 소법정 재판관을 끌어들이지 않는다는 배려의 의미도 있었다. 대법정에 보내도 결론은 달라지지 않을 것이라는 예상도 이유였다.

야구치 고이치矢口洪一 최고재판소장관은 퇴임 이후 강력하게 주장했다. "대법정 사건이 적은 것은 소법정이 사건이 자신들의 것이라며 손에서 놓으려 하지 않기 때문이다. 최고재판소는 본래 대법정이라는 원 벤치En banc에서 재판관 전원이 재판해야 하는 것이다. 따라서 모든 사건은 대법정에서 수리한 뒤 대법정의 판단이 불필요하다고 선별한 사건만 소법정이 재판하도록 해야 한다." 하지만 법률상 최고재판소는 하나이지만 최고재판소 안에 복수의 재판체를 구성하고 개개의 재판체가 독립해 재판하는 것은 당연한 것으로 여겨진다. 소법정들이 재판체로서 재판권을 행사할 때는 최고재판소로서 행동하는 것이다. 원 벤치론은 맞지 않다.

나는 주임을 맡은 사건 가운데 대법정에 회부할 만한 사건은 대법정에 회부한다는 심정으로 임했다. 야구치 고이치 전 최고재판소장관이 말하는 것처럼 자기가 주임인 사건에서 손을 떼지 않으려는 재판관 때문에 대법정 사건이 적다면, '대법정에서는 최고재판소장관을 재판장으로 한다'는 최고재판소 재판사무처리규칙 제8조 제1항을 개정해야 한다. 대법정에서도 최고재판소장관이 아닌 주임 재판관을 재판장으로 하는 것[63]이 원 벤치론보다 대법정 사건을 효과적으로 늘리는 방법이다.

여하튼 헌법판단은 대법정에서 심리·판단하는 것이 원칙이고 대법정에서 심리하는 편이 논의도 깊어질 수 있다. 대법정 사건은 법정변론을 여는 관행도 자리잡고 있어 대법정에서 재판하는 것이 최고재판소 활동에 대한 사회의 인식도 높인다. 특히 대법정 선례를 폭넓게 해석해 소법정이 자체적으로 합헌판단을 하는 것은 가능한 한 피해야 한다. 소법정의 자체적인 합헌판단은 최고재판소가 위헌심사권 행사에 소극적이라는 비판을 부르는 이유 가운데 하나다.

예를 들면 2007년 2월 27일 제3소법정 판결(민집 제61권 제1호 291쪽)은, 시립소학교 입학식 국가제창 순서에서 기미가요를 피아노 반주하도록 한 교장의 직무명령이 사상과 양심의 자유를 보장한 헌법 제19조에

---

63 대법정 사건은 연간 5건 이하이다. 구체적으로 2010년대 들어 2~5건이었다. 이와 관련, 최고재
　　판소 소법정은 재판관 5명이 사건마다 돌아가며 주임과 재판장을 맡는다. 즉, 주임과 재판장이
　　같다. 하지만 사건이 대법정으로 가면 최고재판소장관이 재판장이 된다. 주임 재판관이 바뀌지
　　는 않지만 사건을 주도하는 것은 재판장인 장관이다. 이것이 주임이 사건을 대법정에 가져가기
　　를 꺼리는 이유가 된다. 저자는 옮긴이와 인터뷰에서 "주임이 대법정에서도 재판장을 맡는 것
　　이 '올바르다'고까지 말하지는 않았지만, 대법정 사건을 늘리려면 이 방법을 생각해보자는 것"
　　이라고 했다.

위반되지 않는다고 4명 다수의견으로 판단했다. 하지만 이 판결을 보면 "상고인은 '기미가요는 과거 일본의 아시아 침략과 관련이 있어 남들 앞에서 부르거나 반주할 수 없다. 또 아시아 침략에서 기미가요의 역할 등 역사적 사실을 정확하게 가르치지도 않아, 아이들의 사상과 양심의 자유를 실질적으로 보장하지 않은 채 기미가요를 부르게 하는 인권침해에 가담할 수 없다'고 주장했다. 이러한 생각은 과거 일본에서 기미가요가 했던 역할에 관한 상고인의 역사관과 세계관, 이에 따른 사회생활에서의 신념"이라고 인정했다. 더구나 교장의 직무명령이 헌법 제19조에 위반되지 않는다는 법정의견에 의문을 나타낸 후지타 하치로 도키야스^{藤田宙靖} 재판관의 반대의견도 있어 이 사건은 대법정 판단이 적합했다. 이 판결은 개별 사례를 판단하는 모양새였지만 이어진 기미가요 소송에서 3개 소법정 모두가 대법정에 가지 않고 자체적으로 판결하는 계기가 됐다.

이 사건에서 제3소법정은 교장의 직무명령이 헌법 제19조에 위반되지 않는 이유가 다음 4개 대법정 판결에 비춰 명백하기 때문이라고 했다.

①1956년 7월 4일 대법정 판결(민집 제10권 제7호 785쪽)은 민법 제723조에 따라 신문에 사죄광고를 싣도록 명하는 판결은 헌법 제19조에 반하지 않는다고 했다. 후지타 하치로, 다루미 가쓰미 두 재판관이 반대의견. 참고로 한국 헌법재판소는 1991년 4월 1일 결정(89헌마160)에서 민법 제764조의 '명예회복에 적당한 처분'에 사죄광고를 포함하는 것은 위헌이라고 했다.

②1974년 11월 6일 대법정 판결(형집 제28권 제9호 393쪽)은 국가공무원이 특정 정당을 지지하려는 정치적 목적으로 문서를 게시·배부하는

것을 금지하고, 위반행위에 형벌을 부과하는 규정인 국가공무원법 제102조 제1항과 제110조 제1항 제19호가 헌법 제21조 및 제31조에 위반되지 않는다고 했다. 오스미 겐이치로大隅健一郎, 세키네 고사토, 오가와 노부오小川信雄, 사카모토 요시카쓰坂本吉勝 재판관이 반대의견.

③1976년 5월 21일 대법정 판결(형집 제30권 제5호 615쪽)은 전국 중학생 동시학력조사로서 시교육위원회가 학력조사를 실시한 행위는 적법하며, 학력조사와 관련해 시립중학교장을 폭행한 것은 공무집행방해죄에 해당한다고 판결했다. 대법정은 "헌법에 따라 부모는 자녀 교육의 자유를 일정한 범위에서 가지며, 사학교육의 자유나 교사의 교수의 자유도 한정된 범위에서 인정된다. 나머지 영역에서는 국가가 자녀들의 이익을 옹호하기 위해서나 자녀들의 성장에 대한 사회 공공의 이익과 관심에 답하기 위해서 필요하고 상당한 범위에서 자녀의 교육내용을 결정할 권한을 가진다"라는 요지의 헌법판단을 남겼다.

④1976년 5월 21일 대법정 판결(형집 제30권 제5호 1178쪽)은 전국 중학생 동시학력조사를 두고 교원조합이 시립중학교장에게 실시거부를 종용한 것이 지방공무원에 대한 쟁의행위를 교사한 것으로 봤다. 그리고 지방공무원의 쟁의행위를 금지하고 쟁의행위 실행을 교사한 사람을 처벌하는 지방공무원법 제37조 제1항과 제61조 제4호가 헌법 제18조 및 제28조에 위반되지 않는다고 판단했다.

앞서 말한 대로 재판소법 제10조 제1호는 '해당 처분'이 '헌법에 합치한다고 한 재판과 의견이 같을 때'는 소법정이 재판할 수 있다고 했다. 하지만 4개 대법정 판결에는 기미가요에 관한 내용이 없고 헌법 제19

조를 다룬 것도 사죄광고 사건뿐이다. 그런데 제3소법정 판결은 4개 대법정 판결의 '취지로 볼 때' 명백하다고 했다. 4개 대법정 판결의 '취지'가 상당히 확대해석된 것이다. 사상과 양심의 자유는 신앙의 자유와 함께 헌법이 보장하는 기본권의 핵심을 구성한다. 사건들을 대법정에 보내 구두변론을 열어 당사자들의 주장을 들은 다음에 15명 재판관 전원이 의논하는 것이 적절한 위헌심사권의 행사이지 않았을까.

제5장

최고재판소를 뒤집은 소수의견

　최고재판소 재판(판결·결정) 가운데 새로운 법령해석이 있으면『최고재판소판례집(민사·형사)』에 실린다. 소법정마다 2명씩 선출한 재판관 6명으로 구성되는 최고재판소 판례위원회가 매달 등재할 판례를 결정한다. 새로운 판단이 아니어도 비교적 중요하면『최고재판소판례집(민사·형사)』(각각 민집과 형집으로 불린다)에 실린다. 예를 들어 재판관의 독자의견이 있으면 여기에 포함된다.[64]『최고재판소판례집』에 실린 것은『최고재판소재판집』에도 실린다. 내가 관여한 재판 가운데『최고재판소판례집』에 등재된 사건은 민사 85건, 형사 38건이고,『최고재판소재판집』에만 등재된 것은 민사 81건, 형사 50건이다.

64　일본 최고재판소는 재판소법 제10·11조에 따라 재판관 5명으로 이뤄지는 소법정에도 소수의견이 있다. 한국 대법원의 대법관 4명의 소부가 법원조직법 7조에 따라 만장일치로 운영되는 것과 다르다.

이제까지 거론한 '사법의 역할'과 관련되는 판례를 이번 장에서 다룬다. '1. 사법권의 범위'에서 다루는 4건 가운데 2건은 대법정의 판례 변경이다. 대법정이 판례를 변경하는 것은 드문 일인데 나는 재임기간 동안 모두 3건의 대법정 판례 변경에 관여했다. '2. 민주적 정치과정'에서는 법률·처분의 합헌성·적법성에 사법권이 얼마나 관여해 심사해야 할지를 다뤘다. 깊이와 엄격함에 관한 문제다. 여기에서 소개한 11건 가운데 8건에서 나는 반대의견이다. 의견이 대립하는 분야다. '3. 사상·표현의 자유'에서 거론한 3건은 재판관 전원일치였다. 기미가요·히노마루 사건과 같이 심각한 것이 아니었기 때문인 것 같다. 나는 '4. 소수자 권리'에서는 4건 가운데 3건에서 반대의견을, '5. 개별적·구체적 구제'에서는 7건 가운데 6건에서 반대의견을 냈다. 경험에 기초한 재판관마다의 재판관裁判觀의 차이가 뚜렷하다. 어떤 의견이 옳은지는 독자들이 판단할 몫이다.

1
사법권의 범위

토지구획정리사업 사업계획 결정

행정소송법[65]은 항고소송, 당사자소송, 민중소송, 기관소송 네 가지를 행정소송으로 정했다. 항고소송과 당사자소송은 개인의 권리·이익 구제를 목적으로 하는 주관소송으로 본디부터 사법권에 포함된다. 항고소송은 행정청의 공권력 행사에 대한 불복소송이다. 당사자소송은 당사자 사이의 법률관계를 확인·형성하는 처분이나 재결에 관한 소송이다. 여기에는 법령 규정에 따른 법률관계의 한쪽 당사자를 피고로 하는 소송, 공법상 법률관계에 관한 확인의 소, 기타 공법상 법률관계에 관한 소송이 있다.

---

65 일본에서의 이름은 행정사건소송법(行政事件訴訟法)인데, 한국에서 쓰이는 법명으로 바꾸어 번역했다.

사법권이란 헌법과 법률에만 구속되는 법률가인 재판관이, 소송당사자만 참가하는 법정이란 장소에서, 법률이 정하는 절차에 따라, 당사자의 입증과 추론에 근거한 변론에 바탕해, 법령을 판단기준으로 삼아 공적으로 분쟁을 해결하는 국가작용이다. 이러한 기관, 절차, 규범으로 처리 가능한 분쟁만이 재판 대상이다. 즉, 자연인, 법인, 권리능력 없는 사단인 당사자 사이의 형벌권 유무를 포함한 구체적인 권리의무, 법률관계 유무에 관한 분쟁으로서 법령을 적용해 종국적으로 해결할 수 있는 것이다. 이러한 분쟁을 '법률상 쟁송'이라고 재판소법 제3조 제1항은 부른다.

법률상 쟁송은 민사소송이든 행정소송이든 국가가 마련한 소송제도를 이용해 재판소에 일정한 청구로 판결을 요구하는 행위이다. 판결로서 공권적 해결을 구할 정당한 이익이나 필요가 있어야 한다. 이러한 정당한 이익과 필요를 '넓은 의미의 소의 이익'이라고 부르며 소의 이익이 없으면 소가 부적법 각하되면서 본안판결을 받지 못한다. 본안판결을 받으려면 소의 이익이 존재해야만 한다는 것은 소송제도에 필연적으로 내재되는 요청이다. 재판소가 불필요한 사건에 힘을 낭비하지 않게 만들어 사법적 해결이 필요한 사건에 집중하도록 하고, 누군가가 부당한 소송에 휘말리지 않도록 해 법률생활의 안정을 보장한다.

넓은 의미의 소의 이익은 세 가지다. 첫째 청구내용이 본안판결에 적합한 일반적 자격(청구의 대상적격, 권리보호 적격 등)이 있는지. 둘째 본안판결이 원고와 피고의 분쟁해결에 적합한 권능적격(원고적격 내지 피고적격, 주관적 소의 이익)이 당사자들에게 있는지. 셋째 청구에 대한 판결을

II. 일본 최고재판소를 말하다

구하는 현실적 필요성, 가령 권리보호의 이익 내지는 필요성, 좁은 의미의 소의 이익 등이 원고에게 있는지이다.[68] 다시 말해, 넓은 의미의 소의 이익은 사법권의 범위와 한계를 정하는 일이다. 법률상 쟁송은 청구의 대상적격, 당사자 적격, 권리보호의 필요성이라는 세 가지 요건을 갖추어야 한다.

항고소송도 법률상 쟁송의 하나로 세 가지 요건을 갖춰야 한다. 항고소송에서는 청구의 대상적격이 처분성으로, 당사자적격이 원고적격으로, 권리보호의 필요성이 좁은 의미의 소의 이익으로 불린다. 그런데 처분성, 원고적격, 좁은 의미의 소의 이익이 항고소송이라는 특정 유형의 법률상 쟁송에 필요한 요건임을 잊고 항고소송의 독자적 요건으로 파악하는 하급심 판례가 종종 보인다. 법률상 쟁송의 요건과 분리해 해석하거나 행정소송법의 문언, 가령 제9조[66] '법률상 이익'에 과도하게 집착해 해석하는 것이다. 이 때문에 항고소송의 범위를 법률상 쟁송의 범위보다 좁게 해석하는 경향이 생겼다. 항고소송의 세 가지 요건은 법률상 쟁송의 세 가지 요건을 기본으로 해서 해석해야 한다. 항고소송의 범위는 법률상 쟁송이라는 무대 위에서 이해돼야 하는 것이다.

항고소송의 세 가지 요건 가운데 우선 판단할 것은 청구의 대상적격인 '행정청의 처분 등 공권력 행사에 해당하는 행위'인지, 즉 처분성이다. 판례에 따르면 처분성은 공권력 주체인 국가나 공공단체의 행위 가

---

66 제9조 처분 취소소송 및 재결 취소소송은 해당 처분 또는 재결의 취소를 요구할 법률상 이익을 가진 사람(처분 또는 재결의 효과가 기간의 경과 그 외의 이유로 사라진 뒤에도 아직 처분 또는 재결 취소에 의해 회복할 법률상 이익을 가진 사람을 포함)에 한하여 제기할 수 있다.

운데 직접적으로 국민의 권리의무를 형성하거나 범위를 확정하는 것이 '법률상 인정'되는 것이다. 정당한 권한을 가진 기관이 취소하지 않는 이상 적법하다고 추정돼 관계자를 구속한다. 이를 공정력이라고 한다. 항고소송도 법률상 쟁송이므로 '법률상 인정'이라는 요건이 필요하지만 '법률상'이라는 단어를 과도하게 축소 해석해 정당한 소를 각하하는 경우가 적지 않다.

처분성 판단의 타당성을 두고 가장 논란이던 사건은 '청사진 판결'이라 불리는 1966년 2월 23일 대법정 판결(민집 제20권 제2호 271쪽)이다. 이 판결은 "토지구획정리 사업계획 결정은 공고 단계에 이른 경우에도 항고소송 대상이 아니다"라고 판시했다.

이 판결은, 토지구획정리 사업계획이 단순히 시행지구를 특정하고, 택지와 보류지의 넓이를 정하고, 공공시설 등 설치장소를 낙점하고, 사업시행 전후 택지의 합계면적 비율 등을 결정하는 것이라며 이렇게 판단했다. "건전한 시가지 조성을 위해 장기적인 안목으로 고도의 행정적이고 기술적인 재량에 바탕해 일반적이고 추상적으로 결정하는 것이다. 사업계획에 첨부된 설계도면에 각 택지들의 지번이나 모양 등이 표시돼 있지만 특정 개인을 대상으로 하는 구체적인 처분이 아니다. 사업계획의 이행에 따른 이해관계자의 구체적인 권리 변동이 확정되지 않은 토지구획정리사업의 청사진에 불과하다.", "사업계획이 공고 단계에 이르렀다 해도 이는 특정 개인에 대한 구체적 처분이 아니어서 택지나 건물의 소유자 또는 임대인의 권리에 구체적인 변동을 주는 행정처분이 아니다.", "행정청이 토지구획정리 사업을 하면서 나오는 방해를 배제하기 위해 토지 소유자 등에게 원상회복이나 건축물 이전과 제거를 명하는 단계가 되면 그때는 여러 가지가 가능하다. 위법을 주장하는 사람은 취소 또는 무효확인 소를 제기할 수 있고, 행정청이 환지계획 실시의 하나로 환지예정지 지정 또는 환지처분을 하면 위법을 주장하며 구체적 처분의 취소 또는 무효확인의 소도 제기할 수 있다. 이러한 구제수단으로 구체적 권리침해는 충분히 구제받을 수 있고, 토지구획정리법의 취지도 구체적인 처분 단계에서 구제수단을 인정하는 것이다. 구체적 권리변동이 생기지 않은 사업계획 결정이나 공고 단계에서는 소송사건으로 받아들일 만큼 사건이 무르익지 않았을 뿐 아니라, 실제로도 이 단계에서 소의 제기를 인정하는 것은 타당성도 필요성도 없다." 정리하면, 사업계획 자체는 특정 개인의 권리의무에 법률상 변동을 주지 않는다. 이 판결에 재판관 5명이 반대의견을 남겼다. 이리에 도시오, 오쿠노 겐이치, 구사카 아사노스케草鹿浅之介, 이시다 가즈토, 가시하라 고로쿠柏原語六이다.

내가 관여한 토지구획정리 사업계획 결정 취소청구 사건 2008년 9월 10일 대법정 판결(민집 제62권 제8호 2029쪽)은 위 판례를 변경해 "시정촌[67]이 시행하는 토지구획정리 사업계획 결정은 행정처분이어서 항고소송 대상이다"라고 판단했다.

"시정촌은 토지구획정리 사업에 앞서 시행규칙과 사업계획을 정해야 하며(토지구획정리법 제52조 제1항), 사업계획이 정해지면 시정촌의 장은 시행자 이름, 사업시행 기간, 시행 지구 등 국토교통성령에서 정한 사항

---

67 일본의 기초자치단체 市・町・村을 묶어 부르는 말. 도도부현 아래 1741개 시정촌이 있다.

을 지체 없이 공고해야 한다(제55조 제9항). 이러한 공고가 있은 다음부터 환지처분 공고가 있는 날까지 시행지구에서 토지구획정리 사업시행에 장애가 될 수 있는 일을 하려면 도도부현 지사의 허가를 받아야 한다. 토지 형질변경, 건축물과 기타 공작물의 신축·개축·증축, 정령으로 정한 옮기기 어려운 물건 놓기와 쌓기다(제76조 제1항). 이를 위반한 경우 도도부현 지사는 위반자 또는 그 지위를 승계한 사람에게 토지의 원상회복을 명할 수 있고(제76조 제4항), 이 명령을 위반한 사람에게는 형벌이 부과된다(제140조). 그 밖에도 시행지구 택지에 관한 소유권 이외의 등기되지 않는 권리를 갖거나 가지게 된 사람은 권리의 종류와 내용을 시행자에게 서면으로 신고해야 한다(제85조 제1항). 신고가 없으면 그러한 권리가 없는 것으로 간주하여 환지예정지로 지정하거나 환지처분 등을 할 수 있다(제85조 제5항).", "사업계획이 결정되면 시행지구 내의 택지소유자 등은 이러한 규제가 뒤따르는 토지구획정리 사업 절차에 따라 환지처분을 받는 지위가 된다. 이처럼 법적 지위에 직접적인 영향이 있으므로 사업계획 결정에 따른 법적 효과가 일반적이고 추상적인 것에 불과한 것이 아니다"라고 판시했다.

나는 법정의견에 찬성했다. 토지구획정리 사업계획 결정으로 시행지구 택지소유자 등이 토지구획정리 사업 절차에 따라 환지처분을 받는 지위가 된다. 따라서 사업계획 결정을 대상으로 소송하는 것은 '당사자 간의 구체적 권리의무 또는 법률관계의 유무에 관한 분쟁'에 해당함이 명확하다. 나는 보충의견에서 이 사건 판단의 핵심이 도시계획법 제59조 도시계획사업인가에 있다고 밝혔다.

도시계획사업은 공용수용 또는 공용환지의 방법으로 실현된다. 공용수용이란 공익사업 목적으로 토지를 강제로 수용하는 것이다. 공용환지란 토지를 강제로 떼고 붙여 기존의 토지를 줄여 확보한 토지와 택지를 도로나 공원 등 공공시설에 쓰는 것이다. 토지에 강제권을 행사한다는 점에서 공용수용과 다르지 않다.

도시계획법 제70조 제1항에 따르면, 도시계획사업은 토지수용법 제20조가 규정한 '사업인정'을 하지 않고, 도시계획법 제59조 도시계획사업인가로 대체된다. 토지수용법 제20조의 사업인정 고시가 있으면 사업자는 수용위원회에 해당 토지 수용 또는 사용 재결을 신청할 수 있고, 해당 토지의 소유자 등은 특별한 사정이 없는 이상 자기 소유지 등이 수용되는 처지가 된다. 그래서 판례도 제20조의 사업인정이 항고소송 대상이라고 본다.

도시계획법에서 도시계획사업이란 제59조의 인가 또는 승인을 받은 도시계획시설 정비사업과 시가지개발 사업을 가리킨다. 시가지개발 사업에는 토지구획정리법에 따른 토지구획정리 사업, 도시재개발법에 따른 시가지재개발 사업 등이 있다. 시정촌이 제2종 시가지재개발 사업[68]을 시행할 때는 도도부현 지사에게 설계개요를 인가받아 사업계획을 결정하고 공고해야 한다. 도시재개발법은 토지수용법 제20조의 사업인정

---

68 제1종 시가지개발 사업은 권리교환방식, 제2종 시가지개발 사업은 토지매수방식. 제1종은 기존 토지·건물 권리자가 재개발 빌딩이 지어진 뒤에 토지와 건물 지분으로 바꾸는 것. 제2종은 재개발 사업자가 기존 토지·건물을 일단 사들이고 건물이 올라간 뒤에 희망자에게 토지·건물을 매각하는 것이다. 공공단체만 가능하며 개인이나 조합은 하지 못한다.

을 도도부현 지사의 인가로 대체하고 있다. 이 점에 주목해 1992년 11월 26일 제1소법정 판결(민집 제46권 제8호 2658쪽)은 제2종 시가지재개발 사업 사업계획 결정은 행정처분이므로 항고소송 대상이라고 판단했다. 2005년 12월7일 대법정 판결(민집 제59권 제10호 2645쪽)도 도시계획법 제59조에 의한 도시계획시설정비 사업인가가 행정처분이므로 항고소송 대상이라고 전제하고, 취소소송에서 주변 주민의 원고적격을 인정했다.

이 사건의 토지구획정리 사업도 도시계획사업이다. 시정촌이 도시계획사업으로서 토지구획정리 사업을 시행하는 경우, 사업계획의 설계개요를 도도부현 지사에게 인가받아 사업계획을 정해야 한다고 토지구획정리법 제52조 제1항은 규정한다. 제52조 제2항은 이 인가를 도시계획법 제59조의 도시계획사업인가로 간주한다. 사업계획 결정의 공고와 함께 시정촌은 사업계획에 정한 내용대로 토지구획정리 사업시행권을 갖게 된다. 이후 건축행위 등 제한, 환지예정지 지정, 건축물 등 이전, 제거 및 공사 등을 거쳐 최종적으로 환지처분에 따라 토지구획정리 사업을 시행한다. 시행지구 택지소유자는 사업계획 결정공고가 나면 특별한 사정이 없는 이상 자기 택지가 환지처분되는 처지가 되는 것이다.

이처럼 토지구획정리 사업의 사업계획 결정은 설계개요 인가가 도시계획법 제59조의 도시계획사업인가로 간주되고, 공고에 의해 시행자는 법적 강제력을 가진 사업시행권을 갖는다. 이런 점에서 기존의 최고재판소 판례가 행정처분성을 긍정한 제2종 시가지 재개발 사업의 사업계획 결정이나 도시계획시설 정비사업의 도시계획사업인가, 토지수용법 제20조의 사업인정과 성격이 같다. 따라서 대법정 판결이 '청사진 판결'

을 변경한 것은 통일적인 법률 해석이란 면에서도 타당한 것이었다.

나는 보충의견 끝부분에서 "공고된 사업계획 결정이 항고소송 대상인 근본 이유는, 이 결정으로 사업자에게 토지구획정리 사업시행권이 부여되고 이에 따라 시행지구 내 택지소유자 등은 특별한 사정이 없는 이상 자기 소유지를 환지처분 당할 처지가 되기 때문"이라고 밝혔다.

나는 최고재판소 조사관 시절 시정촌의 토지개량 사업시행인가는 행정처분에 해당하므로 취소소송 대상이라고 판단한 1986년 2월 13일 제1소법정 판결(민집 제40권 제1호 1쪽)을 담당했다.[69] 이 판결은 사업시행인가가 공고되면 토지개량 사업계획이 정한 공사가 시작된다는 이유로 사업시행인가의 행정처분성을 긍정했다. 사업시행인가로 시행지역 토지가 토지개량사업의 시행대상이 되고, 사업시행으로 토지소유자는 공사완료 후 환지처분을 받는 처지가 되므로 사업시행인가를 항고소송 대상으로 보는 게 맞다. 이미 이 판결부터 1966년 '청사진 판결'과 실질적으로 달리 판단했다. 다만 당시 판결에서 토지개량법에 국가나 도도부현 운영 토지개량사업 사업계획 결정이 취소소송 대상임을 전제하는 규정이 존재하는 것을 구실로 삼아, 토지구획정리 사업계획에 관한 청사진 판결과는 사안이 다르다는 식으로 판례 저촉을 피했다. 도도부현 운영 토지개량사업의 사업계획 결정은 시정촌 토지개량 사업시행인가와 효과가 같다.

노동자재해 교육비 부지급 결정

내가 제1소법정에서 관여한 판결 가운데 '처분성'을 부정한 원심을 파기하고 처분으로 인정한 것이 2건 있다. 하나가 내가 주임재판관을 맡은 노동자재해 교육비 부지급처분 취소청구 사건 2003년 9월 4일 제1소법정 판결(판례시보 제1841호 89쪽)이다.

노동자재해보상보험법에 따른 유족보상연금 수급권자인 어머니가 중앙노동기준감독서장에게 외국대학에 진학한 아들의 학자금을 목적으로 노재 교육비 지급을 신청했다. 하지만 서장은 이 대학이 노재 교육비 지급대상인 학교교육법 제1조가 정한 학교에 해당하지 않는다며 노재 교육비를 지급할 수 없다고 결정하자 취소를 구한 사건이다.

노동자재해보상보험법 제23조 제1항 제2호(1999년 개정 전의 것)는, 정부는 노동복지사업으로 유족의 취학원조 등 피재 노동자와 유족을 원조하기 위해 필요한 사업을 할 수 있다고 정했다. 제23조 제2항은 노동복지사업 실시에 관해 필요한 기준은 노동성령으로 정한다고 규정했다. 이어 노동자재해보상보험법 시행규칙 제1조 제3항은 노재 교육비 지급에 관한 사무는 사업장 소재지를 관할하는 노동기준감독서장이 한다고 규정했다. '노재 교육비 지급에 관하여'라는 노동성노동기준국장 통달[69](1970년 10월 27일 제774호)은 노재 교육비가 노동자재해보상보험법 제23조의 노동복지사업이라고 명시했다. 첨부된 '노재취학 등 원호비 지급요강'에 구체적인 내용이 있다. 지급 대상자, 지급액, 지급 기간, 결격 사유, 지

---

69 일본의 통달은 상급 행정기관이 하급 행정기관에게 기관의 소관 사무에 관해 지휘·감독 관계에 입각해 시달하는 일반적인 규정이다. 국민의 권리와 의무를 직접 규정 혹은 제한하지 않고, 따라서 법률 근거가 필요하지 않다는 게 교과서의 설명이다. 영어로는 circular notice로 번역된다.

급 절차 등과 여기에서 정한 요건을 구비한 사람에게 정해진 액수를 지급할 것, 지급을 원하는 사람은 신청서를 업무재해 사업장 소재지 관할 노동기준감독서장에게 제출할 것, 신청을 받은 감독서장은 지급여부 등을 결정해 신청자에게 통지할 것 등이다.

노재 교육비 제도의 이러한 구조를 보면, 노동자재해보상보험법은 노동자가 업무재해 등을 입은 경우 노동자재해보상보험법 제3장에 규정된 보험급부를 보완해 노동복지사업으로서 보험급부와 같은 절차로 정부가 산재노동자 또는 유족에게 노재 교육비를 지급할 수 있게 만든 규정이라고 해석하는 것이 타당하다. 산재노동자 또는 유족이 지급요건을 갖추면 정해진 노재 교육비를 받을 수 있는 추상적인 지위가 된다. 구체적으로 지급받으려면 노동기준감독서장에게 신청해 정해진 지급요건을 갖췄음을 확인받고 노동기준감독서장의 지급결정을 받아야 비로소 구체적인 지급청구권을 취득한다. 이처럼 지급여부 결정은 노동기준감독서장이 노동자재해보상보험법에 근거한 우월적 지위에서 일방적으로 공권력을 행사해 노동자 또는 유족의 권리에 직접적으로 영향을 미치는 것이다. 따라서 행정처분에 해당하며 항고소송의 대상이다. 제1소법정은 이상과 같이 판단해 행정처분성을 부정한 원심의 판단을 파기했다.

원심은 "노동자재해보상보험법은 노재 교육비 지급의 실질적·절차적 요건과 금액을 정하지 않았다. 노재 교육비 지급 여부는 행정청이 일방적인 공권력의 행사로 결정한다. 따라서 취소소송이 아니면 그 판단을 번복할 수 없는 효력을 갖는 것이 아니다"라며 "(통달이나 요강은) 노재 교육비 지급사무 처리에 관한 행정조직 내부의 명령에 불과해 국민의 권리의무에 직접 영향을 줄 수 없다"고 판단했다. 하지만 항고소송이 부적법하다면 노재 교육비를 받으려는 국민은 어떤 수단을 써야 하는지 아무런 말이 없다. 노재 교육비 부지급 결정은 법률상 쟁송에 해당한다. 항고소송으로 다툴 수 없다면 민사소송으로 다툴 수 있어야 한다. 법률상 쟁송이란 무대에서 내려와 통달의 법적 효과에 대한 논쟁이 돼버려 안타깝다.

노동기준감독서장의 지급여부 결정은 노동자재해보상보험법, 같은법 시행규칙, 시행규칙을 보충하는 통달·요강에 따라 국민의 권리의무를 형성하거나 범위를 확정하는 것이 '법률상 인정되는' 행정처분이다. 통달·요강은 하급 행정청에 대한 내부적 지시에 불과한 것이 아니라 시행규칙을 보충하는 성질을 가진다. 통달이라고 하지만 실질적으로는 법령을 보충하는 의미를 가지고 있어 법규의 성격을 가진다. 행정 절차가 불완전하던 과거에는 법령(위임명령)의 형식으로 정할 사항까지 통달로 대신하는 일이 많았다. 이 사건 통달·요강도 마찬가지다. 노재 교육비를 지급하는 실체적이고 절차적인 요건과 지급금액은 '국민의 권리의무를 형성하거나 그 범위를 확정하는' 것으로서 본래는 적어도 성령으로는 정해야 한다. 행정청이 오랫동안 통달로 방치했던 것에 불과하다. 노재 교육비와 똑같이 노동복지사업에 속하는 '특별지급금'이 있다. 노동기준감독서장의 지급결정에 따라 지급한다. 지급요건이 노동자재해보상보험 특별지급금 지급 규칙(1974년 노동성령 제30호)으로 정해져 있어 특별지급금 부지급 결정은 항고소송 대상이다. 노재 교육비 부지급 결정을 이와 달리 취급할 이유는 없다. 두 가지는 행정청이 제대로 성령을 갖췄는지의 차이가 있을 뿐이다.

식품위생법 위반 통지

제1소법정이 행정처분성을 긍정한 판례로 식품위생법위반 통지처분 취소청구 사건 2004년 4월 26일 판결(민집 제58권 제4호 989쪽)이 있다. 한 식품회사가 냉동 스모크 참치 조각을 수입하려고 수입신고서를 나리 타공항 검역소장에게 제출했다. 식품위생법 제16조(2003년 개정 전의 것) 와 식품위생법 시행규칙 제15조(2001년 개정 전의 것)에 따른 것이다. 하지만 나리타공항 검역소장은 이 식품이 식품위생법 제6조 규정에 위반된다며 돌려보내거나 폐기하라는 식품위생법 위반통지서를 교부했다. 이에 식품회사가 취소소송을 제기한 사건이다.

식품위생법 위반통지서 교부는 '수입식품 등 감시지도업무 기준' (1996년 1월 29일 위생검역 제26호 후생성 생활위생국장 통지)에 따른 것이다. 검역소장은 식품위생법 규정에 적합하다고 판단되면 식품 등 수입신고 수령증을, 위반된다고 판단되면 식품위생법 위반통지서를 식품 수입업자에게 교부한다. 위반통지서를 교부할 경우 식품수입신고 수령증은 교부하지 않는다. 세관장에게도 식품위생법 위반물건 통지서를 교부해 해당 식품이 수입허가가 되지 못하게 한다. 세관은 관세법 기본통달에 따라 식품 등 수입신고 수령증이 첨부되지 않은 수입신고서는 수리하지 않는다. 관세법 제70조 제2항에 따르면 다른 법령 규정의 수입 검사 또는 조건이 필요할 경우 검사완료 또는 조건구비 사실을 세관장에게 증명해서 확인을 받아야 한다. 세관장에게 확인을 받지 못한 화물은 관세법 제70조 제3항에 따라 수입허가가 나지 않는다. 결국 식품 등 수입신고 수령증이 첨부되지 않으면 세관장의 확인을 못 받아 수입이 불가능하다.

원심은 검역소장의 식품위생법 위반통지는 법령에 따른 것이 아니어서, 국민의 권리의무를 형성하거나 범위를 확정하는 것이 '법률상 인정되는' 행정처분에 아니라며 소를 각하했다. 하지만 식품위생법 제16조는 영업용 식품 등을 수입하려는 사람은 후생노동성령이 정하는 바에 따라 후생노동대신에게 수입신고를 해야 한다고 정했다. 따라서 제16조는 후생노동대신에게 수입신고 식품 등이 법에 위반되는지 판단할 권한을 준 것이다. 그렇다면 제16조는 후생노동대신이 수입신고한 사람에게 위반여부 판단결과를 고지해, 수입요구에 응답해야 함을 규정한 것으로 해석해야 한다.

식품위생법 시행규칙 제15조에 따르면 식품위생법 제16조의 수입신고는 관할검역소장에게 수입통지서를 제출하는 것이다. 식품 등 수입신고 수령증을 교부하면 해당 식품 등이 식품위생법을 위반하지 않았다는 표명이고, 식품위생법 위반통지서는 위반을 표명하는 것이다. 후생노동대신의 위임을 받은 검역소장이 한다. 이 두 가지는 식품위생법 제16조에 따른 수입신고에 대한 응답이 구체화한 것이다. 식품위생법 위반통지는 직접적으로는 후생성 생활위생국장 통지가 근거다. 이 통지도 식품위생법 시행규칙을 보충하는 법규의 성격을 가지므로, 이를 위반하는 행위는 위법이 돼 위와 같은 법적 효과가 '법률상 인정'이 된다. 따라서 항고소송의 대상이라고 해석해야 한다. 식품위생법 제16조 신고에 대한 답변은 '국민의 권리의무를 형성하거나 범위를 확정하는' 성질을 가지므로 본래 적어도 성령으로 정해야 한다. 그럼에도 행정청이 게을러 몇십 년 동안 통달로 처리해왔다. 이런 잘못된 운용 때문에 식품위생법 위반통지의 행정처분성이 부정돼서는 안 된다.

도시계획사업인가와 주변 주민

오다큐선^{小田急線} 입체교차사업인가 취소청구 사건 2005년 12월 7일 대법정 판결 (민집 제59권 제10호 2645쪽) 은 내가 주임재판관으로 관여한 사건이다. 1994년 5월 19일자로 건설대신은 도쿄도에 대해 오다큐선 기타미역^{喜多見駅}에서 우메가오카역^{梅ヶ丘駅}까지를 입체교차화하는 도시계획사업을 도시계획법 제59조 제2항(사건 당시 조항)에 따라 인가했다. 고가철도를 만들어 철도를 입체화함으로써 철도건널목을 없애려는 사업이었다. 같은 날짜로 일부 공사구간에 부속도로를 만드는 도시계획사업도 인가했다. 오다큐선 입체교차화에 따라 철길 양옆 지역에 생길 문제들을 해결하기 위해서였다. 구체적으로 일조권 침해 최소화, 통행문제 해소, 긴급차량 통행로 확보, 지역 활성화 등이다. 두 사업시행 대상 토지 주변에 사는 주민들은 사업인가를 취소하라는 소송을 냈다. 고가철도가 생기면 열차 소음·진동으로 인한 수면방해 등 수많은 생활 피해가 생긴다는 이유였다.

원심은, 주변지역 주민은 인가취소를 요구할 수 있는 행정소송법 제9조의 '법률상 이익이 있는 사람'이 아니라면서 소를 각하했다. 이는 순환 6호선 소송 1999년 11월 25일 제1소법정 판결(판례시보 제1698호 66쪽)

의 판단을 답습한 것이다. 당시 사업지역 주변 주민들이 이 사업으로 주민들의 건강이 나빠지고 지반이 침하되므로 위법이라 주장하며, 순환6호선 확장사업과 중앙순환신주쿠선 지하신설 사업에 대한 건설대신의 사업인가 취소를 청구한 것이다.

순환6호선 제1소법정 판결은 다음과 같이 판시했다. ①"행정소송법 제9조는 취소소송의 원고적격을 규정한다. 여기에서 말하는 처분취소를 구하기 위한 '법률상 이익이 있는 사람'이란 해당 처분으로 자기 권리 또는 법률로 보호되는 이익이 침해되거나 필연적으로 침해될 위험이 있는 사람이다. 어떤 처분을 규정한 행정법규가 어떤 사람의 이익이 불특정 다수의 일반적 공익에 흡수돼 없어지지 않고 개별적 이익으로 보호되는 것이라고 해석될 때, 여기에서 말하는 '법률로 보호되는 이익'이 있는 경우에 해당한다. 그러한 이익이 해당 처분에 의해 침해되거나 필연적인 침해가 우려되는 사람은 행정처분 취소소송의 원고적격을 갖는다."

②"도시계획사업인가 또는 승인이 고시(도시계획법 제62조 제1항)되면 1. 사업지 안에서 이 사업시행에 장애가 될 우려가 있는 토지의 형질 변경, 건축물 건축, 그 외 공작물 건설이 제한되고(제65조 제1항), 2. 사업지 안의 토지·건물 등을 유상 양도할 때 시행자가 우선적으로 이를 매수할 권리를 가지며(제67조), 3. 인가 또는 승인으로 토지수용법 제20조에 규정하는 사업인정에 갈음하고 그 고시를 토지수용법 제26조 제1항 규정에 의한 사업인정 고시로 본다. 이에 따라 토지계획사업을 토지수용법의 사업으로 간주해 토지수용법 절차에 따른 토지 수용·사용이 가능

하다(제69조 이하). 이러한 규정에 의하면 사업지 안의 부동산에 권리를 가지는 사람은 인가 등의 취소를 구할 원고적격을 가지는 것으로 해석된다."

③"반면, 사업지 주변에 산다거나 통근이나 통학할 뿐인 사람은 인가로 인해 권리나 법률로 보호되는 이익이 침해되거나 필연적인 침해가 우려되는 게 아니다. 도시계획법은 도시의 건전한 발전과 질서 있는 정비가 목표이고, 건강하고 문화적인 도시생활과 기능적인 도시활동 확보라는 공익 차원에서 도시계획시설 정리사업의 인가를 규제한다. 법의 목적을 정한 제1조, 도시계획 기본이념을 정한 제2조, 도시계획 기준을 정한 제13조, 인가 등의 기준을 정한 제61조 규정 등을 보아도 그렇다. 결국 도시계획법이 사업지 주변에 거주하는 주민 등 개개인의 개별적 이익도 보호하는 취지라고는 해석되지 않는다. 도시계획법 제13조 제1항 본문 후단은 해당 도시에 공해방지계획이 있으면 도시계획은 공해방지계획에 맞아야 한다고 정하고 있다. 이 역시 도시계획이 건강하고 문화적인 도시생활 확보를 기본이념으로 삼아야 한다는, 오로지 공익적 관점에서 만든 규정이다. 이와 함께 도시계획법은 공청회를 열어 주민 의견을 도시계획안에 반영하도록 하고(제16조 제1항), 주민에게 도시계획안에 의견서를 제출할 기회를 주도록 했다(제17조 제2항). 하지만 이 규정들도 도시계획에 주민 의견을 반영해 실효성을 높이려는 공익목적을 위한 것이지 주민의 개별적 이익을 보호하려는 것은 아니다. 따라서 사업지 주변에 거주하거나, 통근·통학은 하지만 사업지 부동산에 권리가 없는 상고인은 취소청구의 원고적격이 없다."

순환6호선 판결을 정리하면 판시 ①은 '법률상 보호되는 이익설'에 따른 것이다. ②에서는 도시계획사업지 부동산에 권리를 가진 사람은 인가 등의 취소를 구하는 원고적격이 있다고 판단했다. ③에서는 인가의 근거인 도시계획법에는 주변지역 주민의 개개인의 구체적 이익을 보호하는 규정은 없고, 제13조 제1항에서는 해당 도시에 공해방지계획이 있으면 도시계획도 이 공해방지계획에 따라야 하지만 이는 공익적 관점에서 만든 규정에 불과하다고 봤다. 그래서 원고적격을 부정했다. 하지만 판시 ③은 재판소가 쉽게 빠지는 관념론의 하나다. 공해방지계획만 보더라도, 도쿄도 공해방지계획은 도민의 생활환경을 보전하기 위한 것이지만, 소음 · 진동 · 일조방해 대기오염 등 도시시설로 인한 영향을 가장 많이 받는 것은 주변 지역이다. 공해방지계획은 불특정 다수의 이익을 일반적 공익으로 보호하는 데 그치는 것이 아니다. 해당 도시시설 주변에 거주해 소음 등 직접적이고 중대한 피해가 예상되는 주민의 생활환경을 개별적 이익으로서 보호하려는 취지를 포함한다. 도시계획법은 사업지 주변지역 주민의 이익을 보호하기 위해서도 도시계획사업인가 등에 제약을 가하고 있다. 이러한 제약을 준수하지 않으면 주변지역 주민은 도시계획법으로 보호되는 이익을 회복하기 위해서 인가 등 취소소송을 제기할 수 있다고 판단해야 한다.

순환6호선 판결에서 알 수 있듯이 취소소송의 원고적격에 관한 재판소의 기존 해석은 매우 엄격했다. 국민들이 권리구제를 위해 취소소송을 이용하기가 어려웠다. 2001년 6월 12일 발표된 사법제도개혁심의회 의견서를 반영해 2004년 행정소송법이 개정됐다. 취소소송 원고적격을 규정한 제9조에 제2항이 추가됐다. 처분 상대방 이외의 사람이 '법률적 이익'을 가지는지에 관한 재판소의 판단에 해석지침을 제시했다. 법률로 재판소에 조문의 해석지침을 밝힌 것은 이례적인 일이다. 유도경기 용어로 말하자면 법원에 '지도'를 준 셈이다.

최고재판소도 단발적이기는 하지만 법률상 이익을 확대하는 해석을 시도해왔다. 홋카이도 다테시 다테화력발전소伊達火力発電所 소송 1985년 12월 17일 제3소법정 판결(판례시보 제1179호 56쪽), 니가타현 니가타공항新潟空港 소송 1989년 2월17일 제3소법정 판결(민집 제43권 제2호 56쪽), 후쿠이현 쓰루가시 몬주고속증식로もんじゅ高速増殖炉 소송 1992년 9월 22일 제3소법정 판결(민집 제46권 제6호 1090쪽) 등이다. 하지만 이 해석들은 판례로 자리잡지 못하고, 행정소송법 제9조 제2항으로 조문화한 셈이다.

이 가운데 내가 조사관으로 담당한 다테화력발전소 판결은 이렇게 판시했다. "처분의 법적 효과로 인해 자신의 권리·이익이 침해되거나 필연적인 침해가 우려되는 사람만 행정처분 취소소송의 원고적격이 있다. 하지만 처분의 영향을 받는 법률상 권리·이익은 처분의 본래 효과로 인해 제한받는 권리·이익뿐만이 아니다. 행정법규가 개인의 권리·이익 보호를 목적으로 행정권 행사를 제약한 덕분에 보장되던 권리·이익도 포함된다. 이와 같은 제약에 위반되는 처분 때문에 행정법규가 보장하는 권리·이익을 침해당한 사람도 해당 처분의 취소를 청구할 수 있다. 행정법규에 의한 행정권 행사의 제약은 명문 규정에 의한 제한뿐 아니라 법률의 합리적 해석에 의해 자연스럽게 도출되는 제약을 포함한다"고 판시했다.

이 판례의 연장선에서 순환6호선 판결은 변경돼야 한다. 최고재판소
에서는 정해진 순서에 따라 사건이 소법정에 배당된다. 판례를 변경하
려면 소법정에서 대법정으로 사건을 회부해 대법정이 재판해야 한다.
대법정에 회부할 것인지는 해당 소법정이 결정해 소법정 재판장이 대법
정에 통지한다. 다만 정식으로 통지하기 전에 대법정과 협의해 대법정
심리가 적절한지 사전에 결정하는 것이 관행이다. 이를 수입심의라고
부른다. 이 오다큐선 사건은 제1소법정에 배정돼 순서에 따라 내가 주임
재판관을 맡았다. 제1소법정에서는 판례변경을 위해 이를 대법정에 회
부키로 결정했다. 대법정 수입심의에서도 오다큐선 사건을 대법정에서
심리키로 결정했다. 그리하여 나는 주임재판관으로서 대법정 회부 통지
서에 날인했다. 대법정에서도 소법정의 주임재판관이 그대로 주임재판
관을 맡아 사안을 설명한다.

제1소법정이 오다큐선 사건을 대법정에 회부키로 결정한 당시, 행정
소송법 제9조에 제2항을 추가하는 헤이세이平成16년(2004년) 법률 제84
호가 이미 공포된 상태였다. 개정안을 심의한 2004년 4월 28일 중의원
법무위원회에서 이 개정으로 순환6호선 소송 같은 사례에서 원고적격
이 인정되는 것이냐는 질문이 있었다. 사법제도개혁추진본부 야마자키
우시오山崎 潮 사무국장은 "결론을 단정할 수는 없지만 같은 방향이라고
생각한다"고 답했다. 나는 행정소송법 개정 국회심의에 계속 관심을 두
고 있었고, 이 답변도 읽었다. 야마자키 우시오 사무국장은 판사 출신으
로 국회 업무에서도 안팎으로 신뢰가 두터웠다. 법무성 사법제도 조사

부장, 민사국장 등을 역임한 뒤 사법제도개혁추진본부 사무국장에 취임했다. 사법제도개혁과 관련한 법률 개정을 마무리하고 2004년 12월 판사에 복귀해 지바지방재판소장이 됐다. 하지만 여러 해에 걸친 피로가 누적된 탓인지 2006년 5월 지바지방재판소장 관사에서 심근경색으로 숨졌다.

야마자키 우시오 재판관이 지바지방재판소장이 되고 내 집무실로 인사를 왔었다. 내가 이 국회 답변을 농담조로 거론하자 야마자키 우시오 소장이 쓴웃음을 짓던 기억이 난다. 행정소송법 제9조 제2항은 최고재판소 판례들을 조문화한 것이지 새롭게 원고적격을 확장한 것이 아니다. 적어도 나는 다테화력발전소 소송을 비롯한 최고재판소 판결의 흐름에 따라 순환6호선 판결도 변경해야 한다고 생각했다. 행정소송법 제9조 제2항 시행일은 2005년 4월 1일이고, 이보다 앞선 3월 2일 오다큐선 사건 대법정회부 결정과 언론 발표가 있었다. 행정소송법 제9조 제2항 때문에 판례가 변경된 것이 아니라는 얘기다.

2005년 12월 7일 선고된 대법정 판결은 순환6호선 판결을 변경했다. ①"도시계획사업 사업지 주변에 거주하는 주민 가운데 이 사업 실시로 인해, 소음·진동 등에 의한 건강 또는 생활환경에 현저하고 직접적인 피해가 우려되는 사람은 도시계획법 제59조 제2항에 따른 사업인가의 취소를 구하는 소송의 원고적격이 있다"고 하고 ②"철도 입체교차화 도시계획사업 사업지 주변에 사는 사람 가운데 이 사업과 연관된 도쿄도 환경영향평가조례 제2조 제5호에서 정한 관계지역에 거주하는 사람은 도시계획법 제59조 제2항에 따른 사업인가의 취소를 구하는 소송의 원고적격이 인정된다. 이유는 거주지가 사업지와 가깝고 해당 지역이 '이 사업을 실시하려는 지역 및 주변지역으로 사업 실시가 환경에 현저한 영향이 우려되는 곳'으로 규정돼 있는 점(조례 제13조 제1항) 등 사정이 있어서다"라고 판시했다. 다만 이 대법정 판결의 다수의견은 ③"철도 연속입체교차화에 따른 부속도로 건설 도시계획사업은 철도 연속입체교차화 도시계획사업과 독립된 별개이고, 부속도로는 철도 연속입체교차화 과정에서 생기는 일조권 피해를 줄이려는 목적 등의 사정이 있다. 따라서 부속도로 설치 사업지 주변에 거주하는 주민은 도시계획법 제59조 제2항에 따른 사업인가의 취소를 구하는 소송의 원고적격이 없다"고 판시했다.

나는 ①과 ②의 판시에는 찬성했지만, 부속도로사업인가에 대한 원고적격을 부정하는 ③에는 3명 재판관과 반대의견을 냈다. 부속도로 사업은 철도 입체고가화가 철도 옆길 주거에 끼치는 일조권 방해에 대처한 입체교차화 사업의 일부이며, 이 사건 철도사업을 환경사업 측면에서 지원한다. 구체적으로 건축기준법과 '도쿄도 일조에 따른 중고층 건축물의 높이 제한에 관한 조례'가 정한 일정 시간 일조량 기준치를 만족시키지 못하는 장소에 환경공간을 만들어주는 것이 주목적이다.

도시계획법은 도시계획사업인가권 행사에 대해 사업지 주변에 사는 주민의 건강 또는 생활환경에 현저한 피해를 주어서는 안 된다고 제약함으로써 도시계획사업인가에 따른 피해를 막고 있다. 건설대신은 철도 사업인가에만 이러한 요건을 적용할 것이 아니다. 부속도로 사업인가까지 합쳐서 두 가지가 모두 이 요건에 맞도록 해야 한다. 이 사건 철도 사업인가로 건강 또는 생활환경에 현저한 피해가 우려되는 주변지역 주민은 부속도로 사업인가의 취소도 요구할 도시계획법상 이익이 있다. 구체적으로 철도사업과 부속도로 사업으로 이뤄진 연속입체교차화 계획 전체를 시정하라고 행정청에 촉구함으로써 건강 또는 생활환경에 현저한 피해를 입지 않을 이익이다. 실제로 주민들은 자신들이 피해를 입지 않도록 자금계획을 포함해 이 사건 철도사업과 이 사건 부속도로 사업의 사업계획 전체를 수정하라고 요구했다. 이 사건 철도사업 사업지 주변주민에게 이 사건 부속도로 사업인가 취소의 원고적격도 인정하는 것이 논리적으로 일관된다.

이것이 우리 네 재판관의 반대의견 요지다. 하나로 연결된 사업은 그 적부도 하나로 묶어 판단해야 한다.

2
민주적 정치과정

참의원 의원선거[70]의 투표가치 불평등

참의원 의원선거 무효청구 사건 2004년 1월 14일 대법정 판결 (민집 제58권 제1호 56쪽)은 2001년 7월 29일 참의원 의원선거 당시 시행된 공직선거법의 참의원 선거구선출의원 의원정수 배분규정이 헌법 제14조 제1항 위반인지가 쟁점인 사건이다. 이 선거에서 의원 1인당 선거인수의 선거구간 최대 격차는 1대 5.06이다. 투표가치를 따져보면, 최다 선거인수 선거구에서는 최소 선거인수 선거구와 비교해 0.2표를 행사하는 셈이었다. 그럼에도 다수의견은 이 의원정수 배분규정이 헌법 제14조

---

70 일본 국회는 중의원과 참의원으로 이뤄진다. 중의원은 하원, 참의원은 상원에 해당하며 모두 주권자인 국민의 선거로 뽑는다. 중의원 475명은 임기 4년이지만 총리대신이 언제든 해산할 수 있다. 참의원 242명은 임기 6년이 보장되며 3년마다 절반씩 교체한다.

제1항 평등원칙에 위배되지 않는다고 판단했다. 이에 대해 후쿠다 히로시福田 博, 가지타니 겐梶谷 玄, 후카자와 다케히사深沢武久, 하마다 구니오濱田邦夫, 다키이 시게오滝井繁男 그리고 나까지 6명이 반대의견을 냈다.

다수의견은 "헌법은 국회 양원의 의원선거에 관해, 의원은 모든 국민을 대표해야 한다는 제약을 바탕으로 의원정수·선거구·투표방법 등 구체적인 사항은 법률로 정한다고 했다(제43조[71], 제47조[72]). 어떠한 제도가 국민의 이해와 의견을 공정하고 효과적으로 국정에 반영하는 지 결정하는 일은 국회의 넓은 재량에 맡겼다. 따라서 투표가치의 평등만이 선거제도를 결정하는 유일하고 절대적인 기준은 아니다. 투표가치의 평등은 국회가 정당하게 고려할 수 있는 다른 정책 목적과 조화롭게 실현해야 하는 게 원칙이다. 그러므로 국회의 결정이 합리적인 재량권 행사라고 인정되는 이상 투표가치의 평등이 방해되더라도 어쩔 수 없다"고 했다.

이러한 판단 기준은 1976년 4월 14일 대법정 판결(민집 제30권 제3호 223쪽) 이후 이어져왔다. 재판관에 따라 '국회의 넓은 재량'에서 '넓은' 정도가 빠지거나 들어갈 뿐 같은 판단 기준을 계속해서 쓰고 있다. 얼핏 보기에는 명문장 같지만 현재 상태를 호도하는 것에 불과하다. '의원은 모든 국민을 대표해야 한다는 제약'으로 시작하지만, 이 제약은 도중에 없어지고 '투표가치의 평등이 방해되더라도 어쩔 수 없다'로 끝난다. 헌

---

71 제43조 제1항 양원은 전 국민을 대표하는, 선출된 의원으로 조직한다. 제2항 양원 의원정수는 법률로 정한다.
72 제47조 선거구, 투표방법 기타 양원의 의원선거에 관한 사항은 법률로 정한다.

법이 보장하는 법 앞의 평등 원칙, 공무원 선출권, 보통선거권, 평등선거권 같은 국민의 기본권은 법률의 제약 아래 인정되는 것이 아니라, 그러한 기본권에 관해 정한 법률이 헌법의 제약을 받는 것이다. 헌법 제43조나 제47조가 의원의 정수와 선거에 관한 사항을 법률에서 정한다고 규정한 것은 이러한 국민의 기본권을 법률로 제약하려는 것이 아니다. 헌법의 제약을 바탕으로 선거에 관한 사항을 법률로 정하도록 하는 것이다. 하지만 최고재판소의 이 같은 판단기준은 선거권의 평등까지 '국회의 넓은 재량'에 맡기도록 만들었다. 그 결과 도시 주민은 0.2표의 가치밖에 없게 만드는 정수규정을 합헌이라고 했다. 평등한 선거권의 보장은 민주주의의 기본이다. 불평등한 의원정수 배분규정을 이해관계자인 국회의원이 자발적으로 개정하리라고는 기대하기 어렵다. 민주적 정치과정에 벌어진 균열을 고치는 것은 사법의 역할이다. 헌법이 재판소에 위헌심사권을 부여한 이유이기도 하다.

이런 이유로 나는 반대의견을 냈다. 요지는 다음과 같다. ①"선거권은 의회민주주의를 채택한 국민주권국가에서 국민이 자신의 의사를 밝혀 국정에 참여하는 것을 보장하려는 것이다. 선거권은 또한 다수결 민주주의의 뼈대를 이루는 국민의 기본적 권리이다. 그리고 민주주의의 기반은 주권자인 국민 모두의 평등이므로 국민에게는 평등한 선거권이 보장돼야 한다. 정치참여에서 국민의 평등이 방해되면 의회는 민주적 정치기구의 정통성을 잃는다."

②"헌법이 말하는 1인 1표 평등이념이란 실제 선거에서 국회의원 1명당 인구가 선거구끼리 비교해 1대 1에 가까워야 한다는 뜻이다.", "의원

1명당 인구의 선거구간 격차가 2배를 넘으면 사실상 1명에게 2표 이상 복수 투표권을 인정하는 것이고 평등선거의 근간이 흔들려 헌법에 위반된다.", "이 사건 의원정수 배분규정에서 인구격차는 최대 1대 4.79, 선거인수 격차는 최대 1대 5.06이다. 의원 1명당 인구가 가장 적은 선거구의 1표는 의원 1명당 인구가 가장 많은 선거구의 5배 가까운 투표가치를 가진다. 최소 선거구의 선거인 1명이 5표를 행사하는 셈이다. 이러한 불균형은 극히 일부 선거구의 일이 아니라 정도의 차이만 있을 뿐 매우 폭넓은 범위에서 일어나고 있다. 이 사건 의원정수 배분규정에서는 인구의 약 35%가 선거구선출의원의 절반 이상을 선출한다. 약 4427만 명이 선거구의원 146명 중 74명을 뽑는다.", "따라서 이 사건 의원정수 배분규정은 헌법이 요구하는 평등선거 원칙에 위배된다."

③"헌법은 예산 의결, 조약 승인, 내각총리대신 지명에서 중의원이 참의원보다 절대적으로 우위라고 정하고, 내각 불신임 의결도 중의원에만 인정한다. 그러나 가장 일상적인 국회 업무인 법률안 의결에 대해서는, 중의원에서 가결되었으나 참의원에서 이와 다른 의결을 한 법률안은 중의원에서 출석의원 3분의 2 이상의 다수로 다시 가결된 때에 법률로서 성립된다(헌법 제59조 제2항)고 규정하는 데 그친다. 참의원이 부결한 법률안을 중의원이 출석의원 3분의 2 이상의 다수로 가결하는 것은 현실적으로 쉬운 일이 아니다. 따라서 법률안 의결은 참의원과 중의원의 권한이 거의 같다고 볼 수 있다. 내각총리대신 지명에도 커다란 영향을 미친다. 일본 헌법이 채택한 의원내각제에서 내각총리대신 지명은 국회가 가지는 가장 큰 권한 중 하나다. 내각총리대신 지명에서 중의원이 절

대적으로 우월하다고는 하지만, 실제로는 법률안 의결을 고려해 참의원에서도 과반수의 안정적 기반을 확보할 수 있는 총리를 지명하고 있다.[73] 예산의 상당부분도 법률안 의결이 없으면 집행하지 못한다. 그러므로 참의원은 중의원과 거의 같은 권한을 가진다. 참의원 의원의 선출에서도 국민이 평등한 선거권을 행사하도록 하여 참의원 의원이 모든 국민을 대표하도록 해야 한다."

④"차별받는 국민의 권리와 이익이 민주주의 사회의 기본권에 해당할 경우 그러한 차별이 헌법 제14조 제1항[74] 후단에서 정한 사유인지와 상관없이 합리성을 엄격하게 심사해야 한다. 입법목적의 중요성을 엄격하게 판단하고, 수단이 입법목적과 실질적으로 관련되는지 엄격하게 물어야 한다. 국회에 넓은 재량을 인정해서는 안 된다. 선거권은 표현의 자유 등과 함께 민주주의 사회를 지탱하는 기본권이다. 이러한 차별에 국회의 넓은 재량을 인정하는 것은 민주주의 기반을 흔드는 일이다."

⑤"민주주의 국가에서 사법은 국민의 대표인 의회의 입법이 타당한지 여부에 관해 심사해서는 안 된다. 위헌판단도 신중해야 한다. 현명한 입법인지는 국민이 투표로 심사한다. 현명하지 못한 입법을 시정하는 일은 투표와 민주정치과정에 맡겨야 한다. 하지만 이것은 어디까지나 선거제도를 근간으로 하는 민주주의 시스템이 정상적으로 작동해, 모든

---

73 내각총리대신은 국회의원 가운데 국회의 의결로 지명한다. 중의원과 참의원이 다르게 지명한 경우 양원이 협의회를 연다. 여기에서도 일치하지 않거나, 중의원 의결 이후 10일 넘도록 참의원이 지명하지 않은 경우에는 중의원 의결을 국회의 의결로 한다. 헌법 제67조가 근거다.

74 제14조 제1항 모든 국민은 법 앞에 평등하며, 인종, 신조(信條), 성별, 사회적 신분 또는 가문에 의하여 정치적·경제적 또는 사회적 관계에 있어서 차별받지 아니한다.

II. 일본 최고재판소를 말하다

국민이 투표소에서 제대로 의사를 표현할 수 있고, 이 의사가 의회에 정당하게 반영되는 구조를 전제로 한다. 선거제도가 국민의 목소리를 의회에 제대로 전달하는 시스템으로 작동해, 의회가 정당하게 구성된 국민의 대표기관이라는 것이 대전제다. 그래야만 의회에 광범위한 입법재량권을 주고, 재량권 행사의 잘잘못을 바로잡는 일을 투표와 정치과정에 맡길 수 있다. 선거제도를 구축하는 일, 특히 투표가치에까지 국회가 넓은 재량권을 가진다면 의회에 입법재량권을 주는 대전제가 무너진다.", "민주주의 시스템이 정상적으로 기능하고 있는지, 다시 말해 국민의 의사가 의회에 정확히 전달되는 데 장애물은 없는지 심사하고 장애물을 걷어내는 것이 사법의 역할이다. 의원정수 배분 문제는 사법기관이 헌법이념에 바탕해 엄격하게 심사해야 한다."

나는 반대의견에서 참의원도 중의원과 거의 같은 권한을 가진다는 사실을 강조했다. 2008년 이후 국회가 민의를 제대로 반영하지 못하고 구성되면서 참의원이 얼마나 강력한 권한을 가졌는지 모두가 알게 됐다. 이른바 '뒤틀린 국회[75]' 때문에 국정이 마비되고 일본 전체에 앞날이 보이지 않았는데, 이유는 정당별 득표율과 당선한 의원수가 비례하지 않는 참의원선거제도의 결함이었다. 최고재판소는 국회의 넓은 재량권을 이유로 내세워 위헌심사권 행사를 외면하고 참의원선거제도의 결함을 방치해 국정 마비를 초래했다.

---

75 중의원과 참의원의 의석 과반수를 차지하는 정당이 서로 다른 상태를 두고 언론에서 네지레국회(ねじれ国会), 우리말로 '뒤틀린 국회'라고 부른다.

나는 반대의견에서 재판관으로서 헌법이론과 법률이론만으로 설득해야 한다고 생각해, 의원정수 배분 불균형이 일본사회에 끼치는 영향에 대해서는 쓰지 않았다. 하지만 의원정수를 손보려는 움직임이 국회는 물론이고 국민 사이에도 별달리 없다. 일본의 나랏빚은 2011년 말 현재 사상 최고인 959조 9503억 엔이며 국민 1인당 약 752만 엔이다. 국내총생산GDP의 219%로 선진국 가운데 최고이고 국채 채무불이행이 우려되는 그리스 등 남유럽 국가보다도 훨씬 높다. 세입의 50% 정도를 국채에 의존해서만 예산 편성이 가능한 상황이 이어지지만 이런 일이 언제까지 가능할지 의문이다. 기업은 생산거점을 해외로 옮겨 산업이 공동화하고 청년 실업률은 높아지고 있다. 농업도 경쟁력이 없어 산업의 역할을 못한다. 눈앞의 표에 골몰하는 정치인은 있어도 나라의 장래를 바라보는 정치인은 좀처럼 없다. 총리가 7년 동안 7번 바뀌었다. 뒤틀린 국회에서는 동일본대지진 피해지역 복구안조차 진전이 없다. 일본의 전반적인 쇠퇴는 뒤틀린 선거제도가 하나의 원인임이 분명하므로 선거제도를 바로잡아야 할 재판소에도 절반의 책임이 있다. 주권자인 국민의 의사가 국회에 제대로 전해지지 않는다. 우리가 보고 있는 뒤틀린 국회의 원인도 뒤틀린 선거제도에 있다. 재판소는 헌법에 따라 위헌심사권을 부여받았다. 국민주권에 따른 민주주의, 평등권을 비롯한 기본권 등 헌법질서를 유지하는 것이 재판소의 역할임을 명심해야만 한다.

물론 1인 1표가 실현된다고 모든 문제가 해결되지는 않지만 일본이 위기를 맞이했을 때 어떻게 대처할지에 대해 국민 개개인이 평등하게 발언할 기회를 가지게 된다. 1인 1표로 선택된 국회가 잘못된 정책판단을 하더라도, 다음 선거에서 국민 다수의견으로 정책을 바꾸는 일이 가능하다. 지금 일본은 벼랑 끝에 서 있다. 국민도 이제 정치에 더욱 관심을 갖고 국정의 방향이 자신들의 책임임을 자각해야 한다. 정치를 방관하거나 그저 비판만 하는 태도를 버리고, 한 사람 한 사람 국민이 주권자라는 의식을 가져야 한다. 그렇게 되면 0.2표나 0.5표밖에 가지지 못한 것에 대해 자연스럽게 분노가 일 것이다. 일본이 막다른 길에 다다르면 그 피해는 고스란히 국민에게 돌아간다. 일개 법률가로서 이런 이야기가 적절했는지 모르겠지만 1인 1표의 중요성을 강조하기 위해서는 언급하지 않을 수 없었다.

희망스러운 조짐도 보인다. 2010년 7월 11일 참의원 선거구선출의원선거 무효소송이 고등재판소와 고등재판소 지부에 제기됐다.[76] 1대 5 격차에 합헌은 5건뿐이었고, 위헌 3건에 위헌상태가 9건이다.[77]

최고재판소도 2012년 10월 17일 대법정 판결(민집 제66권 제10호 3357쪽)에서 선거구 사이의 투표 가치 불균형은 위헌상태라고 판단했다. 고등재판소 판결들의 다수와 입장이 같았다. 소수이던 불균형한 투표가치에 대한 위헌의견이 드디어 다수가 됐다. 대법정 판결은 "국민 의사를 제대로 반영하는 선거제도가 민주정치의 기반이고, 투표가치의 평등을 헌법이 요구할 뿐 아니라 국정운영에서 참의원의 역할을 고려하면 민심

---

76 공직선거법 제204조에 따라 선거에 관한 쟁송은 고등재판소가 제1심이다.

77 9건 판결의 주문은 원고 청구 기각이다. 다만 이유에서 헌법이 요구하는 투표가치의 평등에 위배되는 상황이지만, 국회가 이를 시정하기 위한 합리적 기간이 지나지 않았다고 했다. 이를 두고 언론에서 '위헌상태' 판결이라고 부른다. 이러한 판단 방식은 1983년 최고재판소 판례에서 비롯됐다.

이 확실하게 반영돼야 한다. 그러려면 일부 선거구의 정수를 손보는데 그쳐서는 안 된다. 47개 도도부현을 기준으로 선거구의 정수를 정하는 현재의 방식을 바꿔야한다. 선거제도 구조 자체를 새롭게 하는 입법으로 신속하게 위헌상태를 해소해야 한다"고 했다. 현행 선거제도의 구조 자체를 바꾸라고 요구한 점을 높이 평가할 수 있다.

그렇지만 최고재판소는 투표가치 격차가 선거권 평등에 반하는 것만으로는 곧바로 의원정수 배분규정을 위헌이라 하지 않았다. "인구변동 상황을 고려해서 합리적인 기간 안에 시정할 것이 헌법상 요구되는데도 시정하지 않는 경우에만 헌법위반이라 할 수 있다"고 했다. 즉 최고재판소는 두 가지 요소, 투표가치의 평등원칙 위반과 시정을 위한 합리적 기간의 경과가 갖추어져야 위헌으로 판단한다는 것이다. 2012년 10월 17일 대법정 판결도 이 사건 선거까지 의원정수 배분규정을 개정하지 않았다고 해서 국회 재량권의 한계를 벗어났다거나 헌법 위반에 이르렀다고는 할 수 없다며 주문에 위헌선언(실제 판결문에서는 행정소송법상 용어를 써서, '위법을 선언한다'고 한다)을 하지는 않았다.

합리적 기간이 지나야만 위헌으로 선고할 수 있다는 것은 잘못된 것이다. 최고재판소는 사정판결[78] 법리를 가져와 의원정수 배분규정이 위헌이라 해도 해당 선거가 무효는 아니라고 했다. 판결 주문에서 원고인 선거인의 청구를 기각하면서 다만 당해 선거가 위헌상태라고 선언하

---

[78] 원고 청구에 이유가 있어도 이를 인용하는 것이 현저히 공공복리에 적합하지 않은 경우 원고 청구를 기각하는 판결. 이 경우에도 판결 주문에는 처분 등이 위법하다고 명시해야 한다.

II. 일본 최고재판소를 말하다

는데 그쳤다. 이제까지의 국회의 책임을 유예하고 앞으로 다음 선거 때까지 정수 배분규정을 시정하도록 요구한 것이다. 하지만 과거의 책임을 묻지 않는 이상 합리적 기간은 요건으로서 의미가 없다. 합리적 기간의 문제는 사정판결할 때 고려할 사항이다. 1표의 격차가 선거권 평등의 원칙에 위배되면 합리적 기간이 지나지 않았어도, 사정판결의 법리에 따라 주문에서 원고 청구를 기각하고, 해당 선거가 위헌임을 선언해 합리적 기간 내에 시정하도록 촉구해야 한다.[79] 주문에서 위헌을 선언하면 국회는 곧바로 격차를 시정하는 법 개정에 들어가야 한다. 원고의 진정한 바람도 국회가 다음 선거까지 의원정수 배분규정을 신속하게 개정하는 것이다. 주문에서 명확하게 위헌을 선언하지 않으면 이유에서 위헌상태라고 말해봐야 국회에는 권고에 불과해 국회를 구속하지 않는다. 국회는 선거제도 자체에 이해관계를 가지는 의원의 집단인 이상 쉽사리 움직이지 않는다. 주문에서 명확하게 위헌을 선언해야 한다.

2006년 10월 4일 대법정 판결(민집 제60권 제8호 2696쪽)은 "투표가치 평등의 중요성과 인구쏠림이 계속되는 현실을 고려하면 국회는 제도개편을 포함해 투표가치 격차해소 노력을 계속하는 것이 헌법의 취지에 맞다"고 했다. 하지만 국회는 이후 6년 동안 어떤 조치도 하지 않았다. 이유 부분에서 중얼거려봐야 효과는 없는 것이다. 국회는 2012년 10월 17일 대법정 판결을 받고 같은 해 11월 26일에야 선거구선출의원 의원

---

[79] 일본에서 위헌 판결은 개별 사건에만 효력이 있다. 국회가 위헌 판결에 따라 폐지해야만 법률의 효력이 사라진다. 이는 최고재판소가 판례로 정했다.

정수를 4증4감[80]하는 법률을 공포했다. 이 판결이 요구한 선거제도 개정은 되지 않았다. 최고재판소는 약 5배의 투표가치 격차가 수십 년째 계속돼도 위헌을 선언하지 않고 국민 의사가 반영되지 않는 선거제도를 방치해 국정을 왜곡시키고 있다. 위헌심사권을 부여받은 기관으로서 책임을 자각해야 한다.

최고재판소가 주문에서 위헌을 선언하면 선거가 위헌이라는 점에 기판력이 생기기 때문에, 국회는 위헌 선언된 판결의 이유 부분에 적힌 법률판단에도 구속된다. (행정소송법 제33조, 제38조, 제43조) 따라서 최고재판소는 의원정수 배분규정의 어디까지가 위헌인지 판결이유에 밝혀야 한다. 이유 가운데 어느 부분이 위헌인지 명확하게 제시하지 않으니 국회가 부분적으로만 손보고 넘어가는 것이다. 판결에서 현재 상태가 위헌이라고만 말하면 국회는 현재 상태를 약간만 개선하면 된다고 생각하고 만다. 지금까지 선거법이 개정된 역사를 봐도 그렇고, 뒤에서 다루는 2012년 11월 26일 개정에서도 한치의 오차 없이 드러난다.

나는 최고재판소 조사관이던 당시 도쿄도 의회 의원정수 시정소송 1984년 5월17일 제1소법정 판결(민집 제38권 제7호 721쪽)에 관여했다.[70] 최대 1대 7.45라는 심각한 격차를 가진 '도쿄도 의원정수와 선거구 및 각 선거구 의원 수에 관한 조례'가 인구비례 배분을 규정한 공직선거법 제15조 제7항에 위반된다고 판단하고 주문에서 위법을 선언한 원심 판결을 유지했다. 지방자치단체 의원정수 배분규정의 적법성을 판단한 최

80　가나가와현과 오사카부 정수를 6에서 8로 늘리고, 기후현과 후쿠시마현 정수를 4에서 2로 줄인 것.

초의 최고재판소 판결이다. 이후로도 두 차례에 걸쳐 도쿄도의 시정이 충분하지 않다고 판결했고 그때마다 도쿄도는 배분규정을 고쳤다. 하지만 최고재판소는 1995년과 1999년 3배 넘는 격차를 가진 의원정수 배분이 도의회의 재량권 범위에 있다고 판단해 이 흐름을 끊었다. 이 결과 도의회가 정수 시정을 그만두었고, 여전히 3배를 넘는 격차가 계속되고 있다. 이러한 경험을 통해 나는 재판소가 움직이지 않으면 정수는 시정되지 않는다고 확신하게 됐다.

투표가치 불평등 방치한 참의원 의원선거

참의원 의원선거 무효청구 사건 2006년 10월 4일 대법정 판결(민집 제60권 제8호 2696쪽)에서는 2004년 7월 11일 시행된 참의원 의원선거 당시 참의원 선거구선출의원 의원정수 배분규정이 헌법 제14조 제1항에 위반되는지가 쟁점이었다. 이 사건 선거 당시 의원선거구 사이의 1명당 선거인수 최대 격차는 1대 5.13이었다. 다수의견은 선례에 따라 의원정수 배분규정을 합헌이라 판단했다. 하지만 요코오 가즈코橫尾和子, 다키이 시게오, 사이구치 지하루才口千晴, 나카가와 료지中川了滋, 나까지 다섯 재판관이 반대의견을 냈다. 나는 2004년 1월 14일 대법정 판결에 썼던 반대의견을 인용했다.

공직선거법은 각 도도부현을 선거구선출의원 선거구의 기준으로 했다. 참의원 의원은 3년마다 절반씩 새로 뽑아야 한다고 헌법이 규정함에 따라 각 도도부현의 선거구선출의원은 최소 2명이 됐다. 처음에는 짝수 의원수로 선거구 인구수에 비례해 배분했다. 이후로 선거구 인구가 모두 달라졌지만 의원정수 배분은 선거구마다 인구에 비례해 한다는 당초 기준대로 되지 않았다. 이 사건 당시 의원수 4명 이상인 선거구 사이에서도 인구비례가 지켜지지 않았다. 의원 1명당 인구 격차가 1대 3.01까지 벌어졌다. 이런 격차는 특별한 입법목적이 있어서가 아니라 선거구 인구 변동에 따른 시정을 하지 않아 생긴 것에 불과했다. 이런 격차를 수십 년 동안 방치한 것을 합리적인 재량권 행사라고는 도저히 말할 수 없다. 처음에 하던 수준대로 시정한다고 합헌이 보장되는 것은 아니지만 그 정도만 해도 전국적인 격차는 상당히 개선된다. 적어도 당초 입법 취지에 따른 개정은 이뤄져야 한다. 나는 이런 점을 반대의견에서 강조했다. 최고재판소는 최소한 이 점만이라도 주문에서 위헌을 선언했어야 했다. 그럼에도 종래 기준에 비춰 위헌인지 여부조차 판단하지 않고 피했다.

이렇다 보니 국회는 당초의 정수비례를 유지하는 정도의 개정조차 하지 않았다. 국회는 참의원 선거구선출의원 의원정수를 시정한다면서 2006년 6월 7일 4증4감에 이어 2012년 11월 26일에도 4증4감하는 데 그쳤다. 짝수로만 정수를 배분하는 현행 선거제도를 고려해도 4증4감으로는 인구 비례를 반영하지 못해 37.3% 득표만으로 선거구선출의원의 과반을 획득한다. 인구 비례대로라면 12증12감이 돼야 한다. 이러한 불평등한 의원정수 배분으로 2013년 7월 참의원선거를 치르겠다고 국회는 선언했다. 땜질식 처방이다. 최고재판소는 적어도 현행 선거제도에서의 불평등만이라도 주문에서 위헌선언을 해야 했다. 이유에서도 현행 선거제도에서도 도도부현 인구에 비례해 정수를 배분하지 않으면 위헌이라고 판시했어야 한다.

중의원 의원선거의 투표가치 불평등

중의원 의원선거 무효 청구 사건 2007년 6월 13일 대법정 판결(민집 제61권 제4호 1617쪽)은 2005년 9월 11일 시행 중의원 소선거구 선거의 합헌성이 쟁점이었다.

소선거구 선거는 전국 300개 선거구에서 의원 1명씩을 선출한다. 중의원 의원선거구 획정심의회 설치법에 따라 우선 47개 도도부현마다 선거구를 1개씩 할당하고 나머지 253개를 인구 비례에 따라 할당한다. 도도부현마다 1개 선거구를 우선 할당한다고 해서 '1인 할당 방식'이라고 부른다. 이 방식 때문에 선거구 사이의 선거인수 격차가 1대 2.171로 벌어지고 투표가치에 차별이 생겼다. 이와 함께 소선거구 선거에서는 후보 개인의 선거운동과 별도로 후보자신고정당 등 정치단체도 선거운동이 가능하다. 자동차, 확성기, 문서나 도화 등 이용, 신문광고, 연설회 등은 물론이고, 후보자 개인은 할 수 없는 정견방송도 가능하다. 이렇게 정당 후보와 무소속 후보 사이에 선거운동 차별이 있다. 이러한 차별이 헌법 제14조 제1항 등에 위반되는지가 문제됐다. 다수의견은 합헌이라고 판단했지만 요코오 가즈코 재판관과 나는 반대의견을 냈다. 다하라 무쓰오田原睦夫 재판관은 선거운동 차별에 반대의견을 밝혔다.

나는 반대의견에서 투표가치의 차별은 위헌이라고 밝혔다. "선거권 평등은 개인 인격의 근원적 평등성에 기인하는 형식적이고 수학적인 평등이다. 정치적 의사형성에서 국민을 절대적으로 평등하게 대우할 것을 요구한다.", "헌법 제47조는 구체적인 선거제도를 법률에 위임했지만 어디까지나 선거권 평등 원리라는 기반 위에서의 위임이다. 중의원 의원 선거구와 의원정수 배분은 투표가치가 가능한 한 평등하도록 인구비례 원칙대로 1대 1에 가까워야 한다. 선거인을 묶어 선거구를 정하므로 1대 1에서 다소 벗어나는 것은 불가피하다. 이런 규정의 합헌성을 인정하려면 (차이를 발생시키는) 입법의 목적이 필수불가결한 공익 추구인지, 이 목적을 달성하려 선택한 수단이 반드시 필요한 최소한의 것인지를 심사해 모두 인정돼야만 한다.", "중의원 의원선거구 획정심의회 설치법 제3조 제2항이 1인 할당 방식을 도입한 입법목적에 대해 정부 입법담당자는 '과소지역 배려와 다극분산형 국토 발전이라는 정책목표를 달성하기 위해서는 인구 이외의 요소도 고려해야 한다는 의견을 반영, 인구가 적은 현을 배려한 것'이라고 설명한다. 하지만 과소지역 대책이나 다극분산형 국토형성 정책은 '전 국민을 대표하는 의원'이 국회에서 심의하는 공공정책 가운데 일부다. 국회에서 심의해야 할 정책에 방향을 제시한다는 이유로 국회에 대표자를 보내는 선거 단계에서 각 도도부현에서 선출될 의원의 숫자에 손을 대는 것은 의회민주주의 헌법원리에 위배된다.", "담당대신은 1인 할당 방식의 입법목적에 대해 '국회의원 수가 현저하게 감소하는 것은 지역대표라는 의미를 생각하면 바람직한 게 아니다'라고 설명한다. 하지만 일부 도도부현의 의원수 감소를 막기 위해 인구비례 원칙에 예외를 만드는 것은 정당하지도 않고 헌법이 정한 선거권 평등과도 배치되므로 도저히 인정할 수 없다. 국회의원을 지역의 대표자로 여기는 것은 국회의원을 전 국민의 대표로 규정한 헌법이념에 반한다."

　나는 선거운동의 자유·평등에 관한 반대의견에서 이렇게 적었다. "일본 헌법이 규정한 의회민주주의는 선거인이 제대로 선거권을 행사하는 게 전제다. 선거인이 후보의 인물, 식견, 정견 등에 관한 정보를 자유롭고 균등하게 취득해야 한다. 이러한 민주정치의 절차를 위해 헌법은 선거권 보장과 함께 집회·결사 및 언론·출판 등 표현의 자유를 보장한다. 민주주의의 핵심인 자기지배를 위해 표현의 자유는 반드시 보장돼야 한다. 그리고 선거인이 후보자에 관해 적절한 정보를 취득하려면 후보자의 자유롭고 평등한 선거운동이 보장돼야 한다. 선거운동의 방법과 분량에서 후보자들을 차별하는 것은, 선거인이 후보자 정보를 자유롭고 균등하게 취득해 선거권을 적절하게 행사하는 것을 막는 일이다. 선거인의 헌법 제21조 제1항에 따른 알 권리, 제15조 제1·3항의 선거권을 방해하고 의회민주주의 원리에 반한다. 그러므로 이러한 차별의 합헌성을 판단할 때는 투표가치 차별과 마찬가지로 엄격한 심사를 해야 한다.", "후보자신고정당은 지난 선거에서 실적이 있는 정당 등 정치단체이며 소정당이나 신흥정치단체는 제외된다.", "헤이세이 6년(1994년) 법률 제2호로 개정되기 이전 공직선거법은 과거 선거 결과와 관계없이 확인단체 및 추천단체의 선거운동을 인정했다. 확인단체는 당해 총선거에서 전국에서 25명 이상 후보자를 내는 정당 등 정치단체를 가리키며, 선거운동이 가능했다. 추천단체는 중의원 의원선거에서 확인단체 소속 후보자 이외의 후보자를 추천하거나 지지하는 정당 등 정치단체다. 추천연설회를 개최하고 문서, 도화를 게시하는 선거운동이 가능했다. 하지만 중의원 의원선거에서 확인단체 및 추천단체 선거운동제도가 폐지되면서, 과거 선거에 실적이 있는 후보자신고정당만이 후보자 개인 이외의 선거운동이 가능하게 됐다.", "공직선거법이 과거의 선거 결과에 따라 기성정당에만 후보자 개인과 별도의 선거운동을 할 수 있도록 하는 것은 선거의 출발점부터 기성정당을 유리하게 만들고 무소속 후보자를 극히 불리한 조건에서 경쟁하도록 하는 것이다. 의회제 민주주의의 원리에 반하고, 국민의 알 권리와 선거권의 적절한 행사를 방해하므로 헌법에 위반된다."

나는 국회의 재량권 인정과 관련해 이렇게 적었다. "국민이 평등한 선거권과 정확한 정보를 가지고 대표자를 선출해 정치적 의견을 국회에 반영하는 것이 의회민주주의다. 이 과정 자체가 훼손된 경우 이를 훼손된 시스템으로 시정하기는 어렵다. 이 훼손을 제거하고 정상적인 민주정치과정을 회복하는 것은 사법권이 할 일이다. 실제로 현직 국회의원은 현행 선거제도에 따라 선출된 의원이므로 그들이 선거제도의 결함을 시정하리라 기대하는 것은 무리다. 동서양 모두 '잘못된 의원 배분이란 병은 입법이란 약으로는 고치지 못한다'고 한다. 자유롭고 평등한 선거권은 국민의 국정참여를 위한 기본적인 권리이며 의회민주주의의 뼈대이다. 헌법 제47조는 국민주권, 선거권 평등, 의회제 민주주의 등 헌법 원리 안에서 구체적인 선거제도를 국회가 결정하도록 위임했을 뿐이다. 선거권의 평등하고 적절한 행사에 영향을 끼치는 입법에 국회의 폭넓은 재량을 인정하는 것은 헌법을 무시하는 것이다. 헌법이 부여한 사법의 역할을 포기하는 것이다."

2009년 8월 30일 시행된 중의원 소선거구 선거에서도 비슷한 소송이 전국 각지에서 제기돼 9개 사건이 고등재판소에 계속되었다. 이 가운데 7개 사건에서 1인 할당 방식이 투표가치의 평등원칙에 위배된다고 판결했다. 이어 2011년 3월 23일 최고재판소 대법정 판결(민집 제65권 제2호 755쪽)은 "이 사건 선거구 구분기준 가운데 1인 할당 방식은 적어도 이 사건 선거 당시에는 입법 당시의 합리성을 잃어버렸다. 그럼에도 계속 남아 투표가치 평등에 상반되게 작용하면서 그 자체가 투표가치의 평등에 위배되는 상황이다. 이 사건 선거구 구분은 이 사건 선거 당시 위헌상태이던 1인 할당 방식을 포함하는 구분기준에 의한 것이다. 따라서 이 선거구 구분 역시 투표가치의 평등에 반하는 상태에 이른 것이다"라고 판시했다. 드디어 우리의 소수의견이 다수의견이 되고 있다. 1인 할당 방식이 평등원칙 위반이란 얘기는 각 도도부현의 선거구 수를 인구에 비례해서 배분하지 않으면 평등원칙에 위배된다는 뜻이다. 이 사건 대법정 판결도 "굳이 한 지역 선거인과 다른 지역 선거인 사이에 투표가치의 불평등을 만들 만한 합리성이 있다고는 보기 어렵다"고 명확하게 밝혔다.

다만 대법정 판결은 "이 사건 선거까지 구분기준 가운데 1인 할당 방식 폐지와 이에 바탕한 구분규정 시정이 이뤄지지 않았다고 해서 헌법이 요구하는 합리적 기간에 시정이 되지 않았다고는 하지 못한다"며 위헌판단은 하지 않았다. 위헌을 판단하는데 합리적 기간 요건이 불필요한 점, 이유에서는 위헌상태를 확인해도 권고에 불과해 국회에 늑장부릴 구실만 주는 점은 이미 밝혔다.

2012년 11월 26일에 공포한 '중의원 소선거구 선거 의원의 선거구간 인구격차를 긴급하게 시정하기 위한 공직선거법 및 중의원 의원선거구 획정심의회 설치법 일부를 개정하는 법률'은 1인 할당 방식 자체는 폐지하고 도도부현의 선거구 수를 부칙에서 정했다. 부칙에서 정한 수는 0증 5감이었지만 도도부현 인구에 비례하지는 않아, 44.3% 득표만으로 소선거구선출의원의 과반을 획득할 수 있었다. 도도부현을 기준으로 선거구 수를 배분하는 방식을 인정하더라도 인구에 비례하려면 18증18감이 필요했다. 형식적으로 1인 할당 방식은 폐지했지만 실질적으로는 1인 할당 방식에 따른 불평등 효과가 상당 부분 그대로였다. 같은 해 12월 16일 시행된 총선거는 투표가치 평등에 반하는 기존 선거구 구분에 따라 실시됐다. 잔꾀를 부린 개정이다. 최고재판소는 최소한 주문에서 위헌선언을 하고, 이에 더해 이유에서 1인 할당 방식이 위헌이라는 점, 도도부현의 인구에 비례하지 않는 선거구 배분은 위헌이라는 점을 명확히 밝혀 국회가 위헌사유를 해소하도록 구속해야 했다. '주문'에서 위헌선언을 하고, '이유'에서 선거법 어느 부분이 위헌인지를 제시하면, 국가는 '판결의 취지에 따라' 위헌판단을 받은 부분을 제거하는 선거법 개정 의무를 진다. (행정소송법 제43조 제2항, 제38조 제1항, 제33조. 졸고 '중의원선거 0증5감과 참의원선거 4증4감을 읽는 방법衆議院選の「0増5減」と参議院選の「4増4減」の読み方' 〈법학세미나法学セミナー〉 2013년 2월호 권두언 참조)

2012년 12월 16일 시행된 중의원 소선거구 선거에서도 전국 고등재판소에 16건 선거무효소송이 제기됐다. 고등재판소들은 공직선거법 제213조의 100일 재판 규정에 따라 2013년 3월 6일부터 27일까지 모든 판결선고를 마쳤다. 각 고등재판소는 2011년 대법정 판결일을 기산일로 하여 이후 1인 할당 방식의 개정을 위한 합리적 기간의 경과가 있었는지 판단했다. 16개 판결 가운데 14개는 위헌이라 판단했다. 나머지 2건도 위헌상태라고 판단했다. 위헌판단 가운데 1건은 장래무효[81]였고, 1건은 전후 처음 나온 즉시무효였다. 그럼에도 국회는 2011년 대법정 판결에서 평등원칙 위반이라고 지적한 1인 할당 방식 시절 불평등의 약 88%가 실질적으로 유지되는 0증5감의 틀로 선거구 분할법을 제정하려 한다. 국민의 평등한 선거권이 경시되고 최고재판소 판단의 권위가 도전받는 사태다. 최고재판소 판결이 1인 할당 방식이 위헌이라고 하면서 '도도부현별 정수가 인구에 비례하지 않으면 위헌이라는 의미'라고 한마디만 붙였다면 이런 일은 막을 수 있었을 것이다. 아쉬움이 남는다.

정수 시정을 요구하는 선거무효 소송은 공직선거법 제204조에 따른 것으로 당사자에게 소의 이익이 없어도 진행되는 객관소송이란 것이 판례의 입장이다. 하지만 실질적으로는 공직선거법의 선거소송 형식을 빌려 개인의 선거권 평등의 회복을 청구하는 소송이다. 법에 규정되지 않았지만 판례로 인정되는 것이다. 판례로 인정되는 이른바 무명 항고소송의 일종이다.[71]

---

81 판결의 효력을 일정기간 유예하는 판결 방식. 투표가치 불평등 사건 등 특별한 경우에 인정된다. 즉시무효는 의원 공백 등 혼란을 불러온다는 이유. 1985년 최고재판소 판결에서 재판관 4명이 보충의견으로 제시했다.

재외 일본인의 투표권 정지

재외 일본인 선거권 제한 위법 확인 등 청구 사건 2005년 9월 14일 대법정 판결(민집제59권 제7호 2087쪽)은 "국외에 거주하며 국내에 주소를 가지지 않은 일본국민이 재외선거인 명부에 등록돼 있음을 근거로, 차기 중의원 소선거구선출의원 선거 및 참의원 통상선거에서 투표자 지위가 있음을 확인하는 소송은 공법상 법률관계에 관한 확인의 소로서 적법하다", "국외에 거주하며 국내에 주소를 가지지 않은 일본국민은 재외선거인명부에 등록돼 있으므로 투표권자의 지위를 가진다"고 판결했다.

이 판결은 행정소송법 제4조 '공법상 법률관계에 관한 확인의 소'를 인정한 사례로 의미가 크다. 이 조항에서 말하는 '공법상 법률관계에 관한 소송'의 하나로 확인소송이 포함되는 것에는 이론이 없다. 이에 관한 판례로는, 약사의 약국 개설허가 또는 허가갱신 의무 부존재 확인 청구 사건 1966년 7월 20일 대법정 판결(민집 제20권 제6호 1217쪽)이 있다. 약사는 도도부현 지사에게 등록해 약국을 개설할 수 있었다. 하지만 1960년 약사법을 개정해 경과기간 2년 동안만 허가를 받은 것으로 간주하고 이후에는 개설허가를 갱신하거나 새로 개설허가를 받도록 했다. 그러자 어느 약사가 '약사법 제5조가 정한 허가 또는 허가 갱신 없이, 1963년 1월 이후에 약국을 개설할 수 있음을 확인해달라'는 소송을 냈다. 1966년 최고재판소 대법정은 공법상 법률관계에 관한 소송으로 적법하다는 것을 전제하고 본안판결을 내렸다. 그리고 국적확인소송 사건 1997년 10월 17일 제2소법정 판결(민집 제51권 제9호 3925쪽)은 일본국민인 아버지와 한국적인 어머니 사이에 태어난 아들이 제기한 '원고가 일본국적을

II. 일본 최고재판소를 말하다

가진 것을 확인한다'는 소가 적법하다는 전제로 본안판결을 했다. 하지만 그 외에는 확인소송이 그다지 이용되지 않았다.

사법제도 개혁의 하나로 2004년 개정된 행정소송법은 제4조에 공법상 법률관계에 관한 소송으로 '공법상 법률관계에 관한 확인의 소'를 추가했다. 창설이 아닌 확인이다. 하지만 이전에는 그다지 활용되지 않던 확인소송을 적극 활용하도록 촉구하고, 항고소송으로 해결하기 어려운 문제에서도 활용될 수 있음을 보여주기 위한 것이었다.

이러한 선례와 법 개정에 비춰보면 2005년 대법정 판결이 소를 적법하다고 한 것은 당연하다. 이로 인해 별로 활용되지 못하던 '공법상 법률관계에 관한 확인의 소'가 주목받게 됐다. 얼마 뒤 나온 국가제창 의무 부존재 확인 등 청구 사건 2012년 2월 9일 제1소법정 판결(민집 제66권 제2호 183쪽)에서는, 공립 고등학교 등의 교직원이 졸업식 등의 국가 제창 순서에서 직무명령에 따른 기립 제창 의무가 존재하지 않음을 확인해달라며 제기한 소가 공법상 법률관계에 관한 확인의 소에 해당해 적법하다고 했다.

2005년 대법정 판결은 재외 일본인의 선거권 행사 제한이 헌법에 합치되는지에 관해 "국민의 대표자인 의원을 선거로 뽑는 국민의 권리는 국민의 국정참여 기회를 보장하는 기본적인 권리로 의회제 민주주의의 근간이다. 그러므로 이는 민주국가에서 일정 연령에 달한 국민 모두에게 평등하게 부여돼야 한다"고 밝히고, "국민의 선거권 또는 그 행사를 제한하는 것은 원칙적으로 허용되지 않으므로 이를 제한하려면 불가피한 사유가 있어야 한다. 또한 그러한 제한 없이는 선거의 공정성을 확보하면서 선거권 행사를 인정하는 것이 사실상 불가능하거나 현저하게 곤란해야 한다. 이러한 사유 없이 국민의 선거권 행사를 제한하는 것은 헌법 제15조 제1·3항, 제43조 제1항, 제44조 단서에 위반된다. 이는 국가가 국민의 선거권 행사를 가능케 하기 위한 조치를 취하지 않은 부작위 때문에 국민이 선거권을 행사하지 못하는 경우에도 마찬가지"라고 판시했다.

이러한 합헌성 판단기준은 실질적으로 엄격한 심사 기준에 가깝다. 대법정이 이러한 심사 기준을 내세운 것은 커다란 진전이다. 투표가치 차별에 대해 우리가 주장해온 소수의견이 다수의견으로 바뀐 것이다.

이 사건은 선거권의 행사 자체의 제한에 관한 판단이지만, 특정 선거구의 투표가치가 다른 선거구와 비교해 0.2(참의원선거), 0.5(중의원선거)에 불과한 것도 일종의 선거권 제한이다. 앞서 판시에 따르면 선거권을 제한하려면 그러한 제한에 불가피한 사유가 있어야만 하고, 그러한 제한이 없이는 공정하고 효과적인 선거제도가 사실상 불가능하거나 현저하게 곤란하지 않은 이상 불가피한 사유가 아니다. 하지만 정수 시정 소송에서 최고재판소는 2007년 6월 13일 대법정 판결과 같이 이러한 문제는 국회의 넓은 재량에 맡겨진다고 했다. 재외 일본인의 선거권 행사 문제는 영향 받는 범위가 적고 이해 대립이 없다. 반면 투표가치 평등 문제는 그 영향이 전국에 미치고 이해가 대립된다. 이런 문제야말로 재판소가 적극적으로 개입할 필요가 있다. 선거권 평등 문제는 의회제 민주주의의 뼈대다. 하루 속히 2005년 대법정이 밝힌 위헌심사 기준이 정수 시정소송에서도 채택되기를 바란다.

II. 일본 최고재판소를 말하다

2005년 대법정 판결은 상고인들이 선거권을 행사하지 못해 받은 정신적 고통에 대해 국가가 국가배상법에 따라 상고인마다 5000엔씩 위자료를 지급하라고 했다. 하지만 나는 상고인의 정신적 고통은 국가배상법에 따른 금전배상대상이 아니므로 청구를 기각해야 한다고 반대의견을 썼다. 공법상 법률관계 확인의 소로 상고인의 선거권이 회복된 것에 안도한 것도 이유다. 그렇지만 그보다는 투표가치 불평등도 위헌이라 주장해온 내 입장에서 이 사건 상고인의 정신적 고통에 금전배상이 되면, 의원정수 배분 불균형으로 투표가치를 차별받은 선거인에게도 얼마간의 금전배상이 돼야 하기 때문이었다. 이러한 정신적 고통을 금전으로 평가하는 것은 곤란하다. 배상대상인 선거인 수가 방대하고 배상재원인 세금부담자와 배상대상인 선거인이 상당 부분 겹치는 문제도 있다. 국가배상법의 배상대상으로 적절치 않다. 국가배상법을 확장 해석해 1000엔 수준에서 명목적 손해배상nominal damage을 하자는 의견도 있는데, 여전히 결론이 나지 않고 있다.

장애인 우편투표를 마련하지 않은 부작위

우편투표 제도를 마련하지 않은 입법 부작위에 대한 국가배상청구 사건 2006년 7월 13일 제1소법정 판결(판례시보 제1946호 41쪽)은 나를 포함한 전원일치 의견으로 국가배상청구를 인정하지 않았다. "2000년 6월 시행된 중의원 의원 총선거까지 국회가 정신적 원인으로 투표소에 가기 어려운 사람에게 투표권 행사 기회를 확보해주는 입법 조치를 하지 않는 것은 국가배상법 제1조 제1항에 말하는 위법이 아니다"라고 판단했다. 우편 등에 의한 부재자투표 제도는 보통의 부재자투표조차 못할 정도로 신체에 중대한 장애가 있는 선거인이 자택 등 거주지에서 우편 등으로 투표용지를 선관위원장에게 보내는 제도다. 이 사건은 정신적 원인으로 투표소에 가기 어려운 사람이 우편 등에 의한 부재자투표제도 대상이 되지 않아 선거권을 행사할 수 없는 것은 입법 부작위 위법에 해당한다며 국가배상을 청구한 사안이다.

현재 우편 등에 의한 부재자투표가 인정되는 신체장애자 범위는 매우 한정돼 있다. '몸통의 기능 장애로 걷기 어려운 사람'(장애 3급) '두 발을 바닥에 대고 의자에 앉아 있기가 어려워 누운 상태에서 일어나지도 스스로 뒤척이지도 못함'(개호상태 구분3) '몸을 일으키거나 일어서는 것이 구분3보다 어려움'(개호상태 구분4) 등에 해당하는 사람도 우편 등에 의한 부재자투표 대상자가 아니다. 걷기나 외출이 매우 힘들어 투표권을 행사하지 못하는 장애인 등이 일본 전국에 매우 많은데 이들은 선거권 행사를 사실상 제한받고 있다.

선거제도를 설계할 때는 선거의 공정성 확보와 적정한 관리집행을 당연하게 고려해야 한다. 그러나 기본적으로 선거권 행사를 보장하면서 선거의 공정성을 확보해야 한다. 국민의 선거권 행사 제한은 원칙적으로 허용되지 않는다. 제한하려면 그와 같은 제한 없이는 선거권 행사를 인정하면서 선거의 공정성을 확보하는 게 사실상 불가능하거나 현저히 곤란한 사유가 있어야 한다. 투표소에서 투표하기가 극히 힘든 다수의 재택 장애인에게 우편 등에 의한 부재자투표를 인정하지 않고, 대안을 제시하지도 않는 공직선거법은 평등한 선거권을 보장한 헌법에 반한다.

II. 일본 최고재판소를 말하다

그래서 나는 이런 선거권 행사 제약이 위헌상태라는 보충의견을 냈다.

전직 현의회 의원 모임에 보조금 지급

시즈오카현 전직 현의회 의원 모임 보조금 반환청구 사건 2006년 1월 19일 제1소법정 판결(판례시보 제1925호 79쪽)은 전원일치 의견으로 "현이 현의회 의원이던 사람의 공로에 보답하고 계속해서 현정 발전에 기여해달라며, 이들 가운데 회칙에 동의한 사람들의 모임에 지급하는 사업보조금은 지방자치법 제232조의2가 정한 공익상 필요성 판단의 재량권을 일탈해 위법"이라고 판결했다. 이유는 "보조금 대상 사업이 회원내부 행사여서 공익성이 없고, 보조금 액수도 사업 내용이나 회원 수에 비추어 현의원에 있던 사람에 대한 예우로서 사회통념상 인정되는 한도를 넘기 때문"이라고 판시했다.

전직 현의회 의원이라도 현민으로서 현의 일에 참가해야 하는 것은 당연하다. 현의 발전에 기여하게 만든다며 현직 의원들도 아닌 전직 현의회 의원들의 모임에 보조금을 지출하는 것은 민주주의 이념에 명백히 반한다. 이런 식으로 세금이 쓰이는 것에 국민은 더욱 엄정한 눈으로 감시해야 한다.

기간경과를 이유로 주민감사청구 각하

지방자치법에는 주민감사청구와 주민소송 제도를 두고 있다. 보통지방자치단체[82] 집행기관의 위법, 부당한 재무회계 행위, 직무태만을 예방하고 바로잡기 위해서다. 주민감사청구에 대해 지방자치법 제242조 제

2항은 '해당 행위가 있은 날 또는 그 행위가 종료한 날부터 1년이 지나면 청구할 수 없다. 다만, 정당한 이유가 있으면 그렇지 않다'고 규정한다. 가마쿠라 시민옴부즈만 위법지출공금 반환청구 사건 2006년 6월 1일 제1소법정 판결(판례시보 제1953호 118쪽)은 이 '정당한 이유'의 유무에 관한 것이다.

가나가와현 가마쿠라시 부장직에 있던 공무원이 59세인 1999년 3월 31일 명예퇴직하고 재단법인 가마쿠라시 공원협회 상무이사로 취임했다. 가마쿠라시는 60세 정년 이전에 명예퇴직한 직원이 시의 외부단체에 재취업한 경우 퇴직 당시의 급여월액 그대로를 60세까지 받게 했다. 가마쿠라시는 공원협회가 지급하는 급여월액을 퇴직 당시 급여월액과 맞추려 공원협회에 인건비 차액분을 포함한 업무위탁비를 같은 해 9월24일까지 지급했다. 가마쿠라 시민옴부즈만은 인건비 차액분 지급에 대한 감사청구를 지출일에서 1년 이상 지난 2000년 10월 27일에 했다. 지출로부터 1년 이상 지난 감사청구에 정당한 이유가 있는지가 쟁점이 됐다.

제1소법정 다수의견은 정당한 이유가 있는지 판단할 때, 주민들이 적절한 주의력을 가지고 조사하면 감사청구가 객관적으로 가능할 정도로 재무회계 행위의 존재와 내용을 알 수 있던 시점에서 적정한 기간 안에 청구했는지를 본다고 했다. 그리고 2000년 4월 28일자 《가나가와신문神奈川新聞》이 1999년에 급여를 전액 보장받고 재취업한 직원이 1명이었다

---

82 지방공공단체를 한국 제도에 맞춰 지방자치단체로 옮겼다. 한편 특별지방자치단체에는 도쿄도 23개구 등이 있다.

고 보도한 뒤로 6개월이 지나 감사청구한 점을 들어, 정당한 이유가 인정되지 않는다며 부적법으로 판단했다. "위 보도를 근거로 일반시민이 적절한 주의력을 가지고 조사하면 객관적으로 보아 감사청구를 하기에 충분한 정도로 그 대상인 재무회계 행위의 존재와 내용을 알 수 있었다"고 본 것이다.

하지만 《가나가와신문》 기사가 인건비 차액을 지출한 사실을 명확하게 보도한 것은 아니다. 무엇보다 시기, 방법, 금액 등이 없는 이 기사로 주민이 감사청구를 할 수 있는지 의문이다. 그리고 시의회에 설명할 책임이 있는 시장 또는 보조기관이 처음으로 인건비 차액분 지출을 의회에 설명한 것은 2000년 9월 8일이다. 이런 사실을 신문이 보도한 것은 다음날인 9월 9일이다. 이때까지는 시의원의 질문도 없었으므로 주민이 적절한 주의력으로 인건비 차액분 지출을 알 수 있던 것은 9월 9일이 돼서다. 따라서 이로부터 약 50일 뒤에 제기한 감사청구는 정당한 이유가 있어 적법하다. 이러한 취지로 나는 반대의견을 썼다.

이러한 잘못된 보조금 지출을 없애려면 다음에 설명하는 행정정보공개 제도의 역할이 중요하다.

개인정보를 이유로 공문서 비공개

행정기관이 보유한 정보에 대한 청구가 있으면 이를 공개하도록 의무화한 정보공개제도는 1983년부터 지방자치단체들이 정보공개 절차에 관한 조례를 제정하면서 시작됐다. 국가 차원에서는 2001년 '행정기관이 보유한 정보의 공개에 관한 법률'이 시행되면서다. 진정한 국민주권을 실현하는 첫걸음은 국민이 정치 · 행정에 대한 정확한 정보를 가지고 적확한 의견을 형성하는 것이다. 나는 정보공개제도로 일본 행정이 크게 바뀌었음을 실감한다. 공정하고 민주적인 행정을 추진하기 위해서는 정보공개제도를 발전시켜야 한다. 하지만 제도가 생겼다고 행정기관 모두가 정보공개에 적극적인 것은 아니다. 겉으로는 조례를 제정하지만 실제로는 공개대상 정보를 줄이려는 것도 사실이다.

히로시마 시민옴부즈만회의 공문서비공개처분 취소청구 사건 2003년 12월 18일 제1소법정 판결 (판례시보 제1848호 69쪽) 다수의견은 "히로시마현이 중앙부처 공무원에게 주요사업을 설명하고 민원 등을 전달하기 위해 마련한 자리에 과거 중앙정부기관에 재직했던 사람들이 출석했다. 이들에게 히로시마현의 중앙부처 민원을 해결할 영향력이 있다 해도 이들의 출석 정보는 히로시마현 공문서공개조례 제9조 제2호 '개인에 관한 정보'에 해당한다"며 전직 중앙부처 공무원 정보 비공개가 정당하다고 판단했다.

이 사건은 히로시마 시민옴부즈만회의가 히로시마현 공문서공개조례에 따라 1996년 7월분 현 도쿄사무소 음식비(간담회비) 지출서류 공개를 지사에게 청구했다가 일부 비공개처분이 나오자 취소를 요구한 것이다. 이 조례 제9조는 '실시기관은 공개청구를 받은 공문서에 다음 각 호에 해당하는 정보가 있으면 해당 공문서를 공개하지 않을 수 있다'고 정하고 있다. 제2호는 '개인에 관한 정보로 특정 개인이 식별되거나 식별될 수 있는 것'이다. 히로시마현은 현과 연고가 있는 중앙부처 간부 등으로 히로시마클럽을 만들고 이들이 참여하는 클럽 간사회를 열어 현의 주요 사업을 설명하고 관련 정보를 수집했다. 간사회에는 현에서는 지사 등이 참여했고 중앙부처 재직자와 퇴직자가 출석했다. 이 간사회 개최비가 현의 음식비 지출 내역에 들어있다. 현 지사는 음식비정보 공개청구를 거부하면서 상대의 이름, 소속과 직책이 '개인에 관한 정보'에 해당한다고 했다.

제1소법정 다수의견은 중앙부처 재직자에 관한 정보는 국가공무원의 직무수행에 관한 것이며 사생활 정보를 포함하지 않아 '개인에 관한 정보'에 해당하지 않는다고 판단했다. 반면 퇴직자에 대해서는 과거 중앙부처에 재직한 사람으로 중앙부처에 대한 민원에 사실상 영향력을 가진다 하더라도 그들의 출석 정보를 공무원의 직무수행에 관한 정보와 같다고는 보기 어렵고, 어디까지나 개인적인 사회활동에 관한 정보로서 '개인에 관한 정보'에 해당한다고 판단했다.

퇴직자의 경우에도 현직시절 소속과 직책 정도는 '개인에 관한 정보'에 해당하지 않는다고 나는 생각한다. 이름에 대해서는 국가공무원이라도 공개가 가능한지 논란이 있고 '행정기관이 보유한 정보의 공개에 관한 법률' 해석으로도 국가공무원 이름은 '개인에 관한 정보'에 해당한다. 하지만 중앙부처 과장급 이상은 '관행상 공인으로 본다'고 하여 공개대상이다. 공무원 이름도 사생활에 쓰이는 경우를 제외하고 공무에 사용되는 경우에는 '공무에 관한 정보'로서 공개돼야 한다. 히로시마클럽 간사회에서의 퇴직자의 활동은 공무에 준하는 것이므로 그 이름을 공개해야 한다. 그래서 나는 퇴직자 정보는 비공개 정보인 '개인에 관한 정보'에 해당하지 않는다는 반대의견을 냈다.

이 사건 조례 제9조 제2호에서 비공개라고 규정한 '개인에 관한 정보'는 일본어의 문리 해석상 공적인 입장을 떠난 한 사람의 개인에 관한 정보, 공적 영역과는 구별되는 개인의 사적 영역의 정보를 의미한다. 즉, 개인의 기본권인 프라이버시가 중핵이 되는 사적 영역의 정보다. 히로시마클럽 간사회는 현의 공금을 써서 현의 행정사무, 사업집행으로 개최됐다. 참가자는 히로시마현에 연고가 있는 정부기관 재직자와 퇴직자다. 그렇다면 참가자들의 간사회 참석은 공인으로서의 일이지, 사적 영역의 행동이 아니다. 따라서 참석자 이름 등 정보는 '개인에 관한 정보'에 해당하지 않는다.

접대비를 지출한 상대방 정보 비공개

후쿠오카현 기타큐슈시 국장 등의 접대비 지출 문서 공개청구 사건 2005년 7월 14일 제1소법정 판결 (판례시보 제1908호 122쪽) 다수의견은 "접대비 사용 상대방이 나오는 기타규슈시 국장 접대비 지출 정보는 시 조례에 따른 정보 비공개 대상이다. 다만 접대 상대방과 내용이 본래 일반에도 알려질 만했던 경우는 제외한다"고 판단했다. 해당 조례는 "시 또는 국가 기관의 감사, 감독, 출입검사, 쟁송, 교섭, 인허가, 시험, 인사 등 사무·사업에 관한 정보로서 공개될 경우 해당 혹은 장래에 같은 사무·사업의 목적을 달성하기 어려워지거나 적정하고 원활한 집행에 현저한 지장이 생기는 경우"를 비공개 정보로 규정하고 있다. 이에 다수의 견은 시 국장 등의 접대사무는 그 자체가 사무·사업에 해당하고 "접대 사무는 목적과 성질 면에서 상대방의 이름 등이 알려지면 신뢰관계나 우호관계가 훼손돼 접대의 목적 자체에 반하게 되고, 접대사무의 목적도 달성하지 못하거나 향후 적정하고 원만한 접대사무도 현저히 어려워질 위험이 있다"고 했다.

하지만 시 조례에서 말하는 사무·사업은 교섭 등 고유한 사무를 상정한 것이다. 접대 같은 부수적인 사무는 고유한 사무와 결합해 사무·사업에 해당되는 경우가 있더라도 그 자체가 독립적으로 사무·사업은 아니다. 지방자치단체의 접대 자체가 사무·사업이라고 해석하면 접대비 지출정보 공개는 접대의 목적을 손상하거나 원활한 집행에 현저한 지장을 초래하게 된다. 따라서 원칙적으로 비공개 대상이라는 판단으로 기울어버린다. 나는 이에 반대하며 "그런 판단을 인정하면 지방자치단체 직원이 향후 선거에서 지지를 받기 위해 지출한 접대비, 반대로 민간 개인·단체가 자신들을 위해 지방자치단체가 지출하도록 만든 접대비가 주민 감시로부터 쉽게 빠져나간다"고 했다. 이러한 사태를 시 조례가 허용한다고는 생각하지 않았다. 나는 접대비는 모두 공개해야 한다고 반대의견을 냈다. 그리고 반대의견에서 다음과 같이 덧붙였다.

"지방자치법에 따른 접대비 지출은 명확한 기준에 따라 공개적으로 해야 한다. 정보공개로 접대 상대방과 신뢰나 우호가 손상되는 관례라면 접대비를 지출하지 않으면 된다. 접대 관련 정보가 비밀인 접대비 지출은 정당성이 인정되지 않는다. 이로 인해 접대비 지출이 다소 획일적으로 바뀐다고 해도 이는 민주적 지방자치의 바람직한 접대사무 모습이다. 지방자치단체의 접대비는 주민을 대표해 지출하는 것이므로 상대방도 그 대상이 되는 것 자체를 명예롭게 생각해서 금액의 많고 적음을 문제삼지 않는 게 보통이다. 정당성 있는 접대비 지출이라면 공개해도 상대방과 신뢰관계가 손상되지 않으며, 상대방도 공개를 원치 않으면 접대를 거절하면 된다. 여기에 해당함에도 군이 접대비가 지출돼야 하는 경우는 생각하기 힘들다. 접대사무를 마치 그 자체가 목적인 자기완결적인 사무로 취급해, 지출정보 공개는 향후 접대비 지출에 지장을 준다는 이유를 들어, 비공개 지출을 용인하는 것은 민주적이고 건전한 행정이 목표인 지방자치법의 취지에 반한다. 가령 '회비'는 '관계 직원이 가입한 단체의 회비나 가입하지 않은 단체의 모임에 출석해 지출한 것'이고, '찬조'는 '단체의 활동에 찬의나 격려 등을 표하려 금전을 공여하는 것'이다. 다수의견대로라면 회비나 찬조의 경우도 상대 단체를 알 수 있는 경우에는 비공개가 가능하다. 비공개로 할 필요가 없는 정보를 비공개로 만들면 불투명한 공금 지출이 생기면서 민주적 지방자치 정신에도 반한다.

최고재판소 사무총장 시절 어느 출판사가 도서를 구입해달라고 집요하게 요구해왔다. 세 번 정도 거절했는데도 책을 보내왔다. 몇만 엔 정도였지만 재판소에 필요하지 않은 도서를 구입할 수는 없어 그대로 돌려보냈다. 이처럼 정보공개는 불투명한 공금 지출을 막고, 행정 현장이 부당한 요구를 거절하는데 크게 기여한다. 행정 폭력에 대해서도 정보공개가 유력한 방지책이 된다. 최근에는 접대비 지출을 전면 공개하거나 지출을 폐지하는 지방자치단체가 많아졌다. 이런 방식으로도 소수의견이 다수의견으로 됐다. 나 역시 최고재판소 재직 당시 직책과 관직을 적어 화환이나 부의금을 보낸 일이 있지만 모두 자비로 했다.

기초의회 녹음테이프 공개 거부

가가와현 쇼즈군 도노쇼정[83] 의회 녹음테이프 공개청구 사건 2004년 11월18일 제1소법정 판결 (판례시보 제1880호 60쪽) 다수의견은 "회의록으로 아직 작성되지 않은 정町의회 회의 녹음테이프는 정 정보공개조례가 공개대상으로 정한 '결재 또는 열람 절차가 끝나고 그 실시기관이 관리 중인 것'에 해당하지 않는다"고 판단했다.

나는 반대의견을 냈다. "도노쇼정 정보공개조례는 '이 조례는 정민町民의 정보공개 요구 권리를 명확하게 하면서 정보공개에 필요한 사항을 정해, 정 행정에 대한 이해와 신뢰를 높여 정민의 정치참여를 증진하고 지방자치 발전에 기여하는 것을 목적으로 한다'고 했다. 이 조례에서 '정보'는 '실시기관의 직원이 직무상 작성하거나 취득한 문서, 도화, 사진, 필름 및 자기테이프로서 결재 또는 열람 절차가 끝나 그 실시기관이 관리 중인 것을 말한다'고 정하고 있다. 이 조례에 따라 주민이 정 의회 공개회의 내용을 담은 녹음테이프 공개를 요구했지만 정은 결재 또는 열람 절차가 종료되지 않아 공개대상이 아니라며 거부했다. 녹음테이프 복사본을 교부했다면 수백 엔으로 끝났을 일이다. 복사본 교부로 정정町政에 문제가 생길 만한 사정도 없다. 하지만 정은 최고재판소에서까지 다투면서 복사본 교부를 거부했다. 정은 정말로 '정정에 대한 이해와 신뢰를 높임으로써 정민의 정치참여를 증진'할 생각이 있는지 적잖이 의문이 든다. 그래서 나는 녹음테이프가 공개대상 정보에 해당한다는 반

---

[83] 도노쇼정(土庄町)은 기초자치단체 시정촌 가운데 정(町)이다. 주민을 정민으로 옮겼다.

대의견을 썼다.

"결재 등 절차가 끝나지 않은 정보는 일반적으로 변경 가능성이 있는 미성숙한 것이다. 정확성을 조직 차원에서 인지하지 않은 것이어서 실시기관이 책임지기 어렵다. 이런 상태로 정보가 공개되면 정정의 적정한 운영에 지장을 초래할 수 있고 주민 사이에 불필요한 오해나 혼란이 생겨 정정에 대한 주민의 신뢰가 깨질 위험도 있다. 하지만 결재 등 절차가 예정돼 있지 않고 공개돼도 앞서 밝힌 폐해가 없는 정보까지 공개에서 제외할 이유는 없다. 이 사건 녹음테이프는 애초에 결재 예정이 없는 정보다. 또 회의록을 작성하기 위해 회의 내용을 녹음한 것이라 그 자체로 독립적이고 완성된 정보다. 정확성도 기계적으로 담보돼 있어 공개가 되더라도 앞서 말한 폐해가 생기지 않는다." 이것이 반대의견을 쓴 이유다.

허위 회계서류 비공개

시즈오카현의 정보 비공개 결정에 대한 국가배상청구 사건 2006년 4월20일 제1소법정 판결 (재판집민사 제220호 165쪽) 다수의견은 국가배상법상 위법이 아니라고 판단했다. 최고재판소는 "시즈오카현 공문서 공개조례에 바탕해 공개청구된 공문서에 적힌 정보가 허위인 경우와 관련해, 조례에는 공개청구된 공문서 기재 내용의 진위를 조사해야 한다는 규정은 없다. 오히려 공문서 공개 가부를 원칙적으로 청구서를 받은 날부터 15일 안에 결정해야 한다고 정해져 있는데다 공개청구는 다수의 문서를 묶어서 내는 경우가 많다. 그렇다면 시즈오카현 담당직원이 공문서 내용의 진위를 조사하지 않고 있는 내용에 기초해 조례가 정한 비공개 정보라고 판단했더라도 직무상 주의의무를 게을리했다고 보기 어렵다. 따라서 국가배상법상 위법이 있다고 할 수 없다"고 판단했다.

1994년 3월 시즈오카현 총무부 간부와 중앙정부 간부 10여 명이 가와나호텔에서 골프 간담회를 했다. 여기에 들어간 비용 143만 엔은 시즈오카현이 냈는데, 현 재정과는 집행 이유를 '후지노쿠니[84] 교류회 모임@18000×80'이라고 허위 회계서류를 만들었다. 같은 해 11월에도 현 총무부 간부와 중앙정부 간부 10여 명이 가와나호텔에서 골프 간담회를 열었고 비용 110만 엔을 시즈오카현이 지급했다. 현 재정과는 비용 용도를 '1994년도 지방채 협회연수회에 관한 비용', 집행이유를 '개산(槪算)소요@16000×70'라며 허위 회계서류를 작성했다. 이들 허위서류 작성에는 당시 재정과 과장과 정보공개 담당자가 관여했다. 주민들이 지사에게 이들 회계서류 공개를 청구하자, 지사는 1997년 3월 19일 '후지노쿠니 교류회 모임' 부분에 관해, 7월 25일에는 '지방채 협회 연수회' 부분에 관해 각각 비공개를 결정했다. 이 비공개 결정에는 당시 재정과 과장과 정보공개담당자가 관여했다. 이에 대해 부정지출 의혹이 있다고 7월 23~25일 신문들이 보도했다. 이에 지사와 재정과 직원이 허위 공문서 작성을 숨기고 위법한 공금지출을 감추려고 비공개를 결정함으로써 공문서 공개청구권을 침해했다며, 주민이 현을 상대로 국가배상법에 따라 손해배상을 청구한 사건이다.

---

84 후지산의 나라라는 뜻의 시즈오카현 브랜드.

다수의견은 "조례에는 공개청구된 공문서 기재 내용의 진위를 조사해야 한다는 규정은 없다. 오히려 공문서 공개 가부는 원칙적으로 청구서를 받은 날부터 15일 안에 결정해야 한다고 정해져 있는데다 공개청구는 다수의 문서를 묶어서 내는 경우가 많다. 그렇다면 담당직원이 공개청구된 전체 문서의 내용이 진실한지 조사할 의무가 있다고 보기 어렵다. 담당직원은 문서의 기재 내용에 따라 신속하게 개시 등을 결정하는 일만 남은 것이다. 따라서 시즈오카현 재정과 담당직원이 공문서 내용의 진위를 조사하지 않고 그 내용에 따라 조례가 정한 비공개 정보라고 판단했더라도 직무상 주의의무를 게을리했다고 보기 어렵다"고 판단했다.

나는 반대의견을 냈다. 이 사건은 위법한 행정처분 때문에 권리를 침해당했다고 주장하는 국가배상청구 사건이다. 행정처분은 지사 등 독임기관인 행정청 이름으로 나와도 실제로는 행정청 하부 행정조직이 조직적으로 결정한다. 국가배상법 제1조 제1항 '공무원'의 고의나 과실 유무도 행정조직 공무원 전체를 단일체로 보아 조직체로서 실수나 부족함이 없었는지 검토해야 한다. 다시 말해 해당 행정처분을 실제로 담당한 특정 직원의 고의·과실만을 문제삼을 것이 아니라, 행정청 하부 행정조직 구성원 전체를 단일체로 보아 고의·과실이 있었는지 판단해야 한다. 분류, 작성 보존, 폐기 등 적정한 공문서 관리는 적정한 공문서 공개를 위한 전제조건이다. 공무원의 고의나 과실에 의한 부적정한 공문서 관리는 주민의 공문서 공개청구권을 방해한다. 공무원의 고의 또는 과실로 주민의 공문서 공개청구권을 방해했는지 여부를 판단하기 위해서는 공문서의 관리에서 공개까지 하나로 이어지는 행위에 관여한 공무원

　　　　　　　　　　　II. 일본 최고재판소를 말하다

전체를 단일체로 보아 고의 · 과실이 있었는지 검토해야 한다. 전체로서의 재정과 직원은 회계서류에 적힌 정보가 허위임을 알고 있었으므로 '후지노쿠니 교류회 모임'과 '지방채협회 연수회 관련' 부분을 공개해도 이들 모임과의 원활한 관계가 무너지거나 신뢰관계나 우호관계가 깨져 사무 · 사업에 지장이 초래될 리가 없다는 것을 알았다. 그럼에도 이 부분을 공개하지 않았으므로 적어도 과실에 의해 주민의 공문서 공개청구권을 침해한 위법이 있다.

그리고 나는 "비공개 결정에 직접 관여한 재정과 직원만을 국가배상법 제1조 제1항 공무원으로 가정하고 고의 · 과실의 유무를 검토하더라도, 재정과 직원으로서 기본적인 자격과 능력이 있었다면 회계서류에 적힌 내용이 극히 부자연스러운 것임을 간단히 알 수 있었다. 따라서 그 진위를 조사할 의무가 있었으므로 비공개 결정은 과실에 의한 위법행위"라고 적었다. (이 점에 대해서는 요코오 가즈코 재판관도 같은 의견이었다.) 정보공개를 담당한 재정과 과장과 직원이 많은 정보공개청구를 처리한다고 하더라도 '후지노쿠니 교류회 모임'과 '지방채협회 연수회 관련'이라고 적힌 것을 알면서 비공개를 결정한 것이다. 재무 담당자는 이러한 모임이나 연수회가 가와나호텔에서 열리지 않은 사실을 당연히 알았고, 부정지출 혐의가 있다는 신문 보도도 읽었다고 생각하는 것이 자연스럽다.

내가 최고재판소 재판관이던 시절 어느 지방자치단체에서 비서관에게 전화를 해왔다. 이 지방자치단체 관계자가 지방재판소 소장이던 나와 초밥집에서 만났다는 허위문서를 허위임을 밝혀 공개하겠다는 것이

었다. 초밥집에서 간담회를 했다는 애기에 쓴웃음만 났는데, 허위 문서
는 이렇게 공개하는 것이 옳다.

3
사상·표현의 자유

TV아사히에 손해배상청구

사이타마현 도코로자와시 다이옥신 보도 손해배상청구 사건 2003년 10월 16일 제1소법정 판결(민집 제57권 제9호 1075쪽)에서, 나는 보도기관에 대한 손해배상청구가 보도활동을 위축시켜서는 안 된다고 생각해 보충의견을 썼다.

TV아사히^{テレビ朝日}는 보도 프로그램인 〈뉴스 스테이션^{ニュースステーション}〉에서 도코로자와산 농산물에 함유된 다이옥신 측정치를 보도했다. 전차^{煎茶}의 다이옥신 농도를 가지고 시금치 등 야채의 다이옥신 농도인 것처럼 잘못 방송했다. 이에 도코로자와시 야채 생산자가 TV아사히를 상대로 명예훼손에 따른 손해배상을 청구한 사건이었다. 제1소법정은 전원 일치로 명예훼손이 인정된다고 판단했다. 하지만 이 보도는 도코로자와시에 난립한 폐기물 소각시설에서 다이옥신이 배출되는 상황, 이에 대

한 행정기관의 뒤늦은 대응을 고발하는 보도들의 일부였다. 폐기물 소각시설 방치로 인한 문제가 오보 문제로 뒤바뀐 면이 있다. 나는 증거로 제출된 전체 보도영상을 검토한 결과 전체적으로 보도가치가 높은 방송이었으며, 이런 보도들이 손해배상으로 인해 위축돼서는 안 되겠다고 생각해 보충의견을 적었다.

보충의견의 요지는 다음과 같다. 이 사건에서 도코로자와시 농민들이 손해를 입었다면 근본적인 원인은 도코로자와시 산토메 지구와 구누기야먀 지구 등에 난립한 폐기물소각시설에 있다. TV아사히는 1995년 10월부터 1997년 11월까지 〈더 스쿱ザ・スクープ〉이라는 특집방송에서 7회에 걸쳐 다이옥신 문제를 방송했다. 다이옥신류의 위험성과 다이옥신류 오염의 전국적인 확산을 지적하고 일본의 대처가 외국에 비해 늦다고 문제를 제기했다. 또한 1998년 1월 이후 이 사건 방송에 이르기까지 〈뉴스 스테이션〉에서도 다이옥신류 문제를 특집으로 보도했다. 그리고 1999년 2월 1일 이 사건 방송 이후에 '다이옥신류 대책특별조치법', '특정화학물질 배출량 파악 및 관리개선 촉진에 관한 법률', '사이타마현 공해방지조례 일부를 개정하는 조례', '도코로자와시 다이옥신류 등 오염방지에 관한 조례'가 공포·시행됐다. 이에 따라 폐기물 소각 시설이 집중된 지역의 대기 배출 다이옥신류 총량 규제, 소형 소각로와 야외 소각 규제 등이 시행됐다. TV아사히의 1995년 10월 이후 이어진 보도들 특히 이 사건 방송은 이러한 입법이 되도록 계기를 마련하고 더 나아가 이를 촉구한 계기가 됐다. 입법의 시기나 내용을 봐도 쉽게 알 수 있다.

이 사건 방송 등 잇따른 보도들은 도코로자와시 농가에도 피해를 주

II. 일본 최고재판소를 말하다

는 폐기물 소각 시설에 초점을 맞춰 다이옥신류 오염 확대를 방지하려는 공익 목적이었고, 입법을 이끌어냈다. 이를 통해 다이옥신류 오염 확대를 막고 생활환경을 지켜 장기적으로 도코로자와시 농민에게 도움이 된 면도 있다. 국민 건강을 해치는 원인을 찾아내고 생활환경을 지키도록 요구하는 이러한 보도의 중요성은 아무리 강조해도 지나치지 않다. 나도 법정의견에는 동의하지만 TV아사히의 위와 같은 잇따른 보도를 넓은 의미에서 높게 평가해야 한다고 덧붙였다.

이 사건은 원고 승소 취지로 파기환송돼 도쿄고등재판소 오후지 토시_{大藤 敏} 재판부가 담당했다. 그리고 TV아사히가 도코로자와 농가들에게 1000만 엔을 지급하는 것으로 화해가 성립됐다. 농가들은 화해금 가운데 900만 엔을 '하루 빨리 농업에 종사할 수 있도록 돕고 싶다'며 화산분화 피해지역인 미야케지마^{三宅島}의 농가에 기부했고, 나머지 100만 엔을 아이들의 농업교육에 써달라며 도코로자와시에 기부했다. 다이옥신 문제가 기분 좋은 기부 이야기로 바뀌었다.

NHK에 정정방송청구

NHK 〈생활 핫 모닝^{生活ほっとモーニング}〉 정정방송 청구 사건 2004년 11월 25일 제1소법정 판결 (민집 제58권 제8호 2326쪽)은 나를 포함한 전원일치 의견으로 방송사업자의 자율성을 존중하는 판단을 내렸다. "방송사업자의 허위사실 방송으로 권리를 침해받은 사람이 방송사업자에게 방송법 제4조 제1항에 따른 정정 또는 취소 방송을 요구할 권리는 인정되지 않는다."

NHK는 1996년 종합채널 〈생활 핫 모닝〉에서 '아내가 보낸 이혼서류, 갑작스런 이별에 허둥대는 남편들'이라는 방송을 내보냈다. 이 때문에 명예가 훼손되고 프라이버시가 침해됐다는 여성이 NHK를 상대로 방송법 제4조 제1항에 따른 정정방송을 요구했다.

제1소법정 판결은 이렇게 판단했다. "방송법 제4조 제1항은 허위사실 방송 피해자의 청구에 따른 방송사업자의 정정방송 등을 의무화한 것이다. 이 청구와 의무의 성격은 법의 전체적인 구조와 취지를 고려해 해석해야 한다. 방송법은 헌법 제21조가 규정한 표현의 자유 보장을 기본으로 한다. 방송법 제1조는 이 법의 목적을, 방송을 공공의 복지에 적합하도록 규율해 건전한 발전을 도모하는 것이라고 밝혔다. 그리고 세 가지 원칙을 밝혔다. 방송을 최대한 보급해 국민이 향유하도록 보장함(제1호), 방송의 불편부당, 진실성 및 자율성을 보장해 표현의 자유를 확보함(제2호), 방송업 종사자의 책임을 명확히 하여 방송이 건전한 민주주의 발전에 기여하도록 함(제3호)이다. 제2조 이하의 규정은 이 세 가지 원칙을 구체화한 것이라고 할 수 있다. 제3조는 표현의 자유 및 방송의 자율성 보장을 구체화해 '방송은 법률에 정하는 권한에 근거한 경우가 아니면 누구에게도 간섭이나 규율당하지 않는다'고 방송·편집의 자유를 규정했다. 다시 말해, 법률로 정해진 권한에 바탕하지 않은 이상 외부의 방송·편집 관여는 허용되지 않는다. 그 연장선에서 제4조 제1항도 방송의 자율성 보장 이념을 전제로 진실 추구 이념을 규정했다. 제4조 제1항을 보면 방송사업자가 방송 내용이 진실과 다르다고 인식했을 때 정정방송 시행 의무가 있다고 규정했을 뿐이다. 정정방송 등에 관한 재판소의 관여를 규정하지 않았고, 의무 위반에 대한 벌칙만 정하고 있다. 이들을 감안하면 진실이 아닌 내용을 방송한 경우에도 방송 내용의 진실성 보장과 외부 간섭 배제에 의한 표현의 자유 확보라는 관점은 유지된다. 이런 관점에서 방송사업자의 자율적인 정정방송을 국민 전체에 대한 공법상 의무로 정한 것으로 해석해야 한다. 따라서 피해자에게 정정방송을 요구할 사법상 청구권을 부여하는 규정이 아니다." 제1소법정 판결 이후 NHK는 정정방송을 내보냈다.

시립도서관에 손해배상청구

지바현 후나바시 시립도서관 도서폐기 손해배상청구 사건 제1소법정 판결(2005년 7월14일 - 민집 제59권 제6호 1569쪽)은 나를 포함한 전원일치 의견으로 국가배상법상 위법으로 판단했다. "공무원인 공립도서관 직원이 저작자 또는 저작물에 대한 독단적 평가와 개인적 기호에 따라 열람용 도서를 공정하지 못하게 다루고 폐기하는 것은 해당 도서 저작자의 인격적 이익을 침해하는 것이다."

지바현 후나바시 시립도서관에 근무하는 한 사서는 '새로운 역사교과서를 만드는 모임(새역모)'과 이에 찬동하는 사람, 이들의 저서에 대해 부정적 평가와 반감을 갖고 있었다. 도서관 장서 가운데 새역모가 집필 또는 편집한 서적을 포함해 107권을 독단으로 컴퓨터에 저장된 장서 리스트에서 제적처리한 다음 폐기했다. 도서관 자료 제적기준인 '제적 대상자료'에 해당하지 않는 것들이었다. 이에 새역모가 후나바시를 상대로 손해배상을 청구했다. 원심은 도서관이 서적을 보유해 열람하도록 하는 것과 관련해 저작자는 자신의 저작물이 도서관에서 보유 및 열람되는 데에 아무런 법적 권리나 이익을 갖지 않는다며 청구를 기각했다.

제1소법정 판결은 "공립도서관은 주민에게 사상·의견에 관한 기타 여러 가지 정보·자료를 제공해 주민의 교양을 높이는 것을 목표로 하는 공적인 장소다", "공립도서관은 주민에게 자료를 제공하는 공적인 장소이므로 이곳에서 열람되는 도서의 저작자에게도 공립도서관은 사상·의견을 공중에게 전달하는 공적인 장소다. 따라서 공립도서관 직원이 저작자의 사상이나 신조를 이유로 열람 도서를 부당하게 폐기하는 것은 저작자가 저작물로 사상·의견을 공중에게 전달하는 이익을 부당하게 침해하는 것이다. 이와 같이 공립도서관에서 열람할 수 있게 비치되는 저작물 저작자의 이익은 사상의 자유와 표현의 자유가 헌법이 보장하는 기본권임을 고려할 때 법적 보호를 받는 인격적 이익이다. 그러므로 공무원인 공립도서관 직원이 직무상 의무에 반해 저작자 또는 저작물에 대한 독단적인 평가와 개인적인 기호에 따라 일부 도서를 부당하게 폐기한 경우, 저작자의 인격적 이익을 침해한 것이므로 국가배상법상 위법"이라고 판단했다. 이 판결은 사상의 자유, 표현의 자유를 보장하는 헌법의 취지를 살려 도서관이 사상·의견 등을 전달하는 공적인 장, 퍼블릭 포럼이라는 사실을 명확히 했다는 데 의의가 있다.

II. 일본 최고재판소를 말하다

4
소수자 권리

혼외자의 상속분

혼외자의 상속분을 혼내자 상속분의 2분의 1로 정한 민법 제900조 제4호 단서 전단 규정은 1898년 7월 16일에 시행된 옛 민법 제1004조를 이은 것이다. 1947년 민법 친족상속편 개정 당시 이런 차별이 위헌이라고 주창한 사람은 참의원 의원 1명과 당시 회의에 참석해 의견을 진술한 요시다 산시로吉田三市郎 변호사뿐이었다. 혼외자는 전체의 약 2%로 소수이다. 법 앞의 평등을 규정한 헌법 제14조 제1항과 개인의 존엄에 바탕해 상속 법률이 제정돼야 한다고 정한 헌법 제24조 제2항[85]에 비춰볼 때 혼외자의 상속분을 차별하는 것은 위헌임이 명백하다. 법률혼을 존중하더

---

[85] 제24조 제2항 배우자의 선택, 재산권, 상속, 주거의 선택, 이혼, 혼인 및 가족에 관한 그 밖의 사항에 관하여 법률은 개인의 존엄과 양성의 본질적 평등에 입각하여 제정되어야 한다.

라도 태어난 아이에게는 아무런 책임이 없다. '적출이 아닌 아이'라고 차별하는 것은 헌법 제13조[86] 개인의 존엄과 행복추구권에 반하는 것이다.

1979년 7월 17일 법무성민사국참사관실이 발행한 '상속에 관한 민법 개정요강 시안'에 차별 해소에 관한 내용이 들어갔지만 개정은 시기상조이므로 우선은 여론조사를 할 필요가 있다는 등 진전을 보지 못했다. 이런 와중이던 1993년 6월 23일 도쿄고등재판소 결정(판례시보 제1465호 55쪽)이 처음으로 이 차별을 위헌으로 판단했다. 이 판결은 '엄격한 합리성 기준'을 적용해야 함을 명확히 했다. "사회적 신분을 이유로 하는 차별적 취급은 개인의 의사나 노력으로 어떻게 할 수 없는 것이다. 개인의 존엄과 인격 가치의 평등을 최고 원리로 하는 헌법정신(헌법 제13조, 제24조 제2항)에 비추어보면 이 규정의 합리성 여부 판단은 차별적으로 취급하는 입법목적이 중요한지, 이 목적과 규제수단 사이에 사실상 실질적 관련성이 있는지 두 가지를 봐야 한다."

하지만 1995년 7월 5일 대법정 결정(민집 제49권 제7호 1789쪽)은 "현행 민법은 법률혼주의를 채택하고 있는 만큼 이 규정 입법에도 합리적인 이유가 있다. 입법 이유를 봐도 현저히 불합리한 수단이라고 판단될 만큼 입법부가 합리적 재량의 한계를 넘지도 않았다. 따라서 혼외자의 법정상속분을 혼내자의 2분의 1로 정한 것은 합리적 이유가 없는 차별이 아니다. 그러므로 헌법 제14조 제1항에 반하지 않는다"고 판단했다.

---

86 제13조 모든 국민은 개인으로서 존중된다. 생명, 자유 및 행복추구에 대한 국민의 권리는 공공복리에 반하지 아니하는 한 입법 그 밖의 국정에 있어서 최대한 존중된다.

입법부에 광범위한 재량을 인정하는 '합리성 기준'을 쓰면서 이런 결과가 됐다. 참고로 이 사건에서는 나카지마 도시지로^{中島敏次郎}, 오노 마사오^{大野正男}, 다카하시 히사코^{高橋久子}, 오자키 유키노부^{尾崎行信}, 엔도 미쓰오^{遠藤光男} 5명의 재판관이 반대의견을 냈다.

1996년 2월26일 법제심의회의 '민법 등 일부 개정안 요강'에서도 차별 해소가 명기됐지만 여당의 집요한 반대로 개정안은 국회에 제출되지 못했다. 불합리한 차별이 옛 민법 시행 이후 114년이 지난 지금도 계속되고 있는 것은 국회가 자발적으로 개정하는 것이 곤란하다는 것이다. 결국 사법권이 위헌심사권을 행사하지 않으면 안 된다는 것을 뜻한다.

내가 처음 관여한 혼외자 상속분 차별 사건 2003년 3월 31일 제1소법정 판결 (판례시보 제1820호 64쪽) 다수의견은 위 대법정 결정을 답습해 이 규정이 헌법 제14조 제1항에 위반되지 않는다고 판단했다. 후카자와 다케히사 재판관과 내가 반대의견을 적었다.

나의 반대의견 요지는 이렇다. "이 사건 규정은 혼외자의 상속분을 혼내자 상속분의 2분의 1로 규정해 혼외자를 차별하는 것이다. 이러한 차별은 자기 의사가 아닌 출생으로 결정된 혼외자라는 지위와 신분에 따른 것이다. 헌법 제14조 제1항은 '사회적 신분'을 특별히 거론해 모든 국민은 사회적 신분 등에 의한 차별을 받아서는 안 된다고 규정한다. 이러한 차별은 헌법 제13조 및 제24조가 말하는 개인존엄과 개인존중 이념을 후퇴시킨다. 이 사건 규정은 법률상 혼인을 존중하고 보장하는 입법목적에 따른 것으로 목적에는 정당성이 있다. 하지만 '혼외자의 상속분을 혼내자 상속분의 2분의 1로 한다'는 수단이 입법목적을 달성하는데 기여가 적고, 그래서 입법목적에 중요한 역할을 하지 못한다. 합리성이 비교적 약한 것이다. 반면 혼외자가 입는 희생은 평등원칙, 개인존중, 개인존엄 등 헌법이념에 관한 것이어서 중대하다. 이러한 정도의 희생을 정당화할 합리성이 이 규정에는 없다. 따라서 헌법 제14조 제1항에 위반된다." 그리고 나는 "이 문제는 입법으로 해결하는 것이 좋겠지만 다수결 원리인 민주제에서는 소수그룹이 대표자를 내기 어려우므로 사법적 구제가 필요하다"고 덧붙였다.

내가 두 번째 관여한 혼외자 상속분 차별 사건 2004년 10월 14일 제1소법정 판결(판례시보 1884호 40쪽)에서도 다수의견은 합헌판단을 유지했다. 사이구치 지하루 재판관과 내가 반대의견을 냈다.

혼외자의 일본국적

혼외자의 상속분 차별은 위헌이라는 계속된 우리 반대의견은 결코 헛되지 않았다. 우리 반대의견은 혼외자의 국적확인청구사건 2008년 6월 4일 대법정 판결(민집 제62권 제6호 1367쪽)에서 혼외자를 차별하는 국적법 제3조 제1항에 위헌을 선언하는 다수의견으로 이어졌다.

나를 포함한 다수의견은 "국적법 제3조 제1항은 일본국민인 아버지와 일본국민이 아닌 어머니 사이에 출생한 뒤 아버지의 인지를 받은 자녀 가운데 부모의 혼인으로 혼내자 신분이 된(이른바 준정이 있는) 경우에만 신고에 의한 일본국적 취득을 인정한다. 아버지의 인지만 받은 아이와 부모의 혼인까지 있는 자녀를 일본국적 취득을 두고 차별하는 것은 헌법 제14조 제1항에 위반된다. 늦어도 상고인이 국적취득 신고를 제출한 2003년에는 그렇다"고 판단했다.

다수의견이 "외국에서는 혼외자에 대한 법적 차별을 해소하는 방향으로 법제도가 정비되고 있고, 일본이 비준한 '시민적 및 정치적 권리에 관한 국제규약International Covenant on Civil and Political Rights'및 '아동의 권리에 관한 협약United Nations Convention on the Rights of the Child'에도 아동이 출생에 따라 차별받지 않게 하는 규정이 있다"며 국제인권규약을 판단기준으로 삼은 것도 주목할 만하다. 이러한 국제인권규약은 자동 집행력을 가진 판단규범으로서 혼외자의 상속분에도 적용되는 것이다.

이 사건에서 내가 기재한 보충한 의견은 다음과 같다.

① "이 사건에서 문제되는 차별은 일본국적이라는 기본적인 법적 지위에 관한 차별인데, 헌법 제14조 제1항이 차별을 금지한 사회적 신분 및 성별에 따른 것이다. 따라서 위헌이 아니려면 강도 높은 정당화 사유가 필요하다. 국적법 제3조 제1항의 입법목적이 국가에 중요하고, 이 입법목적과 '부모의 혼인에 의한 혼내자 신분 취득이라는 요구수단' 사이에 사실상 실질적 관련성이 있어야 한다."

② "국적법 제3조 제1항은 이 법 제2조가 정한 부모양계 혈통주의에 따른 일본국적 취득 적용대상 이외의 사람에게 일본사회와 밀접한 결합관계를 조건으로 일본국적을 부여하는 것으로, 입법목적 자체는 정당하다."

③ "입법목적을 실현하는 수단으로서 국적법 제3조 제1항은 '부모의 혼인과 인지로 적출인 자녀의 신분을 취득한 경우'에 한해 일본국적을 부여하고, 부친이 인지했지만 부모가 혼인하지 않은 혼외자는 국적부

여 대상에서 배제한다.", "하지만 '부모의 혼인'은 아이나 일본국적인 아버지만의 의사로는 실현할 수 없는 요건이다. 아버지가 일본국적이어도 아버지 또는 자신의 의사만으로는 일본국적을 취득하지 못하는 사람을 만든다. 한편 일본국적 아버지가 생후 인지한 혼외자는 '부모의 혼인'에 따라 혼내자의 신분을 취득하지 않아도 아버지와 법률상 친자관계이고 서로 부양의무를 지는 관계로서 일본사회와 결합관계를 가진다", "따라서 이 조항의 입법목적과 수단 사이에는 사실상 실질적 관련성이 없다.", "결국 국적법 제3조 제1항이 일본국적 취득을 두고 혼외자라는 사회적 신분 및 부모의 성별에 따라 차별을 둔 것은 강한 정당화 사유가 인정되지 않는다. 헌법 제14조 제1항에 위반된다."

④ "상고인에게 국적법 제3조 제1항에서 '부모의 혼인' 부분을 제외하고 적용해 일본국적을 부여해야 한다."

국적확인청구 사건 대법정 판결 이후 혼외자의 상속분 차별을 규정한 민법 제900조 제4호 단서 전단 규정이 위헌이라는 고등재판소 판결이 이어지고 있다. 최고재판소도 2013년 2월 27일 이 문제를 대법정에서 심리키로 결정했다. 우리의 소수의견이 다수의견이 돼가고 있다.

① 도쿄고등재판소 2010년 3월 10일 판결(판례타임스 제1324호 210쪽)은 피상속인이 혼인한 적이 없는 경우의 양자와 혼외자의 관계에서 이 규정이 위헌이라고 판단했다.

② 오사카고등재판소 2011년 8월 24일 결정(판례시보 제2140호 19쪽)은 이 규정이 해당 사건 상속이 개시된 2008년 당시 위헌이라고 했다. 그리고 "(이 규정을 합헌이라고 한) 1995년 (7월 5일 대법정) 결정이 밝혔던

II. 일본 최고재판소를 말하다

구별의 합리성에도 의문이 제기되며, 그 후 이 사건 상속개시까지 13년 이상 경과했다. 혼외자가 소수자로서 민주과정에서 대표자를 내는 것은 어려움이 명확하다. 이러한 이유로 위헌무효 판단은 불가피하다"고 밝혔다. "혼외자가 소수자로서 민주과정에서 대표를 내는 것의 어려움"이라는 부분은 나의 앞서 반대의견과 같은 표현이다.

③ 또한 나고야고등재판소 2011년 12월 21일 판결(판례시보 제2150호 41쪽)은 이 사건 상속이 발생한 2004년 4월 당시 피상속인이 혼인한 적 없이 낳은 혼외자와 이후 혼인해 낳은 적출인 자녀의 관계에서 이 규정이 위헌이라고 판단했다. "적출 여부라는 출생에 의한 차별이 없는 제도 확립이 필요하다"는 일반론을 제시했다. 〔한국어판 추가―이후 최고재판소는 2013년 9월 4일 대법정 판결 (민집 제67권 제6호 1320쪽) 에서 민법 제900조 제4호 단서 전단 규정은 늦어도 2001년 7월 당시에는 헌법 제14조 제1항 위반이라고 판단했다. 우리의 소수의견이 다수의견으로 바뀐 것이다.〕

외국인 지방공무원의 관리직 승진자격

도쿄도 관리직 선발 수험자격 확인 등 청구 사건 2005년 1월 26일 대법정 판결 (민집 제59권 제1호 128쪽) 다수의견은 "지방자치단체가 '공권력을 행사하는 지방공무원 자리'와 '그 자리에 승진하는데 필요한 직무경험을 쌓기 위해 거쳐야 하는 자리'까지 단일한 관리직 임용 제도로 만들어 일본국민만 승진케 했더라도 노동기준법 제3조, 헌법 제14조 제1항에 위반되지 않는다"고 판단했다. 다키이 시게오 재판관과 나는 반대의견을 냈다.

도쿄도 하치오지시 보건소에서 4급직 주임으로 근무하던 원고는 과장급인 7급직에 승진하기 위해 필요한 관리직 시험을 치려고 했다. 하지만 일본국적이 없다는 이유로 수험을 거부당하자 도쿄도를 상대로 위자료를 청구한 사건이다.

다수의견은 "지방자치단체가 직원으로 채용한 재류 외국인에서는 합리적인 이유에 의해 일본국민과 다르게 대우하는 것이 허용된다. 이런 처우는 합리적 이유에 바탕한 이상 헌법 제14조 제1항에 위반되지 않는다"고 밝혔다. 그러나 재류 외국인은 민주정치과정에서 자신들의 의사를 입법과 행정에 반영하는 것이 사실상 제한되는 소수자다. 따라서 인권 제약이 헌법에 합치되는지 여부를 사법권이 엄격하게 심사해야 한다. 그렇지 않으면 구제 가능성이 아주 없어지고 만다. 다수의견은 '합리성 기준'이라는 완화된 기준으로 심사했는데, 합리성 기준을 쓰면 대부분 그 단계에서 결론이 난다.

다음으로 다수의견은 재류 외국인 전체를 일본국민과 다르게 대우하는 것이 가능한지에 대해서 "특별영주자[87]도 다르지 않다"고 했다. 특별영주자를 최근에 일본에 입국한 자와 구별하지 않겠다는 것이다. 그러나 직업 선택의 자유를 어느 정도 보장할지에 관한 판단에서, 해당 외국인이 일본과 어느 정도 관계를 갖고 있는지는 중요한 요소다. '합리성 기준'이라는 완화된 판단기준으로는 그러한 차이를 고려하지 못한다. 이

---

87 식민지 이후로 일본에 살고 있는 조선인 · 대만인과 그들의 자손. 일본 정부는 1947년 새 헌법 발효를 하루 앞두고 일본국적을 임시로 없앴고 1952년 샌프란시스코 평화조약 발효와 함께 이를 완전히 박탈했다. 그러다 1991년 국제 사회의 압력을 받아 이들에게 특별영주권을 부여했다.

　　　　　　　　　　　　Ⅱ. 일본 최고재판소를 말하다

것이 내가 다수의견에 동조하지 못하는 가장 큰 이유다.

원고는 1950년 이와테현에서 출생한 특별영주자로 일본에서 의무교육을 받았고, 고등학교와 전문학교를 졸업하고 간호사 면허와 보건사 면허를 취득했다. 원고의 어머니는 일본인이었는데 1935년에 일본에서 조선인과 혼인하면서 내지호적에서 제적되고 조선호적에 입적했고, 1952년 샌프란시스코 평화조약 이후 일본국적을 상실했다.[88] 원고는 평화조약 발효 전에 출생했으므로 당초 일본국적을 갖고 있었지만 1952년 4월 19일 법무성민사국장의 '평화조약의 발효에 따른 조선인·대만인 등에 관한 국적 및 호적사무의 처리'라는 한 통의 통달에 의해 일본국적을 잃었다. (평화조약 발효 당시 일본국적 보유를 인정하고 스무 살이 됐을 때 국적을 선택하도록 하는 방법도 있었다.) 그리고 원고는 재류기간이나 취업 등 재류활동에 제한받지 않는 특별영주자로 일본에서 생애를 보냈다. 직업선택의 자유라는 점에서 일본국적을 가진 사람과 다르지 않은 지위였다.

다수의견은 관리직에도 두 가지가 있다고 본다. '주민의 권리와 의무를 직접 형성하고 그 범위를 확정하는 등의 공권력을 행사하거나 지방자치단체의 중요 정책을 결정하고 참가하는 직무, 즉 공권력을 행사하는 지방공무원 자리'와 '그 자리에 승진하는 데 필요한 직무 경험을 쌓기 위해 거쳐야 하는 자리'다. 외국인이 전자에 취임하는 것은 일본 법체계

---

88 내지호적은 일본호적을 뜻한다. 호적을 국적의 기준으로 삼아 식민지 출신자의 일본국적을 박탈했다.

가 상정하지 않았지만 후자에 취임하는 것은 가능하다는 입장으로 보인다. 다수의견은 "도쿄도는 관리직 직원에게 항상 특정 직종의 특정 직무만 맡기지는 않는다. 관리직에 승진하면 공권력을 행사하는 지방공무원에 취임할 수 있다는 것이 당연한 전제다", "따라서 공권력 행사 지방공무원에 해당하는 관리직뿐만 아니라 관련직까지 포함하는 단일한 관리직 임용제도를 두는 것이 가능하다"고 했다. 두 종류의 자리를 묶은 관리직 임용제도를 적절하게 운용하는 데 필요해 "관리직 승진 자격으로 일본국적을 요구해도 이는 합리적 이유에 따라 일본국적 직원과 재류외국인 직원을 구분하는 것이다. 이러한 조치는 노동기준법 제3조에도 헌법 제14조 제1항에도 위반되지 않는다"고 판단했다. 정리하면, 다수의견은 차별을 합리화한 이유를 '두 종류의 자리를 묶은 관리직 임용제도를 적절히 운용하기 위한 필요성' 다시 말해 승진관리 내지 인사관리 정책의 필요성에서 찾은 것이다.

관리직이라고 하면 대단한 권력을 행사하는 자리처럼 보이지만 과장급인 7급직일뿐이고, 7급에 승진하는 모든 직원이 공권력 행사 지방공무원이 되는 것도 아니다. 진급자 가운데는 공권력 행사 지방공무원이 되지 못하고 퇴직하는 경우도 적잖다. 물론 지방공무원 관리직 선발에서는 공권력 행사 지방공무원을 뽑는 것이 중심이다. 하지만 한편으로는 4급, 5급, 6급 등[89]에 머무르면 봉급이 오르지 않기 때문에 이들의 처

---

89 1급이 최하위 10급이 최고위다. 국가공무원의 경우 '일반직 직원의 급여에 관한 법률'에서 직원의 직무는 복잡한 정도, 책임의 정도 등에 따라 분류한다고 정하고 있고, 구체적인 기준은 인사원 규칙에 있다. 지방공무원도 비슷한 방식으로 정하고 있는데, 어느 쪽이든 과거에 비해 구분

II. 일본 최고재판소를 말하다

우를 개선하는 면도 있다. 나도 최고재판소 인사국에 있던 3년간 급수별 정원 확대를 위해 힘을 기울였다. 7급직 승진은 직원 처우개선이라는 의미도 강하다. 합리성 기준으로는 이러한 점이 무시되면서 쉽게 제약이 인정된다.

외국인이나 관리직이라는 단어는 어감이 다소 강해 판단을 그르치는 것인데, 실체는 그렇게 단순한 게 아니다. 다수의견처럼 '외국인에게 관리직 선발시험 수험자격을 인정할 것인가'를 따질 것이 아니라 '4급직에 취임한 특별영주자에게 7급직 수험자격을 인정할지'를 판단해야 한다.

특별영주자는 지방자치법 제10조 제1항이 말하는 지방자치단체의 주민이며, 주민은 법률이 정하는 바에 따라 그가 속하는 보통지방자치단체의 역무役務를 제공받을 권리가 있고, 부담을 분담할 의무를 진다(제10조 제2항). 그리고 지방자치단체가 의무를 부과하거나 권리를 제한하기 위해서는 법령에 특별히 정한 경우를 제외하고 조례에 의하지 않으면 안 된다(제14조 제2항). 따라서 특별영주자의 승진을 제한하려면 조례가 있어야 한다. 하지만 조례는커녕 도쿄도인사위원회의 '관리직 선발 실시 요강'에도 국적요건이 없었다. 보건소 부소장이 원고의 수험지원서 수령을 거부한 이듬해에야 '관리직 선발 실시 요강'에 국적요건이 기재됐다. 이것만으로도 특별영주자의 수험 제한이 문제가 되지만, 조례로 규정한다고 해서 특별영주자의 수험을 제한할 수 있는 것도 아니다. 조례로 제한이 가능해지면 소수자의 권리 제한이 쉬워져 권리 제한이 고착화된다.

단계가 줄어들고 있다.

그래서 나는 조례를 거론하지 않고 헌법을 기준으로 판단했다.

반대의견에서 나는 이렇게 강조했다. 국가가 법률로 특별영주자에게 영주권을 부여하고 특별영주자가 지방공무원이 되는 것을 제한하지 않는 점, 헌법에 규정된 평등원칙 및 직업선택의 자유는 특별영주자에게도 적용되는 점을 고려하면 기본적으로 특별영주자는 지방공무원이 되는데 일본국민과 평등하게 대우받아야 한다. 국민주권은 입법권, 행정권, 사법권을 포함하는 통치권 행사의 주체가 국민일 것, 즉 통치권 행사의 주체가 통치권 행사의 객체와 같은 자국민일 것을 포함한다. 이를 '자기통치의 원리'라고 한다. 자기통치의 원리로 특별영주자의 취임을 제한할 수 있는 자리는 '자기통치의 과정에 밀접하게 관계하는 자리'이다. 광범위한 공공정책의 형성 · 집행 · 심사에 직접 관여해 자기통치의 핵심기능을 수행하는 직원, 경찰관이나 소방관처럼 주민에게 직접 공권력을 행사하는 직원에 한정돼야 한다. 직업선택의 자유는 경제활동의 자유만을 의미하는 것이 아니라, 직업을 통해 자기 능력을 발휘하고 자아를 실현하는 인격적 측면을 가진 것이다.

지방자치단체의 주민이라는 점에서 특별영주자가 다른 재류자격을 가진 외국인과 다르지 않을 수 있다. 하지만 지방자치단체와의 관계에서 보면 특별영주자는 다른 재류자격자보다 훨씬 깊은 관계를 갖고 있다. 특별영주자가 일생 동안 속하는 공동체에서 자아를 실현하고자 하는 의사를 충분히 존중해야 하고, 그 권리를 제한할 때도 더욱 엄격한 합리성이 요구된다. 자치사무의 적정한 처리 · 집행이라는 목적을 이유로 특별영주자를 자기통치 과정과 밀접하지 않은 자리에서도 배제하려면 엄격한 합리성이 필요하다. 특별영주자의 법적인 지위, 직업선택 자유의 인격권적 측면, 특별영주자의 주민으로서의 권리 등을 고려해야 하기 때문이다. 제한의 구체적인 목적이 자치사무의 처리·집행에 중요하고, 그 목적과 수단 사이에 실질적 관련성이 있어야 한다. 이들 요건을 지방자치단체가 성공적으로 입증했을 때에만 제한의 합리성을 인정해야 한다.

과장급에는 자기통치 과정에 밀접하게 관련되지 않은 사람이 상당수 포함돼 있다. 그렇지만 도쿄도는 관리직 선발에 합격한 사람은 언젠가 자기통치 과정에 밀접한 자리에 취임한다고 했다. 자신들의 승진관리와 인사관리 정책을 수행하기 위해 특별영주자를 관리직 선발시험 수험 단계부터 거부했다. 자기통치 과정에 밀접하게 관계하지 않는 과장직이 되려는 것조차 제한하는 것이 정당하다고 주장했다. 하지만 그러한 제한이 정당화되려면, 제한의 구체적인 목적인 '도쿄도의 승진관리와 인사관리 정책 실시'가 자치사무의 처리·집행에 중요한 것이어야 한다. 동시에 그 목적이 수단과 실질적 관련성이 있어야 한다. 그런데 이 사건에서 그 수단은 특별영주자의 관리직 선발 수험을 거부하고, 과장직 가운데 자기통치 과정에 밀접하게 관계되지 않은 직원이 되는 것도 제한한 것이다.

승진관리와 인사관리 정책이라는 목적은 특별영주자의 법 앞의 평등 및 직업선택의 자유에 불이익을 주는 것이 정당할 만큼 자치사무의 처리·집행에 중요한 것이 아니다. 특별영주자의 관리직 선발시험 수험자격을 인정하고 이후 과장급 직책에 승진시켜 자기통치 과정에 밀접한 관계가 없는 자리에 임용해도 승진관리와 인사관리 정책에 커다란 지장을 주지 않는다. 그러므로 특별영주자를 관리직 선발시험 수험에서부터 거부하고 자기통치 과정에 밀접하게 관계되지 않은 직원이 되는 것도 제한하는 것과 같은 수단은 도쿄도의 승진관리와 인사관리 정책이라는 목적과 실질적으로 관련성을 가진다고 할 수 없다. 특별영주자의 관리직 선발시험 수험을 거부한 것은 헌법이 규정하는 법 앞에서의 평등 및 직업선택의 자유에 위반된다.

내가 태어난 후쿠이현 아사히마을에는 군수공장이 있었는데, 조선반도에서 온 노동자도 일하고 있었다. 이 가운데 한 사람인 '니가타 아저씨'는 우리 옆집에 살았다. 나는 니가타 아저씨의 집에 드나들며 5살 정도 많은 형과 함께 놀았다. 그 형이 소학교 운동장에서 학생들에 둘러싸여 조센진이라는 야유를 들으며 우두커니 서 있는 모습을 몇 번 보았다. 다수자는 소수자에게 잔혹한 일들을 하곤 한다. 일본에서만 일어나는 일이 아니다. 전쟁이 끝나자 니가타 아저씨는 소학교 학생인 내 눈을 지그시 보면서 "우리는 조선에 돌아가지 않으면 안 된다. 아들의 책상이며 스키를 두고 갈테니 쓰라"고 했다. "조선에 돌아가지 않으면 안 된다"는 말에는 해방된 조국의 재건을 위한 희망보다는 더 이상 일본에서 살 수 없게 됐다는 여운이 묻어 있었다. 나는 니가타 아저씨의 쓸쓸한 눈빛을 잊지 못한다. 지금 일본에 사는 특별영주자에게 '돌아가야 할 곳'은 이와테현이나 후쿠이현 같은 일본의 고향들이다. 이들을 단순히 외국인이라 부르는 것은 적절치 않다.

II. 일본 최고재판소를 말하다

법무대신 재결서와 외국인 강제퇴거

강제퇴거명령서 발부처분 취소청구 사건 2006년 10월 5일 제1소법정 판결(판례시보 제1952호 69쪽)에서 다수의견은 "법무대신이 출입국관리 및 난민인정법 제49조 제3항이 정한 재결을 하면서 재결서를 작성하지 않은 것은 이 법 시행규칙 제43조 위반이 맞다. 하지만 용의자는 강제퇴거 사유의 유무를 다투지 않았고, 강제퇴거 전에 필요한 특별재류허가 판단에 는 서면작성이 필요하지 않으며, 용의자가 특별재류허가 심사에서만 난민이라 주장했을 뿐 강제퇴거 절차에서는 주장하지 않았다. 이런 이유로 재결서를 작성하지 않은 것이 법무대신의 재결이나 강제퇴거명령서 발부처분을 취소할 위법사유에는 해당하지 않는다"고 판단했다. 나는 재결서를 작성하지 않은 것은 위법사유에 해당한다는 반대의견을 썼다.

이 사건 원고는 출입국관리 및 난민인정법 제24조 제4호 로목이 정한 '재류기간 갱신 또는 갱신 없이 재류기간을 경과해 일본에 잔류한 사람'에 해당한다고 입국심사관이 판단한 외국인이다. 특별심리관에게 구두심리를 신청했는데 여기에서도 입국심사관의 판단에 문제가 없다는 판정이 나왔다. 그러자 제49조 제1항에 따라 법무대신에게 이의를 신청했다. 제49조 제3항에서는 법무대신은 이의신청에 이유가 있는지 재결하고, 그 결과를 주임심사관에게 통지해야 한다고 정했다. 법무대신이 재결할 때는, 이 법 시행규칙 제43조에 따라 별표 제61호 양식의 재결서를 작성해야 한다. 재결서에는 재결주문, 사실의 인정, 증거, 적용법조 등을 기재하고 법무대신이 날인한다. 시행규칙 제42조는 대상자가 법무대신에게 이의할 수 있는 경우로서, 제24조 각 호의 강제퇴거 사유에 해당하지만 그래도 '강제퇴거가 현저히 부당할 때'를 인정하고 있다. 제50조 제1항에 따라 법무대신이 현저히 부당하다고 인정하면 특별재류허가를 내줄 수 있고, 이 특별재류허가에 대해 제50조 제3항은 이의신청에 이유가 있는 것으로 간주한다. 따라서 주임심사관이 이의신청에 이유가 있다는 법무대신의 재결 통지를 받으면 용의자를 즉시 풀어줘야 한다. 반대로 이유가 없다는 재결 통지를 받은 경우에는 강제퇴거명령서를 발부해야 한다(제49조 제4·6항). 그런데 법무대신이 이 재결서를 작성하지 않았다.

나는 반대의견에 다음과 같이 적었다. 출입국관리 및 난민인정법 제49조 제3항 법무대신의 재결과 제50조 제1항 특별재류허가 결정은 관념적으로는 별개 행정처분이다. 하지만 두 가지는 이의신청 절차에서 동시에 묶여서 판단된다. 특별재류허가 결정은 이의신청에 대한 답변이다. 이의신청을 기각하는 재결은 특별재류 불허가를 전제로 하고, 반대로 특별재류를 허가하는 경우에는 이의신청 인용으로 간주된다. 이처럼 법무대신의 재결은 제24조 각 호 강제퇴거사유 유무판단과 특별재류허가 가부판단 권한을 하나의 처분 권한으로 합친 것이다. 이의신청에 이유가 없다는 재결은 특별재류허가를 하지 않는다는 판단을 포함한다. 상고인처럼 제24조 각 호의 강제퇴거사유에 해당한다고 인정되는 당사자의 경우에 법무대신의 이의신청에 이유가 없다는 재결은 특별재류허가를 거부하고 강제퇴거를 명하는 최후결정이다. 따라서 법적 이익에 중대한 영향을 미친다. 그래서 시행규칙 제43조는 법무대신이 신중하고 적확하게 판단하고 처리과정을 명확히 밝히도록 해, 관계기관의 후속 절차를 확실하게 하고자 재결서를 작성하라고 명기한 것이다. 후속 절차는 강제퇴거명령서 발부 또는 당사자를 풀어주는 것이다. 이러한 의미를 가지는 재결서를 작성하지 않은 것은 명문의 규정에 위반되므로 재결을 취소할 위법사유에 해당한다. 재판소가 행정처분의 적법성을 심사하면서 처분의 실체적 내용에 대해서는 행정청의 재량권을 존중해야 한다. 하지만 절차·과정에 대해서는 법률 규정을 지키는지 엄격하게 심사해야 한다.

맥클린Ronald Alan McLean 사건 1978년 10월 4일 대법정 판결(민집 32권 제7호 1223쪽)은 "국제관습법상 국가는 외국인의 입국을 허가할 의무를 지지 않고 특별한 조약이 없는 이상 외국인의 입국허가 여부 및 입국허가 조건을 자유롭게 결정할 수 있다"고 했는데, 이는 국가의 자유결정권 원리를 설명한 것에 불과하다. 행정청인 법무대신은 '국가'와 명확하게 다른 지위를 가지므로, 헌법이나 조약은 물론 법률, 정령, 성령, 조리와 여기에서 도출되는 법의 일반원칙에 구속된다.[72]

한편 외국인에게도 헌법 제31조나 시민적 및 정치적 권리에 관한 국제규약 제9조의 적정 절차 보장이 적용된다. 특히 강제퇴거 절차는 외국인의 지위에 중대한 영향을 주므로 엄격하게 적법성을 판단해야 한다. 재결서 작성은 대충대충이 아닌 신중하고 공정타당한 재결을 담보하고, 명확한 절차 이행을 보장하기 위한 것이므로 경시할 수 없다. 법무대신이 다시 재결하도록 했어야 한다.

5
개별적 · 구체적 구제

경찰관의 증거물 폐기

증거물 폐기처분 손해배상청구 사건 2005년 4월 21일 제1소법정 판결 (판례시보 제1898호 57쪽) 다수의견은 "범죄 피해자가 증거물을 사법경찰직원에게 임의 제출하고 소유권을 포기한다고 의사 표시한 경우, 이후 해당 증거물이 적정하지 않게 폐기처분됐다는 이유만으로 국가배상법에 따른 손해배상을 청구할 수 없다"고 판단했다. 나는 반대의견을 썼다.

강도강간 사건 피해자가 피해 당시 입었던 옷 등을 증거품으로 경찰서에 제출했다. 담당 경찰관은 사건 발생 반년 뒤 연말을 맞아 불필요한 물건들을 처분했다. 이 때 증거물을 태워버려 피해자가 경찰서가 속한 현을 상대로 손해배상을 청구한 사안이다. 당시 경찰서는 '증거물 보존부'와 '범죄사건 처리(지휘)부'를 작성하지 않았다.

II. 일본 최고재판소를 말하다

다수의견은 "범죄 수사의 직접적인 목적은 국가와 사회의 질서 유지라는 공익이지 범죄 피해자의 침해된 이익과 손해 회복이 아니다. 피해자가 수사로 인해 얻는 이익 자체는 공익 목적인 수사 활동에 의해 반사적으로 생기는 사실상 이익에 불과하다. 법률상 보호되는 이익이 아니다"라고 판단했다.

하지만 범죄 수사의 목적은 국가와 사회의 질서 유지라는 공익뿐 아니라 범죄로 인해 상처받은 피해자의 존엄권과 인격권 회복에도 있다. 피해자는 범죄 수사를 포함한 형사절차에서 당사자에 해당된다. 피해자가 수사에서 얻는 이익은 일반 공익에 흡수·해소되는 것이 아니라 피해자 개인의 이익으로서 법적으로 보호되는 것이다. 피해자는 고소권을 가지며, 검사의 기소나 불기소처분을 통지받는 지위에 있다. 2004년 12월 제정된 범죄 피해자 등 기본법에서는, 모든 범죄 피해자는 개인의 존엄에 걸맞은 대우를 보장받을 권리가 있다(제3조), 국가 및 지방자치단체는 범죄 피해자가 관련 형사절차에 적절하게 관여할 수 있도록 형사절차 진행상황을 제공하고, 형사절차 참여 기회를 늘리는 제도를 정비하는 등 필요한 정책을 마련해야 한다(제18조 제1항)고 규정했다. 2007년 6월 개정 형사소송법에서는 피해자가 형사소송 절차에 참여할 수 있게 했다. 피해자는 적정하게 이뤄진 수사에 따른 일반적 이익을 타인과 공유하는 데 그치는 것이 아니라 이에 대한 개별적 이익을 가진다.

나는 이런 생각으로 다음과 같은 반대의견을 썼다. "범죄 피해자는 그 개인의 존엄에 걸맞게 처우될 인격적 권리가 있고 형사고소권도 인격적 권리의 일부다. 피해자가 소유한 증거물을 수사기관에 제출하는 것은 범인 검거와 처벌을 돕기 위한 것으로, 고소권 행사 또는 고소권 유사의 인격권 행사다. 수사기관이 증거물을 수사를 위해 유효하게 활용하고 수사에 필요한 경우 적정하게 보관하는 이익은, 단순히 소유권의 일부가 아니라 인격적 권리에서 유래하는 법익이다. 피해자가 소유한 증거물을 수사기관에 제출하면서 소유권 포기서에 서명 날인하는 것은 증거물이 수사와 공소유지에 필요하지 않게 돼도 반환을 요구하지 않겠다는 의미에 불과하다. 수사기관이 증거물을 유효하게 활용하고 적정하게 보관되는 이익까지 포기한다는 의미가 아니다. 따라서 수사기관이 정당한 이유 없이 증거물을 폐기하면 피해자의 법익을 침해하는 것이므로 국가배상법상 손해배상청구가 인정된다."

구치소 수용자 늦장 병원이송

도쿄구치소 수용자 국가배상청구 사건 2005년 12월 8일 제1소법정 판결 (판례시보 제1923호 26쪽) 다수의견은 "구치소에 구금된 사람이 뇌경색을 일으켜 중대한 후유증이 생겼다. 하지만 첫 컴퓨터단층촬영CT에서 뇌경색으로 판단된 시점에 혈전용해 요법을 쓰지 않았고, 그 이전 시점에 치료나 호전이 가능한·상태였을 수 있지만 이때까지 환자를 외부 의료기관에 보내 혈전용해 요법을 시행할 수 있었다고 보기 어려우며, 구치소에서 환자의 증상에 대응해 치료를 했고, 환자를 신속히 외부 의료기관에 옮겼더라도 후유증이 덜했을 것이라는 사정도 인정되지 않는다. 이런 점들을 고려하면 환자를 조속히 외부 의료기관에 이송해 치료를 했다면 중대한 후유증이 남지 않았을 상당한 가능성이 있다고 증명

II. 일본 최고재판소를 말하다

되지 않는다. 따라서 구치소 담당의사의 이송의무 위반을 이유로 하는 국가배상책임은 인정되지 않는다'고 판단했다.

주거침입죄로 기소돼 도쿄구치소에 미결구금돼 있던 수용자가 뇌경색을 일으켰다. 구치소 측이 다음날 외부 의료기관에 보내 수술을 받았지만 커다란 후유증이 남았다. 실어失語, 실독失讀, 실서失書, 판단력장애, 우반신 완전 운동마비 등이다. 수용자는 구치소 의사가 신속히 그를 외부 의료기관에 보내 적절한 치료를 받을 기회를 줘야 할 의무를 위반했다며 국가배상을 청구했다. 수용자가 수술을 받을 때까지 경과를 시간순으로 정리하면 다음 표와 같다. 도쿄구치소에는 뇌외과 의무관이 2명 있었지만 이들에게 연락한 흔적은 없었다.

· 늦장 병원이송 사건 개요 ·

4월 1일 (일)

7시 30분	이불에 앉아 '으' '아' 소리를 내며 신음하는 수용자를 직원이 발견.
8시 00분	당직이던 외과 의사가 뇌출혈 또는 뇌경색이 의심된다고 진단.
8시 10분	특정 집중치료실로 보냄.
8시 30분	향후 치료를 위한 혈관 · 요관 확보 등 긴급조치. 이날 당직 의사에게 인계.
9시 03분	이날 당직인 신경정신과 의사가 CT촬영해 화질이 떨어지지만 뇌경색으로 진단. 준간호사에게 항뇌부종제 글리세올을 1개당 1시간씩 모두 4개를 오후 10시까지 나눠 투여하도록 함. 다음날

오전 6시에 투여를 재개하도록 지시.

11시 15분   방사선 기사의 CT촬영에 바탕해 신경정신과 의사는 뇌경색 가능성이 높다고 확인. 일반소화기외과 의사인 의료부장에게 전화보고했으나 별다른 지시 없었음.

21시 20분   이날 마지막 항뇌부종제 투여.

23시 30분   당직의사가 있는 의무부 사무실의 특정집중치료실 모니터 꺼짐.

4월 2일 (월)

6시 00분   항뇌부종제 투여 재개.

7시 50분   의료부장이 수용자를 진단하고 이전까지의 조치를 확인.

9시 27분   좌뇌실이 압박받아 뇌부종이 진행하고 있음을 CT촬영으로 확인.

10시 00분   의료부장이 도쿄구치소에서 보존적 치료를 계속하는 것은 부적절하다고 판단.

15시 41분   수용자를 일본의과대학 부속병원으로 옮김. 수용자는 의식불명이었고 왼손에 수갑이 채워지고 끈으로 침대에 고정됨.

16시 30분   CT촬영 결과 좌중대뇌동맥 영역에 광범위한 뇌부종이 나타남. 좌반구의 뇌구가 작아지고 뇌실이 커짐. 대뇌염(해마) 헤르니아가 있는 상태. 전날과 이날 오전보다 나빠진 것으로 판명.

22시 15분   전측두부를 긴급히 열어 감압하는 수술 시작.

다수의견은 신속하게 외부 의료기관에 보내졌더라도 후유증이 적었을 것이란 정황이 없다면서 수용자의 국가배상청구를 기각했다. 수용자가 신속히 외부 의료기관에 옮겨졌다면 후유증이 적었을 것이란 사실이 증명되지 못한 것은 사실이다. 따라서 후유증 자체에 대한 손해배상청구는 인정되지 않을지도 모른다. 하지만 후유증 손해와는 별도로 적절한 의료행위를 받지 못한 정신적 고통이 문제로 남는다. 후유증 경감 가능성과는 별도로 환자에게는 적시에 적절한 의료기관에서 적절한 검사와 치료를 받을 이익이 있다. 사람은 누구나 결과가 어떻든 적절한 치료를 받고자 한다. 사람의 몸이란 것은 치료를 받아보지 않은 이상 결과를 모른다. 적절한 치료행위를 받는 이익은 그 자체로 충분히 법적 보호의 대상이다.

나는 요코오 가즈코 재판관과 함께 반대의견을 적었다. 도쿄구치소 의사는 4월 1일 오전 8시쯤 수용자의 뇌출혈 또는 뇌경색이 의심된다고 진단했다. 혈관 및 요로 확보 등 긴급조치를 마친 오전 8시 30분쯤에는 뇌혈관 질환 전문의의 검사, 치료 등 의료행위가 가능한 의료기관에 보낼 의무가 있었다. 국가는 전문의의 검사, 치료 등 이 상황에 필요한 의료행위를 받을 수용자의 이익을 침해한 정신적 손해를 배상해야 한다. 급성 뇌출혈, 뇌경색 등 뇌졸중 환자는 뇌혈관 질환 전문의 등 전문 의료진과 전문 설비가 갖춰진 의료기관에서 검사, 치료 등 의료행위를 받아야 하는 것은 공지의 사실이다. 도쿄구치소 의무부가 당시 급성 뇌졸중 환자에게 필요한 검사, 치료 등 의료행위를 할 수 없던 사실은 자명하다. '중대한 후유증이 남지 않을 상당한 가능성이라는 이익'과 '환자가 적시에 적절한 의료기관에서 적절한 검사, 치료 등 의료행위를 받을 이익'은

별개 이익이다. 따라서 후자는 불법행위에 따른 손해배상 책임을 통해
보호되는 이익에 해당한다.

유죄 판결 27년 뒤에 당연퇴직

우정사무관 지위확인 등 청구 사건 2007년 12월 13일 제1소법정 판결
(판례시보 제1995호 157권) 다수의견은 "우정사무관으로 채용된 사람이
금고 이상 형을 받아 당연퇴직 사유가 발생한 뒤에도 약 26년 11개월 동
안 이를 감추어 계속 근무하고 급여를 받은 경우에, 국가(일본우정공사,
이후 우편사업주식회사로 바뀜)가 이 사무관을 국가공무원법 제76조[90]와
제38조 제2호[91]에 따라 당연퇴직시킨 것은 신의성실원칙에 반한 권리남
용에 해당하지 않는다"고 판단했다.

원고는 1973년 4월 28일 우정사무관으로 채용돼 한 우체국 집배과에
서 집배업무에 종사해왔다. 그런데 원고는 채용되기 이전인 1972년 9월
2일 공무집행방해 현행범으로 체포돼 1973년 12월 7일 징역 4개월에
집행유예 2년을 선고받았다. 항소기간이 지나 12월 21일 확정됐고, 이
후 1975년 12월 22일 집행유예 기간이 지나면서 위 집행유예 선고는 효
력을 잃었다. 2000년 9월 5일 간토우정국은 원고가 1970년 무렵 공무집
행방해죄로 체포됐었다는 익명의 전화를 받았고, 검찰청에 조회해 2000

---

90 제76조 직원이 제38조 각호의 어느 하나에 해당할 때에는 인사원 규칙으로 정하는 경우를 제외
   하고는 당연퇴직한다.
91 제38조 제2호 금고 이상의 형을 선고받고 그 집행이 끝나지 않았거나 집행유예 기간 중에 있는
   사람.

년 10월 10일 유죄판결 등본을 입수했다. 국가공무원법 제76조와 제38조 제2호에 따라 '금고 이상 형을 받고 집행이 끝나지 않았거나 집행유예 기간 중에 있는 사람'이라는 결격 조항에 해당하면 당연퇴직한다. 같은 해 11월 13일 원고가 일하던 곳의 우체국장은 원고가 이 규정에 해당돼 1973년 12월 22일에 당연퇴직했음을 알리는 인사이동을 통지했다. 이에 대해 원고는 일본우정공사(우편사업주식회사가 지위를 이어받음)를 상대로 고용계약에 따른 지위 확인을 청구했다.

형식적으로는 결격 사유에 해당하므로 당연퇴직이다. 하지만 원고는 형 선고가 실효된 뒤 약 25년 동안 아무런 사고 없이 우정사무관으로서 근무해 이미 50세가 됐다. 약 25년이라는 기간은 민법이 사회의 법률관계 안정을 위해 정하는 소유권 취득시효 20년, 채권 또는 소유권 이외 재산권 소멸시효 20년, 손해배상청구권 제척기간 20년을 초과한다. 결격에 의한 당연퇴직은 민간회사로 말하자면 징계해고에 해당하는데, 민간회사가 약 25년 전에 있던 사유를 이유로 징계해고 하는 것은 용납되지 않는다. 그런 징계해고는 최고재판소에서도 권리남용으로 무효가 될 것이 분명하다. 우정사업도 최종적으로는 민영화됐다. 최고재판소는 형식적으로는 법률 조항에 해당하는 경우에도 신의성실원칙, 권리남용금지, 공서양속 같은 일반조항을 근거로 결론의 구체적 타당성을 추구하고 있다. 나는 이 사건에서도 형평의 관념에 맞는 결론을 내고자 반대의견을 썼다.

나는 반대의견에서 다음과 같이 주장했다. 공법 관계에서도 법의 일반원리인 신의성실원칙, 권리남용금지 법리가 적용되는 것은 자명하다.

그리고 무효요건에 해당하는 하자있는 행정행위라 해도 장기간에 걸쳐 유지·계속된 것을 무효로 하면, 상대방의 신뢰를 깨 법률생활의 안정을 해치고 사회공공의 복지에 중대한 영향을 미치기도 한다. 이처럼 무효로 해야 할 공익적인 필요성은 낮은 반면 상대방의 신뢰를 보호하고 법률생활을 안정시킬 필요성이 높은 경우가 있다. 이런 경우에는 신의성실원칙, 권리남용금지 법리에 따라 행정청이 해당 행정행위의 무효를 주장할 수 없다고 할 수 있다. 국가공무원법 제76조와 제38조 제2호는 금고 이상 형을 선고받은 사람이 국가공무원으로서 공무에 종사하는 경우, 그가 관여하는 공무와 공무 일반에 대한 국민 신뢰가 손상될 우려가 있어 공무집행에서 배제해 공무에 대한 신뢰를 확보하려는 것이다.

하지만 원고가 결격 조항에서 벗어나 25년 동안 우정사무관으로 근무한 사실은 그가 관여하는 공무에 대한 국민의 신뢰를 회복하기에 충분하다. 원고를 공무집행에서 배제할 필요성은 없어졌다. 원고가 유죄 판결을 보고하지 않은 책임이 있다 해도 형 선고가 실효된 뒤 25년 동안 우정사무관으로 문제없이 근무했다. 따라서 60세 정년까지 일하리라고 기대하는 것이 무리가 아니다. 전직이 어려운 50대를 퇴직수당도 주지 않고 우정사무관을 그만두게 하는 것은 원고의 기대에 반하며, 직업유지, 생계유지, 법률생활 안정 면에서 지나친 불이익이다. 이에 더해 원고의 공무집행방해 행위가 우정사무관에 임용되기 이전의 일이고 맡아온 업무도 우편집배인 점도 고려 사항이다. 따라서 신의성실원칙, 권리남용금지 법리에 따라 우체국장이 인사이동통지서를 교부한 시점인 2000년 11월 13일자로 원고의 우정사무관 지위를 박탈하는 것은 허용되지 않는다.

　이후 나는 한국 헌법재판소의 2003년 10월30일 결정(2002헌마684, 2002헌마735 · 763 병합, 자이니치코리안변호사협회『한국 헌법재판소』221쪽)을 읽게 됐다. '공무원이 금고 이상 형의 선고유예를 받은 경우에는 공무원직에서 당연히 퇴직한다'는 국가공무원법 규정이 공무담임권을 침해해 위헌이라고 판단한 것이다. 이 결정은 "단지 금고 이상 선고유예 판결을 받았다는 이유만으로 예외 없이 그 직에서 퇴직 당하는 것으로 정하고 있는 이 사건 법률조항은 지나치게 공익만을 강조한 입법이라고 아니할 수 없다", "공무원으로 채용되려고 하는 사람에게 채용될 자격을 인정하지 아니하는 사유와 기존에 공무원으로서 근무하는 자를 퇴직시키는 사유를 동일하게 취급하는 것은 타당하다고 할 수 없다. 왜냐하면, 공무원을 새로 채용하는 경우에는 채용될 자격이 인정되지 않는다고 하여도 당사자가 잃는 이익은 크다고 할 수 없지만, 일단 채용된 공무원을 퇴직시키는 것은 공무원이 장기간 쌓은 지위를 박탈해 버리는 것이므로 당해 공무원이 잃는 이익은 대단히 크기 때문이다. 이와 같이 다루고 있는 이익의 크기가 현저하게 상이함에도 불구하고 이를 공무원의 직무를 수행하기 위한 자격의 문제로 파악해 그 사유를 규정함에 있어 공직취임 이전의 임용결격사유와 이후의 당연퇴직사유를 동일하게 규율하는 것은 공직취임 이후의 퇴직자의 사익에 비해 지나치게 공익을 우선한 입법이라고 하지 않을 수 없을 것이다", "따라서 이 사건 법률조항은 과잉금지원칙에 위배되어 공무담임권을 침해하는 조항이라고 할 것이다"고 밝히고 있다. 최고재판소에서 내가 적은 소수의견이 한국의 헌법재판소에서는 다수의견이었던 것이다.

폭행 사망한 소년의 위자료 청구

폭행으로 사망한 소년의 위자료 청구 사건 2008년 2월 28일 제1소법정 판결 (판례시보 제2005호 10쪽) 다수의견은 "소년 A(당시 16세)가 소년 B(15세)와 소년 C(17세)에게 폭행당한 뒤 3시간 정도 지나 구급차로 병원에 옮겨졌다가 6일 뒤 숨졌다. 이 사건현장에 있던 소년 Y1, Y2, Y3(모두 당시 15세)는 A가 죽을지 모른다고 인식했지만 구급차를 부르거나 제3자에게 신고해 A를 구호하도록 조치할 법적인 의무가 있다고는 볼 수 없다. 다음 ①~③ 사정 때문이다. ①Y들(Y1, Y2, Y3을 가리킴)은 B, C가 A를 폭행한 사실, 폭행에 이른 경위를 알지 못한 채 B, C에게 불려나와 폭행현장에 있었다. 폭행 실행과 공모에 가담하지 않았을 뿐 아니라 적극적으로 폭행을 조장하는 언동도 하지 않았다. ②Y들이 구급차를 부르지 않고 제3자에게 신고하지 않은 것은 나중에 B, C가 알게 된 경우 복수할까 겁났기 때문이다. Y들과 B, C와의 관계나 폭행 경위로 볼 때 그러한 공포를 가질 수 있다. ③폭행이 끝난 뒤 C의 지시로 Y1은 A를 옮겼고 Y들은 기절한 A를 발견하기 어렵게 만드는 것을 알면서도 A를 벽에 기대어 앉혔다. 하지만 이 또한 B, C가 두려웠기 때문이며, 현장 상황을 보면 이 때문에 A의 발견과 구제가 특별히 어려워진 것은 아니다"라고 판단했다.

A, B, C, Y들은 정도의 차이는 있지만 서로 아는 사이다. 2001년 3월 31일 친구 사이인 B와 C는 A를 소학교 소운동장으로 불러 오후 3시쯤

부터 오후 4시 30분쯤까지 거칠게 폭행했다. 이러는 중에 B의 연락을 받고 Y들이 오후 4시쯤 현장에 왔고, B는 Y들에게 폼을 잡기 위해 A의 뒷머리를 바닥에 찧는 등의 폭행을 했다. Y1은 C의 지시에 따라 A를 급식 반입대로 옮기는 일을 도왔다. A는 소변이 새고 입에서는 침이 흐르고 거품을 내뿜는 상태로 기절해 있었다. C의 지시로 Y1은 기절한 A를 발견하기 어렵게 만들려는 목적임을 알면서도 A를 급식 반입대 벽에 등이 닿도록 앉혔다. Y들은 B, C가 현장에서 사라지자 곧바로 현장을 떠났다. Y들은 A가 죽을지 모른다고 생각했지만 제3자에게 알리면 나중에 B, C가 복수할 것이 두려워 알리지 않았다. A가 방치된 사실을 B에게 전해들은 D는 같은날 오후 7시 46분 이 일을 A의 어머니에게 전화로 알렸다. A의 어머니가 부른 구급차로 오후 8시 10분쯤 A는 병원에 옮겨졌다. A는 이미 의식불명 상태로 턱 부분이 흔들거리고 얼굴이 일그러져 부어 있었다. 뇌장애로 매우 위험한 상태였다. 6일 뒤인 4월 6일 A는 상해에 의한 급성 경막하혈종^{硬膜下血腫}으로 사망했다.

이 사건에서 문제는 Y들에게 A의 상해 사실을 소방서 등에 알릴 법률상 의무가 있는 지다. Y들이 소방서에 알렸다고 해서 A가 목숨을 건졌을지는 알 수 없다. 목숨을 건질 수 없었다고 해도 A에게는 의료기관에서 치료받을 이익이 있다. B, C의 강요에 의해서건 보복이 두려워서건, Y들은 A를 옮겨 지나는 사람들이 발견하기 어렵게 했다. Y들에게는 소방서 등에 알릴 의무가 있다. 이렇게 생각한 나와 요코오 가즈코 재판관은 다수의견에 반대했다.

요코오 가즈코 재판관과 나는 반대의견에서 다음과 같이 말했다. Y들은 한시라도 빨리 A가 의료기관에 옮겨져 구급의료를 받도록 소방서 등에 알릴 의무가 있었다. 그런데 통보하지 않았으므로 불법행위 책임을 진다. A는 이 사건 폭행으로 뇌장애가 생겨 의식불명이 됐다. 한시라도 빨리 의료기관으로 옮겨져 구급의료를 받을 법적 이익이 있었다. 하지만 A는 폭행으로 부상한 뒤 구급차로 옮겨질 때까지 약 3시간 동안 급식 반입대 위에 방치돼 있었다. 부상 직후 3시간은 적정한 구급의료에 매우 중요하다. Y들이 사건현장에 있음으로써 A에 대한 B의 폭행이 과격해졌고 기절상태의 A를 발견하기 어렵게 은폐하는 데도 가담했다. 이는 A의 신체 · 생명에 대한 위험을 증대시킨 것이다. Y들은 A의 신체 · 생명의 위험을 증대시킨 만큼 위험이 커지는 것을 막아 A를 위험에서 구출할 책임이 있었다. A의 부상 사실을 소방서, 경찰서, A의 보호자에게 알릴 의무다. 이 통보의무는 사법私法 질서의 일부로서 강제력이 있는 조리에 바탕한 작위의무이다. B, C가 현장을 떠난 뒤 Y들은 휴대전화로 손쉽게 소방서 등에 다친 사실을 알릴 수 있었는데도 그러지 않았으므로 위법하다. 나중에 있을지 모를 복수는 경찰의 보호를 요청하면 되고 또 익명으로도 신고할 수 있었다. 이들의 통보를 법적으로 기대하지 못할 게 아니다.

교토역 강도강간 사건

강도죄의 사실 인정을 다툰 2007년 10월 10일 제1소법정 판결 (판례시보 제1988호 152쪽) 다수 의견은 원심의 유죄 판결을 유지했다. 요코오 가즈코 재판관과 나는 "원심 판결에는 명백히 판결에 영향을 미친 사실오인이 있어 파기하지 않으면 정의에 반하므로 판결을 파기하고 사건을 원심에 환송해야 한다"고 반대의견을 썼다.

이 사건은 강도강간 혐의인데 공소사실은 이렇다. "피고인은 여성을 강간하고 금품을 빼앗으려고 금요일 오후 3시쯤 교토역 하치조 출구 근처 길가에 있었다. 당시 23세인 피해 여성에게 다가가 '손님을 찾고 있구만. 도망치려고 해봐야 소용없다. 주변에 우리 동업자가 깔려있다. 얘기는 사무실로 가서 하자. 거칠게 다루고 싶지 않다'며 협박했다. 피해자를 근처에 세워둔 피고인 차에 태워 시내 호텔방으로 데려가 오후 3시 32분부터 오후 4시 33분까지 얼굴을 손바닥으로 때리는 등 폭행했다. '시끄럽게 하면 욕조에 담근다. 끓는 물을 좀 부어줄까'라고 협박하며 반항을 억압해 피해자를 강간했다. '10~20만 엔 정도 두고 가라. 돈 없으면 손님 세 사람 정도 부른다. 가진 돈 다 내놔'라고 협박해 현금 2만 엔과 휴대폰 1대를 강취했다."

피고인은 이에 대해 "폰섹스를 하면서 만나기로 한 피해자와 2만 엔에 합의하고 러브호텔로 갔다. 방안에서 말다툼이 생겨 강제로 성관계한 뒤 2만 엔은 주지 않았다. 금품은 빼앗지 않았고 의도하지도 않았다. 휴대폰도 피해자가 남자친구에게 연락하지 못하게 하려고 맡아둔 것이다. 헤어지면서 돌려주려 했는데 피해자가 도망가는 바람에 그러지 못했다"고 진술했다.

1심 판결은 강간죄만 인정해 징역 3년에 집행유예 5년을 선고했다. 강도 의도로 협박하고 폭행한 사실이나 현금 2만 엔을 빼앗은 혐의는 유일한 증거인 피해자의 법정 진술을 믿을 수 없다고 했다. 또 휴대전화기 1

대를 빼앗은 혐의는 불법영득 의사를 인정할 수 없다고 해 결국 강도강간죄나 강도죄는 인정되지 않았다. 하지만 항소심은 공소사실대로 사실을 인정해 강도강간죄로 징역 8년을 선고했다. 1심의 집행유예가 2심에서 8년 실형이 됐다.

문제는 강도 협박행위가 있었는지, 있었다면 언제였는지다. 공소 사실은 교토역 하치조 출구 길가에서 협박행위가 있었다는 것이다. 피해자는 당시 23세로 20세부터 22세까지 교토에 혼자 살면서 몇 군데 술집에서 아르바이트를 했다. 러브호텔에는 남자친구와 가본 적이 있다. 피해자에게 피고인이 처음으로 말을 붙인 것은 금요일 오후 3시쯤 교토역 하치조 출구 근처 상가건물 앞 전화박스 옆이다. 피해자는 휴대폰을 하면서 가로수 근처에 앉아 있었다. 옆에는 택시 정류장이 있었다. 피해자는 피고인이 말을 걸어와 피고인 뒤를 따라 걸어 횡단보도를 건넜다. 도로 반대편 파친코 가게 앞에 주차돼 있던 피고인 차량 조수석에 탔다. 피고인은 아버지가 경영하는 금고 등 판매회사에 근무했는데 회사 자동차로 영업을 나갔다가 쉬는 사이에 피해자를 만났다. 자동차 뒷자리에는 종이박스, 책, 카탈로그 등이 쌓여 있었다. 피고인이 피해자의 몸에 손을 대지는 않았다. 자동차가 호텔로 들어선 다음 피고인은 혼자 차에서 내려 건물 동쪽 벽에 있는 패널을 조작해 2층 종업원실 옆방을 선택했다. 다시 차에 올라 건물과 담장 사이의 길을 시계방향으로 돌아 건물 서쪽 주차장에 차를 세웠다. 두 사람은 계단을 올라 방에 들어갔다. 피고인은 방에 들어간 뒤 화장실에 들어갔다. 피해자는 피고인이 화장실에 간 사이 옷을 입은 채로 가방을 갖고 욕실에 들어갔다. 피고인은 화장실에서 나와 옷을 다 벗고 욕실에 들어가 피해자에게 자신이 폭력조직 사람이라며 협박하고 피해자를 폭행했다. 이 같은 사실에는 다툼이 없다.

원심 판결은 강도 협박 행위에 대해 "피고인은 여성을 강간하고 금품을 빼앗으려고 금요일 오후 3시쯤 교토역 하치조 출구 근처 길가에 있었다. 당시 23세인 피해 여성에게 다가가 '손님을 찾고 있구만. 도망치려해봐야 소용없다. 주변에 우리 동업자가 깔려있다. 얘기는 사무실로 가서 하자. 거칠게 다루고 싶지 않다'며 협박했다"고 인정했다. 만약 이러한 사실 인정에 합리적 의심이 남는다면 '의심스러울 때는 피고인의 이익으로'라는 형사재판 원칙에 따라 원심 판결을 파기해야 한다. 우리는 원심 판결의 사실 인정에 합리적 의심이 남는다고 판단했다.

이와 같은 객관적 상황에서 그 주변을 잘 알고 세상 물정도 아는 나이인 23세 여성이 폭력조직 사무소에서 얘기하자는 협박을 받고도 저항없이 상대를 따라갔다는 것은 합리적이지 않다. 도망치거나 주변에 도움을 요청하는 것은 너무나 쉬운 일이다. 이에 대해 피해자는 주변을 지키는 피고인의 동료들이 많다고 하기에, 도망해봐야 소용없을 거라고 생각하고 일단 따라가는 체하다가 상황을 봐서 휴대전화로 110번에 신고할 생각이었다고 한다. 하지만 피해자가 감시자 같은 사람을 본 것도 아니고, 폭력조직 사무실이란 곳은 일단 가면 신고는 불가능하므로 그자리에서 도망하는 편이 훨씬 안전하다. 피해자는 은색 대형트럭이 피고인 차량을 따라 호텔로 들어서 건물과 담장 사이를 돌아 주차장에 들어오는 것을 보고 피고인의 동료일지 모른다고 생각했다고 증언했다. 하지만 우선 대형트럭이 따라왔다는 흔적이 없는 데다, 현장 사진이나 도면을 봐도 대형트럭이 폭이 좁은 길을 돌아 조작 패널 앞과 낮은 주차장 지붕을 거쳐 주차장에 진입한다는 것은 불가능하다. 또한 피고인 차량에 탄 뒤에도 도망하거나 도움을 요청할 기회가 여러 번 있었지만 피해자는 아무런 행동도 하지 않았다. 피해자는 또 호텔 요금을 치르기 전에는 호텔방 안에서는 문이 열리지 않을 것으로 생각했다지만, 이는 비합리적인 주장임이 자명하다.

원심 판결은 이러한 의문에 대해 합리적으로 설명하지 않았다. 원심 판결은 "피해자 증언에 따르면 폭격조직 관계자를 자칭하는 피고인은 피해자에게 갑작스레 말을 걸었고 사무실로 가자면서 주위에 동료들이 있다고 했다. 어린 피해자가 순간적으로 냉정히 판단하지 못하고 피고인을 따라가는 시늉을 하다가 기회를 봐서 110번으로 신고하려고 당장 도피하지 않았다고 해도 부자연스럽지는 않다"고 설명했다. 하지만 이는 도저히 납득하기 어려운 판단이므로 파기해야 마땅하다.

요코오 가즈코 재판관과 나는 반대의견에서 앞에 적은 것 이외에도 몇 가지 의문을 더 제기했다. 그리고 마지막에 "형사소송법 제411조는 원심 판결이 현저히 정의에 반하는 경우 파기할 수 있다고 밝히면서, 제3호에서 '판결에 영향을 미치는 중대한 사실오인이 있을 경우'를 들고 있다. 따라서 경험칙이나 논리법칙 위반에 이르지 않아도 사실인정 과정에 불합리가 있어 사실오인의 의심이 생겨도 이 조항이 적용되며, 최고재판소도 이렇게 운용한다", "(야카이 사건 제2차 상고심 판결인) 최고재판소 1962년 5월 19일 제1소법정 판결(형집 제16권 제6호 609쪽)에서 다카기 쓰네시치 재판관은 소수의견에서 '스스로 사실을 조사하지 않고

서류심리로 사건의 전모를 파악해야 하는 상고심은 판결과정이 명확하게 경험칙에 위반되거나 논리법칙에 위배되지 않는 이상 이를 존중해야 한다'고 했다. 경청할 만한 의견이지만 무죄를 선고한 원심 판결을 파기환송하면서 이렇게 논했다는 점에 유의해야 한다"고 적었다.

형사소송법 제411조는 '상고재판소는 제405조 각호 규정 사유가 없는 경우에도 다음의 사유가 있어 원심 판결을 파기하지 아니하면 현저히 정의에 반한다고 인정하는 때에는 판결로 원판결을 파기할 수 있다'고 정하고, 제1호에서 '판결에 영향을 미칠 만한 법령위반이 있는 것', 제3호에서 '판결에 영향을 미칠 만한 중대한 사실오인이 있는 것'을 규정하고 있다. 경험에서 귀납적으로 얻어지는 사물의 성상이나 인과관계에 관한 법칙을 경험칙이라고 한다. 사실인정 추론과정에서 경험칙을 취사해 선택하는 것은 자유심증주의(형사소송법 제318조)에 따른 사실심 재판관의 전권이다. 하지만 선택이 상식을 벗어날 경우 '경험칙 위반'이 되고 형사소송법 제411조 제1호가 정한 '법령위반'에 해당한다. 경험칙 위반은 사실인정의 판단 과정이 상식에 부합하지 않거나, 논리에 비약이 있거나, 이치에 닿지 않거나, 일반적인 상식에 반하는 경우다. 경험칙 위반은 법령위반이므로 최고재판소는 유죄 판결뿐 아니라 무죄 판결도 파기할 수 있다. 한편 경험칙 위반은 아니더라도 원심 판결의 사실 인정이 불합리해 유죄를 인정하는데 합리적 의심이 남는다면, 최고재판소는 형사소송법 제411조 제3호에 따라 유죄판결을 파기해야 한다. 최고재판소는 원심 판결이 경험칙 위반, 논리법칙 위반인지 아닌지만 심사해야 한다는 의견도 있지만, 유죄 판결에 관해서는 잘못된 의견이다. 최고재판소도 서면심사 결과 원심대로 유죄를 인정하는데 합리적 의심이 남는다면 원심 판결을 파기해야 한다.

우리는 반대의견에서 "경험칙이나 논리법칙 위반이 아니더라도 사실인정 과정에 불합리가 있어 사실오인 의심이 들면 구제대상이 된다"고 말했다. 이는 형사소송법 제411조 제1호가 정한 '법령위반'에 해당하는 강한 경험칙 위반은 아니더라도, 사실오인이 의심되는 경우인 제3호에 해당하므로 파기해야 한다는 뜻이다. 우리는 이 사건에서 강도죄를 인정하기에는 합리적인 의심이 남는다고 생각했다.

2009년 4월 14일 제3소법정 판결(형집 제63권 제4호 331쪽)은 "사실오인 주장에 대해서는 상고심은 법률심이 원칙인 만큼 원심 판결의 인정이 논리칙과 경험칙 등에 비춰 불합리한지를 따져 심사해야 한다"고 판시했다. 이 판결은 일반적인 의미에서 경험칙이라는 용어를 사용하고 있다. 누가 봐도 원심 판결에 명백한 경험칙 위반이 없는 이상 유죄판결을 파기해선 안 된다고는 말하지 않았다. 이 판결도 결론에서 "피고인이 공소사실에 기재한 범행을 저질렀다고 단정하기에는 합리적인 의심이 남는다"며 유죄판결을 파기했다. 합리적 의심이 남으면 최고재판소도 유죄판결을 파기해야 한다는 것이다.

2009년 9월 25일 제2소법정판결(판례시보 제2061호 153쪽) 보충의견에서 이마이 이사오^{今井 功} 재판관은 "상고심의 사실인정은 상고심이 원칙적으로 법률심이라는 점을 고려해 원심 판결의 사실 인정이 논리칙과 경험칙 등에 비춰 불합리한지의 관점에서 심리해야 한다. 유죄판결을 내리려면 합리적 의심을 넘어서는 증명이 있어야 한다는 형사재판의 대

원칙, 의심스러운 때는 피고인의 이익으로 한다는 원칙은 상고심에서도 타당하므로 원심의 유죄판결에 합리적 의심이 남아 판결의 결과에 영향을 미치는 중대한 사실오인임이 인정된다면 파기하는 것이 최고재판소의 책무"라고 했다. 이론의 여지가 없는 의견이다.

반대의견을 쓴 우리도 이 제3소법정 판결이 지적한 "원심 판결이 논리칙과 경험칙 등에 비춰 불합리한지의 관점"에서 원심판결을 심사해 강도죄 성립에는 합리적 의심이 남는다고 했다.

또한 반대의견에서 우리는 "피해자의 5월 8일자 검찰 진술조서에는 '돈 얘기가 욕실에서 나오지 않았냐고 물으셨지만 상가건물 앞에서 얼마면 되겠느냐고 시비걸 때가 전부입니다. 피의자가 제게 돈을 요구한 것은 사무실에 가기 전에 돈을 두고 가라고 말한 것 말고는 없습니다'라고 진술했다(이 진술은 부동의 부분이지만 상고이유서에 진술조서 사본이 첨부돼 있다. 이 부분은 변론을 열어 심리가 가능하다)"고 했다. 피해자가 스스로 금전 요구는 폭행 뒤 마지막 단계에서 나왔다고 검찰 조사에서 말한 것이다.

마쓰카와松川 사건으로 불리는 1959년 8월 10일 대법정판결(형집 제13권 제9호 1419쪽)은 "우리 재판소의 제출명령에 따라 제출돼 이 재판소가 갖고 있는 '스와 메모'는 상고심에서야 현출된 것으로 사실심과 같은 증거조사는 하지 못했다. 그러므로 우리 재판소가 이를 사실오인의 직접적인 증거로 사용할 수는 없다. 하지만 적어도 원심 판결 사실인정의 정당성을 판단하기 위한 자료로 사용할 수는 있다"고 판단했다. 검찰조서도 스와 메모처럼 상고심 공판에 현출돼 원심 판결의 당부를 판단하는 자료로 사용될 수 있다. 최고재판소가 형사소송법 제414조[92], 제393조[93]를 실체법의 사실인정을 포함한 원심 판결의 정당성 판단자료로 사용한 예는 마쓰카와 사건 이외에도 많다.[73] 그리고 이 사건에서 우리는 검찰조서와 상관없이도 원심 판결에 사실오인의 합리적 의심이 남는다고 생각했다.

최고재판소는 2005년 이후 3년이 지나도록 사실오인을 이유로 유죄판결을 파기한 적이 없었다. 하지만 2008년 사실오인이 이유인 유죄판결 파기가 2건 나왔고 이후 ①2009년 4월 14일 제3소법정 판결(앞서 소개) ②2009년 9월 25일 제2소법정 판결(앞서 소개) ③2010년 4월 27일 제3소법정 판결(형집 제64권 제3호 233쪽) ④2011년 7월 25일 제2소법정 판결(판례시보 제2132호 134쪽)에서 사실인정 정당성에 대해 재판관들이 나뉘어 논쟁한 결과 유죄판결을 파기하자는 의견이 다수가 됐다. 특히 ④는 길가는 여성을 폭행·협박해 빌딩계단으로 데려가 강간한 혐의로 기소된 사건에서 피해자 진술의 신빙성을 전면적으로 긍정한 1·2심 판결이 잘못됐다고 판단했다. 이 사건과 사실관계와 매우 비슷했다.

어머니가 대리한 즉시항고

형의 집행유예 선고 취소결정에 대한 즉시항고가 기각되자 특별항고[94,95]

---

92 제414조 전장(前章)의 규정은 이 법률에 특별한 규정이 있는 경우를 제외하고는 상고의 심판에 대하여 이를 준용한다. ※ 전장은 제2장 항소를 가리킴.

93 제393조 제1항 항소재판소는 전조의 조사를 함에 있어 필요한 때에는 검찰관·피고인 혹은 변호인의 청구에 의하거나 또는 직권으로 사실의 조사할 수 있다. (후략)

한 사건 2005년 3월 18일 제1소법정 결정(형집 제59권 제2호 38쪽) 다수의
견은 "형의 집행유예 선고를 취소한 결정에 대해 피청구인의 어머니는 피
청구인에게 즉시항고 권한을 위임받았더라도 피청구인을 대리해 즉시
항고 할 수 없다"고 판단했다.

절도죄로 징역 1년 6개월의 집행유예 판결이 선고된 피청구인은 유예
기간 중에 다시 절도를 저질러 징역 6개월을 선고받았다. 검사는 이전의
집행유예를 취소해달라고 후쿠오카 간이재판소에 청구했다. 이런 경우
에 대해 '유예의 선고를 받은 자 또는 그 대리인의 의견을 들어 결정하여
야 한다'고 형사소송법 제349조의 2 제1항은 규정하고 있다. 후쿠오카
간이재판소는 이 사건 피청구인에게 "의견이 있으면 당사자나 대리인이
의견서에 적어 주시기 바랍니다"라고 통지했다. 피청구인이 입원하고
있었기에 그의 어머니가 대리인으로서 유예를 취소하는 것에 이의가 있
다고 의견서를 보냈다. 하지만 후쿠오카 간이재판소는 유예선고를 취소
하는 결정을 내렸다. 피청구인은 "나는 어머니를 대리인으로 하여 형의
집행유예 선고 취소결정에 대한 즉시항고의 모든 권한을 위임합니다"
라고 적은 위임장을 어머니에게 주었다. 어머니는 아들을 피청구인으로
자신을 항고인의 대리인으로 하는 즉시항고 신청서를 후쿠오카 고등재
판소에 냈다. 후쿠오카 고등재판소는 어머니는 피청구인을 대리해서 즉

---

94 일본에서는 형사소송법에도 특별항고가 정해져 있다. 민사소송법에만 특별항고가 있는 한국과
다르다
95 일본 형사소송법 제433조 제1항 이 법률에 의하여 불복할 수 없는 결정 또는 명령에 대하여는 제
405조에 규정된 사유가 있음을 이유로 하는 경우에 한하여 최고재판소에 특별히 항고할 수 있다.

시항고를 신청할 권한이 없어 부적법하다며 즉시항고를 기각했다. 이에 피청구인이 최고재판소에 특별항고를 신청한 것이 이 사건이다.

변호사가 즉시항고 신청을 대리할 수 있다는 데는 다툼이 없다. 문제는 변호사 아닌 일반인이 대리인으로서 신청할 수 있는지다. 상소하는 데는 변호사 아닌 사람의 임의대리가 일반적으로 허용된다는 학설도 있다.[74] 하지만 다수의견은 "상소에서는 변호사가 아닌 사람에 의한 위임대리는 명문 규정이 없는 이상 허용되지 않는다"고 했다. 나는 반대의견을 적었다.

형의 집행유예 선고 취소절차에서 피청구인에게 가장 중요한 일은 형사소송법 제349조의2 제1항 규정에 따른 의견 제기다. 이 조항은 일반인이 형의 집행유예를 선고받은 사람을 대리해 의견을 제기하는 것을 인정하고 있다. 이처럼 형사소송법이 형의 집행유예 선고 취소절차에서 가장 중요한 부분에 일반인의 대리를 인정하므로 형의 집행유예 선고 취소결정에 대한 즉시항고 신청에서도 일반인의 대리를 허용해야 한다. 후쿠오카 간이재판소는 어머니가 대리인으로서 제출한 의견서에 따라 피청구인의 의견을 듣는 절차가 종료됐다며 집행유예 선고를 취소했다. 피청구인은 즉시항고 신청도 어머니가 대리할 수 있다고 생각할 수 있다. 재판소는 금반언 원칙을 위반했다고 볼 수 있다.

죄형법정주의와 적법절차 보장을 위해 피고인의 권리를 제한하는 경우에는 형사소송법을 엄격하게 해석해야 하고, 피고인의 권리를 옹호하는 경우는 유연하게 해석해야 한다. 두 가지를 구분하지 않고 절차의 획일성과 안정성을 위해 형사소송법을 한정적으로 해석하는 것은 부당하다. 특별한 폐해가 없는데도 피고인에게 불리한 방향으로 엄격하게 해석하는 것에 신중해야 한다.

짜깁기 민사판결 인용

건물철거 및 토지인도 등 청구 사건 2006년 1월 19일 제1소법정 판결(판례시보 제1925호 96쪽)에서 나는 '짜깁기식 판결 인용'을 자숙해달라는 보충의견을 썼다. 법률해석에 관련되지 않은 문제에 이례적으로 보충의견을 낸 사례다. 이번 '5. 개별적·구체적 구제'에서 주제에서 조금 벗어난 이 사건을 편의상 여기에 적는다. 이른바 번외편이다.

이 사건의 원심인 고등재판소 판결은 건물을 철거하라고 피고에게 명령한 1심 판결을 인정했다. 건물철거 명령은 그 대상이 소유권자다. 그런데 고등재판소는 다른 사람들이 건물 소유권을 상속으로 취득한 사실을 인정하면서, 피고가 건물을 소유한다는 취지의 1심 설시를 인용해 이 판결을 선고했다. 고등재판소 판결은 건물 소유자 부분의 이유 기재가 서로 모순돼, 제1소법정은 민사소송법 제312조 제2항 제6호가 정한 이유의 모순에 해당한다고 판단했다.

민사소송규칙 제184조[96]는 항소심 판결서의 사실 및 이유를 기재하면서 1심 판결을 인용해서 적을 수 있다고 정하고 있다. 이 규정에 따라 고등재판소 판결 대부분이 1심 판결 내용을 인용하고 있다. 예를 들어 "피

---

96 제184조 항소심 판결서 또는 판결서를 대신한 조서의 사실과 이유의 기재는 제1심 판결서 또는 판결서를 대신한 조서를 인용할 수 있다.

고의 항소는 이유 없으므로 이를 기각한다. 그 이유는 제1심 판결을 다음과 같이 고치는 이외에 제1심 판결의 '사실 및 이유'에 있는 '3.쟁점에 대한 판단'에 기재한 것과 같으므로 이를 인용한다"고 적는다. 그리고 "6쪽 10째줄 ○○다음에 △△를 추가한다. 7페이지 19째줄 ○○에서 21째줄 △△까지 삭제한다. 9쪽 5째줄 ○○을 △△로 고친다"처럼 첨가, 삭제, 정정을 늘어놓는 판결도 많다. 이런 과정에서 이 사건처럼 이유 기재에 모순이 생기기도 한다.

민사소송규칙 제184조는 1심 판결의 커다란 덩어리 인용을 상정한 것으로 생각된다. 하지만 현실에서는 이처럼 첨가 삭제 정정을 통해 짜깁기 인용한다. 최고재판소 재판관 시절 나는 1심 판결에 고등재판소 판결의 첨가, 삭제, 정정 부분을 빨간 펜으로 적어 넣은 항소심 판결을 만들어 읽었다. 이 가운데는 고등재판소 판사 3명이 새로 만든 판결을 읽어보았다면 결론이 달라졌을 것으로 생각되는 경우도 있었다. 그리고 1심 판결을 인용해서 쓰다 보면 아무래도 1심을 인정하기 쉽다는 우려가 든다.

그리고 짜깁기 인용 판결은 읽는 사람에게 큰 부담이다. 최고재판소 재판관 시절 어떤 소송 대리인이 고등재판소 판결에 인용 부분을 적어 넣은 판결서를 만들어 상고 이유서에 첨부한 예도 있었다. 고등재판소 판사가 훌륭한 판결을 하더라도 법률잡지의 일반 독자가 이렇게까지 해서 판결을 읽을 리는 없으므로 고등재판소 판사의 노력을 알 수 없다.

가베 쓰네오^{可部恒雄} 최고재판소 재판관은 짜깁기 인용을 해서는 안 된다고 주장했다. 이 의견에 호응해 오사카고등재판소 일부 판사가 1심 판결을 인용할 때 컴퓨터의 복사해서 붙여넣기 기능을 쓰고, 고등재판소에서 고친 부분은 고딕체로 표시해 자기 완결적 항소심 판결서를 작성하기 시작했다. 지금은 컴퓨터가 대중화해 이러한 방식이 판결을 쓰는 사람에게도 쉬울 텐데 이상하게도 이 방법은 널리 퍼지지 않았다. 나는 가베 쓰네오 재판관과 같은 생각으로 최고재판소 재판관회의에서 최고재판소가 고등재판소에 짜깁기 인용 판결을 하지 말도록 정식으로 요청하면 어떻겠냐고 비공식적으로 말했었다. 하지만 판결서 작성방식은 재판에 관한 것인데 최고재판소가 사법행정 경로로 전달하는 것이 바람직하냐는 문제가 있었다. 결국 정식 요청은 없었다. 그래서 나는 어쩔 수 없이 이 사건 판결에서 다음과 같은 보충의견을 적었다.[75]

"컴퓨터로 판결서를 작성하는 현재 상황에서, 제1심 판결의 인용부분을 불러와 완결된 항소심 판결서를 만드는 것은 너무나 간단한 일이 됐다. '이하 제1심 판결 사실 및 이유 가운데 사실 개요 및 제1심 판단 부분을 인용한 뒤 당심에서 고친 부분을 고딕체로 쓰고 그 외 자구 정정, 부분 삭제는 지적하지 않는다'거나 '이하 항소인을 원고, 피항소인을 피고라고 한다. 제1심 판결과 다른 부분은 고딕체로 표기한다'와 같은 설명을 붙여 항소심 판결서에 인용할 부분을 넣어 자기 완결적 항소심 판결서를 작성하는 재판관도 있다. 알기 쉬운 재판, 신속한 재판이라는 관점에서 짜깁기 판결서보다 자기 완결적 판결서가 훨씬 바람직한 것은 두말할 필요가 없다."

심경이 복잡하지만 변호사 세계에서 나의 독자의견 가운데 가장 평가가 좋은 것이 이 보충의견이다. 짜깁기 판결 때문에 법조계가 얼마나 괴로운지 고등재판소 판사들도 알아야 한다.

III

일본사법의 미래

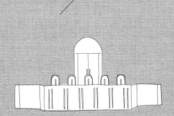

제6장

사법이 변해야 일본이 산다

내가 재판소에 들어갔을 당시 재판소에 제기되는 사건은 개인 간 금전소비대차나 부동산 임대차 같은 것이 대부분이었지, 대기업이 당사자인 사건은 드물었다. 재판소는 사회의 메인스트리트와는 거리가 있는 존재였다. 큰길을 걸으면서 보게 되는 사람과 기업이 일상적으로 일어나는 분쟁을 해결해달라며 재판소의 문을 두드리는 시대를 나는 오랫동안 꿈꿔왔다. 그런데 1991년 일본의 거품 경제가 꺼지고 나자 부동산집행사건이 우르르 몰려들었고, 나 역시 변화를 실감했다. 1990년 약 4만 1000건이던 부동산집행 신건 수는 1998년 약 7만 5800건으로 늘었다. 사건이 늘어난 원인 중 하나는 은행 등 금융기관의 채권회수방법이 자력구제에서 재판소 절차로 바뀐 데도 있다. 이런 사건의 증가로 재판소는 집무장소가 부족해졌다. 우라와지방재판소浦和地方裁判所[97] 소장이던 시절에는 민사집행센터 건설지를 결정하려 재정당국이 제시한 땅들을 주

말을 이용해 아내와 함께 일일이 돌아본 일도 있다. 그 외 일본의 대표적인 신탁은행들 간의 사업제휴사건이나, 외국투자회사의 일본기업 경영권 취득 다툼 등도 재판소에 들어왔다. 글로벌 시대를 맞아 기업은 국제적으로 통용되는 거버넌스를 구축하도록 요구받았다. 일본사회가 기존의 교섭이나 조정 같은 분쟁처리방법에서 사법에 의한 법적 해결로 방향을 바꾼 것이다. 재판소에서 반평생을 보낸 나로서는 반가운 변화였다. 하지만 뒷골목에서 종이와 연필로 근근이 일하던 식이던 재판소로서는 사회의 변화에 시급히 대응할 준비를 해야 했다. 국가재정이 어려운 상황이지만 재판소의 인적·물적 토대를 강화해야 하는 상황임을 국민들이 이해하고 지원해주기를 간절히 요청드린다.

법조양성도 글로벌한 인재양성으로 전환해 외국과 경쟁해야 한다. 기업들은 이미 국적 등에 얽매이지 않고 다양성을 갖추었다. 당장 우리 주변의 법률사무소에서 외국적자들이 활동하는 것이 아주 자연스럽다. 법조계는 현재의 법조양성 시스템을 고집하지 말고 일본의 장래 젊은이들의 진로를 최우선으로 삼아 개혁에 나서야 한다.

재판원제도는 국민의 자기통치의식을 높이고 일본사회의 변화를 법조계에 전하는 역할을 수행하기를 기대한다.

일본에 몰려드는 글로벌화의 파도는 법의 지배를 위한 사법기반 강화와 국제적인 수준의 재판내용을 재판소에 요구한다. 국제인권규약이 발

---

97 도쿄고등재판소 산하의 지방재판소이며 2001년 사이타마지방재판소(さいたま地方裁判所)로 이름이 바뀌었다.

효되고 이미 33년이 지났다. 재류 외국인은 213만 명을 넘는다. 재판소는 국제적으로 통용되는 재판을 하도록 신경써야 한다. 그리고 국제거래계약에 중재조항이 들어가는 경우가 해마다 늘어나고, 국내거래에도 ADR의 활용을 장려하고 있으며 중재인 등이 되는 데는 국적 제한이 없다. 특별영주자로서 일본 법조자격을 가지고 법정에 나서는 자이니치코리안 변호사가 가사조정위원(부부문제를 설득하고 조정하는 업무를 하는 데 공권력을 행사하지는 않는다)에 임명해달라고 해마다 신청하고 있는데, 이제는 받아주었으면 한다. (이미 대만적 변호사가 민사조정위원에 임명됐고, 공적을 인정받아 지방재판소 소장에게 표창을 받은 적도 있다.)

다행스러운 것은 최근 10년 동안 최고재판소가 조금씩 변하고 있다는 것이다. 전국의 고등재판소, 지방재판소에서 쌓인 상식적인 판단이 최고재판소를 끌어올리고 있다. 그리고 재판관을 움직이는 것은 변호사 등의 활발한 소송활동이며, 재판관의 등을 미는 것은 국민의 목소리다.

1

작은 사법의 극복

요코다 기사부로 최고재판소장관의 숙원

일본 근대 재판소제도는 재판소구성법이 시행된 1890년 11월 1일 시작됐다. 같은 해 민법, 상법, 민사소송법, 형사소송법 등도 공포됐다. 이러한 법전 편찬은 고지마 고레가타 대심원장 등이 제안해, 1891년 7월 9일 판사와 검사 등이 만든 법률연구단체 '호소카이法曹會'가 주도했다. 이 호소카이가 창립 100주년에 발간한 회지《호소法曹》494호(1991년 12월) 권두언을 요코다 기사부로 전 최고재판소장관이 썼다. 요코다 기사부로 전 최고재판소장관은 1960년 10월 25일부터 1966년 8월 5일까지 재임했고, 집필 당시 95세였다. 제목이 '법조 대폭 확대'인 권두언에서 요코다 기사부로 전 최고재판소장관은 이렇게 밝혔다. "법조인력을 대폭 늘리는 것을 최고재판소장관에 취임하면서부터 나는 염원했다. 정확히 말하면 취임 두 달 전부터다. 당시 최고재판소장관직을 수락하기로 결심하고 재판에 관해 알아봤다. 나는 전문분야가 국제법이라 국내재판에 관해서는 잘 알지 못했다. 예비지식이 필요하다고 생각해 알아보기 시작한 것이다. 당시 가장 먼저 느낀 것은 재판관이 너무 적다는 점이었다. 그리고 최고재판소장관에 취임하고 신문기자와 인터뷰하게 되어 이런 상황을 말하고 증원의 필요성을 설명했다."

나는 1960년 사법시험 제2차 시험에 합격하고 부모님께 말씀드리러 고향에 돌아갔을 때 텔레비전에서 요코다 기사부로 최고재판소장관의 취임인터뷰를 보았다. 의자에서 몸을 일으켜 카메라를 향해 재판관 증원을 호소하던 모습이 기억에 선명하다.

요코다 기사부로 전 최고재판소장관은 이케다 하야토池田勇人 총리대신에게 직접 최고재판소장관직을 맡아달라고 요청받았을 때도 "일본의 재판은 매우 느리다. 이를 개선해 소송을 신속하게 만들어야 한다. 소송이 지연되는 가장 큰 원인은 재판관이 부족하기 때문이다. 일본의 재판관 수는 메이지 20년대[98] 근대 재판제도가 시작한 때부터 그다지 늘지 않았다. 두 배도 되지 않았다. 그에 반해 사건은 크게 늘고 있다. 소송을 빠르게 만들기 위해서는 어떻게 해서든 재판관을 늘리지 않으면 안 된다. 여기에는 예산문제도 있으므로 정부의 도움이 필요하다. 이에 관해서 충분히 고려해주었으면 한다"고 말했다. 이케다 하야토 총리대신도 가능한 협력하겠다고 대답했다.

---

98 메이지는 1868년 1월 15일에 시작된 연호. 따라서 1887~1896년을 가리킨다

일본의 재판관 수

요코다 기사부로 전 최고재판소장관의 지적대로 재판관 수는 1890년 1531명, 1960년 1761명(간이재판소 제외), 2012년 2880명이다. 2012년 수치는 1890년의 1.88배, 1960년은 1.64배이다. 일본의 인구 10만 명 당 재판관 숫자를 외국과 비교하면 미국 4.6배, 영국 3.0배, 독일 11.0배 프랑스 4.0배다.

한편 국민의 재판소 이용빈도 지표인 지방재판소 민사 신건 수 동향을 보면, 1890년 1만 7884건, 1960년 7만 1253건, 2012년 23만 1583건이다. 2012년 수치는 1890년 12.94배, 1960년의 3.25배다. 사건내용이 해마다 복잡해지고 있는 것은 말할 것도 없다. 그리고 재판관은 2003년 시행된 '재판 신속화에 관한 법률'에 따라 2년 이내의 가능한 짧은 기간 내에 사건을 끝내도록 요구받는다. 내가 아직 최고재판소 재판관이던 2008년 도쿄지방재판소 민사부 판사는 평균적으로 단독사건 260건, 합의사건 25건을 가지고 있었다. 여기에 매달 신건 45건을 받았고 거의 같은 숫자의 사건을 처리했다. 적은 재판관 숫자로 해마다 늘어나는 사건을 처리하면서도 2년 이내 처리를 목표로 한다. 재판관은 사생활을 상당 부분 희생하지 않으면 사건을 처리하지 못하는 것이 현실이다.

민사재판 강화

나는 1963년 도쿄지방재판소 판사보로 부임해 처음 2년은 스스로 희망했던 형사재판을 담당했다. 사법연수소 시절 학구파 형사재판관 나카노 쓰키오中野次雄 판사의 영향을 받아 형사재판관이 되자고 결심했다. 형사재판은 대부분 검사가 기소한 사건에 한해, 피고인의 구속 등을 고려해 일정 기간에 끝내야 하므로 사건이 그다지 쌓이지 않고 원활하게 작동한다. 형사재판은 제대로 기능하고 있다고 생각했다.

그런데 재판소의 지시로 판사 3년차에 파산사건 담당이 됐고, 4년차 이후로 최고재판소 사무총국 소속, 미국 유학, 인사국 소속을 거쳐서는 국회, 행정, 민간과 접촉하는 일을 했다. 일본 민사재판이 일상의 권리구제나 분쟁해결에 도움이 되는 것을 보지 못하면서 평균적인 시민이나 기업이 적극적으로 이용하는 절차는 아니라고 느꼈다. 외부 사람들은 재판소에 특별한 관심도 기대도 없고, 재판관에 관해서도 진지함과 청렴결백성을 평가할 뿐이었다. 사람들이 많은 곳에서 떨어져 사람들에게 잊혀진 사건의 판결서를 쓰는 데 온 힘을 다하는 존재로 봤다. 재판소 내부에서조차 재판소에 들어오는 사건이나 적절하게 처리하면 되는 것이지, 행정이나 입법은 물론이고 기업활동 등에 개입하면 안 된다거나, 재판소가 이목을 끄는 일을 벌여서는 곤란하다는 생각이 뿌리 깊었다. 작은 사법에 안주하려는 사고였다.

하지만 이것은 재판소가 제대로 존재하는 방식이 아니다. 재판소는 사회의 일상활동에서 발생하는 법적인 분쟁에 관해 정의에 부합하는 해결책을 내놓아야만 한다. 재판관이 적어 민사재판이 지연되면서 사람들은 재판소로부터 멀어지고만 있다. 재판의 신속화보다는 민사재판의 기능을 강화해 재판소가 사회와 맞물려 돌아가야만 한다. 이를 위해서 요코다 기사부로 전 최고재판소장관이 평생 주장한 대로 재판관 증원이 반드시 필요하다.

물론 이는 재판소가 인적 자산과 물적 자산의 충실화를 주장한다고 실현되는 것은 아니다. 재정당국이라는 높은 벽 때문이다. 이런 현실 때문에 재판소 내부에는 재판관 증원을 강하게 요구하기 어려운 분위기가 있다. 재판관을 늘리면 그만큼 재판관의 가치나 대우가 떨어질 것을 모르냐는 사람도 있다. 하지만 재판소가 신속하고 적정한 재판을 하려면, 재판관의 증원과 재판부의 증설이 우선적으로 필요하다는 것은 누가 봐도 명확하다. 외부에 있다가 최고재판소장관에 오른 요코다 기사부로 장관은 어떠한 얽매임도 없는 데다 밖에서 재판소를 보며 증원의 필요성을 느끼고 느낀 대로 발언한 것이다. 대우는 조금 나빠지더라도 자기가 사회에 조금 더 공헌한다면 더 큰 성취감을 느낄 수 있다. 이것이 재판소에 있는 내내 나를 지배한 생각이다.

민사소송법 개정

나는 1988년 2월부터 1990년 3월까지 최고재판소 민사국장으로 근무했다. 그곳에는 민사보전법을 통과시키고, 다음으로 중재법, 이어서 도산법을 개정하려는 계획이 있었다. 하지만 나는 민사재판의 기둥인 민사소송법을 바꾸어야만 한다고 생각했다. 다만 나는 민사재판 경험이 부족해 어디를 어떻게 고쳐야 할지 판단할 만한 능력이 없었다. 헤이세이 시대[99]가 돼서도 가타카나로 쓰인 1929년 시행 민사소송법을 쓰고 있으니 재판 현장이 활기를 띠기 어려웠다. 그래서 민사소송법의 대가인

---

99 1989년 1월8일에 시작돼 지금까지 쓰이는 연호다.

미카즈키 아키라三ケ月章 도쿄대학 명예교수를 찾아가 5년 내 민사소송법 개정을 요청했다. 요즘은 법 개정 작업을 빠르게 하자는 분위기이지만, 당시에 민사소송법 같은 기본법을 5년 안에 개정해달라는 것은 무리한 주문이었다. 하지만 사회가 돌아가는 속도에 맞춰야 했다. 내가 비전문가이다 보니 그렇게 부탁할 수 있던 면도 있다. 미카즈키 아키라 교수는 "내가 정신이 흐려지기 전에 개정하겠다는 뜻인가"라고 물었다. "그렇다"고는 대답하지 않았지만 전쟁 당시 학도병 출진 행사에서 선두에 있던 그의 지도력을 믿고 있었다. 나는 교토대학 재학 시절 가네코 하지메兼子一의 『새로 펴낸 민사소송법 체계新修民事訴訟法体系, 酒井書店, 1956』에 도전하는 미카즈키 아키라의 『민사소송법民事訴訟法, 有斐閣法律学全集, 1959』을 읽고, 왠지 그가 '홀쭉한 소크라테스'라고만 생각했다. 도쿄에 와서는 미카즈키 아키라 씨가 정치가의 소질을 가진 대학자라는 것을 알게 됐다.

민사소송법 개정이 마무리 국면에 접어든 것은 후임 이마이 이치오今井功 민사국장 때이다. 그리고 1996년 새로운 민사소송법이 통과됐다.

민사재판 현장에서는 민사소송법 개정 이전부터 다양한 운영 개선안이 시도됐다. 이 가운데 하나가 판사가 법대에서 내려와 원탁[76]에서 당사자와 무릎을 맞대고 하는 변론과 화해인데, 이렇게 하면 쟁점이 조기에 정리된다. 나는 이런 식으로 소송이 바뀌면 판결양식도 쟁점중심으로 바뀌는 게 좋겠다 싶어 도쿄지방재판소와 오사카지방재판소 판사들에게 제안했었다. 그래서 현장의 판사들과 협의를 거쳐 만든 것이 새 양식 판결인데 지금은 실무에서 주류다.

옛 양식 판결은 당사자의 주장을 주장내용과 입증책임의 소재에 따라

청구원인, 항변, 재항변 등으로 분류 정리하고 그 순서에 따라 재판소의 판단을 적는 것이었다. 당사자의 주장을 입증책임별로 분리, 분석하는 것인데 분쟁의 전체 모습을 알기 어렵고, 판결을 작성하는 판사에게도 부담이 크며, 소송이 지연되는 원인이 되고, 변호사를 판사로 채용하기 어려운 이유가 된다. 새 양식 판결은 당사자에게 사건의 쟁점에 관한 재판소의 판단을 알기 쉽게 설명하는 게 목적이다. 우선 사실 개요에서는 사안의 기본적인 내용, 당사자 사이에 다툼이 있는 사실, 쟁점에 관한 양당사자의 주장을 적는다. 다음으로 재판소의 판단은 중심 쟁점에 관한 재판소의 판단이유를 서술하는 것이다. 판사가 판결서를 작성하는 것이 매우 쉬워지고, 변호사의 판사 임관을 촉진하는 방안이기도 하다. 새 양식 판결 탓에 법률요건이 엄격하게 다뤄지지 못한다는 비판도 있지만, 이미 재판소에 제기되는 사건이 크게 늘면서 옛 요건사실 중심의 판결 양식으로는 감당하기 어렵게 된 것도 사실이다.

재판관 수 늘리기

1967년 무렵인지 재정당국 담당자에게 재판관 증원을 진정했을 때다. "우리가 재판관 증원 요청을 받아들여 정원을 늘려줘도 당신들은 충원하지 못하는 게 아닌가"라는 답변이 돌아왔다. 아쉽게도 당시는 사법수습생 수가 적어 재판관의 결원을 해소할 만큼의 판사보 임관자를 구할 수 없었다.

나는 1990년 3월부터 4년 동안 최고재판소 인사국장으로 근무했다. 이 기간에 법무성 및 일본변호사연합회와 사법수습생 채용 수를 약 500

명에서 750명으로 증원키로 합의했다. 그리고 사법연수소의 협력을 받아 해마다 3자리수 판사보 임관자를 확보하는 것을 목표로 잡았다. 1991년 임관자가 96명이 됐지만 1992년에는 65명으로 떨어졌다. 하지만 1993년에는 98명으로 회복했고, 1994년에는 사법연수소 수료자가 약 600명으로 늘면서 임관자가 104명이 됐다. 나는 1996년 11월부터 2000년 3월까지 최고재판소 사무총장으로 일했다. 당시 매년 사법연수소 수료자가 약 750명이었기 때문에 이를 기초로 재판관 정원 140명을 늘릴 수 있었다. 하지만 필요한 재판관 수를 생각하면 이는 미미한 숫자에 불과하다. 우라와지방재판소장이던 1996년 급증하는 부동산집행사건 처리를 위해 재판관 1명을 늘리려고 고생을 했는데, 사이타마현 경찰은 1년에 경찰관을 400명 늘렸다는 보도를 듣고 그 규모의 차이에 놀랐다.

내가 인사국장에 취임하던 1990년에는 도쿄지방재판소 민사부가 40개, 도쿄고등재판소민사부가 18개였다. 그러다 도쿄고등재판소장관에서 물러나던 2002년에는 도쿄지방재판소 민사부는 50개, 도쿄고등재판소 민사부는 23개가 됐고, 도쿄고등재판소 지적재산부[100]도 3개에서 4개가 됐다. 재판부가 늘어나면 그만큼 재판이 신속하고 적정해지는 것은 당연한 일이다. 당시 내가 도쿄만을 생각한 것이 아니다. 어차피 빼낼 수 있는 인원은 아주 적다. 이 인원을 우선 도쿄에 모아 심리의 신속화를 시작하면 오사카가 지지 않으려 노력하게 된다. 도쿄지방재판소에 민사

---

100 일본어판의 지적재산은 모두 지식재산으로 고쳐 옮겼다. 2011년 제정된 한국의 지식재산기본법을 반영한 것이다. 하지만 일본의 지적재산부, 지적재산고등재판소 등은 고유명사여서 그대로 살렸다.

집행센터를 만들면 오사카지방재판소도 똑같이 만들려고 힘을 낸다. 이런 흐름이 전국으로 파급되는 것이다.

나는 예산 요청을 취하하라는 재정당국의 강력한 요구에 맞서, 재판소의 업무와 구조를 끈질기게 설명하고 최종적으로 이해를 얻어냈던 잊기 힘든 경험을 가지고 있다. 하지만 능력이 부족해 재판소의 기능강화에 그다지 기여하지 못한 것이 못내 아쉽다. 하지만 최근 사법개혁 등의 영향으로 인적, 물적 기반이 전에 없이 강화되고 있다. 관계자들의 노력에 경의를 표한다. 다만 일본의 재판소 조직은 본래 너무 작았다. 2012년 기준으로 재판소 예산도 전체 국가 예산의 0.348%이다. 행정부처럼 지방자체단체와 역할분담을 하는 것도 아니다. 지방자치단체는 직원 약 280만 명을 거느리고 예산을 81조 엔 가지고 있다. 재판소는 지방자체단체의 지원을 받지 못한다. 보조금도 없어서 외부단체에 업무위탁을 하지도 못한다. 재판은 사람이 일일이 손으로 한다. 절차를 충실히 지키면서 신속한 재판을 함으로써 사회에서 부여받은 역할을 다하려면 재판소 조직을 강화해야 한다. 국민 여러분의 이해를 간절히 바란다.

2
바람직한 법조양성제도

법조자격 취득에 걸리는 기간

현재 사법시험을 치르려면 원칙적으로 법과대학원을 수료해야 한다. 법과대학원은 법조인에게 필요한 학식과 능력을 기르는 전문직 대학원이다. 법과대학원 표준과정은 3년이며 법학 기수자 과정[101]은 2년이다. 2010년 무렵에는 사법시험 합격자 수가 연간 3000명 정도에 이르도록 (2002년 3월 19일 내각 결의 '사법제도개혁추진계획') 법과대학원을 마친 사람의 상당수, 가령 70~80%가 사법시험에 합격되도록 노력하기로 했다 (2007년 6월 22일 내각 결의 '규제개혁 추진을 위한 3개년 계획').

법과대학원에서 3년간 배우기 위해서는 학비만 국립 약 271만 엔, 사

---

[101] 일본 로스쿨에는 2년인 법학 기수자 코스와 3년인 법학 미수자 코스가 있다. 기수자 코스 입학 시험에서는 법학지식을 묻는다. 법학부 졸업 여부와 무관하게 기수자 코스에 응시할 수 있다.

립이 평균 약 428만 엔 필요하다. 그리고 사법시험 합격자는 사법연수소에서 1년 동안 사법수습을 마쳐야 비로소 법조자격을 취득한다. 이와 같이 일본에서 젊은이들이 법조인으로 출발하는데 대학 4년, 법과대학원 3년 또는 2년, 사법연수소 입소까지 대기기간 8개월, 사법수습 1년으로 오랜 시간과 비싼 학비가 필요하다. 사법수습 수료 시점의 평균 연령은 약 30세다. 그래도 법조자격을 취득하면 다행이지만 법과대학원을 수료해도 법조자격을 얻는다는 보장이 없다. 수료자 가운데 상당수가 법조자격을 끝까지 취득하지 못한다.

사법시험 합격자 수 억제

2012년 법과대학원수는 73개, 입학정원은 4484명, 사법시험 합격자는 2044명(예비시험[102]을 거친 합격자 수는 58명), 합격률은 24.6%(예비시험 출신의 합격률은 68.2%), 합격자의 평균 연령은 28.5세이다. 2010년 무렵에는 합격자를 3000명으로 늘리겠다는 목표는 이루지 못했고, 현재 약 2000명인 합격자조차 변호사 공급 과다로 취업난 상태다. 일본변호사연합회에서는 합격자 수를 연간 1500명 정도로 줄여야 한다는 논의가 있다. 사법연수소에서는 법과대학원 출신 신新 사법시험[103] 합격자의

---

[102] 로스쿨을 졸업하지 않고도 예외적으로 사법시험에 응시할 수 있는 제도. 사법시험법 제4조가 근거다. 2015년에는 1만 2543명이 원서를 냈고 394명이 합격했다.

[103] 로스쿨 졸업자와 예비시험 합격자가 치르는 사법시험을 가리킨다. 기존의 시험을 구 사법시험으로 부르면서 신 사법시험이 됐다. 2006~2011년에는 기존 사법시험과 새로운 사법시험이 공존하면서 이렇게 나눠 불렸다. 사법시험법에는 구 사법시험에 대해 '구법에 규정된 사법시험'이라고 했었다.

질이 떨어지면서 졸업시험인 사법수습생 고시에서 한 해 평균 76명이 탈락하고 있다. 불합격자들은 1년 뒤에 사법수습생 고시를 새로 쳐야 한다.

미국 등에서도 로스쿨 졸업자들의 취업난이 심각하다.[77] 졸업생 가운데 일반 법률사무소에 구성원으로 취직하는 사람은 3분의 1도 안 된다. 독일에서는 변호사 자격을 가지고 택시를 운전하거나 생활보호를 받기도 한다. 일본의 변호사 수요 전망도 최근 경제상황에 비춰보면 밝지가 않다. 공인회계사 시험의 경우 연간 합격자 수가 3000명이었지만 취업난 때문에 약 1500명으로 줄였다. 금융청은 합격자의 활동영역이 여전히 늘지 않고 감사법인 채용도 부진한 점을 고려해, 2012년 이후 합격자를 더욱 줄여 2013년에는 1347명으로 묶었다.

이처럼 현실이 팍팍하다는 것을 모르는 것은 아니다. 하지만 일본 정부가 사법시험 합격자 수 연간 3000명을 목표로 걸고 법과대학원을 만들어 많은 젊은이들을 입학시켜놓고도 그 목표를 간단히 포기해도 되는지 의문이다. 법과대학원은 법조양성에 특화한 전문직 대학원이며 법과대학원 수료자는 20대 인생의 중요한 시기를 여기서 보낸다. 하지만 고액의 수업료에도 불구하고 사법시험에 붙지 못하면 대학원에서 받은 교육을 살려나갈 방법이 없다. 〔한국어판 추가 – 2015년 6월 일본정부는 한해 사법시험 합격자 수 목표를 3000명에서 1500명으로 줄이는 방안을 내놓았다. 2015년 사법시험 합격자 수는 1850명이 됐다. 법과대학원이 한창 인기일 때는 75개교에 입학생 5767명이었다. 하지만 2016년에 신입생을 뽑은 학교는 45개교, 입학생은 1857명이다. 대학교 법학부 지원자도 줄어들고 학생의 수준도 떨어지고 있다고 한다. 법조계가 사법시험 합격자 수를 줄여 눈앞의 이익을 지켰는지는 모르겠다. 장기적으로는 법률가의 기반을 무너뜨리고 있는 것이다.)

사회의 요청과 동떨어진 현실

사법시험 연간 합격자 수 목표치를 줄이기 전에 현재 법조양성제도가 일본사회의 요구에 적합한지 다시 검토할 필요가 있다.

일본경제단체연합회의 2002년 6월 7일자 '사법제도개혁 법조양성제도에 관한 코멘트'는 "경제계로서는 사법제도개혁을 통해 '가깝고 공정하고 신속한 사법'이 실현되기를 기대한다. 이를 위해 법조인구를 대폭 확대하는 것이 반드시 필요하다. 여기에 제동을 걸어서는 안 된다. 특히 지식재산이라는 일본경제의 장래가 맡겨진 분야를 위해 기술과 법률에 모두 전문성을 가진 법조인이 길러지기를 간절히 바란다. 이제부터는 전문성과 국제성을 겸비한 법조인이 많이 배출돼야 한다"고 밝혔다.

일본에서는 인구감소 등에 따라 국내시장의 절대적 규모가 줄어들면서, 기업들이 신흥국 시장을 포함한 해외시장 진출을 노리고 있다. 해외기업과의 공동개발을 추진하고, 해외에서 생산하며, 세계에 판로를 개척하는 시대다. 경제의 글로벌화는 착실하게 진행되고 있으며 여기에 함께 할 수 있는 변호사가 필요하다. 그 외에 비즈니스 현장에서는 인수합병, 파이낸스, 기업회생 등에 정통한 전문변호사를 요구한다. 그런데 이런 시대에 일본은 기존의 분쟁해결에 나서는 이른바 송무변호사를 양성하고 있다. 법과대학원에는 글로벌화에 대응하기 위한 커리큘럼이 도입돼 있지만, 학생들은 합격률 약 25%라는 압력 때문에 사법시험 수험 공부에 집중할 수밖에 없다. 외국어를 익히는 데 중요한 20대 중반에 외국어를 멀리하는 환경에 갇히고, 운 좋게 변호사 자격을 따면 30세가 된다. 이렇게 만들어진 변호사에 대한 수요가 앞으로 확대될 것이라고는 생각되지 않는다.

미국 로스쿨 학생들은 변호사시험은 생각하지 않고 3년 동안 사회가 요구하는 법조인을 목표로 공부에 집중한다. 변호사시험 공부는 로스쿨 3년 과정을 마치고 2개월 정도의 자습과 학원 강의^{BarBri}로 충분하다. 사법시험이 완전한 자격시험이라 로스쿨에서 성실하게 공부한 사람이라면 대부분이 합격한다. 변호사시험은 연 2회 있어서 처음에 떨어진다고 해도 두 번째에는 합격하는 게 보통이다. 취업 문제에서도 졸업생은 법조계에서 일할 기회가 있다.

글로벌 시대에 일본과 경쟁 상대인 한국에서도 3년 과정의 법학전문대학원을 수료하고 변호사시험에 합격하면 법조자격을 얻는다. 법학전문대학원의 연간 입학정원은 약 2000명이며 변호사시험 합격자 수는 약 1500명이다. 법학전문대학원은 외국어 능력을 입학전형의 자료로 쓰며 커리큘럼에서도 글로벌 기업법무를 중시한다. 어떤 로스쿨에서는 국제분야로 영미법, 일본법, 중국법 등 23개 과목이 개설돼 있는데 해당 언어로 강의한다(외국어 수업은 27개다). Legal Research in English, Legal Writing in English와 같은 과목을 비롯해 영어로 진행하는 강좌를 20개 개설한 대학도 있다. 한국에서도 변호사시험 과목은 민사법, 형사법, 공법, 선택과목 1과목이다. 국제화 관련 과목을 선택해야 할 필요는 없지만 변호사시험의 압박이 그다지 없기 때문에 국제화 과목에 힘을 쏟을 여유가 있다.[78] 법률분야의 글로벌 인재를 키우는 점에서 일본은 한국에 완전히 뒤처져 있다. 미국 법률사무소는 미국 유학중인 중국이나 한국 변호사를 구성원 변호사로 받아들이는 데 적극적이다. 일본 변호사를 받아들이는 데는 소극적이다. 국제상거래 계약에서는 분쟁이 일어날 경우 중재로 해결한다는 조항이 들어간 경우가 많다. 하지만 일본은 글로벌 인재가 부족한 탓에 국제중재 분야에서 싱가포르나 한국에 뒤지고 있다.

일본의 법조는 글로벌화로 확실하게 접어든 세계의 흐름에 완전히 뒤처져 있음을 하루속히 깨달아야 한다.

'법과대학원 교육과 사법시험 등의 연계에 관한 법률' 제2조 제1항은 '국가의 규제 철폐와 완화 그리고 국내외 사회경제 변화에 발맞춰, 더욱 자유롭고 공정한 사회를 만들기 위해 법 또는 사법이 해야 할 역할이 더 중요해지면서, 다양하고 광범위한 국민의 요청에 부응하는 고도의 전문적 법률지식, 폭넓은 교양, 국제적인 소양, 따뜻한 인간성과 직업윤리를 갖춘 다수의 법조인이 요청된다'고 밝히고 있다. 이런 기본이념에 맞추기 위해서는, 법과대학원 3년 과정을 각 대학원과 사법연수소가 공동으로 교육하고, 법과대학원 입학정원을 3000명으로 묶고 수료자 90% 이상을 합격시켜, 합격 즉시 법조자격을 주어 실무에 보내는 것이 좋다고 본다. 대학원생을 사법시험의 압력에서 해방시켜야 대학원생이 폭넓은 커리큘럼으로 각자 사회의 요구에 맞는 학식과 능력을 기를 수 있다. 그리고 지금보다 짧은 기간에 다양한 인재를 양성할 수 있어 직역이 넓어지고 수요가 늘어난다. 2012년 법과대학원 입학자가 3150명인 만큼 입학정원을 3000명으로 하는 게 그다지 어렵지도 않다.

현실적으로는 법과대학원 사이에 존재하는 격차가 문제다. 그러나 전문직 대학원인 법과대학원의 존속과 법조계 지원자의 입학을 허용하면서도 수료자에게는 법조자격을 주지 않는 방법으로 이 문제에 대처해서는 안 된다. 전국적으로 균일한 성적이 되도록 지향하는 것으로는 현재상태를 벗어날 수가 없다. 균일성보다는 다양성이 필요하다. 하지만 국가가 정책을 바꾸기 힘들다면 자민당이 주장하는 도주제[104]의 도입을 기다려, 사법시험도 도주가 관장하도록 전환해야 할지 모른다. 이렇게 되면 하나로 집중된 일본사법을 흔들어 지역에 바탕한 사법이 태어날 가능성이 있다.

젊은이의 직업선택의 자유

내가 사법시험 합격자 수를 늘리자고 주장하는 다른 이유는 연간 약 3만 8000명에 이르는 전국 대학의 법학부 입학생 숫자 때문이다. 이 숫자와 비교하면 사법시험 합격자 수는 너무나 적어 젊은이들의 직업선택의 자유를 사실상 제한하고 있다. 사법시험은 본래는 자격시험이지만 실제로는 선발시험이 됐다. 늘어난 합격자들이 법률가로서 살아남을지 여부는 본인의 노력과 경쟁에 맡겨두면 된다.

최고재판소 인사국장과 임용과장으로서는 나의 선임자이자 사법연수소장과 도쿄고등재판소장관를 역임한 사쿠라이 후미오櫻井文夫 씨는 "법

---

104 도주제(道州制)는 현재 47개인 도도부현을 통합해 일본 전국을 9개, 11개, 13개의 도 또는 주로 나누는 방안이다. 메이지시대에 시작돼 최근에도 논의되고 있다.

학부 학생 수를 고려하면 사법시험 합격자가 4000명은 돼야 한다"고 말했다. 나고야고등재판소장관과 공정거래위원을 거친 호소카와 기요시細川 淸 씨는 "사법시험은 완전한 자격시험으로 하고, 변호사의 신규진입은 장벽이 없어야 하며, 변호사는 공정하고 자유로운 경쟁이 보장돼야 한다"고 2011년 '하버드 로스쿨 어소시에이션 오브 재팬' 모임에서 밝혔다. 이것이 글로벌 시대에는 정상적인 것이다. 하지만 일본은 규제완화와 자유경제의 사고가 좀처럼 자라지 않고 있다. 2012년 8월 만들어진 법조양성제도 관계 각료회의, 전문가 회의, 법조양성제도 검토회의도 보조금 조정 등을 통한 법과대학원의 정리 · 통합 기준을 제시하는 선에서 머무를 가능성이 높다. 결과적으로 2013년 3월 27일 이 회의들이 발표한 중간정리안은, 연간 합격자 3000명 목표를 철폐하고 법과대학원을 줄이는 내용이다. 사회가 필요로 하는 공부에 전념할 수 있는 법과대학원을 만들려는 고려는 없었다.

독일 연방헌법재판소는 기본법이 보장하는 직업선택의 자유에 대한 규제는 특별히 중요한 공공의 이익 보장을 위해 불가피한 경우에만 허용한다. 양적 제한 같은 객관적 조건은 직업선택의 자유 규제에 해당해 인정되지 않는다. 사법시험 등 자격시험에 2000명 또는 3000명처럼 실질적 정원을 설정하는 자체가 독일에서는 헌법위반이다.[79]

나는 젊은이들이나 부모들에게 진로에 대한 조언을 부탁받아도 법조인은 리스크가 높아 권하지 못하고 의사 등 다른 직업을 추천한다. 이런 경험을 가진 법률가가 많다. 교토대학 법학부 1학년 시절 로마법을 가르치던 다나카 가네토모田中周友 교수가 "법대생들은 졸업시험으로 생각하고 사법시험을 쳐보라"고 강의시간에 권유했다. 나는 이 말을 듣고 시험을 쳤고 우연히 합격해 특별한 뜻이 없이 법조계에 들어섰다. 지금은 다나카 교수처럼 말하기 어려운 시대다. 법과대학원 학생도 의학부 학생처럼 평균적인 공부를 하면 자격을 취득할 수 있어야 한다.

거듭 말하지만, 법과대학원 3년을 마치면 미국이나 한국처럼 법조자격을 주어야 한다. 그렇게 하여 법과대학원생이 사법시험에 대한 압박감을 느끼지 않게 되고 사회가 요청하는 적합한 커리큘럼에 몰두하며 외국어 능력도 키울 수 있다. 이렇게 하지 않으면 법률가들은 일본사회에서 고립되고, 일본은 세계에서 밀리게 된다.

3
재판원재판에 대한 기대

국민주권과 재판원재판

2009년 5월 시작한 재판원재판은 재판소에 전후 최대 사건이다. 추첨으로 뽑힌 20세 이상 국민 6명이 재판원으로서 직업재판관 3명과 함께 중요한 형사사건의 1심을 맡아 사실인정과 양형을 정한다. 재판원제도는 국민이 국민주권을 행사하는 일의 하나로 재판에도 관여하는 것이다.

재판원제도의 도입을 제안한 2001년 6월 12일 사법제도개혁심의회 의견서는 "국민이 국민주권에 바탕해 통치구조의 한 축을 담당하는 사법분야의 운용 전반에 자율성과 책임감을 가지고 넓고 다양하게 참가할 것으로 기대된다"고 밝혔다. 주권자인 국민에게 재판에 관여할 권리를 부여한 것이므로 피고인이 재판원재판을 기피하고 재판관만의 재판을 선택하는 것은 허용되지 않는다.[105] 이런 점은 미국연방헌법 등이 형사피고인에게 자신과 같은 시민에 의한 배심재판을 받을 권리를 부여한 것과는 취지가 다르다. 미국에서는 피고인이 배심재판과 재판관재판 가운데 한쪽을 선택할 수 있다.

재판원재판은 재판원이 되는 국민에게 시간적·심리적 부담을 주지만 이는 형사재판의 성질상 어쩔 수 없는 일이다. 재판소는 재판원의 부담을 줄여주기 위해 당연히 노력해야 하지만, 피고인이 정당한 재판을 받을 권리도 보장해야만 한다. 따라서 재판원의 부담을 줄이는 데도 한계가 있다. 재판원에 선정되는 사람들에게는 국민의 대표로서 훌륭하게 주권을 행사해주기를 부탁드린다. 재판원제도는 국민의 자기통치 의식을 높이고 일본의 민주주의를 뒷받침하는 역할도 있다.

그리고 재판원제도의 성공은 일본이 민주주의 국가로서 국제사회에서 높은 평가를 받는 것으로 이어진다. 유럽과 미국에서는 배심제도나 참심제도를 가진 나라가 많다. 러시아나 한국도 최근 배심제도를 도입했다. 국민이 참가하는 재판제도 없이 내각이 임명한 재판관만의 재판을 계속한다면 국민의 주권자의식이 낮은 나라로 보일 우려가 크다. 재판원으로서 재판하는 사람들의 노고가 일본의 글로벌화를 만들어 간다.

재판관 출신인 나 같은 사람이 이런 말을 하는 것을 두고 기회주의라고 할지도 모르겠다. 하지만 재판원제도를 도입한 배경에는 무죄율 0.1% 이하인 형사 재판에 대한 비판이 있다. 어떤 주장을 해도 받아들이

105 한국의 국민참여재판은 피고인의 선택에 따라 열린다. '국민의 형사재판 참여에 관한 법률' 제5조 제1항에서 대상을 정하고, 제2항에서 예외로 피고인이 원하지 않는 경우를 뒀다. 반면 일본의 재판원재판은 피고인이 거부하지 못한다. '재판원이 참가하는 형사재판에 관한 법률(裁判員の参加する刑事裁判に関する法律)' 제3조는 예외로 재판원에게 위해가 우려되는 경우 등을 뒀을 뿐이다.

지 않는다는 변호인들의 불만과 절망감이 있었고, 재판관 재판은 검찰에 견제 기능을 다하지 못하는 관료사법이라는 비난이 쏟아졌다. 장기간 구금, 보석 각하, 변호인 접견 제한, 거듭되는 재심 무죄 등, 반성해야 할 점이 많다는 것을 나도 알았다.

재판원재판 선택제도

당초 배심제도는 영국에서 생겨 프랑스 혁명 이후 프랑스로 건너가 이후 독일 등의 유럽 여러 나라로 퍼졌다. 하지만 프랑스 등에서는 배심재판에서 무죄가 많아지면서 감정적이고 정서적 재판이라는 비판이 강했다. 이에 따라 배심원과 재판관이 함께 재판하자는 움직임이 생기면서 참심제로 바뀌었다. 프랑스에서는 재판관 3명과 배심원 9명이 함께 평의를 벌여 사실인정과 양형판단을 한다. 배심이라고 불리지만 실질은 참심이다. 일본의 배심제는 프랑스의 배심제와 비슷하다고 할 수 있다.

재판관과 재판원을 비교하면 이렇다. 재판관은 많은 재판경험으로 인해 사실을 논리적이고 종합적이며 시계열적으로 파악하는 훈련이 돼 있다. 인간의 인식은 부정확한 것이며, 인간은 기억도 다르게 하며, 인간의 기억은 시간과 함께 흐릿해지며, 인간은 일부러 거짓 발언을 하기도 한다. 하지만 사건에 대한 익숙함, 국가기관의 일부라는 점에서 기인하는 편견과 아집에서 벗어날 수 없다.

한편 재판원은 사실인정 경험이 부족하고 각자의 다양한 경험에 기인한 편견과 아집을 피할 수 없다. 사건에 대한 익숙함이나 관료라서 발생하는 문제들은 없다. 재판관과 재판원 가운데 어느 쪽이 사실인정에 나은지는 일반적으로 말하기 어렵다. 유럽과 미국의 배심재판도 수 많은 오심의 우려에 노출돼 있는 것은 알려진 사실이다.[80] 하지만 경험이 비교적 비슷한 재판관 3명만이 말없이 서로를 이해하면서 평의를 하는 것보다는 경험이 다른 6명의 재판원이 참여해 세세한 부분까지 말하면서 토론하는 편이 낫다. 서로의 편견과 아집을 희석시키고 경험도 보완해 신뢰도가 더욱 높은 결론에 이를 수 있다. 검사도 재판원에게 말로 설명하기 어려운 사건은 기소하지 않는 분위기다.

다만 재판원은 국민 가운데 선정되는 피고인과 같은 시민이지만, 피고인 입장에서는 어디에서 사는 누구인지조차 알 수 없는 사람들이다. 재판원들이 피해자 참가제도에 따라 재판에 출석한 피해자에게 과도하게 영향 받을 것을 걱정하는 피고인도 있을 수 있다. 또한 재판원재판은 사전에 계획된 비교적 짧은 기간의 심리로 결론을 내야 하지만, 피고인 쪽이 적극적으로 반론을 전개해 방어권을 행사하기 위해 일정한 시간이 필요한 사건도 있다. 내가 상고심에서 관여했던 사이타마현 혼조시 보험금 살인 사건[106]의 경우 변호인이 재판소의 집중심리에 적극적으로 나섰는데도 1심만 약 2년이 걸렸다.

피고인이 재판원재판과 재판관만의 재판 가운데 무엇을 선택할지 기회를 주는 것이 좋다고 생각한다. 재판원재판을 제안한 2001년 사법제도개혁심의회는 1928년부터 1943년까지 배심제를 시행하던 시절처럼

---

106 사이타마현 혼조시의 한 사채업자가 자신이 운영하는 술집의 여성 종업원을 시켜 3차례 보험금을 노리고 1995~1999년에 걸쳐 저지른 3건의 살인 사건. 최고재판소에서 사형이 확정됐다

III. 일본사법의 미래

피고인에게 배심재판을 거부하도록 하는 움직임이 재현될 지도 모른다고 걱정한 것 같다. 그런 우려가 아주 없다고는 할 수 없지만 피고인이 적정한 재판을 받을 권리를 배려할 필요가 있지 않을까. 2012년 1월 13일 제2소법정 판결(민집 제66권 제1호 1쪽)이 판시한 대로, 재판원제도에 의한 심리를 받을지 여부에 관해 피고인에게 선택권을 주지 않는 것이 헌법 제32조와 제37조에 위반된다고는 말하기 어려울 지도 모른다. (번역자 해설 : 제32조는 재판소에서 재판을 받을 권리, 제37조는 형사피고인이 재판소의 공평하고 신속한 공개재판을 받을 권리) 하지만 피고인에게 선택권을 인정하는 것이 적정한 수단을 보장하는 취지에 더욱 적합하다.

나는 재판소가 부여받은 역할을 적절히 수행함으로써 일본의 민주주의를 정상적으로 작동시키는 톱니바퀴가 되기를 기원한다. 재판원제도는 이런 재판소와 국민생활의 결속을 더욱 강화해줄 것이다.

4
글로벌 시대의 사법

사법에 대한 높아진 기대

2001년 6월 12일 사법제도개혁심의회 의견서 〈21세기 일본을 뒷받침하는 사법제도^{二一世紀日本を支える司法制度}〉는 사법제도를 충실하고 튼튼하게 만들기 위한 방법에 관한 의견이다. 작은 사법의 틀에 안주하는 것에 대한 경고이지만 실은 사법에 대한 커다란 기대가 들어있다. 감사해야 한다. 사법에 대한 기대가 높아지는 것에는 무슨 배경이 있을까.

첫째, 국민의 활동 폭이 넓어지고 생각이 다양해지며 개성이 강해지는 등 사회 변화가 극심해지면서, 사전에 사회의 여러 분야를 커버하는 고정적이고 망라적인 법률·규칙을 정하기가 어려워지고 있다. 세세하게 규칙을 만들어 두는 것보다는 법률·규칙은 기본적인 방침만 정해두고 문제가 생기면 상황과 사안에 따라 유연하게 해결하는 방법, 즉 사법적 해결이 복잡해진 사회에 걸맞은 것이 됐다.

둘째, 행정지도에 의한 통제나 업계 내부의 조정이 통하지 않게 됐다. 국민이 선출한 국회는 미리 국민의 행동 기준이 되는 법률을 만들고 행정은 이를 집행한다. 행정은 경제계나 민간 여러 분야에 지도력을 미친다. 민간의 중심에는 금융기관이 있는데 여러 업계를 묶는 역할을 한다. 업계는 조합이나 협회를 만들어 내부를 통제한다. 대기업들은 계열회사와 하청회사를 묶는다. 이렇게 피라미드형 사회에서 모두가 법률, 행정지도, 합의, 관례에 따라 움직인다. 그러나 이런 중앙집권적인 시스템은 외국과의 경쟁에 내몰려 있는 글로벌 시대에는 맞지 않는다. 중앙집권적 체제의 폐쇄적인 측면은 국민이나 다른 나라의 비난을 받는다. 개인과 기업의 자유로운 활동을 인정해주고 문제가 생기면 사법을 통해 해결하면 된다. 공개된 법정에서 투명하고 공평한 수단에 따라 당사자가 토론하고 논증하면 중립성과 독립성을 가진 재판소가 해결책을 제시하는 것이다. 정의는 법률 속에 객관적으로 존재하는 것뿐 아니라 정의를 발견하기 위한 토론과 과정 속에도 있다. 이처럼 열린 방법을 통해 무엇이 사회적으로 올바른지 찾아가는 것이 사법적 해결이기 때문에 국민들이 정치적·행정적 해결보다 정당성이 높다고 느끼는 게 아닐까. 기업 경영진도 과거와 같이 불투명한 의사결정을 내리면 주주대표소송을 통해 책임을 추궁당하며, 전체 25%인 외국인투자가들도 재판에 의한 분쟁해결을 선택하는 경향이 강하다. 지배구조 개선과 준법경영 강화의 흐름에서 재판을 무시하기가 어렵게 된 것이다.

셋째, 대표민주주의 체제에서 국민의 목소리는 곧잘 묻히기 때문에, 주장이 강한 국민은 세상에 직접 자신의 목소리를 내고 싶어 한다. 법정은 개인이 국가와 대등한 입장에서 주장을 펼치는 장소이기도 하다.

이러한 사회의 변화가 사법의 문턱을 더욱 낮추고 법정을 중립적이고 공적인 공간으로 활용하려는 움직임으로 이어지는 것이고, 이번 사법제도개혁심의회 의견서에도 드러난 것은 아닐까. 지금도 '어떤 어려운 일이라도 말씀해주십시오'라는 문구를 담은 시정촌 의회나 구 의회의 의원 포스터가 보인다. 시민이 개인적인 문제를 의원에게 진정하고 의원은 행정당국을 움직여 문제를 해결한다. 그 대가로 시민은 무보수로 의원의 선거운동에 나섰던 것이다. 하지만 이런 방식은 더 이상 통하지 않게 되고 있다.

사법기반 강화와 정부의 책임

이러한 일본사회의 요청에 부응하기 위해서는 사법기반 강화가 무엇보다 필요하다. 사법기반을 강화할 책임은 정부에 있다. 사법기반 강화를 사법권의 하나로 보면 재판소가 책임을 져야 할 일이다. 하지만 재판소에는 독자적인 예산도 법률안 제출권도 없어서 재판관 정원 한 명도 마음대로 늘리지 못한다. 시대의 필요에 맞춰 국가의 예산을 어떻게 나눌지를 결정하는 것은 행정부다. 재판소는 배분되는 예산을 가지고 최선을 다할 뿐이다.

싱가포르 정부는 싱가포르를 국제금융센터로 만들기로 하고 공평하고 편리한 재판소제도를 정비했다는 팸플릿을 일본에 배포하고 있다. 그리고 싱가포르, 한국[107], 태국은 국제거래를 활성화하기 위한 인프라로서 별도의 지적재산권재판소가 있다. 일본은 2005년 지적재산고등재

III. 일본사법의 미래

판소가 생겼지만, 도쿄고등재판소 청사 안에 설치된 도쿄고등재판소의 별도 지부다. 일본의 지식재산권 보호시스템을 나라 안팎에 더욱 어필하려면 조직과 청사가 독립된 지적재산고등재판소를 만들어야 한다. 하지만 지금처럼 지부로 할지 독립된 고등재판소로 할지는 정부의 정책판단에 해당한다.

앞서 살펴본 대로 종전 직후 호소노 나가요시, 네모토 마쓰오 같은 이들의 노력으로 재정법 제19조 이중예산 제도가 생겼다. 내각이 재판소의 세출 예산안을 감액하려면 구체적인 내용을 국회에 제출하는 세입·세출안에 적어야 하고, 다시 국회가 재판소의 세출 예산을 부활시키는 경우에도 필요한 재원에 대해 밝혀 적어야 한다.

이런 이중예산권을 재판소가 행사한 적이 없는데, 변호사회 등은 이중예산권을 행사하라고 비판하고 있다. 재판소 역시 예산요구에는 모든 노력을 다해야 한다. 하지만 한두 번이면 몰라도 매년 반복되는 예산을 두고 정부와 첨예하게 대립해 국회에서 결판을 내는 것은 좋은 방법이 아니다. 재판소로서는 정부를 설득하는 데 힘을 쏟아야 한다. 이중예산제도 때문에 재판소와 정부의 책임 소재가 애매할 수도 있지만, 일본의 거버넌스, 경제정책, 시민생활 등을 위해 사법기반을 어떻게 강화할지는 정부의 책임이다.

이와 같이 사법기반 정비도 국민의 이해를 바탕으로 정부를 움직이는 수밖에 없다. 재판소는 현재 상황을 국민에게 정확히 밝히고 강화가 필

---

107 한국에서는 특허법원이 있으며 고등법원급이다. 법원조직법 제28조의2와 제28조의3이 근거다.

요한 부분을 정부에 계속해서 강하게 요구해야 한다. 재판제도를 이용하는 시민이나 기업도 재판절차나 내용이 사회 현실과 맞지 않는 점이 있으면 그 점을 명확히 알려주기를 바란다. 일본사회가 지나치게 발전한 때문인지 분야마다 시스템을 바꾸기가 어려워졌지만, 국민이 이런저런 목소리를 내어 사법을 포함한 국가 기구를 글로벌 시대에 적합하게 바꿔나가야 한다.

국제 수준의 재판

재판의 내용에도 글로벌의 바람이 불어오고 있다. 유럽평의회 가맹국 가운데는 헌법재판소를 가진 나라가 많은데 이들 헌법재판소 판결도 유럽인권재판소에서 부정되는 경우가 있다. 유럽에서는 유럽인권재판소의 판단을 통해 인권을 판단하는 기준이 공유된다. 나는 2008년 장 폴 코스타Jean-Paul Costa 유럽인권재판소장과 만났다. 장 폴 코스타 소장은 "우리들은 일본 최고재판소가 지난해 포르노그래피티와 표현의 자유에 관해 판단한 판결을 읽었다. 이처럼 인권에 관한 판결은 전 세계에서 읽힌다. 인권문제나 인권재판은 글로벌한 것이 됐다. 앞으로 일본의 재판소와 유럽인권재판소가 교류가 깊어지기를 바란다"며, 로버트 메이플소프Robert Mapplethorpe 사진집 반입금지에 관한 2008년 2월 19일 제3소법정 판결(민집 제62권 제2호 445쪽)을 언급했다. 그리고 유럽인권재판소 2010년 6월 10일 판결에 일본의 종교신자에 대한 수혈 사건인 2000년 2월 29일 제3소법정 판결(민집 제54권 제2호 582쪽)이 인용된 사례도 들었다.

그리고 일본은 유엔 시민적 및 정치적 권리에 관한 국제규약 (자유권

규약)을 비준했다. 이 규약은 자동집행력을 가지고 있어 일본의 재판규범이 되므로 일본 재판소가 내리는 이 규약에 대한 해석·적용은 국제수준에 부합해야 한다. 이 규약에 따라 일본 정부는 규약이 인정한 권리를 실현하기 위해 취한 조치, 이에 따른 권리의 실현에 관한 보고를 유엔 사무총장에게 제출한다. 그러면 유엔 자유권규약위원회는 일본 정부의 보고를 심사해 최종견해를 일본 정부에 보낸다. 이 가운데는 혼외자에 대한 상속차별 폐지, 피의자와 변호인의 접견교통이나 재판관 인권교육 등에 관한 권고가 들어 있다. 이 규약은 인권규범의 글로벌 스탠다드를 향해 재판소를 천천히 뒤에서 밀고 있다.

일본이 시민적 및 정치적 권리에 관한 국제규약 제1선택 의정서를 비준하면 개인통보 제도가 생긴다. 국내에서 구제수단을 모두 거친 개인이 생명·신체·정신의 자유에 관한 인권침해를 유엔에 통보하면, 이를 자유권규약위원회가 심사한 견해를 일본 정부에 보낸다. 외무성은 2010년 인권조약이행실을 만들어 개인통보제도의 수용 여부에 대해 본격적으로 검토를 시작했다. 재판소는 국제적인 논의에 뒤처지지 않는 인권판단, 국제적 수준에 적합한 헌법판단을 보여줘야 한다.

최고재판소의 점진적인 변화

내가 최고재판소 인사국장이던 1994년 정부의 한 관계자가 "최고재판소는 국민에게 어떤 소송을 해도 소용이 없는 곳으로 비춰지고 있다"고 말한 적이 있다. 하지만 적어도 최근 10년 동안 재판례를 보면 최고재판소가 조금씩 문턱을 낮추고 유연한 자세를 보이고 있다는 것을 알 수 있다.

최고재판소는 2003년부터 이자제한법과 대부업법 규정을 엄격하게 해석해 대부업자가 받은 과도한 이자를 반환하도록 했다. 2006년부터는 소비자계약법을 근거로 대학 입학 포기자에게 수업료 등을 반환하라고 명령했다. 2009년 무렵부터 '의심스러운 때는 피고인의 이익으로'라는 원칙 아래 유죄판결을 여러 건 파기했다. 앞서 살펴본 대로 행정소송 분야에서도 판례를 확대해 원고적격 및 처분성을 확대하고 있다. 특히 헌법소송 분야에서도 재일 외국인 선거권 행사를 제한하는 공직선거법 규정, 혼외자는 일본국적을 부여하지 않는 국적법 규정, 도도부현을 선거구로 함으로써 약 5배 투표가치 차이를 발생시키는 참의원 선거구선출 의원의 의원정수 배분규정, 1명 별도기준방식을 정한 중의원 의원선거구 획정심의회 설치법 규정을 위헌 또는 위헌상태로, 시유지를 무상으로 신사의 시설 부지로 제공한 행위를 위헌으로 판단했다.

이러한 변화는 유연한 사고를 가진 재판관이 늘면서 각자 의견을 내어 활발히 토론한 결과이다. 현재 가장 필요한 것은 재판관들마다 전속 로클럭을 두어 재판관 사이의 토론을 더욱 활성화하는 것이다.

최고재판소 재판은 고등재판소, 지방재판소, 가정재판소, 간이재판소의 재판이 쌓여 그 위에서 모습을 드러내는 것이다. 하급심 재판관이 사건을 진지하게 검토해 자신들이 납득한 의견을 그대로 발표하는 게 무엇보다 중요하다. 최고재판소는 오랜 세월 투표가치의 격차가 중의원에서 3배, 참의원에서 6배를 넘지 않으면 헌법이 정한 평등의 원칙에 반하지 않는다고 해왔다. 그러나 결국 이런 기준을 버리고 중의원의 1명 별도기준 방식이나 참의원의 도도부현을 선거구로 하는 방식에서 나오는 투표가치의 격차가 평등원칙에 위배된다고 인정했다. 전국 고등재판소가 선거구의원 의원정수 시정소송에서 여러 판사들이 상식대로 판결하면서 최고재판소도 의견을 바꾼 것이다.

그리고 하급심 재판관은 소송대리인인 변호사의 주장을 기초로 판결을 쓴다. 사회 실상, 세계 추세, 외국 판례 등을 법정으로 가져오는 것은 소송관계자다.

최고재판소는 2013년 2월27일 혼외자 상속분 차별규정의 합헌성을 대법정에서 심리하기로 결정했다.〔한국어판 추가—같은 해 9월 5일 대법정은 혼외자 상속분 차별규정이 헌법 제14조 제1항에 위반된다고 결정했다.〕여기까지 오는 데는 관계자들의 끈질긴 활동, 외국법제 등을 소개하면서 지원한 법학자들의 꾸준한 노력이 있었다.

아주 최근에도 성년피후견인이 국회의원선거에서 투표 가능한 지위임을 확인하는 도쿄지방재판소의 2013년 3월 14일 판결이 화제가 됐다. 판결문을 읽어보면 원고 쪽 소송대리인이 거의 완벽한 주장을 펼치고 있음을 알게 된다. 소송대리인은 영국, 캐나다, 프랑스, 오스트리아, 스웨덴 등에서 성년피후견인의 선거권을 제한하는 등의 규정이 이미 폐지된 것을 밝혔다. 유럽인권재판소의 2010년 판결도 성년피후견인의 선거권을 일률적으로 제한하는 헝가리 헌법 규정이 유럽인권조약에 위반된다고 판단했다. 도쿄지방재판소 판결은 획기적 판결이지만 세계 추세에서 보면 극히 당연한 판결이다.

일본의 재판소가 앞으로도 글로벌 스탠더드에 걸맞고 국제적 기준에 부합하는 당당한 판결을 만들어주길 기대하고 있다. 이를 지탱하는 것은 소송관계자의 노력이며, 재판소를 움직이게 만드는 것은 국민 한 사람 한 사람의 절실한 목소리이다.

나오며

최고재판소 사무총장 시절《교도통신共同通信》 기타카미 히데노리北神英典 기자의 취재에 응한 적이 있습니다. 내가 최고재판소 재판관에서 퇴임한 2009년에는 기타카미 히데노리 씨가 교도통신을 퇴사하고 변호사로 전직한 상태였습니다. 그 기타카미 히데노리 씨가 자신의 변호사 동료들에게 나의 최고재판소 시절 경험을 얘기해달라고 연락해왔습니다. 상대가 젊은 변호사들이라면 해보겠노라고 가벼운 마음으로 수락했는데 얘기가 점점 커졌고, 같은 해 7월 3일 일본변호사연합회 회의실에서 자유인권협회 주최로 '최고재판소의 역할—나의 소수의견을 중심으로' 라는 강연을 했습니다. 여기에서도 변호사들만이라고 생각하고 말했지만 강연 끝 무렵에 오쿠다이라 야스히로奧平康弘 도쿄대학 명예교수의 질문을 받으면서 헌법학자들도 여럿 계시다는 걸 알았고, 식은땀을 흘려야 했습니다. 이후 자유인권협회에서 강연내용을 책으로 묶자고 제안했

지만 도무지 자신이 없어 일단 거절했습니다.

2년 뒤인 2011년 연말에 자유인권협회의 미야케 히로시三宅弘 변호사(독쿄대학獨協大学 법과대학원 특임교수)와 니혼효론샤日本評論社의 가마타니 마사시鎌谷将司 씨가 찾아왔습니다. 앞서 강연내용을 중심으로 책을 쓰자고 제안했습니다. 미야케 히로시 씨는 나와 같은 후쿠이현 출신이며 최고재판소 재판관 시절 그의 정보공개법 저서를 공부한 적도 있어, 호의를 거절하기 힘들었습니다. 전쟁 이전에 재판독립을 요구하며 싸운 선배들의 일화를 기록으로 남기자는 마음도 있었고 해서 두 사람의 제안대로 이 책을 집필하게 됐습니다.

처음으로 책을 쓰는 나에게 독자들에게 알기 쉽게 전달하려면 어떤 배려가 필요한지 등 여러 가지 중요한 이야기를 가마타니 마사시 씨가 해주었습니다. 니혼효론샤의 야마모토 유카리山本由香里 씨가 인용한 판례와 문헌을 확인하는 일을 도와주었습니다. 내용이 판결에 관한 딱딱한 것이어서 부드러운 일러스트로 유명한 다나카 카나에에게 책표지를 부탁했습니다. 이 책을 출판하는 데 여러분에게 신세를 졌습니다. 이 자리에서 모두에게 감사드립니다.

나는 자신의 재판에 최선을 다한 선배들의 직업인으로서의 모습을 다음 세대에 전하겠다는 마음으로 주석에도 적혀 있는 수필[108]을 썼습니다. 이 책에서는 사법권의 독립을 위해 분투한 사람들의 활약을 소개하자는 숙원을 이뤘습니다. 사쓰키회 회원으로 전후 노동판례와 가처분

---

108 미주 10, 25, 75, 76 수필이다.

이즈미 도쿠지, 일본 최고재판소를 말하다

재판이 자리잡는 데 공헌했고, 내가 교토지방재판소 파산부 시절 총괄이던 야나가와 마사오柳川真佐夫, 최고재판소 경리국 초창기 과장으로 재판소 예산을 만드는 데 힘쓴 아제카미 에이지畔上英治 등의 이야기가 많이 있지만 다음 기회로 미룹니다. 마지막으로 미부치 다다히코 초대 최고재판소장관의 이야기로 마무리하려 합니다.

"재판관이 양심의 엄정한 명령을 따르지 않을 때, 그 재앙이 어디에까지 이를지 알 수 없다."

1) 小田中聡樹「司法官弄花事件」『日本政治裁判史録(明治・後)』(第一法規出版、1969年) 176頁。

2) 磯崎良誉「裁判と司法行政」法曹43号(1953年9月)63頁、村松俊夫「裁判所生活四十年(一)」判例時報487号(1967年8月11日) 3頁、家永三郎『司法権独立の歴史的考察』(日本評論社、1962年) 20頁。

3) 松本多樹「さつき会の思い出」近藤莞爾ほか『裁判今昔』(西神田編集室、1988年) 20頁、畔上英治「事務屋になったころ」法曹47号(1954年3月) 36頁、内藤頼博「追憶」法曹30号(1951年8月)23頁、高野耕一『裁判官の遍歴』(関東図書、2000年) 213・354頁、横川敏夫『ジャスティス』(日本評論社、1980年) 170頁、石川義夫『思い出すまま』(れんが書房新社、2006年) 168頁、鈴木忠一『橡の並木』(日本評論社、1984年) 118頁。

4) 中村治朗『裁判の世界を生きて』(判例時報社、1989年) 511頁。なお、中村氏は、裁判所が青年法律家協会問題で揺れていた当時の昭和45年11月に、『裁判の客観性をめぐって』(有斐閣、1970年)を出版している。

5) 田中二郎「平野事件」『戦後政治裁判史録第一巻』(第一法規出版、1980年) 169頁。

6) 神余正義「若い判事補の目」判例時報558号(1969年7月11日)9頁。

7) 高野・前掲注 (3)『裁判官の遍歴』239頁。

8) 丁野暁春ほか『司法権独立運動の歴史』(法律新聞社、1985年) 79頁、河本喜与之「丁野さんと私」(非売品、1957年) 3頁、家永三郎「東京控訴院分科会事件の記録」法律時報35巻3号(1963年3月) 53頁。

9) 判決全文は、矢澤久純・清永聡『戦時司法の諸相』(渓水社、2011年) 251頁以下に収録されている。

10) 吉田久「わたしのこしかた(前編)(後編)」中央大学学報31巻6号(1968年11月)20頁・

32巻1号(1969年1月) 14頁、拙稿「吉田久大審院判事のことなど」法曹655号(2005年5月) 2頁、清永聡『気骨の判決』(新潮新書、2008年)矢澤・清永・前掲注(9)『戦時司法の諸相』85頁。

11) 野村正男『法窓風雲録(上)』(朝日新聞社、1966年) 219頁。

12) 『松阪廣政伝』(非売品、1969年)209頁、緒方竹虎『人間中野正剛』(鱒書房、1951年)。

13) 小林健治「ある元裁判官の思い出(上)(下)」法曹203号(1967年9月)29頁・204号(1967年10月)53頁、鬼塚賢太郎「司法権の独立とその擁護者」東洋法学38巻2号(1995年3月)277頁。

14) 野村正男「自由人の眼」(一粒社、1970年) 362頁。

15) 藤田八郎「回顧(三)」法曹157号(1963年11月)15頁。

16) 丁野暁春「犬丸巌さんのことなど」法曹234号(1970年4月)6頁。

17) 倉田卓次『裁判官の戦後史』(悠々社、1993年)233頁。

18) 西修『日本国憲法の誕生を検証する』(学陽書房、1986年)39頁。

19) 佐藤達夫『日本国憲法誕生記』(中公文庫、1999年)37頁。

20) 吉田満「暖かい友人」田辺公二追悼文集『恩寵の器』(非売品、1965年)76頁、同『戦艦大和』(角川文庫、1968年)126頁。

21) 田辺公二氏の死後、同氏の死を悼む関係者らの尽力で『田辺公二著作集』第一巻(民事訴訟の動態と背景、1964年)、第二巻(労働紛争と裁判、1965年)、第三巻(事実認定の研究と教訓、1965年)が刊行されている(いずれも弘文堂)。

22) 入江俊郎論集『憲法成立の経緯と憲法上の諸問題』(第一法規出版、1976年)238頁。

23) 佐藤・前掲注(19)『日本国憲法誕生記』169頁、入江・前掲注(22)『憲法成立の経緯と憲法上の諸問題』422頁。

24) 内藤頼博『終戦後の司法制度改革の経過』全6冊(信山社、1997~1998年)、根本松男「最高裁判所ができるまで」丁野ほか・前掲注(8)『司法権独立運動の歴史』123頁。

25) 私は、「最高裁ウイスキー党物語」法曹680号(2007年6月)2頁において、奥野・横田両氏の親交ぶりに触れた。

26) 畔上英治「裁判所法等制定当時の思い出」自由と正義37巻8号(1986年8月)45頁。

27) 畔上・前掲注(26)「裁判所法等制定当時の思い出」45頁。

28) 鈴木・前掲注(3)『橡の並木』108頁。

29) 内藤・前掲注(24)『終戦後の司法制度改革の経過』第5分冊40頁。

30) 横川・前掲注(3)『ジャスティス』177頁。

31) 松田二郎「孤高の人」『西久保良行氏追憶録』(非売品、1972年)184頁、鈴木・前掲注
　　(3)『橡の並木』110頁。

32) 前澤忠成「あの人この人訪問記」法曹250号(1971年8月)4頁。

33) 近藤莞爾『民事訴訟論考』第三巻(判例タイムズ社、1978年)363頁以下。

34) 長野潔「あの人この人訪問記」法曹237号(1970年7月)12頁。

35) 丁野ほか・前掲注(8)『司法権独立運動の歴史』185頁。

36) 野村正男『法窓風雲録(下)』(朝日新聞社、1966年)90頁。

37) 鈴木義男「裁判所創設エピソード」法曹8号(1949年7月1日)4頁。

38) 高野・前掲注(3)『裁判官の遍歴』223頁。

39) 近藤・前掲注(33)『民事訴訟論考』第三巻354頁。

40) 岩松三郎『ある裁判官の歩み』(日本評論社、1967年)258頁。

41) 三淵忠彦『信託法通釈』(大岡山書店、1926年)は、現在でも参照されている。三淵氏
　　は、判事時代に大逆事件裁判の一部を特別傍聴席から観ていたが、大正14年10月、
　　弁護人の今村力三郎に対し、「裁判の世道人心に影響あることは言を待たざるとこ
　　ろ裁判官にして厳正なる良心の命に遵はざるときは思ふに禍の測るべからざるもの
　　あるべし今日の裁判官登用の方法のごときは全然これを一新するに非れば以て司法
　　の威信を確立するには足らざらん」等と記した裁判批判の書簡を送っている(今村力
　　三郎『法廷50年』(専修大学、1948年)138頁)。また、戦前の著名な刑事裁判官三宅正
　　太郎氏も、陪席として三淵氏の教えを受けている。三宅氏の『裁判の書』(牧野書店、
　　1942年)131頁「上司と下僚」に、日ごろ御馳走になっているコーヒーのお礼にと三宅
　　氏が差し出した煙草の函を「さういふものを戴くことはないから持って帰ってくだ
　　さい」と玄関先で追い返した上司として登場するのが三淵氏である。三淵氏は、戊
　　辰の役による会津落城の責任を負って自刃した家老の甥に当たり、京都守護職であ
　　った会津藩主松平容保譲りの潔癖感の持ち主で、第二小法廷誤判事件に関係した最
　　高裁判事に対し裁判官会議決議による辞職勧告を行うなどして軋轢を生じさせても
　　いる。任期が短かった上、病床に臥すことが多く、裁判面ではこれといった業績は
　　残していない。

42) 片山哲「三淵氏の思い出」法曹129号(1961年7月)21頁。

43) 小林俊三『私の会った明治の名法曹物語』(日本評論社、1973年)267頁、谷村唯一郎「終戦直後の司法改革の思い出」法の支配22号(1972年5月)74頁、内藤頼博「三淵長官の手紙」法曹262号(1972年8月)2頁、鈴木義男「三淵先生と私」法曹129号(1961年7月)33頁。

44) 本間喜一「三淵長官を憶ふ」法曹129号(1961年7月)54頁、本間氏は、判事を退職して東京商科大学で教鞭を執り、更に上海にあった日本人高等教育用の東亜同文書院の教授を経てその最後の学長となり、戦後は東亜同文書院の学生や教職員を受け入れるため愛知大学の設立に奔走してその学長を務めていた。昭和25年6月に最高裁事務総長を辞職し、愛知大学学長に復帰している。

45) 高野・前掲注(3)『裁判官の遍歴』217頁。

46) 三淵忠彦『世間と人間』(朝日新聞社、1950年)247頁。

47) 鈴木・前掲注(37)「最高裁判所創設エピソード」4頁。

48) 岩松・前掲注(40)『ある裁判官の歩み』272頁。

49) オプラー(内藤頼博監訳)『日本占領と法制改革』(日本評論社、1990年)77頁。

50) 最高裁判所事務総局情報課「最高裁判所十年の回顧(二)」法曹時報9巻10号(1957年10月)38頁、五鬼上堅磐「あの人この人訪問記」法曹241号(1970年11月)12頁、岩田宙造「最高裁判所の機構改革について」ジュリスト70号(1954年11月15日)2頁、真野毅「最高裁判所機構改革の基本問題」ジュリスト71号(1954年12月1日)2頁。

51) 最高裁判所『裁判所沿革誌』第一巻413頁。

52) 最高裁判所事務総局情報課・前掲注(50)「最高裁判所十年の回顧(二)」61頁。

53) 石坂修一「あの人この人訪問記」法曹189号(1966年7月)26頁、伊部正之『松川裁判からいま何を学ぶか』(岩波書店2009年)110頁。

54) 廣津和郎『松川事件と裁判』(岩波書店、1964年)。

55) 正木ひろし著作集Ⅱ『八海事件』(三省堂、1983年)。

56) 在日コリアン弁護士協会『韓国憲法裁判所』(日本加除出版、2010年)、李範俊『韓国裁判所　韓国現代史を語る』(日本加除出版、2012年)、岡田正則・河明鎬「韓国における憲法裁判所及び行政法院の機能と役割」比較法学45巻2号(2011年12月)1頁。

57) 李・前掲注(56)『韓国裁判所　韓国現代史を語る』249頁。

58) 芦部信喜「時国康夫元裁判官を悼む」ジュリスト1144号(1998年11月1日)2頁。

59) 真野・前掲注(50)「最高裁判所機構改革の基本問題」2頁。

60) 吉垣実「韓国の司法制度について」大阪経大論集59巻4号(2008年11月)61頁。

61) 長谷川彰「韓国の法曹一元制度」御池ライブラリー36号(2012年10月号)11頁。

62) 西川伸一『最高裁判官国民審査の実証的研究』(五月書房、2012年)110頁。

63) 朝日新聞2012年10月16日夕刊。

64) 田中英夫「アメリカにおける裁判官の選任方法(二)」法学協会雑誌78巻3号(1961年9月)277頁。

65) 拙稿「Concerning the Japanese Public Evaluation of Supreme Court Justices」88 Washington University Law Review 1769 (2011年)。

66) 鈴木成嗣『刑事訴訟法』(青林書院、1980年)76頁、渥美東洋『刑事訴訟法(全訂第二版)』(有斐閣、2009年)74頁、Daniel H. Foote「Policymaking by the Japanese Judiciary in the Criminal Justice Field」法社会学72号(2010年3月)6頁。

67) 平野龍一『刑事訴訟法』(有斐閣、1958年)106頁。

68) 園部逸男編『注解行政事件訴訟法』(有斐閣、1989年)163頁の拙稿分部。

69) 最高裁判所判例解説民事篇昭和61年度1頁。

70) 最高裁判所判例解説民事篇昭和59年度212頁。

71) 芦部信喜「衆議院定数違憲判決の意義と是正案」法学教室64号(1986年1月)6頁、雄川一郎「国会議員定数配分規定違憲訴訟における事情判決の法理」田上穣治先生喜寿記念『公法の基本問題』(有斐閣、1984年)282頁。

72) 拙稿「マクリーン事件最高裁判決の枠組みの再考」自由と正義62巻2号(2011年2月)19頁。

73) 船田三雄「上告審における事実の聴取」中野次雄判事還暦祝賀『刑事裁判の課題』(有斐閣、1972年)389頁。

74) 団藤重光『新刑事訴訟法綱要(七訂版)』(創文社、1967年)506頁。

75) 拙稿「可部恒雄さんの思い出」判例時報2135号(2012年2月21日)3頁。

76) 戦前からラウンドテーブル法廷の提唱があったことについて拙稿「三宅正太郎全集を読む」法曹604号(2001年)2頁。

77) 大久保優也「米国ロースクール卒業生の深刻な就職状況とそれをめぐる諸問題」自由

と正義63巻6号(2012年6月)94頁。

78)「グローバル化に対応した法曹養成 韓国各校の構想」中央ロー・ジャーナル5巻4号
(2009年3月)14頁、韓勝憲「韓国の司法制度改革と法学専門大学院」法律時報80巻4
号(2008年4月)58頁、尹龍澤「韓国の法学教育と法曹教育」関西大学法学研究所ノモ
ス2009年6月号19頁。

79) 田中幹夫「ドイツの弁護士・法曹養成制度の市場本位的側面について(2・完)」自
由と正義48巻11号(1997年11月)72頁。

80) ジェローム・フランク(古賀正義訳)『裁かれる裁判所』(弘文堂、1970年)。

일본국헌법 전문

· 일본국헌법 ·

공포 : 쇼와 21년(1946년) 11월 3일
시행 : 쇼와 22년(1947년) 5월 3일

전 문

일본국민은 정당한 선거로 선출된 국회의 대표자를 통하여 행동하고, 우리와 우리 자손을 위하여 세계 제 국민과의 화합에 따른 성과와 우리나라 전역에 자유가 가져올 혜택을 확보하며, 다시는 정부의 행위에 의하여 전쟁의 참화가 일어나지 않도록 할 것을 결의하고, 이에 주권이 국민에게 존재함을 선언하며 이 헌법을 확정한다. 무릇 국정은 국민의 엄숙한 신탁에 의한 것으로서 그 권위는 국민으로부터 유래하고, 그 권력은 국민의 대표자가 행사하며, 그 복리는 국민이 향유한다. 이는 인류보편의 원리이며 이 헌법은 이러한 원리에 기초한 것이다. 우리는 이에 반하는 일체의 헌법 · 법령 및 조칙(詔勅)을 배제한다.

일본국민은 항구적인 평화를 염원하고 인간 상호관계를 지배하는 숭고한 이상을 깊이 자각하는 바이므로, 평화를 사랑하는 세계 제 국민의 공정과 신의를 신뢰함으로써 우리의 안전과 생존을 지켜나갈 것을 결의하였다. 우리는 평화를 유지하고 전제와 예종(隷從), 압박과 편협을 지상에서 영원히 제거하고자 노력하고 있는 국제사회의 명예로운 일원이 되고자 한다. 우리는 전 세계의 국민이 균등하게 공포와 결핍에서 벗어나 평화롭게 생존할 권리를 가짐을 확인한다.

우리는 어떠한 국가도 자국의 이익에만 몰두하여 타국을 무시하여서는 아니되고, 정치도덕의 법칙은 보편적인 것으로서 이 법칙에 따르는 것은 자국의 주권을 유지하고 타국과 대등한 관계에 서고자 하는 각국의 책무임을 믿는다.

일본국민은 국가의 명예를 걸고 전력을 다하여 숭고한 이상과 목적을 달성할 것을 맹세한다.

제1장 천 황

제1조 [천황의 지위·국민주권]
천황은 일본국의 상징이며 일본국민통합의 상징으로서, 그 지위는 주권의 보유자인 일본국민의 총의에 기초한다.

제2조 [황위의 계승]
황위는 세습되는 것으로서, 국회가 의결한 황실전범이 정하는 바에 따라 이를 계승한다.

제3조 [천황의 국사행위와 내각의 조언·승인 및 책임]
천황의 국사에 관한 모든 행위는 내각의 조언과 승인을 필요로 하며, 내각이 그 책임을 진다.

제4조 [천황의 권한의 한계와 행사의 위임]
①천황은 이 헌법이 정하는 국사(國事)에 관한 행위만을 하며, 국정(國政)에 관한 권한을 가지지 아니한다.
②천황은 법률이 정하는 바에 따라 국사에 관한 행위를 위임할 수 있다.

제5조 [섭정]
황실전범이 정하는 바에 따라 섭정을 두는 경우, 섭정은 천황의 이름으로 국사에 관한 행위를 한다. 이 경우 제4조 제1항의 규정을 준용한다.

제6조 [천황의 임명권]
①천황은 국회의 지명에 따라 내각총리대신을 임명한다.

②천황은 내각의 지명에 따라 최고재판소의 장인 재판관을 임명한다.

제7조 [천황의 국사행위]

천황은 내각의 조언과 승인에 따라 국민을 위하여 다음의 국사에 관한 행위를 한다.

1. 헌법개정·법률·정령(政令) 및 조약의 공포

2. 국회의 소집

3. 중의원의 해산

4. 국회의원 총선거 시행의 공시

5. 국무대신과 법률이 정하는 그 밖의 관리의 임면, 전권위임장 및 대사·공사의 신임장의 인증

6. 대사(大赦), 특사(特赦), 감형, 형 집행 면제 및 복권의 인증

7. 영전의 수여

8. 비준서 및 법률이 정하는 그 밖의 외교문서의 인증

9. 외국 대사 및 공사의 접수

10. 의식의 거행

제8조 [황실의 재산처분수수]

황실에 대한 재산의 양도 또는 황실의 재산 양수 또는 하사는 국회의 의결에 의하여야 한다.

제2장 전쟁의 포기

제9조 [전쟁의 포기와 군비 미보유 및 교전권의 부인]

① 일본국민은 정의와 질서를 바탕으로 하는 국제평화를 성실하게 희구하며, 국권의 발동인 전쟁과 무력에 의한 위협 또는 무력행사는 국제분쟁을 해결하는 수단으로서는 영구히 이를 포기한다.

② 제1항의 목적을 달성하기 위하여 육해공군 그 밖의 전력은 보유하지 아니한다. 국가의 교전권은 인정하지 아니한다.

제10조 [국민의 요건]

일본국민의 요건은 법률로 정한다.

제11조 [기본적 인권의 향유]

국민은 모든 기본적 인권의 향유를 방해 받지 아니한다. 이 헌법이 국민에게 보장하는 기본적 인권은 침해될 수 없는 영구적 권리로서 현재와 미래의 국민에게 부여된다.

제12조 [자유·권리를 지킬 의무와 남용의 금지]

이 헌법이 국민에게 보장하는 자유 및 권리는 국민의 부단한 노력에 의하여 지켜나가야 한다. 또한 국민은 이를 남용하여서는 아니되며 항상 공공복리를 위하며 이를 이용할 책임을 진다.

제13조 [개인의 존중, 생명·자유·행복추구의 권리]

모든 국민은 개인으로서 존중된다. 생명, 자유 및 행복추구에 대한 국민의 권리는 공공복리에 반하지 아니하는 한 입법 그 밖의 국정에 있어 최대한 존중된다.

제14조 [법 앞의 평등·귀족제도의 부인·영전의 수여]

①모든 국민은 법 앞에 평등하며, 인종, 신조(信條), 성별, 사회적 신분 또는 가문에 의하여 정치적·경제적 또는 사회적 관계에 있어서 차별받지 아니한다.

②화족(華族) 그 밖의 귀족제도는 인정하지 아니한다.

③영예, 훈장 그 밖의 영전의 수여에는 어떠한 특권도 따르지 아니한다. 영전의 수여는 현재 이를 가지고 있거나 장래 이를 받을 자의 당대에 한하여 그 효력이 있다.

제15조 [공무원의 선정·파면권, 공무원의 본질, 보통선거 및 비밀투표의 보장]

①공무원을 선정하고 파면하는 것은 국민의 고유한 권리이다.

②모든 공무원은 국민전체를 위한 봉사자이며 일부를 위한 봉사자가 아니다.

③공무원 선거는 성년자에 의한 보통선거가 보장된다.

④모든 선거에서 투표의 비밀은 침해받지 아니한다. 선거인은 선택에 대하여 공적 또는 사적으로 책임지지 아니한다.

제16조 [청원권]

누구든지 손해의 구제, 공무원의 파면, 법률·명령·규칙의 제정·폐지·개정, 그 밖의 사항에 관하여 평온하게 청원할 권리를 가지며, 누구든지 이러한 청원을 이유로 어떠한 차별대우도 받지 아니한다.

제17조 [국가 및 공공단체의 배상책임]

누구든지 공무원의 불법행위로 인하여 손해를 입었을 때에는 법률이 정하는 바에 따라 국가 또는 공공단체에 배상을 청할 수 있다.

제18조 [노예적 구속 및 고역으로부터의 자유]

누구든지 어떠한 노예적 구속도 받지 아니한다. 또 범죄로 인하여 처벌받는 경우를 제외하고는 강제노역을 받지 아니한다.

제19조 [사상 및 양심의 자유]

사상 및 양심의 자유는 침해받지 아니한다.

제20조 [종교의 자유]

①종교의 자유는 누구든 이를 보장한다. 어떠한 종교단체도 국가로부터 특권을 받거나 정치적 권력을 행사하여서는 아니된다.
②누구든지 종교상의 행위, 축전, 의식 또는 행사에 참가할 것을 강요받지 아니한다.
③국가 및 그 기관은 종교교육 그 밖의 어떠한 종교적 활동도 하여서는 아니된다.

제21조 [집회·결사·표현의 자유, 통신의 비밀]

①집회, 결사 및 언론, 출판 그 밖의 모든 표현의 자유를 보장한다.
②검열은 금지된다. 통신의 비밀은 침해받지 아니한다.

제22조 [거주 · 이전 · 직업선택의 자유, 외국 이주 및 국적이탈의 자유]

①누구든지 공공복리에 반하지 아니하는 한 거주 · 이전 및 직업선택의 자유를 가진다.

②누구든지 외국에 이주하거나 국적을 이탈할 자유를 침해받지 아니한다.

제23조 [학문의 자유]

학문의 자유를 보장한다.

제24조 [가족생활에서 개인의 존엄과 양성의 평등]

①혼인은 양성의 합의에 의하여서만 성립하고, 부부가 동등한 권리를 가지는 것을 기본으로 하여 상호협력에 의하여 유지되어야 한다.

②배우자의 선택, 재산권, 상속, 주거의 선택, 이혼, 혼인 및 가족에 관한 그 밖의 사항에 관하여 법률은 개인의 존엄과 양성의 본질적 평등에 입각하여 제정되어야 한다.

제25조 [생존권 · 국가의 사회보장의무]

①모든 국민은 건강하고 문화적인 최저수준의 생활을 영위할 권리를 가진다.

②국가는 모든 생활부문에 있어서 사회복지, 사회보장, 공공위생의 향상 및 증진을 위하여 노력하여야 한다.

제26조 [교육을 받을 권리 · 의무교육]

①모든 국민은 법률이 정하는 바에 의하여 그 능력에 따라 동등하게 교육을 받을 권리를 가진다.

②모든 국민은 법률이 정하는 바에 따라 자신이 보호하는 자녀에게 보통교육을 받게 할 의무를 진다. 의무 교육은 무상으로 한다.

제27조 [근로의 권리와 의무 · 근로조건의 기준 · 아동혹사의 금지]

①모든 국민은 근로의 권리를 가지며 그 의무를 진다.

②임금, 취업시간, 휴식 그 밖의 근로조건에 관한 기준은 법률로 정한다.

③아동을 혹사하여서는 아니된다.

제28조 [근로자의 단결권·단체교섭권 그 밖의 단체행동권]
근로자의 단결권, 단체교섭권 그 밖의 단체행동권을 보장한다.

제29조 [재산권]
①재산권을 침해하여서는 아니된다.
②재산권의 내용은 공공복리에 적합하도록 법률로 정한다.
③사유재산은 정당한 보상 하에 공공목적으로 사용할 수 있다.

제30조 [납세의 의무]
국민은 법률이 정하는 바에 따라 납세의 의무를 진다.

제31조 [법정절차의 보장]
누구든지 법률에서 정하는 절차에 의하지 아니하고는 그 생명 또는 자유를 박탈당하거나 그 밖의 형벌을 받지 아니한다.

제32조 [재판을 받을 권리]
누구든지 재판소에서 재판을 받을 권리를 박탈당하지 아니한다.

제33조 [영장주의]
누구든지, 현행범으로 체포되는 경우를 제외하고는, 권한이 있는 사법관헌이 발부하고 이유가 되는 범죄를 명시한 영장에 의하지 아니하고는 체포되지 아니한다.

제34조 [억류 및 구금의 제한 및 이유 제시]
누구든지 이유를 지체 없이 고지 받고 또한 즉시 변호인에게 의뢰할 권리가 부여되지 아니하고는 억류 또는 구금되지 아니한다. 또한 누구든지 정당한 이유 없이 구금되지 아니하며, 요구가 있으면 지체 없이 구금의 이유를 본인 및 그 변호인이 출석하는 공개된 법정에서 제시하여야 한다.

제35조 [주거의 불가침]

①누구든지, 제33조의 경우를 제외하고는, 정당한 이유에 기하여 발부되고 수색 장소 및 압수하는 물건을 명시한 영장에 의하지 아니하고는 주거, 서류 및 소지품에 대하여 침입, 수색 및 압수당하지 아니할 권리를 침해받지 아니한다.

②수색 또는 압수는 권한을 가진 사법관헌이 발부하는 개별 영장에 의하여 이를 행한다.

제36조 [고문 및 잔혹한 형벌의 금지]

공무원에 의한 고문 및 잔혹한 형벌은 절대 금지한다.

제37조 [형사피고인의 권리]

①모든 형사사건에서 피고인은 공평한 재판소에 의하여 신속한 공개재판을 받을 권리를 가진다.

②형사피고인은 모든 증인에 대하여 심문할 기회를 충분히 부여받고, 공적 비용으로 자기를 위하여 강제적 절차에 따라 증인을 요구할 권리를 가진다.

③형사피고인은 어떠한 경우에도 자격을 가진 변호인에게 의뢰할 수 있다. 피고인 스스로 이를 의뢰할 수 없을 때에는 국가가 의뢰하도록 한다.

제38조 [불이익한 진술의 강요금지, 자백의 증거능력]

①누구든지 자기에게 불이익한 진술을 강요받지 아니한다.

②강제, 고문 또는 협박에 의한 자백이나 부당한 장기 억류 또는 구금 후의 자백은 증거로 삼을 수 없다.

③누구든지 본인의 자백이 자기에게 불이익한 유일한 증거인 경우에는 이를 이유로 유죄로 하거나 형벌을 부과할 수 없다.

제39조 [소급처벌의 금지 · 일사부재리]

누구든지 실행 당시에 적법하였던 행위 또는 이미 무죄가 된 행위에 대하여 형사상 책임을 지지 아니한다. 또한 동일한 범죄에 대하여 거듭 형사상의 책임을 지지 아니한다.

제40조 [형사보상]

누구든지 억류 또는 구금된 후 무죄판결을 받았을 때에는 법률이 정하는 바에 따라 국가에 그 보상을 청할 수 있다.

제4장 국 회

제41조 [국회의 지위·입법권]

국회는 국권의 최고기관으로서 국가의 유일한 입법기관이다.

제42조 [양원제]

국회는 중의원(衆議院) 및 참의원(參議院)의 양원(兩院)으로 구성된다.

제43조 [양원의 조직]

①양원은 전 국민을 대표하는, 선거를 통하여 선출된 의원으로 조직한다.
②양원의 의원정수는 법률로 정한다.

제44조 [의원 및 선거인의 자격]

양원의 의원 및 선거인의 자격은 법률로 정한다. 다만, 인종, 신조, 성별, 사회적 신분, 가문, 교육, 재산 또는 수입에 의하여 차별하여서는 아니된다.

제45조 [중의원 의원의 임기]

중의원 의원의 임기는 4년으로 한다. 다만, 중의원 해산의 경우에는 임기 만료 전에 종료된다.

제46조 [참의원 의원의 임기]

참의원 의원의 임기는 6년으로 하고, 3년마다 의원의 반수(半數)를 새로 선출한다.

제47조 [선거에 관한 사항의 법정]

선거구, 투표방법 그 밖에 양원 의원의 선거에 관한 사항은 법률로 정한다.

제48조 [양원의 의원 겸직금지]

모든 사람은 동시에 양원의 의원이 될 수 없다.

제49조 [의원의 세비]

양원의 의원은 법률이 정하는 바에 따라 국고에서 상당액의 세비를 받는다.

제50조 [의원의 불체포 특권]

양원의 의원은 법률이 정하는 경우를 제외하고는 국회 회기 중에 체포되지 않으며 회기 전에 체포된 의원은 소속 원(院)의 요구가 있으면 회기 중에 석방하여야 한다.

제51조 [의원의 발언·표결의 무책임]

양원의 의원은 원내에서 행한 연설, 토론 또는 표결에 관하여 원외에서 책임을 지지 아니 한다.

제52조 [정기회]

국회의 정기회는 매년 1회 소집된다.

제53조 [임시회]

내각은 국회 임시회의 소집을 결정할 수 있다. 어느 한 원(院)의 재적의원 4분의 1 이상의 요구가 있으면 내각은 그 소집을 결정하여야 한다.

제54조 [중의원의 해산·총선거·특별회, 참의원의 긴급집회]

①중의원이 해산되었을 때에는 해산된 날로부터 40일 이내에 중의원 의원 총선거를 실시하고, 그 선거일로부터 30일 이내에 국회를 소집하여야 한다.

②중의원이 해산되었을 때에는 참의원은 동시에 폐회된다. 다만, 내각은 국가에 긴급한 필요가 있을 때에는 참의원의 긴급집회를 요구할 수 있다.

③제2항 단서의 긴급집회에서 채택된 조치는 임시적인 것이며 다음 국회 개회 후 10일 이내에 중의원의 동의가 없을 경우에는 그 효력을 상실한다.

제55조 [의원의 자격쟁송]

양원은 각각 그 의원의 자격에 관한 쟁송을 재판한다. 다만, 의원의 자격을 박탈할 때에는 출석의원 3분의 2 이상의 다수에 의한 의결을 필요로 한다.

제56조 [정족수]

①양원은 각각 그 재적의원 3분의 1 이상이 출석하지 아니하면 개의하여 의결할 수 없다.

②양원은 이 헌법에 특별한 규정이 있는 경우를 제외하고는 출석의원의 과반수로 의결하고 가부 동수인 경우에는 의장이 결정하는 바에 따른다.

제57조 [회의의 공개]

①양원의 회의는 공개한다. 다만, 출석의원 3분의 2 이상의 다수로 의결한 때에는 비밀회의로 할 수 있다.

②양원은 각각 회의의 기록을 보존하며, 비밀회의의 기록 중에서 특별히 비밀을 요한다고 인정된 것 이외에는 이를 공표하고 일반에 배포하여야 한다.

③출석의원 5분의 1 이상의 요구가 있으면 각 의원의 표결은 회의록에 기재하여야 한다.

제58조 [양원의 임원 선임과 규칙제정, 의원의 징벌]

①양원은 각각 그 의장과 그 밖의 임원을 선임한다.

②양원은 각각 그 회의와 그 밖의 절차 및 내부규율에 관한 규칙을 정하고 원내의 질서를 어지럽히는 의원을 징벌할 수 있다. 다만, 의원을 제명할 때에는 출석의원 3분의 2 이상의 의결이 필요하다.

제59조 [법률안의 의결]

①법률안은 헌법에 특별한 규정이 있는 경우를 제외하고는 양원에서 가결되었을 때 법률로서 성립한다.

②중의원에서 가결되었으나 참의원에서 이와 다른 의결을 한 법률안이 중의원에서 출석

의원 3분의 2 이상으로 다시 가결되었을 때는 법률로서 성립한다.

③제2항의 규정은 법률이 정하는 바에 따라 중의원이 양원의 협의회를 열도록 요구하는 것을 방해하지 아니한다.

④참의원이 중의원에서 가결된 법률안을 이송 받은 후 국회 휴회기간을 제외하고 60일 이내에 의결하지 아니할 때에는 중의원은 참의원이 그 법률안을 부결시킨 것으로 간주할 수 있다.

제60조 [예산의 의결]

①예산은 먼저 중의원에 제출하여야 한다.

②예산에 관하여 참의원에서 중의원과 다른 의결을 한 경우에 법률이 정하는 바에 따라 양원의 협의회를 열어도 의견이 일치하지 아니할 때 또는 중의원이 가결한 예산을 참의원이 이송 받은 후 국회 휴회기간을 제외하고 30일 이내에 의결하지 아니할 때에는 중의원의 의결을 국회의 의결로 한다.

제61조 [조약의 승인]

조약 체결에 필요한 국회 승인에 대하여는 제60조 제2항의 규정을 준용한다.

제62조 [양원의 국정조사권]

양원은 각각 국정에 관한 조사를 행하며 이에 관하여 증인의 출두와 증언, 기록의 제출을 요구할 수 있다.

제63조 [국무대신의 국회 출석]

내각총리대신 그 밖의 국무대신은 양원 내 의석보유 여부에 관계없이 언제든지 의안에 대하여 발언하기 위하여 국회에 출석할 수 있다. 또한 답변 또는 설명을 위하여 출석을 요구받은 때에는 출석하여야 한다.

제64조 [탄핵재판소]

①국회는 파면의 소추를 받은 재판관을 재판하기 위하여 양원의 의원으로 구성하는 탄핵재판소를 설치한다.

②탄핵에 관한 사항은 법률로 정한다.

제5장 내 각

제65조 [행정권]
행정권은 내각에 속한다.

제66조 [내각의 구성, 국회에 대한 연대책임]
①내각은 법률이 정하는 바에 따라 수장인 내각총리대신과 그 밖의 국무대신으로 구성한다.
②내각총리대신 그 밖의 국무대신은 문민(文民)이어야 한다.
③내각은 행정권의 행사에 관하여 국회에 대하여 연대하여 책임을 진다.

제67조 [내각총리대신의 지명]
①내각총리대신은 국회의원 중에서 국회의 의결로 지명한다. 이 지명은 다른 모든 안건에 앞서 행한다.
②중의원과 참의원이 서로 다른 지명 의결을 한 경우에 법률이 정하는 바에 따라 양원의 협의회를 열어도 의견이 일치하지 아니할 때 또는 중의원이 지명 의결을 한 후 국회 , 휴회기간을 제외하고 10일 이내에 참의원이 지명 의결을 하지 아니할 때에는 중의원의 의결을 국회의 의결로 한다.

제68조 [국무대신의 임명·파면]
①내각총리대신은 국무대신을 임명한다. 다만, 그 과반수는 국회의원 중에서 선임하여야 한다.
②내각총리대신은 임의로 국무대신을 파면할 수 있다.

제69조 [중의원의 내각불신임과 중의원해산 또는 내각총사직]
내각은 중의원에서 불신임 결의안이 가결되거나 신임 결의안이 부결된 때에는 10일 이

내에 중의원을 해산하지 아니하는 한 총사직하여야 한다.

제70조 [내각총리대신의 궐위·중의원 총선거 후의 내각총사직]

내각총리대신이 궐위된 때 또는 중의원 의원 총선거 후 최초로 국회 소집이 있은 때에는 내각은 총사직하여야 한다.

제71조 [총사직 후 내각의 직무수행]

제69조와 제70조의 경우 내각은 새로운 내각총리대신이 임명될 때까지 계속하여 그 직무를 수행한다.

제72조 [내각총리대신의 직무]

내각총리대신은 내각을 대표하여 의안을 국회에 제출하고, 일반국무 및 외교관계에 대하여 국회에 보고하며, 행정 각부를 지휘·감독한다.

제73조 [내각의 사무]

내각은 기타 일반 행정사무 외에 다음의 사무를 행한다.

1. 법률의 성실한 집행과 국무의 총괄
2. 외교관계의 처리
3. 조약의 체결. 다만, 사전에 또는 시의(時宜)에 따라서는 사후에 국회의 승인을 거칠 필요가 있다.
4. 법률이 정하는 기준에 따른 관리(官吏)에 관한 사무 담당(掌理)
5. 예산의 작성 및 국회에 대한 제출
6. 헌법 및 법률 규정의 실시를 위한 정령의 제정. 다만, 정령에는 특별히 법률의 위임이 있는 경우를 제외하고는 벌칙을 둘 수 없다.
7. 대사, 특사, 감형, 형 집행의 면제 및 복권의 결정

제74조 [법률·정령의 서명]

법률 및 정령에는 모든 주임 국무대신이 서명하고 내각총리대신이 연서(連署)하여야 한다.

제75조 [국무대신의 소추]

국무대신은 재임 중 내각총리대신의 동의 없이 소추되지 아니한다. 다만, 이를 이유로 소추의 권리가 침해되지는 아니한다.

제6장 사 법

제76조 [사법권과 재판소·특별재판소의 금지·재판관의 독립]

①모든 사법권은 최고재판소 및 법률이 정하는 바에 따라 설치되는 하급재판소에 속한다.

②특별재판소는 설치할 수 없다. 행정기관은 종심(終審)으로서 재판을 할 수 없다.

③모든 재판관은 양심에 따라 독립하여 그 직권을 행사하며 헌법 및 법률에만 구속된다.

제77조 [최고재판소의 규칙제정권]

①최고재판소는 소송에 관한 절차, 변호사, 재판소의 내부규율 및 사법 사무처리에 관하여 규칙을 정할 권한을 가진다.

②검찰관은 최고재판소가 정하는 규칙에 따라야 한다.

③최고재판소는 하급재판소에 관한 규칙을 정할 권한을 하급재판소에 위임할 수 있다.

제78조 [재판관의 신분보장]

재판관은 심신의 장해로 직무를 수행할 수 없음이 재판에 의하여 결정된 경우를 제외하고는, 공적인 탄핵에 의하지 아니하고 파면되지 아니한다. 재판관의 징계처분은 행정기관이 할 수 없다.

제79조 [최고재판소의 재판관·국민심사·정년·보수]

①최고재판소는 그 장인 재판관 및 법률이 정하는 수의 그 밖의 재판관으로 구성하고, 그 장인 재판관 이외의 재판관은 내각에서 임명한다.

②최고재판소의 재판관 임명은 임명 후 최초로 실시되는 중의원 의원 총선거에서 국민심사에 회부하고, 10년이 경과한 후 최초로 실시되는 중의원 의원 총선거에서 다시 국민심사에 회부하며, 그 이후도 이와 마찬가지로 한다.

③제2항의 경우 투표자의 다수가 재판관의 파면에 찬성한 때에는 그 재판관은 파면된다.

④국민심사에 관한 사항은 법률로 정한다.

⑤최고재판소의 재판관은 법률이 정하는 연령에 달한 때에 퇴직한다.

⑥최고재판소의 재판관은 모두 정기적으로 상당액의 보수를 받는다. 보수는 재임 중에 감액할 수 없다.

제80조 [하급재판소의 재판관·임기·정년·보수]

①하급재판소의 재판관은 최고재판소의 지명자 명단에 따라 내각에서 임명한다. 재판관의 임기는 10년으로 하고 재임될 수 있다. 다만, 법률이 정하는 연령에 달한 때에는 퇴직한다.

②하급재판소의 재판관은 모두 정기적으로 상당액의 보수를 받는다. 이 보수는 재임 중에 감액할 수 없다.

제81조 [법령 등의 합헌심사권]

최고재판소는 모든 법률, 명령, 규칙 또는 처분이 헌법에 적합한지 여부를 최종적으로 심사할 권한을 가진다.

제82조 [재판의 공개]

①재판의 심리 및 판결은 공개법정에서 행한다.

②재판소가 재판관의 전원일치로 공공의 질서 또는 선량한 풍속을 해칠 우려가 있다고 결정한 경우 그 심리는 공개하지 아니할 수 있다. 다만, 정치범죄, 출판에 관한 범죄 또는 헌법 제3장에서 보장하는 국민의 권리가 문제되는 사건의 심리는 항상 공개하여야 한다.

제7장 재 정

제83조 [재정처리의 권한]

국가의 재정을 처리하는 권한은 국회의 의결에 기하여 행사하여야 한다.

제84조 [조세법률주의]

새로운 조세를 부과하거나 현행 조세를 변경할 경우에는 법률 또는 법률이 정하는 조건에 따라야 한다.

제85조 [국비지출 및 국가의 채무부담]

국비를 지출하거나 국가가 채무를 부담할 경우에는 국회의 의결에 기하여야 한다.

제86조 [예산]

내각은 매 회계연도의 예산을 작성하여 국회에 제출하고, 그 심의와 의결을 거쳐야 한다.

제87조 [예비비]

①예상하기 어려운 예산의 부족에 충당하기 위하여 국회의 의결에 기하여 예비비를 두고 내각의 책임으로 이를 지출할 수 있다.

②내각은 모든 예비비의 지출에 대하여 사후에 국회의 승인을 받아야 한다.

제88조 [황실재산·황실비용]

모든 황실재산은 국가에 속한다. 모든 황실의 비용은 예산에 계상하여 국회의 의결을 거쳐야 한다.

제89조 [공공재산의 용도제한]

공금 및 그 밖의 공적 재산은 종교상의 조직이나 단체의 사용·편익·유지를 위하여, 또는 공적 지배하에 있지 아니한 자선·교육·박애 사업을 위하여 지출되거나 그 이용에 제공되어서는 아니된다.

제90조 [결산검사·회계검사원]

①국가의 수입·지출의 결산은 매년 회계검사원이 이를 모두 검사하고, 내각은 다음 연도에 그 검사보고와 함께 이를 국회에 제출하여야 한다.

②회계검사원의 조직과 권한은 법률로 정한다.

제91조 [재정상황 보고]

내각은 국회와 국민에 대하여 적어도 매년 1회 정기적으로 국가의 재정상황에 관하여 보고하여야 한다.

제8장 지방자치

제92조 [지방공공단체의 조직 및 운영에 관한 사항의 법정]

지방공공단체의 조직 및 운영에 관한 사항은 지방자치의 본지에 따라 법률로 정한다.

제93조 [지방공공단체의 기관·직접선거]

①지방공공단체는 법률이 정하는 바에 따라 의사기관으로서 의회를 설치한다.

②지방공공단체의 장과 그 의회의 의원 및 법률이 정하는 그 밖의 공무원은 지방공공단체의 주민이 직접 선거로 선출한다.

제94조 [지방공공단체의 권한]

지방공공단체는 그 재산을 관리하고 사무를 처리하며 행정을 집행하는 권한을 가지고 법률의 범위 내에서 조례를 제정할 수 있다.

제95조 [지방공공단체에 대한 특별법과 주민투표]

하나의 지방공공단체에만 적용되는 특별법은 법률이 정하는 바에 따라 그 지방공공단체의 주민투표에서 과반수의 동의를 얻지 못하면 국회가 이를 제정할 수 없다.

제9장 개 정

제96조 [헌법개정절차·공포]

①헌법의 개정은 국회가 각 원의 총 재적의원 3분의 2 이상의 찬성으로 발의하고, 국민에게 제안하여 그 승인을 거쳐야 한다. 이러한 승인에는 특별 국민투표 또는 국회가 정하

는 선거 시 행하여지는 투표에서 과반수의 찬성을 필요로 한다.

②헌법 개정에 대하여 제1항의 승인을 거친 때에는, 천황은 국민의 이름으로 이 헌법과 일체를 이루는 것으로서 이를 즉시 공포한다.

제10장 최고법규

제97조 [기본적 인권의 본질]

헌법이 일본국민에게 보장하는 기본적 인권은 인류가 오랜 세월 자유획득을 위하여 노력한 성과로서, 이들 권리는 과거 수많은 시련을 이겨내고 현재와 미래의 국민들에게 불가침의 영구적 권리로서 신탁된 것이다.

제98조 [헌법의 최고법규성과 조약 및 국제법규의 준수]

①헌법은 국가의 최고법규로서, 이에 반하는 법률, 명령, 조칙 및 국무에 관한 그 밖의 행위 전부 또는 일부는 그 효력이 없다.

②일본이 체결한 조약 및 확립된 국제법규는 이를 성실하게 준수하여야 한다.

제99조 [헌법 존중·옹호의 의무]

천황 또는 섭정 및 국무대신, 국회의원, 재판관, 그 밖의 공무원은 이 헌법을 존중하고 옹호할 의무를 진다.

제11장 보 칙

제100조 [시행일]

①헌법은 공포 후 6개월을 경과한 날로부터 시행한다.

②헌법을 시행하기 위하여 필요한 법률의 제정, 참의원 의원의 선거 및 국회소집 절차와 이 헌법을 시행하기 위하여 필요한 준비절차는 제1항의 기일 전이라도 할 수 있다.

제101조 [국회에 관한 경과규정]

헌법 시행 시 참의원이 아직 성립되어 있지 아니한 때에는 그 성립 시까지 중의원이 국회로서의 권한을 행사한다.

제102조 [제1기 참의원 의원의 임기]

헌법에 의한 제1기 참의원 의원 중 절반의 임기는 3년으로 한다. 그 의원은 법률이 정하는 바에 따라 정한다.

제103조 [공무원에 관한 경과규정]

헌법 시행 당시 재직 중인 국무대신, 중의원 의원 및 재판관과 그 밖의 공무원으로서 그 지위에 상응하는 지위가 이 헌법에서 인정되고 있는 사람은 법률에 특별한 규정이 있는 경우를 제외하고는 이 헌법의 시행으로 그 지위를 상실하지 아니한다. 다만, 이 헌법에 의하여 후임자가 선출 또는 임명된 때에는 당연히 그 지위를 상실한다.

저자와 공감하는 사법의 역할

서기석(헌법재판관)

『이즈미 도쿠지, 일본 최고재판소를 말하다』를 처음 접한 것은 옮긴이인 이범준 작가를 통해서이다. 목차를 보면서 일본사법의 과거, 현재, 미래를 조망하는 내용에 관심이 생겼다. 특히 저자가 일본에서 이름 높은 정통법관 출신의 최고재판소 전 재판관이라 더욱 흥미를 갖고 읽게 되었는데, 너무나 재미가 있어 이틀 만에 단숨에 읽어버렸다. 읽기 전에는 다른 회고록과 비슷하게 최고재판소 재판관 시절의 에피소드를 모은 가벼운 내용일 것이라고 생각했는데, 막상 읽어보니 그 내용이 정확하고 솔직하고 배울 것이 많아 놀라웠다.

이즈미 도쿠지 전 재판관은 한국의 법원행정처 처장, 서울고등법원장과 같은 최고재판소 사무총장, 도쿄고등재판소장관을 거쳐 최고재판소 재판관에 올랐다. 재판관 생활 46년 가운데 23년을 사무총국에서 민사국장, 인사국장, 사무총장 등 요직을 거친 정통법관 출신이면서도, 최고재판소 재판관으로 있던 6년 3개월 동안 누구보다 적극적으로 소수의견을 냈다. 사회적 소수자의 기본권 보호가 사법의 역할이라는 사법관司法觀에 기초한 것이라고 저자 스스로 밝히고 있다. 이러한 그의 의견은 상당수가 판례 변경을 통해 다수의견으로 바뀌었다. 여간해서는 판례를 바꾸지 않는 일본에서 드문 일이다.

이 책은 1890년 시행된 일본제국헌법, 이른바 메이지헌법 시절부터 현재에 이르기까지 130년 가까운 동안 일본사법의 주요장면을 조망하고 있다. 프랑스와 독일의 영향을 받은 전전戰前 대심원 시대와 미국의 영향을 받은 전후戰後의 최고재판소 시대에 있어서 사법부 지위의 차이, 연합국최고사령관총사령부가 주도한 일본국헌법과 최고재판소 탄생과정 등을 설명한다. 그리고 그 과정에서 사법의 독립을 지키기 위한 선배 재판관들의 비상한 노력도 소개한다. 또한 일본의 사법부가 안고 있는 여러 문제점과 나아갈 바람직한 방향을 제시하면서 최고재판소의 헌법재판에 대한 소극적인 자세를 비판하는 한편, 한국 헌법재판소의 성과를 높이 평가하고 있다. 이 밖에 저자가 관여한 최고재판소 판결들의 내용과 그 배경도 상세히 설명한다. 이 책을 읽고 느낀 소감을 한마디로 표현한다면 저자의 일본사법부에 대한 지극한 사랑이었다. 후배 법조인들에게는 가르침과 교훈을 주고, 국민들에게는 사법부에 대한 이해와 성원을 부탁하고 있다.

한국의 근대사법은 일본을 통하여 도입되었고, 그 후에도 많은 영향을 받아왔다. 하지만 이제 한국의 사법은 그 제도나 질적인 면에서 세계

이즈미 도쿠지, 일본 최고재판소를 말하다

적인 수준으로 성장했다. 배경에는 한국사회의 민주화와 법관들의 헌신적인 노력이 있었다. 사법부가 민주주의를 위한 시민들의 투쟁을 지지하였으며, 민주화된 사회는 사법부의 독립을 지켜주었다. 법관들은 개인을 돌보지 않는 노력으로 우리 사법의 수준을 빠르게 끌어올렸다. 특히 1988년 헌법재판소 출범 이후 헌법분야의 발전은 눈부시다. 세계적으로도 유례가 없이 수많은 사건을 다루면서 독일, 오스트리아 등 세계적인 헌법재판소와 어깨를 나란히 하고 있다.

　한국은 일본과 매우 유사한 경제적 · 사회적 상황을 거쳐 왔고 또 가고 있다. 이러한 면에서 일본사법의 제도와 경험은 우리에게 많은 배움과 교훈을 줄 수 있다. 나는 1991년 서울고등법원 판사 시절 일본 게이오대학에서 방문연구원으로 있으면서, 도쿄지방재판소, 도쿄고등재판소 등에서 연수한 경험이 있다. 그 당시 세계의 사법제도에 대하여 흥미를 갖고 공부하였고, 일본 재판관들과도 양국의 사법제도에 대해 비교 · 토론할 기회가 있었다. 세계의 사법제도를 비교 · 연구하는 과정에서 헌법과 사법의 역할을 다시 고민하게 되었는데, 이는 이후 나의 재판관과 사법관에 큰 영향을 미쳤다. 나는 이 책에서 저자가 일본 후배 법조인들과 국민들에게 말하고자 하는 바를 통해 우리의 법조인들에게는 많은 배움과 교훈을, 국민들에게는 사법부에 대한 이해와 성원을 기대할 수 있겠다는 생각에 『이즈미 도쿠지, 일본 최고재판소를 말하다』를 적극 추천한다. 마지막으로 저자가 생각하는 사법의 역할 가운데 깊이 공감하는 내용을 소개하는 것으로 추천의 글을 마무리하려고 한다.

　"개인의 권리와 자유를 옹호하는 것은 재판소의 중요한 역할입니다. 입법부와 행정부의 재량에 전부 맡겨서는 국민의 권리와 자유를 보호하기 위해 만들어진 사법의 기능을 포기하는 셈입니다. 더욱이 다수결 원리가 지배하는 민주정치에서는 사회적 소수자의 목소리가 입법과 행정에 반영되기를 기대하기가 좀처럼 어렵습니다. 헌법에 보장된 사회적 소수자의 기본권을 보호하는 것도 재판소의 역할입니다. 재판소가 이런 역할을 충분히 수행하여야 국민주권과 기본권이라는 두 바퀴를 가진 일본사회가 정상적으로 작동한다고 생각합니다." ('들어가며' 중에서)

추천사 2

소수자를 구제해야 한다는 확고한 직업윤리

배훈(일본 변호사)

한국에 대한 일본인의 생각은 1988년 서울올림픽을 계기로 확 달라졌다. 일본의 옛 식민지, 후진국이란 딱지가 떨어지고 선진국 진입을 노리는 젊고 힘찬 이미지로 바뀌었다. 약진하는 한국의 상징으로 등장한 가수·배우 등 연예인과 프로스포츠 선수들은 한류 붐을 일으켰다. 그 다음이 세계시장에서 일본기업과 경쟁하는 한국기업이다. 이 여파로 일본 대기업이 도산하거나 실적이 크게 악화했다는 보도도 잇따랐다. 그리고 세계적인 규모의 시장 자유화는 한국과 일본 두 나라에도 빈부 격차를 확대했다. 경쟁에서 승리한 소수가 부를 독점하고 패배로 몰린 다수는 곤궁해졌다. 일본에서 혐한 분위기가 일어나고 헤이트스피치가 생겨난 이유 가운데 하나이기도 하다.

1945년 이후에도 진정한 광복을 맞지 못한 자이니치 코리안은 일본정부의 동화, 억압, 추방 정책에 맞서 수많은 투쟁을 벌였다. 1948년 한신

교육투쟁, 1970년 히타치 취직차별 소송, 1975년 사할린 잔류자 귀환청구 소송 등 손에 꼽기 힘들다(자세한 내용은 재일코리안변호사협회, 『일본 재판에 나타난 재일코리안』, 한국학술정보, 2010). 하지만 자이니치의 투쟁은 일본정부의 압도적인 힘에 밀려 모두 쓰라린 패배로 끝났다. 자이니치 사회가 고립무원에 몰려 있을 때 우리의 미래를 밝히는 한줄기 빛이 나타났다. 1976년 일본사법시험에 합격한 김경득이 사법연수소 입소조건인 일본국적 취득(귀화)을 거부하고 한국적 그대로 입소하겠다고 신청했다. 이 문제가 해결되도록 온 힘을 쏟은 사람이 최고재판소 인사국 임용과장 이즈미 도쿠지였다(자세한 내용은 이범준, 『일본제국 vs. 자이니치』, 북콤마, 2015). 이런 노력이 결실을 맺어 이듬해인 1977년 최고재판소는 외국인 사법수습생을 뽑기로 한다. 현재 일본 변호사 자격을 가진 자이니치가 나를 포함해 100명을 한참 넘는다. 최근에는 한국에서 고등학교나 대학교를 졸업하고 일본 로스쿨을 거쳐 일본사법시험에 합격한 변호사도 적지 않다. 법조계에도 한류가 뻗어나가는 셈이다.

이즈미 도쿠지는 경력 소개에 나오는 대로 도쿄지방재판소 판사, 최고재판소 조사관, 최고재판소 사무총장, 도쿄고등재판소장관을 거쳐 2002년 최고재판소 재판관에 취임했다. 재판관으로서 더할 수 없이 훌륭한 경력을 가진 그가 왜 최고재판소장관이 되지 못했을까. 비단 나 혼자만 궁금해 하는 게 아니다. 재판소 밖에 있는 사람들이 내막을 알기는 어렵지만, 최고재판소 재판관으로 있으면서 썼던 많은 반대의견이 실마리다. 이즈미 도쿠지 재판관의 반대의견의 배경에는 다수자와 강자는

이즈미 도쿠지, 일본 최고재판소를 말하다

소수자와 약자를 차별하고 억압하기 쉽다는 인간사회에 대한 깊은 성찰, 그리고 이들을 구제해야 한다는 재판관으로서의 확고한 직업윤리가 있다.

1994년 도쿄도에서 보건사로 일하던 자이니치 여성이 관리직 시험에 응시하려 했지만 거부당했다. 그래서 한국적 등 외국적에게 지방공무원 수험자격(공무담임권)이 있음을 확인해달라는 소송을 제기했다. 1996년 1심 도쿄지방재판소는 공무담임권을 인정하지 않고 원고패소 판결했다. 1997년 도쿄고등재판소는 다수의 예상을 깨고 1심을 파기하고 원고의 주장을 인정하는 역전 승소를 선고했다. 당연히 도쿄도는 최고재판소에 상고했다. 7년이 지나 2004년 12월 15일 최고재판소는 대법정에서 구두변론을 열었다. 재판관석에는 이즈미 도쿠지 재판관이, 피상고인석에는 김경득 변호사가 있었다. 두 사람이 28년 뒤에 최고재판소 대법정에서 재회한 것이다. 하지만 최고재판소는 판결을 파기하고 원고에게 재역전 패소 판결을 선고했다. 이 사건에서 이즈미 도쿠지 재판관은 반대의견을 냈다. 반대의견의 배경에는 태어나 자란 고향 후쿠이현에서의 경험이 있다. 군수공장에서 일하던 자이니치 가족, 같이 놀던 5살 많은 동네 형에 대한 기억이다. 자세한 내용이 이 책에 있다.

"꺼져라. 죽여라." 2012년부터 도쿄와 오사카 코리아타운에 자이니치를 향한 헤이트스피치가 심심찮게 눈에 띈다. 이에 자이니치는 물론 일본인 변호사, 학자, 정치가, 일반 시민이 나서 헤이트스피치 규제법을 요구했다. 100명 넘는 자이니치 변호사들이 참여하는 자이니치코리안변호사협회LAZAK, 재일한국인법조포럼, 자이니치 시민단체 등의 끈질긴 운동, 적잖은 일본인의 운동의 힘으로 올해 헤이트스피치 금지법이 시행됐다. 헤이트스피치 금지법은 자이니치와 일본인이 힘을 합쳐 만든 결실이다. 일본인 가운데는 이즈미 도쿠지 재판관 같은 가치관을 가진 사람이 결코 적지 않다. 편협한 내셔널리즘은 국익을 해치고 인류의 미래까지 파괴하는 해악이다. 이 책을 통해 한국의 법조인, 학자, 정치인, 시민단체 활동가 등 많은 사람들이 많은 일본인의 생각을 대표하는 이즈미 도쿠지 재판관의 모습을 알게 되길 바란다.

추천사 3

일본이라는 공간을 뛰어넘는 깊은 통찰력

야마구치 스스무(아사히신문 오피니언 편집장)

    2017년은 일본국헌법 시행 70주년이고 함께 출범한 최고재판소도 70세가 된다. 70년 역사 가운데 21세기 초반 10년은 최고재판소가 전에 없이 활발했던 시기다. 20세기 후반 사반세기에 소극적·억제적이라고 여겨지던 일본사법이 변화의 조짐을 보였다. 중요한 헌법판단을 내놓았고 법정결론과 다른 의견인 소수의견(독자의견)이 꽃을 피웠다. 이 소수의견이 다수의견으로 바뀌는 일도 적지 않았다.

    중심인물 가운데 한 사람이 이즈미 도쿠지다. 최고재판소에 재직한 약 6년(2002년 11월~2009년 1월) 동안 36건의 독자의견(가운데 25건이 반대의견)을 썼다. 역대 최고재판소 재판관 가운데 손꼽히는 숫자다. 독자의견을 써온 최고재판소 재판관은 변호사나 학자 출신인 경우가 많았다. 법관 출신 재판관은 다수의견에 가담하는 경향이 강했고 선례를 지키는 내용이었다. 재판관으로서 엘리트 코스를 거치고 사법관료 최고위

직에 올랐던 이즈미 도쿠지의 경력을 아는 사람들에게 그의 소수의견은 의외였다.

이 책을 보면 이즈미 도쿠지는 소수의견을 위해 특별히 노력한 게 아니라 자연스럽게 우러나온 일이라는 것을 알 수 있다. 제5장 '최고재판소를 뒤집은 소수의견'에 소개되는 독자의견의 배경에는 '재판이란 무엇인가' '사법의 역할은 무엇인가'에 대한 문제의식이 있다. 저자는 '사법이 나설 차례' '사법이 한 발 나아가야 할 때'로 두 가지를 꼽는다. 헌법이 보장하는 개인의 기본권과 자유권 옹호에 문제가 있거나, 민주주의 시스템 특히 선거시스템이 뒤틀린 경우다.

재판소가 적극적으로 위헌심사 기능을 수행하려면 재판소의 판례, 법률전문가와 사회 전체의 토론이 충분히 쌓여야 하고 국민의 사법에 대한 이해와 지지가 반드시 필요하다. 그리고 또 하나, 실무적으로 재판관이 헌법문제에 전념할 수 있는 환경이다. 재판관이 헌법문제에 전념 가능한 환경으로 저자가 가장 중요하게 참조한 외국의 예가 한국 헌법재판소다. 일본에 헌법재판소를 신설하려면 (현행 헌법 시행 이후 한 차례도 없던) 헌법 개정이 필요하다. 그렇지만 저자는 재판소법 개정만으로도 한국 헌법재판소와 같은 기능을 가질 수 있다고 제안한다.

재판소가 본래의 역할을 해내기 위한 중요한 대전제가 있다. 재판소 전체에 재판 독립의 기개가 있어야 한다. 이것이 저자가 가장 말하고 싶은 것이다. 그래서 메이지헌법 시절 대심원 체제, 전후 최고재판소 출범 과정을 자신의 손으로 엮어내고 이 사법독립의 역사를 책의 가장 앞인

제1장과 제2장에 두었다. 두 장에서는 과거와 현재의 재판관들과 재판에 대한 깊은 애정, 특히 사법독립에 대한 강한 책임감과 약속이 느껴진다. 메이지헌법 시절, 전쟁 당시, 일본국헌법 공포부터 최고재판소 초창기에 걸쳐 사법독립을 지키려 했던 재판관들을 소개했다. 70년 전 일본의 재판관들이 저자의 손으로 생생하게 되살아났다. 이 부분을 읽다보면 사법이 한발 앞으로 나아가야 할 선거소송 등에서 입법부에 결정적인 '노'를 들이밀지 못하는 최고재판소가 답답하게 느껴지는 독자도 많을 것이다. 한국도 1987년 민주화 이전을 비롯해 사법독립이 위협받는 일이 많았듯이, 사법독립은 지금도 계속해서 추구해야 하는 과제다.

이즈미 도쿠지는 세상에 던지는 소수의견이 토론을 활발하고 깊게 만들어 마침내 미래를 바꾼다는 신념을 가지고 있다. 재판소는 국제적인 논쟁도 버텨내는 인권판단, 국제수준에 걸맞는 헌법판단을 해야 한다고 설득한다. 현대라는 시간과 일본이라는 공간을 뛰어넘는 그의 깊은 통찰력은 세대와 국경에 관계없이 배울 만한 것이다. 한국의 독자의 손에도 이 책을 들려주고 싶다.

그래서 결심하고, 이렇게 번역했다

이범준(논픽션 작가)

한국의 사법은 일본의 영향을 오랫동안 받아왔다. 일본 식민지를 계기로 우리나라의 근대사법이 시작된 때문이다. 식민지가 끝나고도 일본 형법은 1953년까지, 일본 민법은 1959년까지 한국의 살아 있는 규범으로 쓰였다. 다른 나라의 법을 그대로 적용한다는 뜻의 의용을 붙여 의용형법과 의용민법으로 불렸다. 한국의 사법이 크게 발전하면서 일본법은 애써 외면하거나 짐짓 무시하는 존재가 됐다. 하지만 이제야 일본법이 하나의 외국법이 된 것이다. 비교법에서도 법제사에서도 절대로 빠질 수 없는 대상이다.

일본국헌법은 2016년 11월 공포 70주년, 2017년 5월 시행 70주년을 맞는다. 1945년 일본의 패전을 계기로 만들어져 한 차례도 개정되지 않았다. 일본국헌법 70주년을 맞아 헌법 개정 가능성이 높다. 하지만 일본국헌법과 최고재판소가 어떻게 만들어졌는지, 최고재판소가 일본국헌법을 어떻게 해석해왔는지 우리에게 제대로 알려지지 않았다. 식민지 35년을 거쳐왔고 여전히 복잡한 관계인 우리로서는 반드시 알아야 할 대상이며, 2016~2017년 지금이 가장 적절한 시기이다.

『이즈미 도쿠지, 일본 최고재판소를 말하다』(원제 私の最高裁判所論 : 憲法の求める司法の役割)를 기획·번역하면서 세운 핵심 목표는 바르고 확실한 한국어를 쓰는 것이다. 한글로 적힌 일본어라고 해도 지나치지 않았던 과거 일본어 번역서의 실수를 반복하지 않겠다는 다짐이었다. 두 개의 언어는 대응하지 않는다. 일본어 문장을 한국어 문장으로 복제하는 것도 불가능하다. 두 언어가 모두 한자를 쓰지만 표기가 같아도 의미는 다르다. 처음부터 그런 한계를 받아들이고, 일본어판의 의미와 주제를 이해한 다음 한국어로 써낸다는 생각으로 작업했다.

그러나 내용의 엄밀함이 훼손되는 것은 용인하지 않았다. 길게 풀어쓰는 한이 있더라도 저자의 의도를 예민하게 살렸다. 한국어에 어떤 표현이 없으니 이렇게 고쳐 표현하겠다고 저자에게 질의한 다음 번역했고, 의미의 훼손을 우려해 반대한 경우 일본식 표현을 살려두었다. 법률용어를 확정하기 위해 법조인들의 도움을 받았다. 이의진 서울중앙지법 판사, 윤정인 서울북부지방법원 판사, 김현정 서울중앙지법 판사, 유형웅 서울중앙지법 판사다. 특히 이정규 일본 변호사는 번역 초반부터 일본 법률과 일본어를 하나하나 확인해 잡아주었다.

108개 각주는 저자에게 질의하거나 옮긴이가 취재해 작성한 것이다. 주관적 설명을 배제하고 객관적 사실만 적었다. 주관이 들어 있다면 저자와 의논하는 과정에서 영향을 받은 것이다. 일본어판은 판결 원문이 아닌 요지를 인용한 경우 요지라고 앞에 밝혔다. 하지만 한국어판에서는 이 단어를 삭제했다. 옮기는 과정에서 원문이든 요지든 변화를 겪기는 마찬가지여서다. 일본어판 출간 이후 3년 동안 판례와 상황에 변화가 있었다. 본문을 직접 수정해 이를 반영할지를 두고 저자와 상의했다. 하지만 저자의 논조를 어색하게 만들 수 있다는 판단에 따라 원문을 살렸다. 바뀐 판례나 상황은 괄호를 쳐서 한국어판 추가라고 표기하고 적었다.

일본법 조문은 신뢰할 만한 한국어 번역본을 찾아 썼다. 일본국헌법은 국회도서관이 펴낸 『세계의 헌법 II』(국회도서관, 2013)을, 형사소송법은 법무부가 번역한 『일본형사소송법·규칙』(법무부, 2009)을 썼다. 나머지 법률은 옮긴이가 번역했다. 각 장과 본문의 제목은 한국어판에 맞게 고쳤다. '최고재판소를 뒤집은 소수의견' 같은 제목을 저자가 스스로 붙인 것이 아니다. 추천사를 써준 서기석 헌법재판관은 합리적 보수로 평가받는 일본법 전문가다. 배훈 일본 변호사는 평생을 자이니치 인권 변호사로 살아온 법조인이다. 야마구치 스스무 기자는 일본을 대표하는 법조전문 기자다.

번역하면서 이즈미 도쿠지 전 재판관과 이메일을 44차례 주고받았고, 서울과 도쿄에서 3차례 만났다. 저자를 만나면서 판결과 사람, 문장이 일치한다는 느낌을 받았다. 저자를 대하는 일본 사회의 평가도 나와 다르지 않았다. 저자의 글이나 말투도 조심스럽고 에두르는 편인데 번역 과정에서 옮긴이의 단정적이고 간결한 말투가 섞여들었다. 어쩌다 보니 나는 두 곳의 대학에서 국문학과 일본학을, 대학원에서 법학을 공부했다. 이 얕은 재능을 믿고 일본 130년 근대사법 역사에서 가장 존경받는 법조인의 저서를 옮긴 것에 부끄러움과 자부심을 느낀다.

이즈미 도쿠지,
일본 최고재판소를 말하다

1판 1쇄 찍음 2016년 10월 25일
1판 1쇄 펴냄 2016년 11월 5일

지은이 이즈미 도쿠지
옮긴이 이범준

주간 김현숙 | **편집** 변효현, 김주희
디자인 이현정, 전미혜
영업 백국현, 도진호 | **관리** 김옥연

펴낸곳 궁리출판 | **펴낸이** 이갑수

등록 1999년 3월 29일 제300-2004-162호
주소 10881 경기도 파주시 회동길 325-12
전화 031-955-9818 | **팩스** 031-955-9848
홈페이지 www.kungree.com
전자우편 kungree@kungree.com
페이스북 /kungreepress | **트위터** @kungreepress

ISBN 978-89-5820-425-2 93360

값 25,000원

이 책은 관훈클럽신영연구기금의 도움을 받아 번역 출판되었습니다.